JN292862

体系 グローバル・コンプライアンス・リスクの現状

求められるわが国の対応指針

プロモントリー・フィナンシャル・ジャパン [監修]
グローバル・コンプライアンス研究会 [著]

株式会社きんざい

きんざいプロフェッショナルとは、㈱きんざい出版センター刊行の出版物で金融実務において専門性が高く、かつ実務・体系的に解説されている書籍に対して付与される。

巻頭言

　本書は、グローバルに事業展開する日本企業、とりわけ金融機関や商事会社が日々直面する主要なコンプライアンス・リスクについて、13人の専門家による論考をまとめたものです。

　各章は、それぞれ独立したものとして書かれていますが、執筆者の有する問題意識は同じで、第1章が指摘する「リスク間のシステミックなつながり」、とりわけ「政治・安全保障リスクと経済・金融リスクの癒合」というコンプライアンス環境の未曽有の激変という認識です。従来のようにリスクを個別事象として捉え、これに対応することですんだ「縦割り」の時代は終わり、コンプライアンス違反に対するペナルティによって受けるダメージは、企業の存亡にかかわるほど巨大化しています。こうした時代背景において、いまやわが国の政治・安全保障と経済・金融のリスクを常に包括的、戦略的にとらえて、適切な措置を可急的すみやかにとること、つまり「過去との訣別」が、企業経営者はもちろんのこと、政治指導者や官僚にも求められているとの認識です。

　したがって、コンプライアンスを常務として担当する方々のほかに、本書が特に想定する読者は、企業、官庁のトップマネジメントです。企業においてはCEOとCEOに直結するチーフ・リスクオフィサー（CRO）レベル、所管官庁でいえば審議官、局長、次官レベルの皆様には、本書全体の鳥瞰図になる第1章「グローバルな規制潮流の変化と、コンプライアンス・リスクの複合・つながり」をぜひお読みいただくことをお願い申し上げます。

　以下、具体的なことは各章の記述に譲ることとして、今後の諸課題を私の知見の範囲内で指摘したいと思います。

　まず、第2章から第4章がカバーするマネー・ローンダリング（AML／CFT）に関連する問題です。喫緊の課題は、本年4月1日から施行された「犯罪による収益の移転防止に関する法律」、いわゆる「犯収法」の再改正です。各国に求められる「コンプライアンス・レベル」が今後一層厳しくなることを想定して、現在有識者会議を設置して、法案づくりの基礎作業が行われていると聞いていますが、その関係者の協力を得てすみやかな立法化が強

く望まれます。日本に対する信用がかかっている課題といっても過言ではありません。

次に、AML／CFT体制に対して、インターネットを悪用して既存の国際送金・決済システムを迂回した新手のマネー・ローンダリングが跋扈し始めていることです。最近の報道では、ニューヨーク州当局による事件検挙が知られています。最近の邦字紙にも、「ビット・コイン」の特集において、その悪用の可能性が示唆されていました。このいわばIT時代の「地下銀行」の正確な脅威評価をすることは私の能力を超えていますが、伝統的な通貨とそれに基づく送金・決済システムを前提にした現在のAML／CFTシステムに対する新たな挑戦になる危険を内包する問題として、注視していく必要があります。

さらに、第7章で、アメリカのFCPAと並んで記述されている2010年英国贈収賄禁止法の運用を巡る動きです。同法は、施行以来3年さしたる成果のないままでしたが、2013年8月14日に同国の捜査・検察機関であるSerious Fraud Office（SFO―重要犯罪捜査局）による最初の検挙例が同局から発表されました。容疑の概要は、「バイオ燃料」に関して、2,300万ポンドの詐欺で4人が検挙とのことです。SFOとしての初の検挙例で、これ1件で今後の英国の贈収賄防止の今後を占うには時期尚早かもしれませんが、世界における金融市場の存立をかけた英国の規制強化の動きとも関連して、注目するに値する動きと考えます。

第9章の問題はAML／CFT問題の対極にあるきわめて重要かつ優れて政治的な難題です。グローバル企業は本国の高い税金を逃れるために知恵を絞る一方で、財源難に苦しむ各国の税務当局は、これに対する対抗策として単独あるいは協力して、租税回避を抑止するためにあらゆる方策を模索しています。FATCA問題とともに、国民国家の徴税権をめぐる、結末のみえない長期戦としてとらえるべき重要なリスクです。

以上、今後深刻化が予測されるコンプライアンス・リスク対策について触れましたが、犯罪対策と同様に、「終わりのない知恵の戦い」であることを覚悟しなければなりません。

終わりに、本書が政治、外交、そしてビジネスの最前線で、「弾丸の飛ば

ない戦い」をされている方々のために少しでもお役に立てれば、執筆者一同これに勝る喜びはないことを申し上げて、巻頭の言葉にさせていただきます。

2013年9月

シティユーワ法律事務所　弁護士　**兼元　俊徳**

【著者紹介】　50音順

遠藤　英昭（担当：9章）
あらた監査法人（PwC）パートナー
1997年公認会計士試験2次試験合格後、中央監査法人（現、あらた監査法人）に入所、PwCニューヨーク事務所勤務等を経て、現職。国内外の金融機関に対して、会計監査業務を提供するほか、金融規制に関するアドバイザリー業務に従事している。日本公認会計士協会において、金融関連の委員を歴任。公認会計士・米国公認会計士。

尾崎　寛（担当：2章）
1988年4月、都市銀行に入行後、大蔵省国際金融局出向、在ワシントン日本大使館専門調査員、邦銀のニューヨーク支店、本店各部、法人営業部を経て、2013年5月より、英国現地法人（ロンドン）勤務。
米国公認AMLスペシャリスト（Certified Anti-Money Laundering Specialist（CAMS））、日本安全保障貿易学会会員、元慶應義塾大学大学院システムデザイン・マネジメント研究科非常勤講師。

押田　努（担当：5章）
一般財団法人　安全保障貿易情報センター専務理事
通商産業省に入省し、エネルギー、産業振興、中小企業・地域振興等の業務に従事。2005年7月より2年間、経済産業省貿易管理部長として、安全保障貿易管理行政を担当し、その間、相次ぐ不正輸出事件の処理、北朝鮮・イラン向けの経済制裁の検討・実施、外為法の各種制度改正を指揮。2007年7月に㈶安全保障貿易情報センター（CISTEC）に入り、現在に至る。

兼元　俊徳
弁護士　シティユーワ法律事務所
警察庁に入庁後、在フランス日本大使館一等書記官、熊本県警察本部長、警察庁国際部長、G8国際組織犯罪上級専門家会合日本政府代表、国際刑事警察機構（ICPO）総裁などを歴任。小泉内閣の内閣情報官を5年務めて退官後、2007年から上記事務所で弁護士業のほか、複数の企業の社外役員を務めている。

川合　弘造（担当：8章）
西村あさひ法律事務所パートナー弁護士
東京大学法学部助手、司法修習生を経て、1988年4月弁護士登録。競争法案件および通商法案件の専門家。近年では、内外の独禁・競争当局が並行して調査を行う国際カルテル案件対応に数多く従事しているほか、新日鐵住金統合やJXホールディ

ングス統合等の大型 M&A にかかる世界各国の当局による企業結合審査案件にも対応。このほか、企業秘密の漏洩対策案件や国際的な紛争案件も専門とする。

渋谷　卓司（担当：7章）
西村あさひ法律事務所パートナー弁護士
検事任官後、東京地検特捜部等で汚職・経済事件等の捜査・公判に従事したほか、法務省刑事局（刑事法制課、国際課）等で、OECD 外国公務員贈賄防止作業部会条約審査対応等の渉外業務等に従事。2010年 4 月弁護士に転身し西村あさひ法律事務所入所。外国公務員贈賄防止体制構築の助言、国際カルテル対応、会計不正調査・当局対応、海外子会社等における不正の調査・対応等、企業が直面するさまざまな問題事象への対応をサポートしている。

白井　真人（担当：9章）
あらた監査法人（PwC）シニアマネージャー
日本興業銀行（現、みずほ銀行）およびコンサルティング会社勤務を経て、2009年より現職。主に国内外の金融機関に対するコンプライアンス・規制対応関連のアドバイザリー業務を担当し、FATCA／マネー・ローンダリング対策に関する豊富なプロジェクト経験を有する。公認不正検査士（CFE）。

髙須　一弘（担当：4章）
三重県警察本部長
1987年 4 月警察庁入庁。同庁のほか、警視庁、熊本県警察本部、外務省、山口県警察本部、千葉県警察本部、宮城県警察本部、兵庫県警察本部および内閣府で勤務後、2011年 8 月から2013年 1 月までの間、警察庁犯罪収益移転防止管理官としてわが国 FIU である同官組織（JAFIC）の機能強化に尽力。

福留　秀樹（担当：3章）
プロモントリー・フィナンシャル・ジャパン常務取締役
日本債券信用銀行（現あおぞら銀行）に入行。頭取室長、経営企画部長、主計部長等を歴任。その後民間会社を経て2007年12月入社。入社以来、金融機関に対する多方面のコンサルティングに従事し、特にマネー・ローンダリングや経済制裁対応関係のアドバイスやトレーニングの経験が豊富。

藤井　康次郎（担当：8章）
弁護士／ニューヨーク州弁護士
東京大学法学部、西村あさひ法律事務所、ニューヨーク大学ロースクール（LLM in Trade Regulation 首席）、米国 Cleary Gottlieb Steen & Hamilton 法律事務所（ワシントン DC）を経て、2012年 6 月より経済産業省任用弁護士。競争法および

通商法案件、企業危機管理案件等を多く手がける。

藤井　卓也
プロモントリー・フィナンシャル・ジャパン代表取締役社長
30年間日本銀行に勤務した後、日本債券信用銀行（現あおぞら銀行）の特別公的管理化に際し、頭取として任命され、ソフトバンク、東京海上、オリックス連合への売却を主導。その後、マーシュ・マクレナン・カンパニーズ・ジャパンの会長、旧UFJホールディングスの特別顧問を経て現在に至る。

保井　俊之（担当：1章）
慶應義塾大学大学院システムデザイン・マネジメント研究科特別招聘教授
旧大蔵省に入省後、金融庁参事官、中央大学客員教授等を経て、2008年より慶應義塾大学で教鞭をとる。国際基督教大学博士（学術）。米国PMI認定Project Management Professional。政策研究大学院大学客員教授を兼務。専門は社会システム論、行政学・公共政策学、金融インテリジェンスなど。主な著書に『中台激震』（中央公論新社、2005年）、『保険金不払い問題と日本の保険行政』（日本評論社、2011年）、ならびに『「日本」の売り方：協創力が市場を制す』（角川oneテーマ21新書、2012年）。日本コンペティティブ・インテリジェンス学会から2010・11両年度の同学会「論文賞」、日本創造学会から同学会2012年度論文誌「論文賞」、をそれぞれ受賞。

山田　裕樹子（担当：7章）
元西村あさひ法律事務所パートナー弁護士、現ゴールドマン・サックス（アジア）法務部
検事時代、OECD外国公務員贈賄作業部会に日本政府代表メンバーとして協議に参加したほか、法務省刑事局国際課において、司法共助、犯罪人引渡し、マネー・ローンダリング捜査等、国際刑事捜査に従事。2008年に西村あさひ法律事務所入所後、企業に対し、FCPA、UKBA、不正競争防止法をふまえた贈賄防止対策を助言するとともに、有事対応の一環として米国司法省等と交渉。2013年8月より香港にあるゴールドマン・サックス（アジア）法務部にて勤務。

和家　泰彦（担当：6章）
プロモントリー・フィナンシャル・ジャパンAML室長
大蔵省に入省し、主に国際金融局・国際局および金融庁において、国際金融業務に長年従事。外国為替および外国貿易法、犯罪収益移転防止法に基づく外国為替検査、国際連合安保理決議等に基づく経済制裁措置、各種法令改正等を担当。国際局為替実査室長および外国為替室長等を歴任し、2012年8月入社。FATFや米国OFAC規制等を含めたマネロン・テロ資金対策のエキスパート。

渡邉　雅之（担当：9章）
弁護士法人三宅法律事務所　パートナー弁護士
1997年司法試験合格。1998～2000年総理府勤務（官房総務課）。アンダーソン・毛利友常法律事務所に入所。2009年より、現事務所。国内外の金融機関に対するコンプライアンス・規制対応関連のリーガルアドバイス、マネー・ローンダリング対策に関するアドバイスを専門とする。

【監　修】

プロモントリー・フィナンシャル・ジャパン（Promontory Financial Group Global Services Japan, LLC）
〒100-1011　東京都千代田区内幸町1-1-1　帝国ホテルタワー9階
TEL　03-3519-1400（代表）　ウェブサイト：http://www.promontory.co.jp
主に金融機関を中心とした経営コンサルティング業務を行っており、日本における拠点の設立は2004年8月である。

プロモントリー・フィナンシャル・グループは、米国ワシントンDCを本拠地として、2001年に現CEOであるユージーン・ラドウィグ（元米国通貨監督庁長官）が設立した、金融を中心とした総合コンサルティング会社である。世界の金融監督当局、中央銀行等の高官を歴任した多彩なメンバーを中心に、グローバルな情報ネットワークに基づく高度・先端的かつ信頼度の高い、監督規制動向を迅速・的確に把握・分析し、ガバナンス、リスク・マネジメント、コンプライアンス、バーゼル対応、マネロン、サイバー・クライム、当局検査・行政対応、システム検査等のアドバイザリー・サービスを適時適切に行うとともに、金融実態に立脚した付加価値のあるソリューションを提供する。

　本書の刊行に際しては多くの方々に執筆等のご協力をいただき誠にありがとうございます。
　また、本書の著者のうち　尾崎氏、高須氏、藤井（康）氏および保井氏については、無報酬での執筆であり、執筆部の意見にわたる部分は私見です。

目　次

第1章
グローバルな規制潮流の変化とコンプライアンス・リスクの複合・つながり

1　リスク・ベース・アプローチの台頭················2
2　近年のグローバル規制潮流におけるリスクのつながりへの注目······3
3　システミックなリスクのつながりと国際的な規制潮流··········4
　(1)　オバマ政権の国家安全保障戦略··················4
　(2)　G20など国際首脳会議における包括関与アプローチへの傾斜···8
　(3)　OECDにおける包括関与アプローチの醸成············10
4　国際金融コンプライアンス・リスクへのシステム思考の主軸としてのFATF························12
　(1)　FATFの新しいリスクアプローチ················13
　(2)　金融制裁との関連とFATF新勧告················15
5　国際金融インフラとコンプライアンス・リスクのつながり······17
6　コンプライアンス・リスク対応としてのFATCA···········19
7　リスク規制潮流の合流の意義····················22
8　金融機関や商事会社に求められるシステム思考···········23

第2章
AML/CFTのグローバルな変化と求められる措置

1　まえがき····························26
2　マネー・ローンダリング、テロ資金供与とは············29
　(1)　定　　義··························29
　(2)　「knowingly」概念について···················34
　(3)　テロリズムおよびテロ資金供与対策···············35

(4) そもそも、何が問題なのか——マネー・ローンダリングの経済的、社会的影響について……………………………………………38
　(5) マネー・ローンダリングの主な手口……………………………41
3　FATF や米国連邦検査官マニュアル等にみる主要犯罪類型および留意点……………………………………………………………………42
　(1) 銀行とその他の預金機関………………………………………43
　(2) スマーフィング／カッコウ・スマーフィング………………50
　(3) クレジット・カード業界………………………………………52
　(4) 貴金属、宝石、美術品等取引業者……………………………52
　(5) ゲート・キーパー………………………………………………54
　(6) 貿易取引…………………………………………………………55
　(7) 闇ペソ交換システム……………………………………………56
　(8) インターネット・バンキング…………………………………57
4　テロ資金供与…………………………………………………………57
　(1) テロ資金供与に関する報告書より……………………………57
　(2) テロの資金供与の検知に関する金融機関へのガイダンス…58
　(3) 代替的送金システム……………………………………………59
　(4) 慈善事業もしくは非営利団体…………………………………60
5　FATF について………………………………………………………61
　(1) 概　　要…………………………………………………………61
　(2) 勧　　告…………………………………………………………62
　(3) 非協力的な国と地域（Non-Cooperative Countries and Territories：NCCT）の公表……………………………………67
　(4) 相互審査の枠組み………………………………………………67
6　対策のための基準とプログラム……………………………………69
　(1) リスク評価および評価モデルの構築…………………………69
　(2) リスクの決定要因………………………………………………72
　(3) マネー・ローンダリング、テロ資金供与対策プログラム（責任者、マニュアル、訓練等の PDCA）……………………………74
7　AML/CFT の枠組みを使った経済制裁……………………………82

(1) BancoDeltaAsia への米国愛国者法（USA Patriot Act）311条の適用………………………………………………………………82
　(2) 非米国金融機関への制裁措置………………………………88
 8 まとめ——これから、何ができるか………………………………93

第3章
反社会的勢力への対応措置とそのグローバルな合意

 1 反社会的勢力の概念……………………………………………98
　(1) 反社会的勢力の定義………………………………………98
　(2) 反社会的勢力のとらえ方…………………………………100
 2 反社会的勢力との関係が問題となった事例…………………102
　(1) 反社会的勢力のリスク……………………………………102
　(2) 反社会的勢力との関係の類型……………………………104
 3 わが国における反社会的勢力対応の姿勢の動き……………105
　(1) 反社会的勢力に対する姿勢の変化………………………105
　(2) いわゆる政府指針と暴力団排除条項導入の動き………107
　(3) 暴力団排除条項……………………………………………108
　(4) 暴力団排除条例……………………………………………110
　(5) 金融機関における対応……………………………………111
 4 反社会的勢力対応の意義——特に国際的意義………………116
　(1) 米国による「国際的犯罪組織」の指定…………………116
　(2) マネー・ローンダリング対策と反社会的勢力の排除…118
 5 これからの反社会的勢力への対応の方向性…………………120
　(1) 反社のスクリーニング……………………………………120
　(2) 反社情報の収集態勢………………………………………120
　(3) 反社リスクの管理手法……………………………………124
　(4) 反社会的勢力と取引モニタリング………………………125
　(5) 取引先に対する反社との取引排除の要請………………126
　(6) 組織としての態勢の確立…………………………………126

(7)　おわりに……………………………………………………………127

第4章
マネー・ローンダリング対策法制の経緯

1　はじめに…………………………………………………………………130
2　犯罪化……………………………………………………………………132
　(1)　海　　外……………………………………………………………133
　(2)　国　　内……………………………………………………………144
3　捕捉化……………………………………………………………………150
　(1)　カスタマー・デュー・ディリジェンス……………………………153
　(2)　サスピシャス・トランスアクション・レポート…………………165
　(3)　国内の最近の動き…………………………………………………172
4　おわりに…………………………………………………………………179

第5章
貿易安全保障

1　安全保障輸出管理が重視される背景…………………………………182
　(1)　全般的状況…………………………………………………………182
　(2)　大きな契機その1――米国同時多発テロをはじめとしたテロの続
　　　発…………………………………………………………………184
　(3)　大きな契機その2――カーン・ネットワークの露見………………184
　(4)　大量破壊兵器拡散防止を国際的な法的義務とした国連安保理決議
　　　1540号……………………………………………………………186
　(5)　北朝鮮およびイランに対する経済制裁……………………………187
　(6)　わが国に関連する大量破壊兵器関連の動向………………………189
2　軍事技術のスピンオンとスピンオフ…………………………………192
　(1)　軍事技術を民生利用するスピンオフ………………………………193
　(2)　民生用品の軍事転用であるスピンオン……………………………193

3　国際輸出管理レジームの概要 195
(1)　国際輸出管理レジームに基づく輸出と技術提供の規制——四つのレジーム 195

4　わが国の安全保障輸出管理制度の枠組み 199
(1)　概　要 199
(2)　リスト規制について 203
(3)　キャッチオール規制について 205
(4)　技術提供の規制について 210
(5)　外為法に基づく輸出等の許可について 212
(6)　2009年外為法改正 214
(7)　「仲介貿易」「積替」の規制とPSI、貨物検査 216
(8)　武器輸出三原則の見直し 218

5　輸出者による自主管理の重要性 220
(1)　「輸出管理の強化」についての経済産業大臣通達の背景 220
(2)　輸出管理内部規程の整備と確実な実施の必要性 221
(3)　自主管理に失敗した場合のペナルティ 224
(4)　その他留意点 229

6　大学・研究機関での輸出管理 231
(1)　大学の輸出管理の背景 231
(2)　大学における輸出管理の問題点 231
(3)　米国テネシー大学・ロス教授のみなし輸出違反事件 233

7　米国の再輸出規制および経済制裁法 235
(1)　米国輸出管理規則（EAR）に基づく再輸出規制 235
(2)　米国による各種制裁法に基づく規制 237
(3)　イランの核開発問題に係る制裁 237

8　国際物流のセキュリティ策としてのAEO制度 238
(1)　AEO制度導入の経緯 238
(2)　わが国のAEO制度の概要 239
(3)　AEOと関連するテロ防止のための国際的取組み 241

9　今後の課題——輸出管理法体系の再構築に向けた中長期的視点 243

(1)　外為法体系見直しに関する諸論点……………………………… 243
　(2)　輸出管理を実効的なものとするための必要情報……………… 245

第6章 特定国への経済制裁措置

1　経済制裁措置に係るコンプライアンス……………………………… 250
2　わが国が実施している経済制裁措置の概要………………………… 252
　(1)　外為法に基づく経済制裁措置の変遷…………………………… 252
　(2)　現在実施中の経済制裁措置……………………………………… 253
3　経済制裁措置を規定している外為法の概要等……………………… 255
　(1)　外国為替及び外国貿易法の変遷………………………………… 255
　(2)　外為法に基づく経済的な有事規制および政治的な有事規制（経済制裁措置）………………………………………………………… 258
　(3)　国際連合安全保障理事会決議…………………………………… 261
　(4)　外為法に基づく経済制裁措置の形式等………………………… 263
　(5)　外為法に基づく具体的な経済制裁措置の内容………………… 266
　(6)　銀行等の為替取引（送金）に係る適法性の確認義務………… 272
　(7)　金融機関等の本人確認義務等…………………………………… 273
4　個別の経済制裁措置の概要…………………………………………… 276
　(1)　タリバーン関係者およびテロリスト等に対する経済制裁措置（図表6 - 1の①②）……………………………………………… 276
　(2)　紛争国・地域の政権関係者等に係る経済制裁措置（図表6 - 1の③〜⑪）……………………………………………………… 277
　(3)　対北朝鮮制裁措置（図表6 - 1の⑫〜⑭および⑰）………… 277
　(4)　対イラン経済制裁措置（図表6 - 1の⑮⑯⑱〜⑳）………… 281
5　経済制裁措置に係る金融機関の対応………………………………… 284
　(1)　金融機関の役割…………………………………………………… 284
　(2)　預金契約等の資本取引に係る制裁対象者の有無の確認……… 284
　(3)　為替取引（主に外国送金）に係る適法性の確認義務………… 285

6 外国為替検査 287
 (1) 外国為替検査の概要 287
 (2) 外国為替検査の変遷 288
 (3) 外国為替検査マニュアル 289
7 米国の経済制裁措置の概要 292
 (1) 米国における経済制裁措置の担当部署 293
 (2) 米国OFACによる制裁措置 293
 (3) 日本に関係する指定者 295
 (4) 本邦金融機関の対応 296
8 おわりに 297

第7章 外国公務員等贈賄防止と米国海外腐敗行為防止法／2010年英国贈収賄禁止法対応

1 外国公務員等贈賄の罪について 300
2 The Foreign Corrupt Practices Act（米国海外腐敗行為防止法） 301
 (1) FCPAの外国公務員等贈賄禁止条項——FCPAガイドラインをふまえて 301
 (2) FCPAの執行状況 318
3 The Bribery Act 2010（英国2010年贈収賄禁止法） 321
 (1) 制定経緯 321
 (2) 概　要 322
 (3) 企業等による贈賄防止手続について 333
 (4) UKBAの運用状況 351
4 外国公務員等贈賄罪違反の代償（FCPA違反を中心に） 355
 (1) 高額の制裁金 355
 (2) 捜査協力義務 356
 (3) コンプライアンス・モニター／定期的報告義務 356

	(4)	役職員個人に対する制裁………………………………………………	357
	(5)	他国による立件…………………………………………………………	357
	(6)	取引停止（debarment）………………………………………………	358
	(7)	各種契約違反……………………………………………………………	359
	(8)	許認可等の取消し………………………………………………………	359
	(9)	指名停止…………………………………………………………………	360
	(10)	AEO（Authorized Economic Operator）制度上の特例輸入者および特定輸出者……………………………………………………	360
	(11)	責任追及と株主代表訴訟………………………………………………	361
5		企業が導入すべき贈賄防止体制……………………………………………	362
	(1)	トップレベルによる贈賄防止のコミットメント……………………	362
	(2)	贈賄防止体制の構築、運営等…………………………………………	363
	(3)	デュー・ディリジェンス………………………………………………	367
	(4)	研　　修…………………………………………………………………	369
	(5)	内部通報手続の整備・充実……………………………………………	370
	(6)	フォローアップ（監査、規程・運用のレビュー）…………………	371

第8章 内外独禁法の厳格運用への対応

序　論		…………………………………………………………………………………	374
1		独禁法の適用強化の実態…………………………………………………	375
	(1)	日本におけるカルテル・談合の摘発状況……………………………	375
	(2)	近年の海外における競争法の執行状況………………………………	378
	(3)	近時の傾向・近時の代表的な事例……………………………………	384
2		規制強化の方向性……………………………………………………………	396
	(1)	法制度面（制裁の強化）………………………………………………	396
	(2)	カルテル摘発手段の進化………………………………………………	401
	(3)	カルテル概念の拡散・抽象化…………………………………………	411
3		独禁法／競争法の世界的な拡散……………………………………………	428

(1)　ブラジル･･･ 429
　(2)　中　　国･･･ 430
　(3)　イ ン ド･･･ 433
　(4)　その他･･･ 434
4　対 処 法･･･ 434
　(1)　経営トップのイニシアティブと法務コンプライアンス担当役員の
　　　設置･･･ 436
　(2)　コンプライアンス・プログラム・マニュアルは有効か･････････････ 436
　(3)　業界団体対応･･･ 437
　(4)　他社情報収集のあり方･･･ 440
　(5)　同業者の摘発情報･･･ 441
　(6)　社内調査･･･ 442
　(7)　社内リニエンシー制度･･･ 442
5　最後に･･･ 443

第9章　FATCA（外国口座税務コンプライアンス法）の概要とわが国の対応

1　FATCA の概要･･ 448
　(1)　目的、FATCA の原則･･ 448
　(2)　導入の経緯･･･ 449
　(3)　政府間協定の導入･･･ 449
　(4)　政府間協定の種類･･･ 451
2　日本の金融機関に与える影響･･･ 451
　(1)　対象範囲･･･ 451
　(2)　対応のむずかしさ･･･ 453
3　FATCA 対応に関する課題･･ 454
　(1)　新規口座の開設に際する自己宣誓の取得･････････････････････････ 454
　(2)　責任者の宣誓とコンプライアンス・プログラム･･･････････････････ 455

(3)　投資事業体の取扱い………………………………………… 455
　(4)　消極的非協力者の取扱い…………………………………… 456
　(5)　みなし遵守に関する要件…………………………………… 457
　(6)　暦年基準による米国人口座の報告………………………… 458
　(7)　日本政府による金融機関に対する不同意米国口座の情報の徴求… 459
　(8)　犯収法のデュー・ディリジェンスとの齟齬……………… 460
4　結　　語──今後への期待等 …………………………………… 463

次なるスタートに向けて…………………………………………… 464

参考文献……………………………………………………………… 469

索　　引……………………………………………………………… 473

目　次　xvii

第 1 章

グローバルな規制潮流の変化とコンプライアンス・リスクの複合・つながり

金融機関や商事会社が直面するグローバルなコンプライアンス・リスクは、21世紀に入り、劇的に高度化、複雑化している。さらに、これらのリスクは相互に関連を強めている。特に注目されているのが、政治・安全保障リスクと経済・金融リスクの融合という現象が、金融機関や商事会社のコンプライアンス態勢に大きな変革を迫っている点である。

　金融機関や一般商事会社のグローバルコンプライアンス・リスク対応はこれまで、反資金洗浄措置や租税回避防止措置などの個々の事案をタテ割りの態勢で、いわば要素還元的手法により対応することが普通であった。しかし最近では、全体思考的（ホリスティック）で順序立った（システマチックな）対応が重視されるようになっている。では、なぜホリスティックでシステマチックなコンプライアンス態勢をとることが重要なのだろうか。

　本章では、コンプライアンス・リスクの複合・つながりを強く意識するようになった、近年のグローバルな規制潮流の変化を明らかにする。その具体的な事例として、2012年12月の金融活動作業部会（FATF）による反資金洗浄およびテロ資金供与対抗措置のための「40の勧告」の抜本的改訂、米国の安全保障戦略における包括関与アプローチの台頭、国際送金・決済システムに対する規制当局の監視強化、2008年の国際金融危機を契機とする租税回避の取締まり強化などを取り上げる。さらに、規制潮流のグローバルな変化に応じて、金融機関や商事会社がどのようなコンプライアンス態勢を構築しなければならないのか、そのポイントについて述べる。

1　リスク・ベース・アプローチの台頭

　反資金洗浄およびテロ資金供与対抗措置（Anti-Money Laundering and Combating the Financing of Terrorism：AML/CFT）に関する国際的枠組みである金融活動作業部会（Financial Action Task Force: FATF）は2012年2月、FATF発足以来AML/CFTについて加盟各国のガイドラインとして機能し

ていた「40の勧告」を改訂した。

　改訂された新しい「40の勧告」は、リスク・ベース・アプローチの実践を方法論の中核に置いている。リスク・ベース・アプローチとは、「40の勧告」のうちの第一勧告「リスク評価及びリスク・ベース・アプローチの適用」の解釈ノートによれば、AML/CFT に係る措置を、特定されたリスクに比例させ、AML/CFT のために使える手持ちの資源を最も効果的な方法で配分するアプローチである。リスク・ベース・アプローチを行う主体は、AML/CFT を現場で実践する金融機関および金融機関以外の特定専門家（DNFBPs）である。

　各国の当局任せにするのではなく、金融機関、ならびに弁護士や公認会計士などの専門家自身が、AML/CFT のリスクを特定、評価、監視、制御または軽減するのがリスク・ベース・アプローチのポイントである。したがって、今回改訂された「40の勧告」は、金融機関や専門家に、リスクを評価ならびにコントロールする能力を自分自身に備えることを求めているといえよう。

2　近年のグローバル規制潮流におけるリスクのつながりへの注目

　われわれは現在、どのようなリスクに直面しているのだろうか。それを知るキーワードが「リスク間のシステミックなつながり」である。システミックとは、個々のリスク要素が因果関係でつながり、一つの系（システム）となっている状態を形容している言葉だ。「リスク間のシステミックなつながり」とは、一つひとつのリスクが互いに結びつき、これまでにない巨大なリスクの塊として立ち現れている状態を示している。

　高度情報化とグローバル化が進み、さまざまな国家や非政府主体（NGOs）が複雑な利害関係をとり結ぶ現代社会では、政治、経済ならびに地政学的リスクは連関し、複合し、思いもかけない因果関係で結ばれるようになってい

図表1−1 コンプライアンス態勢の構築のためのシステムズ・アプローチ

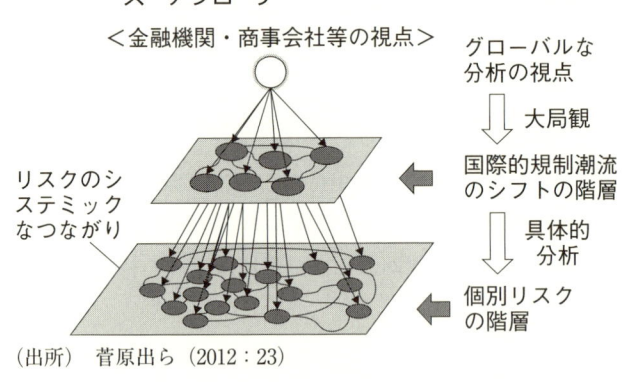

＜金融機関・商事会社等の視点＞

グローバルな分析の視点
⬇
大局観

国際的規制潮流のシフトの階層
⬇
具体的分析

個別リスクの階層

リスクのシステミックなつながり

（出所）菅原出ら（2012：23）

る。かつてのように、政治リスクは政治の世界で、経済リスクは経済の世界で、などとタテ割りの組織で要素還元的にコントロールすることがむずかしくなっている。

　金融機関や商事会社はコンプライアンス態勢の構築にあたり、「鳥の目」すなわち俯瞰的なアプローチを求められる。そのアプローチは二つの階層に構造化される。一つ目の層は、国際的な規制潮流のシフトの階層である。二つ目の階層は、個別リスクの階層である。金融機関等はまずグローバルなリスク分析の視点で、第一層で国際的な規制潮流のシフトを把握する。その全体像の把握をもとに、第二層で個別リスクのつながりをみることになる。金融機関等のコンプライアンス態勢の構築は、このようなシステミックで重層的なアプローチなしには、「木を見て森を見ず」という失敗に陥るおそれが高い（図表1−1）。

　たとえば、欧米主要国の政財界のリーダーたちが毎年1月に集まって会議を開くことで有名なダボス会議。このダボス会議を運営している世界経済フォーラム（WEF）は、リスクに関する報告書をダボス会議にあわせて毎年公表することで知られている。WEFが2012年に公表した報告書では、東日本大震災が事例として取り上げられている。地震と津波という災害リスクが、福島第一原子力発電所の事故やサプライチェーンの途絶などの企業のオペレーショナル・リスクを招き、風評被害などの企業戦略のリスクにつなが

り、さらには企業の資金繰りの悪化などから最終的には、一時的にせよ、為替や金利などの金融リスクの顕現につながっていったことを明らかにしている。

さらにWEFがその翌年に公表した2013年版の世界リスク報告書では、諸リスクのつながりが新たなリスクを生むという因果ループダイヤグラムの方法論を採択し、グローバルな金融危機の新たな発生や気候変動、そして水や食糧の不足というリスクが網の目のようにつながるという「リスクの網」をグローバルなリスクの筆頭として可視化している。また、つながり過ぎたインターネットの世界がデジタルな「山火事」で類焼するリスク、さらにグローバルなヒトの移動が当たり前となった現代での感染症の思わぬ広がりなどのリスク、を第二番目、第三番目に注目すべきリスクとしてあげている。

FATFがリスク・ベース・アプローチの採用を開始した2012年は、グローバルなリスク分析の文脈で奇しくも、「政経分離の終わり、政経融合の始まり」が深く意識され始めた1年でもあった。

米国のリスク分析会社ユーラシアグループは2012年1月、政治リスクと経済リスクが高度な融合をみせるのが2012年だと説いた。同社は年頭に、その年の世界の十大リスクの予測を、巧みなヘッドラインとともに紹介することで知られている。ユーラシアグループが2012年1月に公表した「トップリスク2012」は、「グローバル時代では初めて、2012年は政治と経済の完全な融合をみる。これは投資家のセンチメントを根本的にリスク回避に走らせる」と巻頭で書いている。

さらに、日本でグローバル・リスク分析を行っているPHP総研は、2012年版の分析レポートにおいて、「政経分離から政経融合へ」との見出しを掲げ、「日本にとって政治（外交・安保）と経済を一体的に捉える視点がますます重要になるだろう」と述べている。そしてPHP総研のグローバル・リスク分析の2013年版は、グローバルなリスクを分析するには、集合知と重層視点に基づき、諸リスクの因果関係を可視化するアプローチが有効だと説いている。

また、米国のインテリジェンス・コミュニティのトップである国家情報長官（DNI）は、毎年初め頃にその年の米国にとっての脅威について議会証言

を行うのが最近の慣例となっている。2012年の議会証言では、クラッパー国家情報長官が、「米国の最も大きな課題を構成するのは、潜在的脅威の多重性（multiplicity）と相互のつながり（interconnectedness）、そして脅威の裏にいるアクターたちだ」と述べ、国家に対する脅威分析をより精緻に行うためには、リスクの複合とつながりに目を向けるべきだとしている。

３ システミックなリスクのつながりと国際的な規制潮流

米国のインテリジェンス・コミュニティがリスクの複合とつながりを重視することの大切さを認識し始めていることをふまえ、超大国・米国の安全保障戦略も、米国政府自身がもつさまざまなパワーを包括的に組み合わせる方向へと進化している。

(1) オバマ政権の国家安全保障戦略

オバマ政権が2010年に公表した国家安全保障戦略は、「包括的関与の追求」をうたい、「成功する関与は、米国のパワーの異なる要素の効果的な使用と統合にかかっている」と指摘している。同戦略における包括的関与とは、米国のパワーの源泉であるａ 外交と開発援助、ｂ 経済と金融取引、ｃ インテリジェンスと法執行、ｄ 軍事力の四つの要素を縦横に組み合わせることである（図表１－２）。

この戦略は、米国の安全保障戦略の代表的論客であるアーミテージ元国務副長官とナイ・ハーバード大学教授が2007年に提唱したいわゆるスマートパワーの考え方に基づいている。すなわち米国は軍事力に代表されるハードパワーと文化などのソフトパワーの両方を身につけ、米国の目標を達成するための統合的戦略をとるべきだとのアプローチに根差したものといえよう。

米国の安全保障戦略における包括関与アプローチは、複合とつながりを

図表1-2　オバマ政権がとる国家安全保障戦略の包括的関与のアプローチ

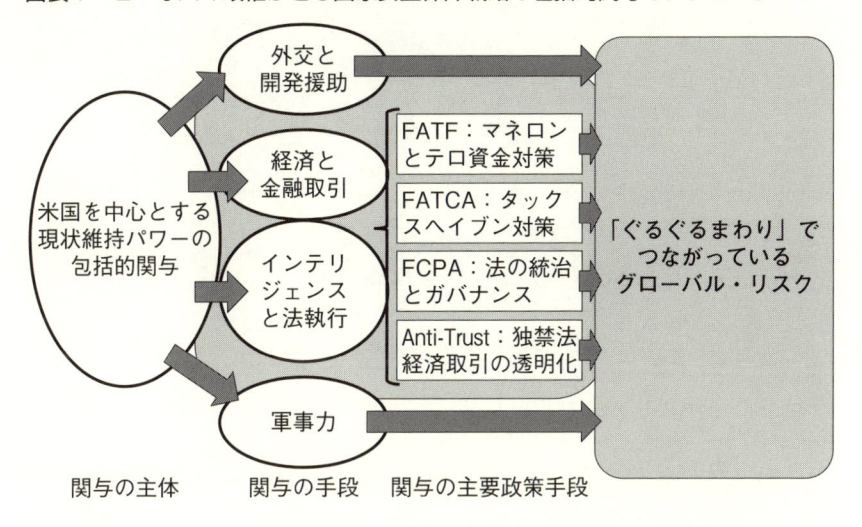

関与の主体	関与の手段	関与の主要政策手段	
米国を中心とする現状維持パワーの包括的関与	外交と開発援助		「ぐるぐるまわり」でつながっているグローバル・リスク
	経済と金融取引	FATF：マネロンとテロ資金対策	
		FATCA：タックスヘイブン対策	
	インテリジェンスと法執行	FCPA：法の統治とガバナンス	
		Anti-Trust：独禁法経済取引の透明化	
	軍事力		

年々深めるグローバル・リスクに対応しようとする米国の国際枠組みへの関与の増大の原動力となっている。現状の国際秩序に挑戦し、現状維持に対して異議申立てを行う中国などの新興国に対比して、米国などは現状の国際秩序を維持しようとする現状維持勢力だとよく称される。現状維持勢力の超大国である米国は、政経融合などを通じてシステミックな連関を強めているリスクの制御のために、外交と開発援助というソフトパワーと、軍事力というハードパワーの間のグレーゾーンで、経済と金融取引、そしてインテリジェンスと法執行という中間的なパワーを行使する機会をふやしているのである。

中間的なパワーの行使とは具体的には、AML/CFTのための国際枠組みFATFへの積極的関与であり、租税回避の防止とタックス・ヘイブン対策のための外国税務口座コンプライアンス法（FATCA）の国際的適用である。また、連邦海外腐敗行為防止法（FCPA）の施行の厳格化により、法の統治とガバナンスを、途上国政府を含むグローバルなビジネス慣行に及ぼす試みを続けている。そして、外国企業に対する独占禁止法規（Anti-Trust）の厳格適用を通じて、経済取引の透明化を追求している。

FATF、FATCA、FCPAとAnti-Trust。これらのリスクの複合を筆者

図表１−３　F3Aアプローチの構造

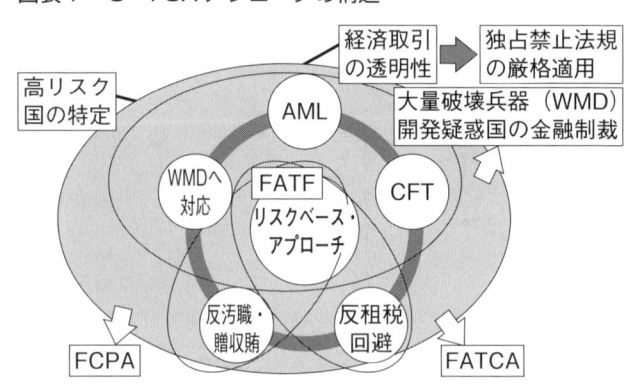

(図中)
高リスク国の特定
経済取引の透明性
独占禁止法規の厳格適用
AML
WMDへ対応
FATF リスクベース・アプローチ
CFT
大量破壊兵器（WMD）開発疑惑国の金融制裁
反汚職・贈収賄
反租税回避
FCPA
FATCA

は、「三つのFと一つのA（three F's and one A）」とワーディングし、これらのリスクに包括的に対応するアプローチを「F3Aアプローチ」と呼びたい。「F3Aアプローチ」は、米国が主導する経済金融のコンプライアンス・リスクへの包括関与の取組みを象徴している（図表１−３）。

　米国の安全保障は、軍事力をもとにした「ハードな」脅威だけでなく、金融やサイバー空間の「ソフトな」脅威にも脅かされている。米国政府当局者のこのような認識がコンプライアンス対応における「F3Aアプローチ」を生み出している。たとえば、クラッパー国家情報長官は、2013年3月12日に上院情報委員会で行った世界脅威評価に関する議会証言で、次のように述べている。

　「『戦争』についてのわれわれの定義が『ソフト』なバージョンを含むような世界になっている。われわれはサイバーと金融を、われわれに向けられている武器リストに加えることができる。これらの攻撃は、やっていないといえるし、加害者の特定が不可能だ」。

(2) G20など国際首脳会議における包括関与アプローチへの傾斜

　「F3Aアプローチ」は、主要20カ国首脳会議（G20）などの国際首脳会議

での議論にも反映されるようになっている。

　たとえば、2011年11月に南仏の保養地カンヌで開かれたG20首脳会合。この会合で出されたコミュニケでは、「金融セクターの改革と市場の健全性の強化」ならびに「腐敗とわれわれの闘いの強化」のヘッドラインのもと、パラグラフ二つを包括関与アプローチに基づく記述に割いている。すなわち、同コミュニケは、パラ17において、「すべての国・地域に対し、租税、健全性、およびマネー・ローンダリング・テロ資金供与対策の分野における国際基準を遵守するよう促す」と述べるとともに、パラ29において「腐敗との闘い…（中略）…について…（中略）…強固な国際的法的枠組みの迅速な実施、腐敗および外国公務員の贈賄を防止し対抗するための国内的措置の採択、腐敗との闘いにおける国際協力の強化、および官民部門間の共同イニシアティブの発展の必要性を強調する」と述べ、反資金洗浄・テロ資金供与対抗措置、租税回避の防止、ならびに外国公務員贈賄防止がともにG20首脳の共通関心であるとともに、これらのリスクが深いつながりをもっていることを示唆している。

　金融に関するコンプライアンス・リスクに対する、G20の首脳会合および財務相・中央銀行総裁会合プロセスにおける包括関与アプローチは、カンヌG20会合から一貫して継続している。たとえば2013年2月にモスクワで開かれたG20財務相・中央銀行総裁会合では、金融規制の見出しでまとめられた七つのパラグラフのうち三つのパラグラフで国際金融リスクのコンプライアンスについて言及している。具体的には、経済協力開発機構（OECD）が近年進めている税源の浸食と利益移転に関する取組みを歓迎するとともに、FATFが最近行っている、AML/CFT対策上問題がある高リスク国の戦略的な特定・監視活動の継続を奨励している。

　さらに、2013年7月に同じくモスクワで開催されたG20財務相・中央銀行総裁会合でも、OECDとG20が実施する税源浸食・利益移転（BEPS）プロジェクトの設立の歓迎、税の透明性に関する多国間または二国間での自動的情報交換、ならびにFATFのAML/CFTの作業へのコミットメント等に対するG20としての支持が示されている。

(3) OECDにおける包括関与アプローチの醸成

　G20で近年とられるようになった諸リスクに対する包括関与アプローチは、先進国クラブと呼ばれることの多い国際機関であるOECDを結節点として醸成されてきた。国際的な租税回避の防止、反資金洗浄と外国公務員への贈賄の防止は、OECDベースの国際コンプライアンスの主要活動の二つの柱として、1990年代から展開されている。

a　租税回避の防止

　第一の柱である租税回避の防止については、1990年代からOECDは「税の競争」プロジェクトを推進し、法人税を無税または著しい低税率にする国についての研究を進めてきた。2000年には、「タックス・ヘイブン・リスト」を公表し、35の国・地域をタックス・ヘイブン（租税回避地）として公表した。さらに、2002年には、「非協力的タックス・ヘイブン・リスト」を公表し、2000年のリストに掲載された国・地域のうち、アンドラ、リヒテンシュタイン、モナコ、マーシャル諸島、ナウル、リベリアならびにバヌアツの7カ国を非協力的タックス・ヘイブンとして公表している。

　反資金洗浄・テロ資金供与対抗措置を講じる各国・地域政府がメンバーとなっている国際枠組みFATFはOECDの下部機関ではなく、独立の機関であるが、事務局をOECDの建物のなかに構えている。そのFATFが反資金洗浄に関する非協力国・地域（NCCTs）リストを公表し始めたのは、2001年のことであった。第1回のリストでは、15の国または地域がNCCTsとされた。第1回リストのNCCTsのうち、リヒテンシュタインやマーシャル諸島など少なからぬ国・地域が、OECDが当時監視の目を強めつつあったタックス・ヘイブン・リスト掲載国・地域と重なっている。

　折しも、2001年9月には米国同時多発テロが発生し、「ダークなお金」に関するタックス・ヘイブンと資金洗浄・テロ資金供与のつながりが強く意識された頃でもあった。FATFでは9.11テロ後ほどなくして「テロ資金供与に関する8の特別勧告」が採択され、タックス・ヘイブンとAML/CFTの

リスクの複合が指摘されている。この特別勧告は項目が後で一つふえ、「テロ資金供与に関する9の特別勧告」になる。また香港やシンガポールなど、タックス・ヘイブンではないものの、金融取引に透明性がやや欠け、当局間の情報交換に消極的だとされる一部の金融センターについても、問題として取り上げる動きがOECDで出始めたのもこの時期である。

b　外国公務員への贈賄防止

　第二の柱である外国公務員への贈賄防止は、OECDが税の競争に先駆けて取り組み始めたプロジェクトである。OECD加盟国の企業がビジネス受注のために外国政府の公務員に賄賂を贈ることを禁止する国際取決めの推進が、その内容である。この取決めに違反した企業は当該企業の本国司法当局に摘発される。このプロジェクトの端緒は、米国の航空機メーカー、日本の商社そして日本の政界が関与した、1976年のロッキード事件である。その後途上国を中心に、当該国の公務員に贈賄する他国企業に、米国企業が商談受注で競り負けるケースが続出した。米国連邦政府は、米国企業の競争力強化の一環としてOECDにおける多国間合意の形成に注力した。その結果、1997年にはOECD贈賄防止条約が成立している。

　なお、英米では、OECD条約のみならず、自国の国内法としても、外国公務員への贈賄防止に関する法律を制定している。米国では、連邦法として1977年海外腐敗行為防止法（FCPA）が制定され、米司法当局が同法に基づく厳しい捜査を近年行っている。また英国では、米国のFCPAより厳しい規制内容をもつ英国反贈賄法（UK Bribery Act）が2011年7月に施行されている。

　OECDは、資金洗浄、テロ資金供与、租税回避ならびに外国公務員への贈賄という、国際金融に関するコンプライアンス・リスクに包括的に対応するアプローチを明示的に推進している。たとえば2004年11月にロンドンで講演したOECDのウィズレル財政金融多国籍企業局長は、「OECDの仕事は…（中略）…法人と信託のハコが、資金洗浄、贈賄、脱税、不適切な自己勘定売買と市場操作、ならびにテロ資金供与などの金融犯罪をどのように助長しているかを吟味するものであった」と述べている。

国際金融に関するコンプライアンス・リスクに対するOECDの包括関与アプローチが、ウィズレル局長のロンドン講演の２年後である2006年３月に、当時のブッシュ政権下で発表された「国家安全保障戦略」（改訂版）の考え方と軌を一にしていることは興味深い。すなわち、同戦略は「米国は…（中略）…犯罪者、テロリスト、資金洗浄者および腐敗した政治指導者の悪事に対抗してきた。われわれはFATFのような国際機関を使い、グローバルなシステムが透明であり、汚れた資本の悪用から保護されることを確保し続ける」と、OECDで醸成されてきた金融コンプライアンス・リスクに対する包括的アプローチと同様の考え方を明らかにしている。
　同戦略が「汚れた資本」から保護すべき対象としたのは、個別国の国益や特定の分野の権益ではない。グローバルな金融システムという世界全体のつながりそのものである。これは、当時の米政権とOECDがともに、「リスクのつながり」を重視するというシステムズ・アプローチの考え方をとっていたことを意味している。

4　国際金融コンプライアンス・リスクへのシステム思考の主軸としてのFATF

　これまでみてきたような国際金融に関するコンプライアンス・リスクに対する「つながり思考」、すなわちシステム思考のアプローチを形成してきた主軸の機関は、やはりFATFであろう。
　FATFは、同部会のメンバー国・地域が1990年に合意した「FATF40の勧告」、ならびに2001年の9.11テロを契機に合意され、順次改定された「テロ資金供与に関する９の特別勧告」に基づき、AML/CFTに関するこれら二つの勧告の加盟国・地域の遵守状況を相互審査してきた。
　日本でもFATFの動きを受け、これまであったいわゆる本人確認法と組織的犯罪処罰法を統合・拡大するかたちで、犯罪による収益の移転防止に関する法律（犯罪収益移転防止法）を2007年に施行している。同法の施行によ

り、本人確認および取引記録の保存および疑わしい取引の届出義務は、国際標準に沿うかたちで、金融機関のみならず、貴金属商などの非金融業者や公認会計士・弁護士等にも原則として拡大されることになった。各国政府のAML/CFTの中核組織であるファイナンシャル・インテリジェンス・ユニット（FIU）は、日本においては同法の施行を契機に、それまでの金融庁から、警察庁に新たに設けられた犯罪収益移転防止管理官（JAFIC）に移転されている。

　金融機関のAML/CFT対策については、銀行の健全性維持の観点からも、さらに重点的な態勢構築が求められている。銀行監督の国際的枠組みであるバーゼル銀行監督委員会は2006年に、バーゼル・コア・プリンシプルと略称される「実効的な銀行監督のための中核となる諸原則」および関連付属文書を改訂した。同原則は、顧客属性に応じたAML/CFT態勢の構築を同委員会のメンバー国・地域に強く求めている。日本の金融規制監督当局である金融庁はこれらの改訂を受け、金融機関向けの監督指針を2007年に改正した。

　国際的な麻薬取引、資金洗浄やテロ資金供与などの不法な金融取引をグローバル化した金融市場のなかで有効に防止するためには、金融取引に関する顧客の利便性をある程度犠牲にしても、法令整備や態勢構築をせざるをえないところまで来ている。ある国がAML/CFTの抜け穴だという評価を国際的に受けてしまうことは、その国の金融業の発展、ひいては持続的経済成長にとって明らかなマイナスになるからだ。きちんとした反資金洗浄・テロ資金供与対抗措置を各国当局が講じることを可能にするためには、AML/CFTの意義に対する十分な理解を国民から広く受けることが前提条件となっているといえよう。

(1) FATFの新しいリスクアプローチ

　FATFは1988年の国連麻薬新条約の採択を契機に、翌1989年にパリで開かれたアルシュ・サミットで設置が決定された。同サミットでFATFの設置と資金洗浄行為を犯罪とする義務づけが合意されたのは、1980年代に進んだ中東欧の民主化・自由化からソ連崩壊へと続く動きのなかで、中東欧やロ

シアを根拠地にした不法活動グループが麻薬および人身売買そしてそれに伴う資金洗浄に大がかりな関与をしていたという、「自由化・民主化の負の側面」が目立つようになったことが背景とされる。

　FATFはその後、「40の勧告」採択（1990年）、エグモント・グループと呼ばれる各国情報ユニットの国際ネットワーク発足（1995年）、バーミンガム・サミットでの各国ファイナンシャル・インテリジェンス・ユニット（FIU）設置合意（1998年）、非協力国・地域（NCCTs）リストの公表開始（2000年）、と国際的枠組みとしての活動を着実に活発化させていった。

　FATFの活動がリスク間のつながりを深く意識するようになったのは、2001年9月に発生した米国同時多発テロであった。たとえば、南アジアや中東地域における「ハワラ」など信書・電話と人手を使った伝統的な送金システムが、9.11テロに関与したテロリストをめぐる資金洗浄行為とテロ資金供与の道具となっていたことが、テロ後にクローズアップされたからである。

　FATFは2002年に「テロ資金供与に関する8の特別勧告」を制定し、テロ資金供与の犯罪化、テロに関係する疑わしい取引の届出を義務化した。2003年には「40の勧告」を改訂し、ゲート・キーパーと呼ばれる非金融業者や職業専門家にも、疑わしい取引の届出制度適用を勧告した。さらに2004年には、現金運搬人に関する九つ目の特別勧告が採択されている。

　FATFが国際金融に関するコンプライアンス・リスクのシステム的なつながりを重視するアプローチをとっているのは、AML/CFT対応のこれまでの歴史的積重ねによるところが大きい。2012年2月には、第4次相互審査に向けて、これまでの「40の勧告」「9の特別勧告」が改訂され、一つの「40の勧告」になり、AML/CFTにおけるそれぞれのリスクの複合とリスク間のつながりが特に注目されるようになった。

　2012年2月に改訂された新しい「40の勧告」を読めば、リスクアプローチの強化とともに、重要な公的地位者（PEPs）の定義の拡大、国内PEPsの顧客管理、AML/CFTと租税回避防止のつながりの注視、租税回避による収益の資金洗浄を資金洗浄罪の対象にするなど、AML/CFTにおける諸リスクの国際的つながりをFATFが注視していることがわかる。さらに新勧告

では法人・信託制度の悪用防止、ならびに電信送金システムの利用に際しての取引の透明性向上もうたわれている。

その意味で、2013年2月にパリで開催されたFATF総会で採択された、新しいFATF「40の勧告」遵守評価の方法論解説書（正式名称：Methodology for Assessing Technical Compliance with the FATF Recommendations and the Effectiveness of AML/CFT Systems）において、AML/CFTに関する各国の取組みを「AML/CFTシステム」として一つの社会システムとしてとらえる動きがみえることは、意義深い。AML/CFTに関するリスクがシステミックに複合している以上、対応する側も態勢をシステムとして構築しなければならないのである。

(2) 金融制裁との関連とFATF新勧告

2012年のFATF新勧告で注目されているもう一つの論点は、大量破壊兵器製造や核拡散疑惑などに関して国際連合安全保障理事会が各国に実施を要請する金融制裁との関連を強く意識している点である。すなわちFATF新勧告では、国連安保理決議の要請があれば、大量破壊兵器の拡散に関して金融制裁の実施をFATFが加盟各国・地域に勧告することを定めている。

2000年代の後半になり、国連安保理が要請、または主要各国が独自に実施する金融制裁の対象は、それまでのテロリスト個人や企業に加え、イランや北朝鮮など大量破壊兵器製造や核拡散疑惑がある国家に向けられるようになった。この動きに伴い、国連決議による金融制裁および各国の独自金融制裁についても、FATFのとる措置との連携を意識したものに変容している。

たとえば、2010年6月に採択された4度目の国連対イラン制裁決議である国連安保理決議第1929号では、同決議の前文で、イラン中央銀行をはじめとするイランの金融機関の核拡散関連取引関与への注視を呼びかけたFATF指針を歓迎している。

金融制裁との連携を重視するFATFの動きには、2年前の2010年から積み上げられた経緯がある。2010年2月のFATFアブダビ総会で、FATFは高い国際金融コンプライアンス・リスクをもつ国・地域に関する網羅的なス

テートメントを初めて取りまとめ、AML/CFT 態勢の不備がある国を特定および公表したのである。FATF はこの発表において、AML/CFT 態勢の不備に懸念がある国を、次の四つのカテゴリに分類している。

a　著しい AML/CFT 不備のリスクがあり、FATF が加盟国・地域に対抗措置を呼びかけている国
b　AML/CFT 不備を是正する行動計画にコミットしておらず、FATF が加盟国・地域にリスクに注意を呼びかけている国
c　かつて AML/CFT 不備を FATF に公表され、対応がまだ十分ではない国
d　戦略上の AML/CFT 不備があり、ハイレベルの政治的コミットメントを FATF に行って改善に努めている国

　FATF はこれらの類型化を発表したうえで、四つのカテゴリに該当する国・地域として、 a の「著しい AML/CFT 不備のリスク国」としてイラン、 b の「AML/CFT 不備のリスク国」としてアンゴラ、北朝鮮、エクアドル、およびエチオピアの4カ国、 c 「対応不十分な国」としてパキスタンほか3カ国、ならびに d の「改善努力中の国」としてスーダンやイエメンなど20カ国をあげている。このリストではイランや北朝鮮など、国連安保理決議や主要先進国の個別金融制裁で対象国となっている国が、集中的に指定されていることが特に注目される。

　この FATF による AML/CFT 高リスク国の特定・公表という活動をふまえれば、FATF は大量破壊兵器製造や核拡散というグローバルな安全保障リスクに対して、「40の勧告」の改定という AML/CFT に関するマクロレベルでの取組みのみならず、個別国の特定というミクロレベルでの活動も強化していることがわかる。

　さらに FATF は2013年2月22日に声明を発表し、イランと北朝鮮を名指しし、これら2カ国は相当程度の資金洗浄とテロ資金供与を続けており、国際金融システムを守るために各国・地域に対抗措置を呼びかけている。さらにこの2カ国に準ずる国として、エクアドル、エチオピア、インドネシア、ケニア、ミャンマー、ナイジェリア、パキスタン、サントメ・プリンシペ、シリア、タンザニア、トルコ、ベトナムおよびイエメンの13カ国をあげてい

る。

　国連安保理決議に基づく金融制裁、および米EUなどがユニラテラルに発動する独自金融制裁は、国際的な金融取引ネットワークや国際送金・決済網から制裁対象国の金融機関を締め出し、「金融の力」を使って当該対象国へ経済的に圧力をかける意味がある。たとえば、2010年7月にオバマ大統領が署名し即日施行された包括イラン制裁法（CISADA）の適用プロセスでは、米国がEUや中国、日本などに対して金融制裁の内容に足並みをそろえるよう、強く要請する動きがあったと報道されている。また、2013年2月に3度目の核実験を行った北朝鮮に対する金融制裁に関しても、国連が採択した制裁内容を超えて、朝鮮貿易銀行との金融取引禁止など、米国が科す独自制裁を各国に同調を求める動きがある。いまや、国際金融に関するコンプライアンス・リスクへの対応を、制裁を行う国家間に形成されたシステムとして行う動きが顕著になっているといえよう。

5　国際金融インフラとコンプライアンス・リスクのつながり

　これまでみてきたように、コンプライアンス態勢の構築にあたり、国際金融に関するコンプライアンス・リスクを、システム思考という「つながり」思考で包括的に把握することが重要であることが関係者にあらためて認識されるようになったのが最近の10年間の潮流だったといえよう。国際金融システムを構成するインフラのなかでも、クリティカルなシステムの象徴の一つといえるのが国際決済システムや国際送金システムである。

　2006年6月、国際送金システムを舞台に、リスク・ベース・アプローチの典型ともいえる事件が発生した。その事件の顚末を、以下紹介することで、国際金融インフラとコンプライアンス・リスクのつながりを考察する事例としたい。

　2006年6月23日、ニューヨークタイムズ紙は異例のすっぱ抜き記事を掲載

した。他紙も追随した。記事の内容は、米国財務省、中央情報局（CIA）ならびに連邦捜査局（FBI）が9.11テロ後、アル・カーイダの活動監視など反テロ対策の一環として、SWIFTの取引データベースに密かにアクセスしていたというものだった。SWIFTとは、世界インターバンク金融電気通信協会（Society for Worldwide Interbank Financial Telecommunication）の略で、212カ国の1万社を超える金融機関等が加盟する国際送金サービスである。本部はベルギーにあり、2012年1年間に46億通の送金メッセージを交換するなど、巨大な国際金融インフラを構成している。主要10カ国（G10）中央銀行総裁会議メンバーがSWIFTの監督にあたっている。そのSWIFTのデータベースを、米国の情報機関等がこっそりと覗き見ていたというのだから、世界の金融関係者に衝撃が走った。

　これに対して米国財務省は、ニューヨークタイムズ紙以外の動きを事前に察知していたのか先手を打ち、記事が出たのと同じ日に自ら、財務省が「テロ資金追跡プログラム（Terrorist Finance Tracking Program: TFTP）を走らせていることを公表した。TFTPによりSWIFTデータを秘密裏に覗いていたのは、テロ資金供与対抗措置のためで、テロとの戦いの意義により正当化されるものだと説明している。

　米国財務省の説明のロジックは、2006年7月11日にリービー財務次官（当時）が議会で行った証言から確かめることができる。同次官はこの日、下院金融サービス委員会監視捜査小委公聴会で証言し、「『カネを追跡すること』は、テロリストとその支援者を特定し探知するために最も有益な情報源の一つ」であるとし、「TFTPはこれらすべての努力の鍵となる部分」と述べたうえで、ニューヨークタイムズ紙ほかの「新聞が本件の報道を決定したことを大変残念に思う」と証言したのである。

　SWIFTの本部は、EU事務局の所在国でもあるベルギーにある。ヨーロッパにある機関のサーバを米国の当局がいわば「覗き見て」いたことが判明し、米欧の当局間は一時緊張したといわれる。他方、実効的なテロ防止策として、テロ資金供与を国際的に監視することは米欧当局の共通課題であり、EUは結局、米国財務省との間で2010年7月に、TFTPに関する協定の改訂に合意したのであった。TFTP協定の改訂には、米国・EU間でSWIFTを

はじめとする金融取引データを共有することをあらためて確認する意義があった。改訂されたTFTP協定では、SWIFTの取引データ閲覧を米国財務省が要求する際の手続規定と透明性・牽制の確保規定、取得データの使用範囲などを取り決めている。そしてこの改訂された協定に基づき、これまでに2,000件近い個別データが米国とEUの間で共有されたといわれる。

SWIFTをはじめとする国際送金インフラは近年、AML/CFT対応の最前線の一つになりつつある。たとえば、米国連邦議会上院銀行委員会が2012年2月に、「2012年イラン制裁、責任および人権法案」を可決した際に、同委員会の有力委員らは、SWIFTはEUの対イラン制裁措置に反し、イラン中央銀行およびその他のイラン金融機関に送金網サービスを提供していると非難したのである。そして同法案には、米国会計検査院（GAO）の院長に対して、60日以内にイラン中央銀行およびその他のイラン金融機関に送金網サービスを提供しているすべての機関を特定し、議会への報告を義務づけるとともに、同じく財務長官に対し90日以内に、SWIFTのイランとの金融網の切離しに関する議会報告を義務づけている。同法案ではそのうえで米国大統領に対してSWIFTを制裁する権限を付与するなど、一種の「SWIFT叩き」が特徴となっている。

にわかに米国連邦議会で盛り上がった、この「SWIFT叩き」の機運に対して、SWIFTは反論のステートメントを発表した。2012年2月に公表されたSWIFTのステートメントでは、EUが新しい対イラン制裁法案をドラフト中であり、SWIFTとしても施行されれば即座に遵守すること、SWIFTはコンプライアンス重視の機関であること、さらにSWIFTはG10中央銀行に適切に監督されていることなどを主張し、防戦に努めたのであった。

⑥ コンプライアンス・リスク対応としてのFATCA

多面にわたるコンプライアンス・リスクの「つながり」の強さを示す事象

の一つとして、2008年のグローバル金融危機の発生後に、次々とタックス・ヘイブンをめぐるスキャンダルが明るみに出て、いわゆる「タックス・ヘイブンつぶし」が各国当局をつなぐ共通の国際コンプライアンス対応の目玉になったことが注目される。

まず、2008年2月に発覚したリヒテンシュタイン事件では、ドイツ当局がリヒテンシュタインの皇太子の弟が経営する銀行LGTグループの元行員から、500万ユーロで銀行データを購入したことが目を引いた。このデータ購入により、ドイツ当局はドイチェポストAGの元CEOの事案を含む、約900件の脱税を立件できたのである。

リヒテンシュタイン事件の4カ月後の、2008年6月に明るみに出たUBS事件の端緒は、訴追されたUBSの元行員が、米国フロリダ州裁判所で、UBSは米富裕層の脱税を組織的に幇助していたと衝撃的な証言を行ったことだった。翌月、米国司法省は連邦地裁にUBSの召喚を申請した。UBSが顧客の脱税幇助のために開設した秘密口座は5.2万口座で、隠し資産は148億ドルの巨額にのぼることが判明している。

このUBS事件は、米スイス間の外交関係を揺るがす事態に発展した。スイスのメルツ大統領もコンプライアンス重視の声明を発表している。UBSは2009年2月に、約300人分の顧客情報の引渡しと、7.8億ドルの支払を米当局に約束した。しかし、それでは不十分だとする米国司法省はさらに5.2万人分のデータ引渡しを求め、UBSを米国連邦地裁に提訴したのである。

グローバル金融危機の発生を契機に、米国とともにドイツ・フランスもタックス・ヘイブン追及の急先鋒に立った。

フランスについては2008年9月、ワース財務相（当時）がタックス・ヘイブンへの措置のためにOECD会合開催を呼びかけ、サルコジ仏大統領（当時）も翌月の米仏首脳会談で会合開催を呼びかけた。ドイツについても2009年3月、メルケル独首相の強い意向で、英独首脳会談後、タックス・ヘイブンとヘッジ・ファンド規制に両首脳が言及することになった。大陸欧州諸国の世論はその当時、グローバルな金融危機の元凶は、タックス・ヘイブンを経由してファンド等に流れ込んだ「バブルのおカネ」との認識に沸き立っており、独仏両国の首脳もタックス・ヘイブン追及を政治的アジェンダの中心

に据えざるをえなかったのである。

　このような流れを受けて、2009年4月に開催されたロンドンのG20首脳会合では、タックス・ヘイブンの問題が中心議題の一つに浮上した。このロンドンG20では、タックス・ヘイブン・リストの公表に積極的なサルコジ仏大統領（当時）と、消極的な胡錦濤・中国国家主席（当時）が対立した。その二人の間をオバマ大統領が議場で周旋し、リスト公表に漕ぎつけたという一幕もあったと報道されている。このロンドンG20の「前奏曲」として、G20首脳会合に向けて独仏がOECDを強くプッシュした。OECDの働きかけにより2009年2〜3月にかけて、香港、マカオ、シンガポール、スイス、リヒテンシュタイン、モナコなどの各国当局がOECD基準の遵守を続々とコミットする動きに出ていた。

　ロンドンG20でタックス・ヘイブン追及が大きな国際的なトレンドとなったことは、国際的コンプライアンス・リスクの一つとして、租税回避が大きく意識されるようになったことを象徴している。

　EU諸国におけるグローバル金融危機への対応と税金回避への戦いの結合は、グローバル金融危機で救済された欧州の金融機関へのポピュリズム的不満の大きな広がりの文脈でとらえることが適切である。EUは2013年2月、EU域内11カ国の金融取引に広く課税する金融取引税の導入を提案した。この金融取引税の提案の背後には、欧州諸国に広がるこのようなセンチメントを感じることができる。

　租税回避への戦いの姿勢は、米国連邦議会においても顕著となっている。2005年にはレビン上院議員らが反タックス・ヘイブン法案を議会に提出し、当時上院議員だったオバマ大統領も同法案の当初からの共同提案者になっている。同様の反タックス・ヘイブン法案は2009年3月、2011年7月にもそれぞれ、レビン議員らから再提出された。この法案提出の背景には、米国連邦政府の財政事情が大きく悪化しているにもかかわらず、オフショア税制の悪用で、約1,000億ドル（個人課税400億〜700億ドル、法人課税300億〜600億ドル）の米国の税収が毎年失われているという危機感を連邦議会の要路がもっていることがあげられる。

　2010年3月にオバマ大統領が、雇用促進法案（HIRE Act）の一部に盛り込

まれたFATCA法案に署名。米国連邦議会のボーカス上院財政委員長、ランゲル下院歳入委員長、ケリー上院外交委員長、ニール民主党下院院内幹事ら（いずれも当時）が主導して成立に漕ぎつけたFATCAは、租税回避という国際コンプライアンス・リスクへの米国の戦いを示す象徴の一つとなっている。

FATCAは2013年1月に施行され、同月には内国歳入庁（IRS）が544ページにわたる施行規則の最終版を発表した。前後して米国財務省は2012年9月に、FATCAの国際的適用に関する政府間協定を英国と締結している。また、日本との間でも、同年6月に政府間協定の枠組みに関する共同声明が発表されている。このように、米国はFATCAを世界的に適用する意図を示しており、国際的なコンプライアンス・リスクの一つとして世界各国の金融機関等が態勢構築を迫られる事態となっている。

7 リスク規制潮流の合流の意義

2010年代に入り、FATF、FATCA、FCPAそしてAnti-Trustという四つのリスク規制のグローバルな潮流への対応が、「F3Aアプローチ」という包括的アプローチに合流した。このことは、グローバル・リスクの複合とつながりを象徴するものとして意義深い。2010年代は「外交・安全保障リスクと金融・経済リスクの分離の時代」が終わり、「外交・安全保障リスクと金融・経済リスクの融合の時代」が始まった10年間として、後世から記憶されるだろう。

グローバルな金融コンプライアンスに関する規制潮流が、金融機関や商事会社にリスクの複合とつながりに対応することを求め始めている。リスク・ベース・アプローチの本質とは、企業自らがリスクを評価・制御する能力を向上することである。個別のリスクに応じたタテ割りの「法令遵守」では不十分であり、リスクの複合とつながりを見極める視点と態勢づくりが求めら

れているともいえる。特に、リスクの特定、評価、監視、ならびに制御・軽減をいわゆる PDCA サイクルで回せる、人間中心のシステムを組織に埋め込むことが鍵となる。

8　金融機関や商事会社に求められるシステム思考

　リスク・ベース・アプローチの採用やリスク間のシステミックなつながりといった近年の新たな傾向をふまえ、金融機関や商事会社のコンプライアンス態勢の構築は、具体的にはどうあるべきだろうか。残念ながら日本では最近、次に述べる二つの誤解が広く流布しているように思える。その誤解のおかしさを、システムズ・アプローチという、システムに関する学術的方法論で考えてみたい。

　第一の誤解は、法令遵守に関するシステムやソリューションの製品パッケージを外から据え付ければ対策は十分とする発想である。この発想の背後には、コンプライアンスとは、しょせん「ハード」のシステム対応であり、いわゆる「システム屋さん」にすべて任せておけばよい、とする経営陣の発想が見え隠れする。

　しかしシステムとは、機械・技術システムに代表される「ハード」なシステムのみを指すのではない。システムズ・エンジニアリングに関する国際学会であるシステムズ・エンジニアリング国際協議会（INCOSE）は、システムを「ある目的を成功させるために要素が相互作用するつながり」と定義している。システムの定義は、ハードウェア、ソフトウェアのみならず、人や情報、設備サービスその他も含まれるのである。

　コンプライアンス態勢の整備という目的を成功させるためには、ハードのシステム整備だけでは十分ではない。経営陣のガバナンスとしての関与、適切な人員配置と教育、顧客取引に関する情報フローの整備、顧客情報の内部管理の業務フローの構築などについて、組織全体の取組みが必要だ。リスク

がつながっており、組織全体に波及するものであるとすれば、コンプライアンス態勢も組織全体として有機的に構築しなければならない。

コンプライアンス態勢の真の意味での整備とは、金融機関や商事会社の内部の人材、情報および技術を広く含んだ「ソフトな」システムを法令遵守対策の成功のために機能させることである。さらに、金融機関や商事会社が政府ならびに国民とともに、よりよいコンプライアンス態勢の態勢構築のために、円滑な相互理解や相互作用をいかに行っていくのがよいのかということが重要である。「三つのFと一つのA」をめぐるコンプライアンス態勢の確立は、その意味でまさに日本の社会システム上の政策課題なのである。

金融機関や商事会社に求められているのは、規制導入を外生的なものとして受け身で「お説ごもっとも」と押しいただく姿勢ではない。むしろ、組織の業務効率化とコンプライアンス対策の実効性のバランスという観点から、実務現場での「現場知」を「専門知」へ、「暗黙知」を「形式知」へ、ともに変換し、企業統治の態勢づくりにインプットしていくという行動志向である。行動志向とは、システムズ・アプローチの考え方によれば、金融機関や商事会社が国際的な規制潮流の変化を機敏にとらえる社会システムの活発な要素になり、システム自体を活性化することにほかならない。

「三つのFと一つのA」の時代におけるコンプライアンス態勢の構築の最適解は、システムズ・アプローチで解けば、当局、金融機関・商事会社、顧客という本件の問題におけるステークホルダーの相互関係を、どのように人・情報・技術という幅広いフローでコンプライアンスのために活性化できるかという点にかかっている。その意味で、本件を社会システムの問題として把握できるかどうかが、コンプライアンス態勢整備の向上の鍵となろう。

第2章

AML/CFTの
グローバルな変化と
求められる措置

1 まえがき

　マネー・ローンダリング（Money Laundering：資金洗浄）とは、「汚れた資金、すなわち違法な行為によって得られた資金の出所を隠し、きれいな資金、すなわち合法的な経済活動の結果得られた収益に見せかけるプロセス」のことである。そして、このプロセスは、大きく三つの段階に分けることができる[1]。

　一つ目の段階は、犯罪から収益を切り離し、預金口座への入金や振込み等により金融システムに潜り込ませる「プレイスメント placement」。このプレイスメントは金融システムへの侵入の第一段階であり、現金の入金や受け皿となるための預金口座の開設、売買が必要となる。そのために、水際対策としての、口座開設時ならびに、取引時の本人確認等が重要な対策となるのである。

　二つ目が、その資金を金融システム内での複数の口座や銀行間の送金等を通じて、出所をあいまいにする「レイヤリング layering」である。

　三つ目が、出所や証跡をあいまいにした資金を経済活動に再投入する「インテグレーション」である。

　たとえば、麻薬密売人が麻薬密売代金を第三者から購入した銀行口座に入金することや、詐欺や横領の犯人がだまし取ったお金をいくつもの口座に転々と移動させて出所をあいまいにするような行為などを通じて、最終的には合法的な経済活動によって得た資金に見せかけて、それらの資金を再び経済活動に投入するまでの行為がマネー・ローンダリングの典型的な例である。

---

[1] 国連薬物犯罪事務所（UNODC：United Nations Office on Drugs and Crime）や米国連邦金融当局検査官協議会のマネー・ローンダリング対応検査マニュアル（The Federal Financial Institutions Examination Council（FFIEC）Bank Secrecy Act（BSA）/Anti-Money Laundering（AML）Examination Manual）などの公的な文書や米国の公認AMLスペシャリスト協会（Association of Certified Anti-Money Laundering Specialists/ACAMS）などが、このようなプロセス分類を行っている。

これに対して、金融機関側の対策としては、口座開設や取引時の本人確認（KYC、Know Your Customerやカスタマー・デュー・ディリジェンス）、送金や資金移動時に不自然な動きをしていないかのパターン分析（モニタリング、事後確認）や外国為替送金取引時の受取人、受取人住所、送金目的の確認といったチェック（フィルタリング、事前確認）、それらの記録の保持、そして、不自然な取引の当局宛報告（疑わしい取引報告）が重要な対策の柱となるのである。これらを着実に実施するためには、責任者の任命、対応・対策マニュアルの作成や態勢整備に関する取締役会等のマネジメントレベルでの承認、教育訓練などを含む対策プログラムを構築し、これらの対応をリスク・ベースで行うこと、すなわち、リスクの評価とリスク評価に応じた対応が求められる。

このところ、資金洗浄のプロセスは、ある特定の国や地域内にとどまらず、国境を越えて広がっている。なぜなら、違法な行為の犯罪化、法制度や取り締まり／管理態勢という当局側の対応は、実態として、国や司法管轄権ごとに異なっており、ある国では犯罪者、金融制裁対象者に指定されていても、他の国では対象者に指定されていないということもありうるし、またある国では犯罪行為であることが別の国では犯罪化されていないということもありうるのである。さらに、対応のための態勢やインフラが脆弱な国や地域も存在するため、マネー・ローンダリングはこうした法制面や金融インフラの狭間を利用して金融システムへの侵入が容易な国や地域でプレイスメントされ、レイヤリングやインテグレーションは国境をまたいで行われる傾向があるのである。

したがって、取り締まる側や管理する側からすれば、それぞれの国々がバラバラな対応をするのでは効果は小さく、よりグローバルで平仄のとれた対応が必要となってきているのである。この、国際的なマネー・ローンダリングに対応するための枠組みを議論し検証する場が、1989年のアルシュ・サミットで設立された「金融活動作業部会」（Financial Action Task Force：FATF）である。

マネー・ローンダリング対応という言葉は、2001年以前は、一般的にAML（Anti-Money Laundering）とのみ略称されていたが、同年9月11日の

米国同時多発テロ以降は、テロ資金供与対策（CFT：Combating the Financing of Terrorism）も加えて、AML/CFT という呼び方をすることが多い。2001年以降、テロとの戦いにマネー・ローンダリング対応の手法が用いられた背景には、これらの手法を通じてテロ資金の供与者、受領者間の資金の動きを捕捉することがテロリスト支援者・グループの捜査に資するとともに、資金を没収、遮断することにより、テロ行為の封じ込めを図ろうとする意図がある。さらに、マネー・ローンダリング対応の手法は、大量破壊兵器拡散防止の国際的な合意に反して大量破壊兵器の開発と拡散を図ろうとする国に対する資金の遮断、国際的な資金決済制度からの締出し等を通じて、大量破壊兵器拡散防止のための金融制裁にも有効な手段として用いられるようになってきている。このことは、マネー・ローンダリング対応が、単なる犯罪資金と金融システムとのつながりを断つという狭義の用途から、国際社会の秩序や安定や国家安全保障にもかかわる、より広範かつ政治と経済の融合したグローバルな問題への対応にも用いられるものとなっていることを示している。そして、それが、この対応の複雑さ、困難さ、重要さを増すとともに、その対応を間違えた場合のリスクを増大化させているのである。

　最近の AML/CFT 問題は、三つのキーワードによって集約することができる。

　一つ目は、その「対象の多層化」、すなわち、対象とする相手が、犯罪者だけでなく、テロリスト、国際的な犯罪組織、特定の国家となっていること。

　二つ目が、「対応すべき法令等の国際化」、すなわち、国内法だけで対応するのでは十分ではなく、資金の移動や経済活動が国を越えて広がっているなかで、国際的な対応や、米国や EU 各国の法令等にも対応する必要があり、法令遵守態勢、すなわちコンプライアンス対応も国際化する必要があること。そして、時として、必要とされる対応の平仄がとれていない場合もありうる点に留意する必要がある。

　三つ目が、「政治的なリスクの増加」。すなわち2001年以降、大量破壊兵器拡散防止や国家安全保障の枠組みのなかで、制裁対象者・国・地域が決定され、また、AML/CFT 関連法令等の制定と執行が、経済的な意味だけでな

く、より政治的な意図をもって進められる傾向にあり、急激な制度の変更や強化が起こりうることである。

本章では、国際的な AML/CFT の枠組みを議論し検証する場である「金融活動作業部会（FATF：Financial Action Task Force）」や EU、国連等の国際機関での対応や議論、マネー・ローンダリング対応（AML/CFT）で重要な役割を果たしている米国や英国等における公表された資料等を参考にしながら AML/CFT の基本的な考え方と最近のグローバルな変化、政治的な要因の比重がふえてきている動きの背景について簡単に説明することとしたい。

2 マネー・ローンダリング、テロ資金供与とは

(1) 定　　義

1980年代までの国際社会では、麻薬汚染の国際的な広がりが危機感をもって受け止められており、国際連合加盟各国が連携して対応する必要があるとの認識が醸成されていた。そして、その国際的な流れのなかで、1988年12月に「麻薬及び向精神薬の不正防止に関する国際連合条約（麻薬新条約、もしくは麻薬対策に関するウィーン条約）」[2]が締結された。同条約では、その前文において、

「（前略）不正取引とその他の関連する組織的な犯罪活動との結び付きが、正当な経済活動を害し並びに国の安定、安全及び主権に脅威を与えることを認め、更に、不正取引が国際的な犯罪活動であり、その防止のためには緊急

---

[2] 麻薬及び向精神薬の不正取引の防止に関する国際連合条約（和訳）法庫 HP http://www.houko.com/00/05/H04/006.HTM

の注意を払い及び最高の優先度を与える必要があることを認め、不正取引が生み出す大きな経済的利益及び富により、国際的な犯罪組織が政府の組織、合法的な商取引又は金融取引の事業及び社会一般のあらゆる段階に侵透し、これらを汚染し及び堕落させることを可能としていることを認識し、不正取引を行う者からその犯罪活動による収益を剥奪し、これにより不正取引を行う主要な動機を無くすことを決意（後略）」するとして、不正な取引から生じる収益の剥奪という経済的な対策も盛り込んだうえで、国際的な取組みへの国際社会の決意を明確にしている。また、同条約3条「犯罪及び制裁」において、「締結国は、自国の国内法により、故意に行われた次の行為を犯罪とするため、必要な措置を取る」として、経済的な側面についても、以下の点についての国内法での犯罪化と取り締まりを求め、「その財産の出所が犯罪収益であることを知りながら、その転換、移転、隠蔽、偽装、所持、使用等の行為を行うことを、国連加盟各国の憲法の範囲内で国内法により犯罪化する」ことが国際社会で共有され始めた。

> 第3条1　(a)(i)　1961年の条約、改正された1961年の条約又は1971年の条約の規定に違反して、麻薬又は向精神薬を生産し、製造し、抽出し、製剤し、提供し、販売のために提供し、分配し、販売し、交付（名目のいかんを問わない。）し、仲介し、発送し、通過発送し、輸送し、輸入し又は輸出すること。
> 　(ii)　1961年の条約及び改正された1961年の条約の規定に違反して、麻薬を生産するためにけし、コカ樹又は大麻植物を栽培すること。
> 　(iii)　(i)に規定する行為のために麻薬又は向精神薬を所持し又は購入すること。
> 　(iv)　麻薬又は向精神薬の不正な栽培、生産又は製造のために用いられることを知りながら、装置、原料又は付表I若しくは付表IIに掲げる物質を製造し、輸送し又は分配すること。
> 　(v)　(i)から(iv)までに規定する犯罪を組織し若しくは管理し又

> はこれらの犯罪に資金を提供すること。
> (b)(i) (a)の規定に従って定められる犯罪又はこれらの犯罪への参加行為により生じた財産であることを知りながら、当該財産の不正な起源を隠匿し若しくは偽装する目的で又はこれらの犯罪を実行し若しくはその実行に関与した者がその行為による法律上の責任を免れることを援助する目的で、<u>当該財産を転換し又は移転すること</u>。
> (ii) (a)の規定に従って定められる犯罪又はこれらの犯罪への参加行為により生じた財産であることを知りながら、当該財産の真の性質、出所、所在、処分若しくは移動又は当該財産に係る権利若しくは当該財産の所有権を<u>隠匿し又は偽装すること</u>。
> (c) 自国の憲法上の原則及び法制の基本的な概念に従うことを条件として、(i)(a)の規定に従って定められる犯罪又はこれらの犯罪への参加行為により生じた財産であることを当該財産を受け取った時において知りながら、<u>当該財産を取得し、所持し又は使用すること</u>。

このような国連における条約化の動きと呼応して、1989年7月、パリのラ・デファンスにあるグランダルシュ（新凱旋門）において開催されたアルシュ・サミットにおいて、マネー・ローンダリング対策を国際的な枠組みのなかで推進するため、「マネー・ローンダリングに関する金融活動作業部会（英　語：Financial Action Task Force or FATF、仏　語：Groupe d'Action Financiere, GAFI）」の設立が合意された。

その後、交通・通信手段の発達やグローバリゼーションの進展に伴い、国際的な組織犯罪も麻薬取引のみならず人身売買や武器取引等も対象にしつつ、国境を越えて急速に拡大したため、国際社会としても、より広範かつ効果的に対処するために、各国が連携して自国の刑事司法制度を整備する必要性が高まっていった。そのような機運を受けて、1994年11月、イタリアのナポリで開催された国際組織犯罪世界閣僚会議において、「ナポリ政治宣言及

び世界行動計画」が採択され、国際的な組織犯罪に対処するために法的枠組みを定める「国際組織犯罪防止条約」の検討を進めることが議論された。これを受け、1998年12月の国連総会において、国際組織犯罪防止条約の本体条約、人身売買、密入国、銃器に関する三議定書を起草するための政府間特別委員会の設置が決定された。この委員会での検討を受け、2000年11月15日、国連総会において、「国際的な組織犯罪の防止に関する国連条約」と人身取引、密入国に関する二つの議定書が採択され、同年12月、イタリアのパレルモにおいて同条約の署名会議が開催された（署名会議の開催場所にちなんで、パレルモ条約と呼ばれる）。また、銃器に関する議定書は2001年5月の国連総会にて採択された。

　わが国は、パレルモにおける同条約の署名会議に参加し署名を行い、この条約を締結することについて、2003年5月の国会で承認を得たものの、同条約を締結するための国内法が成立していないため、いまだ締結には至っていない。このパレルモ条約においては、組織的な犯罪集団への参加・共謀、犯罪収益の洗浄、司法妨害・腐敗（公務員による汚職）等の処罰、および、条約の対象となる犯罪に関する犯罪に引渡手続を迅速に行うように努め、捜査、訴追、および司法手続において最大限の法律上の援助を相互に行うことを定めている。資金洗浄については、以下のように規定し、犯罪収益の資金洗浄行為の犯罪化について、6条で、より明確かつ簡潔に規定している[3]。

第6条　犯罪収益の洗浄の犯罪化

　締結国は、自国の国内法の基本原則に従い、故意に行われた次の行為を犯罪とするため、必要な立法その他の措置をとる。

　その財産が犯罪収益であることを意識しながら、犯罪収益である財産の不正な起源を隠蔽し、もしくは偽装する目的で、または前提犯罪を実行し、もしくはその実行に関与した者がその行為による法律上の責任を免れることを援助する目的で、当該財産を転換し、または移転すること。

---

[3] 国際的な組織犯罪防止に関する国際連合条約（国際組織犯罪防止条約）和訳（出所：外務省HP）http://www.mofa.go.jp/mofaj/gaiko/treaty/pdfs/treaty156_7a.pdf

> その財産が犯罪収益であることを認識しながら、犯罪収益である財産の真の性質、出所、所在、処分、移動もしくは所有権または当該財産に係る権利を隠匿しまたは偽装すること。
> 自国の法制の基本的な概念に従うことを条件として、その財産が犯罪収益であることを当該財産を受け取った時において認識しながら、犯罪収益である財産を取得し、所持しまたは使用すること。
> この条の規定に従って定められる犯罪に参加し、これを共謀し、これに係る未遂の罪を犯し、これを幇助し、教唆しもしくは援助しまたはこれについて相談すること。

また、FATFは、マネー・ローンダリングの定義について、2012年2月に改訂された最新の勧告文書4の「勧告3．マネー・ローンダリングの犯罪化」において、「各国は、ウィーン条約及びパレルモ条約に則りマネー・ローンダリングを犯罪化すべきである」と規定している（改訂前の勧告では、勧告1．）。そもそもFATAの勧告は、首脳レベルでの合意に基づくものであり、勧告そのものが、国際条約のような拘束力をもつものではないが、このように国際条約を引用し、平仄をとることによって条約批准国における対応を促しているのである。

以上を考慮すれば、マネー・ローンダリングは、次のように定義するのが適当であろう。

> 違法な資金源の隠蔽や偽装を目的として、あるいは犯罪に加担した人物が法的責任を逃れるための支援を目的として、犯罪行為によって得られた財産であると知りながら、財産の転換や移管を行うこと。
> 当該財産の実態、出所、所在、処分方法、移転、所有権につい

---

4 2012年2月改訂 FATF「勧告」 International Standards on Combating Money Laundering and the Financing of Terrorism & Proliferation—the FATF Recommendations（出所：FATF HP）http://www.fatf-gafi.org/media/fatf/documents/recommendations/pdfs/FATF_Recommendations.pdf

> て、犯罪行為によって得た財産と知りながら、隠蔽もしくは偽装することと。
>
> 　財産の受領時に、犯罪行為、もしくは犯罪行為によって得た財産であると知りながら、その財産を取得、所有、あるいは使用すること。

(2) 「knowingly」概念について

　ここで留意すべきは、国際社会の合意としては、「知りながら」そのプロセスに関与することも犯罪行為に含まれる可能性があるという概念を明記したことである。この論点については、資金洗浄を行う犯罪者側だけではなく、資金洗浄のプロセスに利用されるリスクに直面している金融機関側も留意すべき論点である。すなわち、金融機関の AML/CFT 態勢が「十分であったか、なかったか」、もしくは、ある特定の違反事案に関して、管理責任を問われる立場にある役職員もしくは組織が「知っていたのか、知らなかったのか」という点が争点にもなりうるということである。この場合、「知りえる立場にありながら、知らなかった」という立場は「意図的な無関心（willful blindness）」であるとして、管理責任を免責されない可能性があると認識するべきであろう。

　たとえば、2012年11月に米国の大手送金業者 MoneyGram 社と米国司法省との間で合意された訴追延期合意（DPA：Deferred Prosecution Agreement）のケースにおいては、2004年から2009年の間、同社の収益至上主義の社内風土（コーポレート・カルチャー）のもと、意図的な無関心により、同社の代理店の一部が振り込め詐欺に利用されていたことを知りながら、直ちに是正措置をとることをせず、被害を拡大させ、結果的に法令上求められている AML/CFT 態勢を充足していなかったとして、1億ドルの科料支払と、是正措置および再発防止策の実施、そして、5年間にわたって管理態勢整備状況の経過報告が求められている（"MoneyGram's broken corporate culture led the company to privilege profits over everything else," said Assistant Attorney

General Breuer. "MoneyGram knowingly turned a blind eye to scam artists and money launderers who used the company to perpetrate fraudulent schemes targeting the elderly and other vulnerable victims. In addition to forfeiting $100 million, which will be used to compensate victims, MoneyGram must for the next five years retain a corporate monitor who will report regularly to the Justice Department."（抄））[5]。

(3) テロリズムおよびテロ資金供与対策

a　1999年以降の国連の対応

　1998年8月にケニアの首都ナイロビとタンザニアの首都ダルエスサラームの米国大使館をねらった同時自爆テロ事件等を受け、国連においては、1999年12月に「テロ資金供与防止条約」が総会で採択され、テロ資金供与等の犯罪化、疑わしい取引の報告、金融機関等による本人確認義務等のAMLの手法がテロ対策に盛り込まれたものの、米国同時多発テロ事件発生時には、同条約を締結した国はわずか4カ国にとどまっており、発効に必要な22カ国による締結には至っていなかった。しかし、同事件発生以降、世界各国において同条約への署名、締結作業が急速に進展することとなり、2002年3月11日に22カ国の発効要件を満たして、同年4月10日に同条約は発効した。わが国は、2001年10月30日に同条約に署名、2002年5月17日の国会承認を経て、6月11日付で国連に受諾書を寄託した。
　2001年9月11日の米国同時多発テロ事件を受けて、G8首脳は、9月13日の緊急声明において、テロリズムおよびテロを支援する行為は、世界のすべての人々、すべての信仰、すべての国についての平和と繁栄と安全に対する深刻な脅威であるとして、テロとの戦いのために各国が責任ある行動をとる

---

[5]　米国司法省プレスリリース（Friday, November 9, 2012）Moneygram International Inc. Admits Anti-Money Laundering and Wire Fraud Violations, Forfeits $100 Million in Deferred Prosecution http://www.justice.gov/opa/pr/2012/November/12-crm-1336.html

よう求めた。また、その緊急声明のなかで、対テロ協力強化のための具体的措置の一つに、テロリストへの資金の流れを断ち切るための金融的措置および制裁の行使の拡大、テロに対するすべての支援の拒否を含めており、マネー・ローンダリング対応にテロリズム・テロ資金供与への対策も含めることを明確化した[6]。これにより、テロ資金供与はテロリズムの生命線であるとみなされテロリストの活動に資金を供与する手段を遮断することは、テロと闘う国際社会の取組みの重要な焦点となったのである。

国連においては、米国同時多発テロ事件以前からタリバーン関係者の資産凍結を求める安保理決議（1267号、1333号）が策定されていたが、さらに2001年9月28日には、国連加盟各国がテロリスト等を特定して資産凍結を行うことを求める安保理決議1373号が採択されるなど、国際的なテロ資金対策の実施を呼び掛ける努力を強化した。

そして、2002年以降の先進国首脳会談においては、大量破壊兵器がテロリスト・グループおよびテロリストを匿う勢力に渡ることを防ぐため、大量破壊兵器拡散防止とテロリズム対策の側面からとらえたかたちでなんらかのコメントが声明に盛り込まれるとともに、各国もFATFの勧告にそったかたちでテロリズムおよびテロ資金供与対策と大量破壊兵器拡散防止にマネー・ローンダリング対応の手法を用いるようにし始めたのである。

b　FATFの対応

FATFにおいては、2001年10月にワシントンD.C.で開催された会合で、テロ資金供与へ対抗するためのFATFのガイダンスおよび特別勧告（当初八つの特別勧告）を採択した。2004年10月には、さらに一つの勧告が追加され、テロ資金供与に対抗するための特別勧告は九つとなり、マネロン対策（40の勧告）とテロ資金供与対策（9の特別勧告）とされてきたが、2012年2月の改訂において、両者は密接に関係するため統合し、双方の対策をカバーする40の勧告となっている。

---

[6]　外務省HP http://www.mofa.go.jp/mofaj/area/usa/terro0109/g8.html

c　AMLとCFTの違い

　このように、国際的な組織犯罪に対抗するためのマネー・ローンダリング対策（AML）とテロ資金供与対策（CFT）は、同時に語られることが多いが、両者には資金源に違いがある。それは、AMLが対象とするのは、収益源が違法な行為によって得られた犯罪収益であることに対し、CFTが対象とするテロ資金は、違法に生み出されたものとは限らないということである。これが、AML/CFTの水際対策をむずかしくし、取引時確認や送金時の制裁対象リストの照合といったKYCやスクリーニングの継続的な対応が重視される理由のひとつとなっている。もちろん、すでに国連等の指定に基づき、加盟各国政府がテロリスト指定しているテロリストは、その指定された名前で口座を開設することはできないため、資金の送り手や受取人になることは金融機関では不可能である。考えられる方法は、テロリストが他人になりすまして口座を開設するなどして別人として金融システムに侵入する方法や、すでに口座を開設している個人をなんらかの方法でテロリスト支援者とするか、もしくは、既存の口座をもつ法人や団体をテロリストが実質支配し、実態を隠蔽して金融システムに入り込む方法等がありうる。したがって、口座開設時の本人確認のみならずリスクに応じた継続的な本人確認や制裁対象者リストの更新が重要なのである。

d　FATFのガイダンス

　FATFは、2002年4月に、「テロ資金供与の検知に関する金融機関へのガイダンス」(Guidance for Financial Institutions in Detecting Terrorist Financing) [7]を公表し、テロ資金供与に利用されないよう金融機関が配慮すべき事例や手口について述べているが、たとえば、長期間入出金のない口座が突然電信送金を受けるケースや、非営利団体の口座に多額の現金預入が頻繁に行われる場合等、AMLと同様に不自然な取引に対してより注意を払うよう提言している。

---

[7] http://www.fatf-gafi.org/media/fatf/documents/Guidance%20for%20financial%20institutions%20in%20detecting%20terrorist%20financing.pdf

すなわち、金融機関がテロ資金供与に関与してしまい、その理由が、その金融機関が効果的 AML/CFT 態勢を構築できなかったことや故意の無関心によると司法当局や金融監督当局に判断された場合、レピュテーション・リスクのみならず、科料や行政処分を通じた、オペレーショナル・リスク、財務的損失にさらされる可能性があるので、よりいっそうの注意が必要なのである。

　また、FATF は、2012年の FATF 勧告の改訂の際に、リスク・ベース・アプローチ（Risk-Based Approach：RBA）の導入を強調しており（詳細については、後述の FATF の概要で説明する）、テロ資金供与についてもリスク・ベース・アプローチを活用した指針を2013年 2 月に公表し(FATF Guidance：National money laundering and terrorist financing risk assessment)[8]、リスク評価のプロセスについては、リスクの洗出（identification）、分析（analysis）、評価（evaluation）を行い、リスクに応じて優先順位に応じた対応を講じるべきであるとしている。

(4) そもそも、何が問題なのか——マネー・ローンダリングの経済的、社会的影響について

　1988年の麻薬対策に関するウィーン条約前文において、不正取引とその他の関連する組織的な犯罪活動との結びつきが、正当な経済活動を害し、ならびに国の安定、安全、主権に脅威を与えるとの認識が示されている。
　1995年 6 月のハリファックス・サミット議長声明でも、国際的な組織犯罪について、次のように述べている[9]。

> 　10. 国際犯罪組織は、我々各国の安全にとって、益々大きな脅威となっている。これら組織は、金融システムの信頼性を損ない、腐敗を生み、世界中の新生民主国家や開発途上国を蝕む。これら組織

---

[8] http://www.fatf-gafi.org/media/fatf/content/images/National_ML_TF_Risk_Assessment.pdf
[9] http://www.mofa.go.jp/mofaj/gaiko/summit/halifax95/j21_b.html

> の犯罪活動に効果的に対処するため、我々は、既存の制度を強化し、相互協力、情報交換、及び他国への支援を強化する努力を行う。一部の国が国際犯罪組織及びその関係者に逃亡先を与えていることは、法の執行にとり重大な支障となる。我々は、これらの者が国境を越えることによって法の裁きから逃れられないよう、一層緊密に、協力し合い、また他の国と協力することに同意する（抄）。

　また、1998年5月のバーミンガム・サミット・コミュニケでも、国際犯罪の増加と拡大が国際社会に与える脅威について、次のように述べている[10]。

> 18．グローバリゼーションは、国際犯罪の劇的な増加を伴ってきた。このことは、薬物及び武器の不正取引、人の密輸、窃盗、詐取及び脱法行為のための新たな技術の悪用並びに犯罪収益の洗浄等の多様な形態で現れている。
> 19．このような犯罪は、薬物により生活を破滅させ及び社会を組織犯罪の恐怖に置くことを通じ、我々自身の市民及び社会に対する脅威となっているのみならず、国際カルテルによる不法資金の投資、腐敗、制度の弱体化及び法の支配に対する信頼の喪失を通じ、社会の民主的及び経済的な基盤を損ないかねない世界的な脅威となっている（抄）。

　このように、犯罪収益の移転防止、すなわち資金洗浄対策については、国際社会が一致団結して適切な対応をとらなければ、国内的にも国際的にも、犯罪収益が将来のさらなる犯罪活動に使われることを放任することとなり、また、犯罪組織が合法的な経済活動に支配力を及ぼす契機となりかねないことから、看過できない重要な課題となっているのである。
　わが国の犯罪収益移転防止法は、その第1条において、同法律の目的を次のように、きわめて的確に述べている[11]。

10　http://www.mofa.go.jp/mofaj/gaiko/summit/birmin98/commun.html

> この法律は、犯罪による収益が組織的な犯罪を助長するために使用されるとともに、これが移転して事業活動に用いられることにより健全な経済活動に重大な悪影響を与えるものであること、及び犯罪による収益の移転が没収、追徴その他の手続によりこれをはく奪し、又は犯罪による被害の回復に充てることを困難にするものであることから、犯罪による収益の移転を防止することが極めて重要であることにかんがみ、特定事業者による顧客等の本人確認、取引記録等の保存、疑わしい取引の届出等の措置を講ずることにより、組織的な犯罪の処罰及び犯罪収益の規制等に関する法律及び国際的な協力の下に規制薬物に係る不正行為を助長する行為等の防止を図るための麻薬及び向精神薬取締法等の特例等に関する法律による措置と相まって、犯罪による収益の移転防止を図り、併せてテロリズムに対する資金供与の防止に関する国際条約等の的確な実施を確保し、もって国民生活の安全と平穏を確保するとともに、経済活動の健全な発展に寄与することを目的とする。

その他にも、マネー・ローンダリングおよびテロ資金供与への不適切な対応がもたらす弊害としては、犯罪および汚職の増加、合法的な民間部門の脆弱化、金融機関の弱体化、経済政策への悪影響、経済のゆがみと不安定化の増加、税収入の減少、民営化の失敗、国の風評リスク、社会的費用の増加等があり、健全な社会生活に不可欠な社会インフラ全般に悪影響を与えかねない問題なのである。

国連麻薬犯罪事務所(UNODC)が2011年10月に公表した調査("Estimating illicit financial flows resulting from drug trafficking and other transnational organized crime." October 2011)[12]によれば、2009年にマネー・ローンダリン

---

11 犯罪による収益の移転防止に関する法律（平成19年3月31日法律第22号）http://www.npa.go.jp/sosikihanzai/jafic/hourei/hotop.htm
12 "Estimating illicit financial flows resulting from drug trafficking and other transnational organized crime." October 2011 http://www.unodc.org/documents/data-and-analysis/Studies/Illicit_financial_flows_2011_web.pdf

グされた資金の総額は、1兆6,000億ドル、全世界のGDPの2.7％に相当すると推計されており、従来からいわれている「全世界のGDPの2％～5％相当の資金がマネー・ローンダリングされている」とのIMFの推計[13]と平仄がとれている。ここもと経済政策への悪影響や税収の減少といったマイナス面が無視できない規模となっている可能性が否定できない。

(5) マネー・ローンダリングの主な手口

　FATFでは、マネー・ローンダリングやテロ資金供与の方法や手口について、業種やテーマ別に傾向と分析を行い、それらの結果をホームページに掲示し、関係者間で共有できるようにしている[14]。この手口の分析と公開は、FATFの主たる活動目的の一つであり、この分析と公表を通じて、世界中の金融機関ならびに関係者に対して、対策を講じるにあたっての参考になるよう啓発しているのである。しかしながら、資金洗浄を企む者たちは、常に対策の網の目を潜る方法を見つけ出そうとしているので、取り締まる側／管理する側と取り締まられる側との攻防は、イタチごっこのような状況にならざるをえない（"Methods and Trends：The methods used to launder proceeds of criminal activities and finance illicit activities are in constant evolution：as the international financial sector implements the FATF standards, criminals must find alternative channels."）[15]。

　わが国の金融庁においても、金融機関等が「犯罪による収益の移転防止に関する法律」9条に規定する「疑わしい取引の届出義務」を履行するにあたり、疑わしい取引に該当する可能性のある取引として特に注意を払うべき取引の類型として、預金取扱い金融機関、保険会社、証券会社ごとに、疑わしい取引の参考事例を例示している[16]。これは、FATFによる手口分析とは多少異なり、金融機関等の事業者が当局宛てに「疑わしい取引の届出」を検討

13　出所：FATFホームページFAQ "How much money is laundered per year ?" http://www.fatf-gafi.org/pages/faq/moneylaundering/
14　http://www.fatf-gafi.org/topics/methodsandtrends/
15　http://www.fatf-gafi.org/topics/methodsandtrends/
16　http://www.fsa.go.jp/str/jirei/index.html

する際の参考事例として公表されているものであり、金融機関等は、これらを参考にしながら、かつ、これらに限定されることなく、幅広く不自然な取引を届け出ることが推奨されている。また預金取扱い金融機関、保険会社、証券会社以外の特定事業者（犯罪による収益の移転防止に関する法律2条第2項第1号から第31号の2（第29号を除く）までに掲げる特定事業者）においては、預金取扱い金融機関、保険会社または証券会社の参考事例に準じた取扱いをするものとしている。ただし、これらは、あくまでも参考事例であり、個別具体的な取引が疑わしい取引に該当するか否かについては、顧客の属性、取引時の状況その他金融機関等の保有している当該取引に係る具体的な情報を総合的に勘案して、金融機関等において幅広い判断をする必要があると思われる。

③ FATFや米国連邦検査官マニュアル等にみる主要犯罪類型および留意点

　米国連邦金融当局検査官協議会のマネー・ローンダリング対応検査マニュアル（The Federal Financial Institutions Examination Council（FFIEC）Bank Secrecy Act（BSA）/Anti-Money Laundering（AML）Examination Manual）[17]においても、金融機関等の業務形態や項目ごとに検査官の視点から態勢整備の留意点が記載されており、ここでも、AML/CFTを講じる立場からみた犯罪類型の分析に資する情報が開示されている。

　以下においては、FATF、FFIEC等の手口・犯罪類型（typologies）分析に関する公表資料などを参考に欧米での主要な事例をあげてみることにしたい。

17　http://www.ffiec.gov/bsa_aml_infobase/pages_manual/OLM_002.htm

(1) 銀行とその他の預金機関

a 電信送金

通常、ある銀行口座から他の銀行口座へ資金を移動する方法は為替と呼ばれる。これは、為替手形や小切手、郵便為替、銀行振込み（電子資金決済システム）など、現金以外の方法によって、金銭を決済する方法の総称であり、遠隔地への送金手段として、現金を直接送付する場合のリスクを避けるために用いられる。現在、最も一般的なのは、電子資金決済システムを用いた銀行振込みであり、国内振込みの場合は、わが国の「全国銀行データ通信システム（全銀システム）」や米国のFedwire、CHIPSのように主として国内の電子決済を行うネットワークシステムと、主として国をまたいで電子資金決済を行うスイフト決済[18]（SWIFT：Society for Worldwide Interbank Financial Telecommunication）に大別できる。

このような電子資金決済システムは、そもそも、現金輸送のリスクとコストを軽減し利用者の利便性向上を目的として使用されるものであるが、同時に資金洗浄を行う者に、国や口座をまたいで、迅速に資金を移動させる手段（プロセスの第二段階である レイヤリング）を提供してしまう可能性がある。いったん金融システムに潜り込んでしまえば瞬時に多量の資金を移転させることは、犯罪者にとっても便利なのである。資金洗浄を企図する者は、資金を口座から口座へ、銀行から銀行へ、司法管轄権の異なる国や地域から他の法域へ移動させることで、資金の出所や証跡を隠蔽しようとするので、国内外の電子決済システムを利用した電信送金を通じたマネー・ローンダリングの兆候を見逃さないために、金融機関は十分な注意を払うべきである。そして、これらの取引を検知した場合、その個別具体的な取引が疑わしい取引に該当するか否かについては、顧客の属性、取引時の状況その他金融機関等の保有している当該取引に係る具体的な情報を総合的に勘案して、金融機関等

---

[18] http://www.swift.com/jp

において疑わしい取引の届出を監督当局に提出するか否かの判断をする必要がある。なお、このような取引パターンについては、担当者が目で検知することは、取扱量にもよるが、通常の金融機関であれば、まず不可能であり、あらかじめ登録したキーワードを検知する仕組みや、高度のアルゴリズムを有するシステムを用いて検出したうえで人間が判断するという、システム支援のプロセスが不可欠である。基本的には、怪しいというものは、積極的に報告を提出するべきである。なお、同報告を提出したことについては、どの国であっても法令等で関係顧客には漏らしてはならないと定められており、万が一、漏れた場合には、金融機関側が法令に基づく処罰の対象になるので、十二分に注意すべきである。さて、注意を要する電信送金は、以下のとおりである。

① 他国への送金にあたり、虚偽の疑いがある情報または不明瞭な情報を提供する顧客に係る取引。特に、送金先、送金目的、送金原資等について合理的な理由があると認められない情報を提供する顧客に係る取引。

② 短期間のうちに頻繁に行われる外国送金で、送金総額が多額にわたる取引。

③ 経済合理性のない目的のために他国へ多額の送金を行う取引。

④ 経済合理性のない多額の送金を他国から受ける取引。特に、海外の顧客の代理として多額の送金を受領し、その理由が明確でない、もしくは、経済合理性がない取引。

⑤ 多額の旅行小切手または送金小切手（外貨建てを含む）を頻繁に作成または使用する取引。

⑥ 多額の信用状の発行に係る取引。特に、輸出（生産）国、輸入数量、輸入価格等について合理的な理由があると認められない情報を提供する顧客に係る取引。

⑦ 資金洗浄対策に非協力的な国・地域、不正薬物の仕出国・地域、金融機関の機密保持が強い地域に拠点を置く者（法人を含む）が関係する取引。

⑧ 資金移動が、実質同じ人物の異なる名義の口座間で行われる取引、等。

b　コルレス・バンキング

　国内の銀行間の為替取引（たとえば銀行振込み）においては、銀行間の決済は銀行協会等が提供している決済システムや、両行が自国の中央銀行に開設している当座預金口座間で資金を振り替えること等自国内の決済システムを通じて行われる。一方、国境をまたぐ外国為替取引（たとえば外為送金）においては、内国為替取引の中央銀行や自国内の決済システムに相当する決済機関がないため、銀行は海外の銀行との間で決済用の口座（コルレス口座：correspondent account）を開設し合い、その口座を用いて資金を振り替えることによって決済を行う。送金先の銀行がコルレス口座を開設していない銀行の場合は、送金元と送金先の両行がコルレス口座を開設している銀行を中継銀行として、最終目的地となる送金先銀行名と口座番号を添えて、中継銀行経由で送金情報を送付することになる。すなわち、コルレス銀行は外国為替取引において、内国為替取引における中央銀行と同様の役割を果たしていることになる。

　2012年2月の改定が行われる前の「40の勧告」の「海外とのコルレス銀行業務に対する厳格な顧客管理措置」（旧勧告7、新勧告13．コルレス取引）および「9の特別勧告」のなかの「電信送金に係る発出者情報管理措置」（旧特別勧告7、新勧告16．電信送金）においても、金融機関等は国際標準として特に以下の事項を遵守することを強く求めており、それは改定後の新勧告（13．コルレス取引、16．電信送金）においてその内容に変わりはない。なお、FATFの勧告は、加盟国政府を対象としているため、「加盟各国は、金融機関等に対して、○○の措置を講じなければならない」という表現になるが、金融機関はじめ関連する事業者は、その趣旨を勘案し、その所在国および取引関係国の法令等に基づいた以下のような措置を講じる必要がある。

① 相手方機関（the respondent institution）についての十分な情報を収集する。
② 相手方機関の資金洗浄対策およびテロ資金対策を評価する。
③ 新たなコルレス契約を確立する前に上級管理者の承認を得る。
④ 契約する両機関の責任を文書にする。

⑤ 「payable-through-accounts」(第三者の取引のために使用するコルレス口座をいう)については、相手方機関がコルレス機関 (the correspondent bank) の口座に直接アクセスする顧客の身元の称号および当該顧客に対する継続的な管理を実施し、また、相手方機関が要請に応じて関連する顧客の本人確認データをコルレス機関に提供できることを確認する。

⑥ 1,000ドルまたは1,000ユーロを超える電信送金について、送金人の本人確認を行う。ただし、この金額はあくまでも目安であり、各国の法令等により基準値 (Threshold、敷居値ともいう) は異なる (新勧告においては、基準値の記載はない)。

⑦ 被仕向金融機関等が仕向金融機関等における送金人情報を送金受領時に入手またはすみやかにトレース可能な体制にする。

⑧ 金融機関が所要の送金人および／または受取人情報の欠如を見つけるため、電信送金を監視することを確保し、適切な措置を講じなければならない (FATF新勧告16)。

⑨ 電信送金を処理するにあたり、テロリズムおよびテロ資金供与の防止・抑止に関連する国連安保理決議1267ならびにその後継決議および決議1373など、国連安保理決議で規定される義務に基づき、金融機関が凍結措置を講じることを確保するとともに、指定された個人および団体との取引を禁止しなければならない (FATF新勧告16)。

コルレス先のうち、為替決済のために自行名義の預金勘定を置いている先をデポジタリー・コルレス (デポ・コルレス)、預金勘定を置いていない先をノン・デポジタリー・コルレス (ノン・デポ・コルレス) という。世界中に多数のコルレス関係を築くことで、銀行は物理的な拠点をもたない司法権の異なる国や地域においても、信用状取引や、電信送金や小切手交換決済等の幅広いサービスを提供し合うことができる。このようなコルレス・バンキングのもつ利便性は、マネー・ローンダリングに対するリスクもはらんでいるともいえる。すなわち、コルレス・バンキングは、その性質上、ある金融機関が、別の金融機関の顧客の代理として、金融取引を行う状況をつくるが、この間接的な関係は、コルレス銀行が、コルレス先銀行の顧客の本人確認も

せず、顧客から直接情報を尋ねることもできない状況のもとで、コルレス先の銀行の管理体制を信じることを拠り所として、他の銀行の顧客に対してもサービスを提供することを意味するからである。さらに、コルレス関係では、巨額な資金が移転するため、コルレス口座を介したマネー・ローンダリングが看過された場合、金融機関に大きな脅威を及ぼす可能性がある。

　コルレス関係、およびコルレス関係を利用して行われる電信送金に関して、留意すべき注意点、講ずべき措置については、上記のとおりであるが、その措置を講ずるにあたってさらに考慮すべき点としては、以下があげられる。

(a) **米国愛国者法**

　前述のようにコルレス銀行はコルレス先銀行へ適用されるその国の法律について調べることはできるが、コルレス先銀行の監督体制のレベルや有効性を見極めることは困難な場合がある。コルレス業務を提供する銀行の一部は、コルレス先に対して、その銀行が他の金融機関に対してもどの程度のコルレス業務を提供しているかという細かい点についてまでは調べない場合があるが、これは、自分の相手先のコルレス銀行がこれらのサブ・コルレス先の身元や事業活動について無関心であるということであり、リスク管理の観点からもよいことではないうえに、当局側からみても問題ある「無関心」とみなされるリスクがある。たとえば、2001年10月の米国愛国者法（USA Patriot Act）は、詳しくは後ほど説明するが、米国銀行が外国機関に提供しているコルレス口座管理に関して、相手である外国金融機関のコルレス管理状況を管理するよう求める条項を含んでいる。312条では、米国の金融機関に対して、コルレス先の外国銀行が保有する、コルレス口座に対するマネー・ローンダリング管理基準を示している。これは、米国の金融機関がコルレス関係を有する外国銀行のコルレス口座に関して、その外国銀行の所有者の確認、さらにその外国銀行が他の外国銀行にコルレス口座を提供している場合、それが適切かつ関連する顧客管理（Customer Due Diligence：CDD）を行ったかどうかの確認等、コルレス先の外国銀行が適切な措置を講じているかどうかの確認まで米国の金融機関が行うことを求めている。

　313条を含めたその他の条項では、米国の金融機関が外国の実態のない金

融機関（シェル・バンク）に、コルレス口座を開設することも維持することも禁止しており、外国銀行のコルレス口座が、シェル・バンクへの銀行業務提供のため、間接的に利用されることのないよう"適切な処置"をとることを要求している。また、319条では、米国の金融機関に対して、コルレス口座を保有している外国銀行の所有者の名前および連絡先情報等の記録の保持を求めている。そして、ここでいう米国の金融機関とは、米国当局から許認可を受けて米国内で活動している支店も含んでおり、したがって、非米国の金融機関の米国内支店を含む米国の金融機関は、母国の本店や他行とコルレス口座を開設する前にコルレス先銀行の所有者や当局による監督上の履歴等を含む情報やコルレス先のコルレス管理態勢について調査し、記録を残さなくてはならないのである。

(b) 非米国銀行への適用例

また、2004年8月24日、米国財務省は、米国愛国者法311条を北キプロス・トルコ共和国にあるファースト・マーチャント銀行（First Merchant Bank OSH Ltd：FMB）に適用し、米国の金融機関（外国銀行の米国内拠点も対象に含む）に対し、FMBにコルレス口座を供与してはならないという特別措置を発動した[19]。またロシアの銀行のコルレス口座の管理も含む、米国内における全体的なマネー・ローンダリング管理態勢が不十分であるとして、オランダの銀行であるABN AMROは、非米国銀行でありながら、2004年7月23日付で米国監督当局との間で、態勢整備・強化についての合意（Written Agreement）を交わしており、2005年12月19日には3,000万ドルの民事制裁金を米当局に支払っている[20]。このABN AMROの事例は、非米国銀行の米国拠点には支店であっても米国法令等で定めるマネー・ローンダリング管理態勢整備が求められるという点とコルレス管理業務の重要さを示す初期の事例となった。

(c) コルレス口座を利用したマネー・ローンダリング事例に関する米国議会作成の報告書

コルレス口座にかかわるマネー・ローンダリングに関する初期の調査報告

19　www.fincen.gov/statutes_regs/patriot/section 311.html
20　www.federalreserve.gov/boarddocs/press/enforcement/2005/20051219/

書のなかに、米国議会が作成した「コルレス・バンキング：マネー・ローンダリングへのゲートウェイ」(Correspondent Banking：A Gateway for Money Laundering)[21]があり、ここには、それまでに発覚した10の事例が紹介されている。その例の一つは、1999年8月にニューヨーク銀行（Bank of New York：BONY）で発覚した、ロシアの銀行のコルレス口座を悪用した事件である。これは、BONY東欧部門の元ヴァイス・プレジデントだったルーシー・エドワード（Lucy Edwards）とその夫ピーター・ベルリン（Peter Berlin）が共謀し、1995年から1999年の間に、ロシアの二つの銀行がBONYに開設したコルレス口座にロシアからの汚れた資金（総額70億ドル）を送金し、BONYにある法人口座を経由して、さらに世界各地に資金を転送していたというものである。これらの資金は、もともと、ロシアの国内法、税法、通貨管理制度に抵触する資金であったものを、ロシアの銀行がそれらを故意にか、もしくは過失により看過し、BONYとそれらのロシアの銀行のコルレス口座を経由して、ピーター・ベルリンがBONYに開設した法人の口座を通じてさらに転送され、洗浄されたドル資金に生まれ変わったのである。2000年、二人は、ニューヨークの連邦裁判所からマネー・ローンダリングに関する有罪判決を受けた。彼らの罪状は、夫であるピーター・ベルリンがBONYで開設した複数の法人口座を通して、ロシアからの出所が疑わしい70億ドルもの資金移動を幇助したというものである。この事件の結果、HSBCの米国現地法人は、1998年には283口座あったロシアの銀行のコルレス口座を見直し、2000年には57口座に減らしたといわれている[22]。

c　ペイヤブル・スルー口座（Payable-Through Account：PTA）

　米国銀行のコルレス取引では、コルレス先の顧客が、米国のコルレス口座を通して、米国の金融システムのなかで電信送金や、預金引出し、および当

21　Correspondent Banking：Gateway for Money Laundering by Permanaent Subcommittee on Investigation, Committee on Governmental Affairs, United States of America, February 5, 2001
22　page 258, Correspondent Banking：Gateway for Money Laundering by Permanaent Subcommittee on Investigation, Committee on Governmental Affairs, United States of America, February 5, 2001

座預金口座の維持等の取引を行うことが許されており、これらはペイヤブル・スルー口座（Payable-Through Account：PTA）、パスバイ口座（pass-by accounts）などと呼ばれている。

　これらの口座には、多くのサブ口座保有者が存在し、個人、営利事業者、金融機関、両替店、カサ・デ・カンビオ（Casa de Cambio）と呼ばれる両替業者、さらには外国銀行をも含まれる。

　FFIEC（連邦金融機関検査協議会）の検査マニュアルによれば、これらの口座に関しては、何よりも米国法令等で定められた国内顧客向けと同様の顧客確認手続を適用し、可能な限り特約に基づく特別なサービスの提供は控え、不十分な情報しか提供しない顧客の場合は、取引を見直すべきであるとしている（Payable Through Accounts-Overview. Risk Mitigation）。

(2) スマーフィング／カッコウ・スマーフィング

　マネー・ローンダラーに雇われた使い走りは、"スマーフ"というニックネームで呼ばれる。アニメや映画にもなっている青い小さな妖精を連想させるからという説がある。彼らは、報告対象額を下回る額面で、現金の入金や通貨代替物（Monetary Instrument）の購入を行うために、銀行間を行き来する。スマーフィングは、銀行や、送金、およびカジノ等、さまざまな状況や業界で行われるが、典型的な現象としては、店頭で、高額の取引を複数の少額取引に分割する場合や、本来は1万8,000ユーロの現金送金を1回で行うところ、1万ユーロ以上の現金取引は報告対象となるため、三つの銀行で6,000ユーロずつ3回に分け送金するといったストラクチャリングやレイヤリング段階で登場する「使い走り」もしくは、そういう仕組みを示す場合に使われる表現である。

　このようなスマーフィングの一種として、2005年に、FATFは、"カッコウ・スマーフィング"という新たな用語をFATF犯罪類型報告書に加えた[23]。これは、代替的送金システムに関するマネー・ローンダリングの一種

---

[23] http://www.fatf-gafi.org/media/fatf/documents/reports/2004_2005_ML_Typologies_ENG.pdf

であり、海外からの正規の資金や支払いを受け取る予定のある一般人の口座を通して、犯罪資金が送金される手口を指す。その名称は、カッコウが自分のヒナをよその巣に寄生させる鳥で、他の鳥の巣に卵を産み、その巣で他の鳥が卵からヒナを育てることに由来する。従来のスマーフィングとカッコウ・スマーフィングの最大の違いは、カッコウ・スマーフィングでは、銀行口座の所有者である第三者が、不正な資金が口座に入金されることに気づかないことである。オーストラリアのマネー・ローンダリング対策当局であるAUSTRUCの2008年の犯罪類型報告書[24]には、次のような仕組みが紹介されている。

通常の個人が海外（A国）から、代替的送金システム（Alternative Remittance System）を使って、母国（B国）の自分の銀行口座に郷里送金を行う。しかし、その代替的送金システムのオペレーターは犯罪組織とつながりがあり、現金は預かるものの、送金は実行しない。そのかわりに送金情報をB国に送り、現金はA国の犯罪組織に受け渡すのである。送金情報を受け取ったB国の代替的送金システム業者（これも犯罪組織と関係あり）は、B国の犯罪組織から送金金額相当の現金を受け取り、送金依頼人である善意の第三者の個人口座に資金を振り込む。これにより、海外からの郷里送金は無事届けられるが、同時に、B国の犯罪組織からA国の犯罪組織に同額の資金の移動も完了するのである。善意の第三者である送金依頼人の合法性により、このようなマネー・ローンダリングの検知は困難を極めることになる。

FATFは、銀行に対して、顧客の口座へ現金を入金する第三者について確認するための統制の整備を提言している。また、銀行も、ストラクチャリングされた現金入金や、顧客の口座がある支店以外での現金入金といった不自然な取引に対して、慎重に対処しなければならない。

FATFによると、カッコウ・スマーフィングの可能性がある取引を検知した場合は、マネー・ローンダリングの兆候であるかもしれないので、疑わしい取引の届出の対象とすることとされているが、上記のような理由で、その検知は非常にむずかしい。

---

[24] http://www.austrac.gov.au/files/typ_2008_mlm.pdf

(3) クレジット・カード業界

クレジット・カード業界では、通常、現金による直接的な入金は制限されているため、クレジット・カード口座が、犯罪資金の金融システムへの侵入、すなわちプレイスメント（マネー・ローンダリングの第1段階）で使われることはあまりなく、むしろ、レイヤリングやインテグレーションで使われる傾向にある。

もし、マネー・ローンダラーが、なんらかの手段を使ってすでに銀行システムに入金した資金を使って、クレジット・カード利用額を前払いし、その後、クレジット・カード利用額の前払いをキャンセルすることができれば、その時点で、受け取った資金は、犯罪組織とは関係のないクレジット会社からの入金ということになり、不正な資金源をいっそうあいまいにすることができる。これがクレジット・カードを使ったレイヤリングである。そして、すでに銀行システムに入金した不正な資金を使って、クレジット・カードで購入した物品の支払いを行うことにより、不正な資金のインテグレイションが完了する。もし、その物品が現金化が容易なものであれば、さらに、それらは現金に変わることにより、いっそう、本来の資金源から遠くなるのである。マネー・ローンダラーが、金融機関に口座を開設し、資金を入金して一定の条件を満たせば、クレジット・カードを入手することもできるし、不正な資金をオフショア銀行に入金し、クレジット・カードやデビット・カードを使って、世界中からその資金があるオフショア口座へアクセスすることもできる。したがって、クレジット・カードの作成においては、本人確認のみならず、一定期間の銀行取引を要件とする場合があるのである。

(4) 貴金属、宝石、美術品等取引業者

金・地金は、輸送が容易なうえ、それ自体に本質的な高い価値があるためマネー・ローンダラーにとって魅力的な商品である。また金・地金は世界中のほとんどの地域で簡単に売買でき、溶かせばさまざまなかたちになるの

で、宝石よりも好まれる傾向がある。

　FATFが発表した2002／2003年の犯罪類型報告書は、The Gold & Diamond Marketsという一章を設け、マネー・ローンダラーにとっての金・地金の利点は、本質的に高い価値があること、兌換性が高いこと、匿名性にあるとしている。また、金・地金は、密輸や違法取引による不正な資金源としても、洗浄手段としても利用される。金が関係する多くのマネー・ローンダリングは、違法麻薬取引、組織犯罪とつながっていることが多い。

　また、同報告書は、ダイヤモンドについても、その重量に対する価値の高さや、持ち運びに便利な点から、マネー・ローンダリングによく使われる商品であるとしている。この観点から、EU指令は、金・ダイヤモンドなどの高価値商品の取引をモニタリング対象とする枠組みを提供している。

　物によっては多額の取引が行われる美術業界も、マネー・ローンダリング手段として利用されるリスクがある。よくある手段としては、匿名の代理人が、オークションで出品された芸術品に何百万ドルもの金額で落札し、その後、海外にある口座から、代金を支払い、そして適当な時期をみて他の美術商や美術館に転売し収益を得ることができれば、その収益は正当な買い手から得たクリーンな資金になりうるのである。

―〈実例紹介〉―
　実際の事件としては、オペレーション・ディネロ（Operation Dinero）と呼ばれた1992年の米国麻薬取締局と米国歳入庁の共同おとり捜査が有名である。
　捜査班は、イタリアとコロンビアを基盤とする国際的な麻薬密売者の金融ネットワークをターゲットとしておとり捜査を行い、ピカソ（Picasso）、ルーベンス（Rubens）そしてレイノルズ（Reynolds）の三つの傑作と9トンのコカイン、5,200万ドルの現金を差し押えたといわれている[25]。

美術商や競売人は、マネー・ローンダリングのリスクを軽減するために、

---

[25] 1994年12月17日、The Independent "US bank ruse nets drug cartel's cash".

美術品販売者に対し、本人確認を適切に行いその美術品が盗まれたものではなく、販売者にはその品を売る権利がある旨宣誓させることが重要である。

また、疑わしい美術品が持ち込まれた場合は、紛失美術品の世界最大の民間データベースであるアート・ロス・レジスター[26]に照合することも必要であろう。

(5) ゲート・キーパー

身元が金融機関には明かされることのない顧客のために「ゲート・キーパー（門番）」となる会計士や弁護士、その他の専門職の者が金融機関に開設する口座は、本人確認（KYC）をゲート・キーパーにのみ依存することは、マネー・ローンダリング防止の観点からリスクが高いとみなされている（Wolfsberg Statement[27]-Guidance on a Risk Based Approach for Money Laundering Risks, 2012）。したがって多くの国々では、弁護士、会計士、会社設立代理人、監査人やその他の金融仲介者等の専門家（ゲート・キーパー）に対して AML/CFT に関してマネー・ローンダリング活動に関与している可能性がある顧客の精査（Customer Due Diligence：CDD）、"疑わしい"取引の届出等の一定の責任を課している。

また、FATF は、その勧告のなかで弁護士や法律の専門家、その他の"ゲート・キーパー"を含む独立した法の専門家についても言及しており「弁護士、公証人、他の独立法律専門家及び会計士は、顧客の代理として又は、顧客のために、（定められた）金融取引に従事する場合には、疑わしい取引の届出を行うよう義務づけられるべきである」（新勧告23、旧勧告16）と定めている。

米国弁護士協会（American Bar Association：ABA）等の弁護士団体は、弁護士／依頼者間の秘匿特権等を含む弁護士と依頼者の関係を重視しており、マネー・ローンダリング対策において、専門家に課されるゲート・キーパーの義務等によって、弁護士／依頼者間の秘匿特権等にみられる弁護士／依頼

---

26 The Art Loss Register www.artloss.com/
27 国際的金融機関で組成された AML/CFT の対応検討グループ

者関係が損われるおそれがあると主張しており、合理的でバランスのとれたAML/CFTの取組みをサポートするという立場をとっている。その観点から米国銀行協会と共同での年次カンファレンスを開催し金融界と法曹界が協力し合って、より効率的なAML/CFT態勢の構築を目指しているようである。

　EU指令では、すでにEU加盟国に、監査人、弁護士、税務顧問、不動産業者そして公証人を含めた広範囲にわたる専門家に対して、AML/CFT上の一定の義務を課すことを求めており米国が、EUと同様のゲート・キーパーに関する基準を採用しなくても、国際的な取引に携わる弁護士には、実質的にはすでに一定の義務が課されていると考えるべきである。

(6) 貿易取引

　輸出入取引において、高いものが不自然に安かったり、安いものが不自然に高い価格で売買されているような、価格が意図的に操作された取引は、マネー・ローンダリング、脱税、テロ資金供与が行われている可能性がある。

　FATFは、2006年6月、「貿易におけるマネー・ローンダリング」（Trade-Based Money Laundering）という報告書[28]で、貿易におけるマネー・ローンダリングとは、貿易取引を利用して、犯罪から得た資金を偽装移転するプロセスと定義している。貿易におけるマネー・ローンダリングは、輸入または輸出の価格、数量、品質の不正表示によって行われる。さらに、貿易におけるマネー・ローンダリングの手口は複雑かつ多様であり、資金の経路をよりわかりにくくする目的で、複数の手口と組み合わせて使われることが多いとされている。

　最も基本的な方法は、まず、非合法な資金を使って高価な品物を買い、次に、その品物をきわめて低い価格で、国外の共謀相手に輸出し次に、その共謀者は、一般向けの市場で、その品物を本来の価格で売るのである。これにより、その販売国の通貨で収益を受け取ることができ、差額にあたる資金が

---

[28] 2013年8月が直近の更新。FATFのHPでpdfが入手可能。

輸出国から輸入国に移転したことになるのである。取引を合法的なものにみせるために、貿易金融に金融機関を利用し、信用状や、その他の書類が発行されるケースもある。

2008年6月のFATFの報告書（Best Practices on Trade Based Money Laundering）においても、貿易におけるマネー・ローンダリングは、国際的な犯罪組織やテロ支援者にとって、ますます、重要な手段となっており、また、国際貿易の発展により、マネー・ローンダリングおよびテロ資金供与へのリスクが増しているとしている。

また、英国金融行為監督機構（FCA）は、2013年7月にBank's Control of financial crime risk in trade finance（TR13/3）を公表し、多くの事例を紹介するとともに、英国の金融機関に対し、これらを参考に対応を行うよう促している。

(7) 闇ペソ交換システム

闇ペソ交換システム（Black Market Peso Exchange：BMPE）とは、コロンビアの輸入業者が、1950年代に考案したものといわれており、米ドルや米商品を購入する場合にコロンビア国内で課せられる税金等を避けるために、闇取引で米ドルを買う仕組みである。たとえば、米国内のコロンビア産の麻薬取引でカルテルが得た現金のドルは、ペソ・ブローカーに持ち込まれ、ブローカーは、たとえば米国からヘリコプターを輸入しようとしているコロンビアの業者にドル資金を売却し、輸入業者は、コロンビア内のブローカーにペソを支払うのである。これにより、ドルの売上げが、ペソとなりコロンビアに還流し、BMPEを使ったマネー・ローンダリングが完了するのである。米国財務省金融犯罪執行機関連絡室（U.S. Financial Crimes Enforcement Network：FinCEN）の2010年2月の報告書（Advisory to Financial Institutions on Filling Suspicious Activity Reports regarding Trade-Based Money Laundering）は、BMPEを利用した密輸業者によるマネー・ローンダリングや、コロンビアの企業による米国の商品の違法な輸入が拡大していると指摘している。

(8) インターネット・バンキング

多くの金融機関は、インターネット口座を通じ、取引に関する相談、振込み、キャッシュ・マネジメント、自動決済サービス、振替え、残高照会、ローンの申込み、投資サービス等を顧客に提供している。

1997／1998年のFATF犯罪類型報告で、FATFは、インターネット・バンキング等によって、銀行とその顧客の間に距離が生じ、マネー・ローンダリングに関するリスクは、本人確認の書類と顧客との照合が従来型の対面取引よりも困難になると指摘している。

FATFは、インターネット上のマネー・ローンダリング対策として、サーバーを通して収集される情報保管の当局との共有が重要であるとしているが、この問題はサイバー・セキュリティーの問題とも関係しており、非対面の本人確認のリスクにとどまらず、今後ますます対応の重要性が増すものと思われる。

4 テロ資金供与

(1) テロ資金供与に関する報告書より

2001年9月の米国同時多発テロ事件以降、各国は互いに協力しながら、国際的なテロ資金供与ネットワークの摘発に注力してきた。

米国に対するテロ攻撃に関する国家調査委員会（National Commission on Terrorist Attacks Upon the United States）は、2004年の「テロ資金供与に関する報告書」（Monograph onTerrorist Financing)[29]のなかで、同時多発テロ

---

[29] http://govinfo.library.unt.edu/911/staff_statements/911_TerrFin_Monograph.pdf

の実行犯は、米国と米国外の金融機関を利用し、主に電子送金や現金の預入れ、海外で購入されたトラベラーズチェックを使って、米国内の口座に入金し、必要となる資金を移動し、引き出して使っていたが、彼らも財務面での支援者たちも、資金洗浄の専門家ではなかったにもかかわらず、テロを計画している者であること露見させることなく巨大な国際金融システムのなかに紛れ込んだとしている。当時のマネー・ローンダリング対策は、麻薬密輸と大規模な金融詐欺に集中しており、テロ実行犯らの比較的少額な取引を発見することができず阻止することができなかったのである。同報告書によれば、ハイジャック犯たちは、欧州や中東の支援者から資金を受け取っており、うちアル・カーイダ（Al Qaeda）が40万から50万ドル程度の資金を出しているとみられているが、そのうちの、およそ30万ドルが犯人らが保有していた米国の銀行口座を経由していた。米国滞在中、犯人たちの資金使途は主に、飛行機の操縦訓練、旅費、生活費（住居、食費、車、自動車保険等）であったが、さらなる捜査の結果、米国内には主たる財政支援の資金源はなかったことが明らかになっている。

(2) テロの資金供与の検知に関する金融機関へのガイダンス

2002年4月、FATFはテロリズムを資金援助する際に使われる技術やメカニズムを特定するガイダンス「テロの資金供与の検知に関する金融機関へのガイダンス」(Guidance for Financial Institutions in Detecting Terrorist Financing)30という報告書を公表した。この報告書は、テロ資金供与の特徴について述べ、不自然な取引について、さらに精査すべきかどうかの判断材料を金融機関に示している。金融機関はこのガイダンスを拠り所にして、テロリスト活動に関与する資金取引を識別し、必要に応じて、当局に対して報告を行うとともに、金融機関がテロ資金供与に巻き込まれるリスクを軽減することができるのである。

---

30 http://www.fatf-gafi.org/media/fatf/documents/Guidance%20for%20financial%20institutions%20in%20detecting%20terrorist%20financing.pdf

(3) 代替的送金システム

　正規の金融機関を経由しない送金方法には、ハワラ（Hawala）、フンディ（Hundi）、"地下銀行"（Underground Banking）などがあるが、これらは、代替的送金システム（Alternative Remittance System）、もしくは、非公式な価値移転システム（Informal Value Transfer System：IVTS）と呼ばれている。
　これらの非公式な価値移転システムは、歴史的にアフリカやアジアの犯罪組織との関係が強く、取引相手間の信頼によって成り立っているものである。まず、ハワラとは、インドや東南アジアで、安全で便利な資金移動を促進するために発展したもので、資金を他国に送りたい貿易商人は、自国のハワラ業者に資金を預け、そのハワラ業者は、いくらかの手数料をとったうえで、海外にいる別のハワラ業者に連絡をとり、依頼人の貿易相手がそのハワラ業者から資金を引き出せるように手配するのである。最近の多くの利用者は出稼ぎ労働者や移民であるといわれており、電信送金にかかる銀行手数料より少額の手数料ですむハワラ業者を通じて自国に送金するのである。マネー・ローンダリング対策が世界中の合法的な金融機関や送金業者を通じて強化されているなかで、監督当局の管理を受けずに運営されているハワラは、出稼ぎ労働者や移民のみならず、犯罪組織やテロリストにとって、利便性を増しており、通常、資金を受領する顧客の情報がハワラ業者の間で、メールやテキストメッセージによって伝達され、事実上、書面の証拠をほとんど残さないからで、ハワラ業者に台帳はあるが、短期間しか保管されないといわれている。
　ハワラは監督された金融機関を通さない非公式な国際送金システムであるため、有効なプレイスメントやレイヤリングの手段となる。特に、レイヤリングにおけるメリットとしては、書類の証拠を残さずに、資金をある口座から別の口座に移動させることである。
　アル・カーイダは2001年9月の米国同時多発テロ事件以前に、資金を効率よく送金するために、パキスタン、ドバイ、そして中東全域にわたって張りめぐらされた12人程度のハワラ業者を利用したといわれている[31]。

(4) 慈善事業もしくは非営利団体

　慈善団体や非営利団体も、マネー・ローンダリングやテロ資金供与に利用されることがある。

　2002年、FATFは合法的な非営利団体が、テロ関連の事業体との関係を避けるためのベスト・プラクティスについてのガイドラインを発表した[32]。このガイドラインは、テロ資金供与に関するFATF特別勧告（2012年2月に改訂され特別勧告では勧告8）に関連するもので、非営利団体の慈善活動運営に関して、すべての費用の内訳を示した全体予算プログラムを作成し、いつでも提示できるようにしておくこと、および、独立した内部監査および外部監査を行うこと等を勧めている。

　これにより、口座が開設された銀行では、非営利団体をその他の顧客と同等に扱うことで、通常、もしくは、より詳しい顧客確認（Know Your Customer：KYC）規程を適用し、必要な場合は、疑わしい活動、不自然な動きを疑わしい取引報告として当局宛てに届出することができるようになるのである。

---

[31]　テロ資金供与に関するモノグラフ、米国テロ攻撃国家委員会、2004年（Monograph on Terrorist Financing, the National Commission on Terrorist Attacks Upon the United States, 2004）govinfo.library.unt.edu/911/staff.statements/911_TerrFin_Monograph.pdf

[32]　最新版は2013年6月、Best Practices：Compating the Abuse of Non-Profit Organisations（Recommendation8）www.fatf-gafi.orglmedia/fatf/documents/reports/combating_the_abuse_of_NPOs_Rec8.pdf

5 FATFについて

(1) 概　要

すでに本章で何度も述べているが、FATF（Financial Action Task Force on Money Laundering：金融活動作業部会）について、再度、その概要と役割についてまとめてみよう。FATFは、マネー・ローンダリング対策における国際的な取組みの枠組みの構築と、国際協調を推進するために、1989年のアルシュ・サミット経済宣言を受けて設立された政府間会合であり、2001年9月の米国同時多発テロ事件発生以降は、テロ資金供与に関する国際的な対策と協力の推進に指導的役割を果たしている。フランスにおいて行われたサミットで設立が決定されたこともあって、この多国間の政府間会合組織はフランスが最初の議長国を務め、パリの経済協力開発機構（Organization for Economic Cooperation and Development：OECD）と同じビルに事務局を置いている。

FATFへの参加国・地域および国際機関は、2012年12月現在、OECD加盟国を中心に、34カ国・地域および二つの国際機関となっている[33]。わが国は、FATFの設立当初からのメンバーであり、1998年7月から1999年6月までは議長国も務めた。

加盟国として認められるには、大きく二つの基準を満たす必要がある。一つは、その国のGDPや金融市場の規模等からみて「戦略的に重要である」と判断されること（Fundamental Criteria）。二つ目は、Technical and Other

---

[33] アルゼンチン、オーストラリア、オーストリア、ベルギー、ブラジル、カナダ、中国、デンマーク、フィンランド、フランス、ドイツ、ギリシャ、香港、アイスランド、インド、アイルランド、イタリア、日本、ルクセンブルク、メキシコ、オランダ、ニュージーランド、ノルウェー、ポルトガル、ロシア、シンガポール、南アフリカ、韓国、スペイン、スウェーデン、スイス、トルコ、英国、米国、欧州委員会（EC）、湾岸協力理事会（GCC）。

Criteria と呼ばれ、FATF 型地域体の正式および現役のメンバーであること、政治的に責任のある立場の人物が、FATF の勧告を妥当な時間内に履行し、加盟国相互評価のプロセスに従う旨の政治的確約を示す文書を提出すること、マネー・ローンダリングおよびテロ資金供与を犯罪であると国内法で定めること、金融機関に、顧客の本人確認、顧客の記録保存、および疑わしい取引の届出を義務づけること、FATF の勧告のうち重要なものを完全に履行、もしくはおおむね履行することなどが求められている[34]。

FATF は、その活動目的として、マネー・ローンダリング対策のメッセージを世界に広めるために、加盟国をふやし、世界のさまざまな地域にマネー・ローンダリング対策の地域機関を設け、国連や世銀グループ、IMF 等の他の国際機関と協力しながら、AML およびテロ資金供与対策のグローバルなネットワークの構築を推進しており、主として以下の活動を行っている。

① マネー・ローンダリング対策およびテロ資金対策に関する国際基準「FATF 勧告」の策定および見直し
② FATF 参加国・地域相互間における FATF 勧告の遵守状況の監視(相互審査)
③ FATF 非参加国・地域における FATF 勧告遵守の推奨
④ マネー・ローンダリングおよびテロ資金供与の手口および傾向に関する研究と公表

(2) 勧　告

1990年、FATF は、マネー・ローンダリング対策のために、加盟各国が法令および金融規制の各分野でとるべき措置を「40の勧告」として取りまとめ公表した。これは、FATF 加盟国・非加盟国、金融部門等との広範な協議プロセスを経たうえで策定された国際的な基準であるが、法的拘束力はないため、加盟各国による、遵守状況の監視、いわゆる相互審査もしくは、ピ

---

[34] http://www.fatf-gafi.org/pages/aboutus/membersandobservers/fatfmembershippolicy.html

ア・プレッシャー（peer pressure）によって補完される仕組みとなっている。

1996年には、FATFは、疑わしい取引の届出制度の義務づけ等を含む改訂を行った。さらに、その後のマネー・ローンダリングの国際化、方法・技術の巧妙化等をふまえ、その対策を向上させるため、2001年から、各国の民間部門等の協力も得つつ、新たな見直し作業を開始し、2003年6月には、再改訂された「40の勧告」を発表した。

2003年の再改訂に際して、「40の勧告」に新たに盛り込まれた主な点は、以下のとおり。

① マネー・ローンダリングの罪として処罰すべき範囲の拡大および明確化
② 本人確認等顧客管理の徹底
③ 法人形態を利用したマネー・ローンダリングへの対応
④ 非金融業者（不動産業者、宝石商・貴金属商等）・職業専門家（法律家、会計士等）へのFATF勧告の適用
⑤ FIU、監督当局、法執行当局など、マネー・ローンダリングに携わる政府諸機関の国内および国際的な協調

これらのFATFの勧告については、先述のとおりFATF自体に法的強制力がないため、国際条約や国連等での取決めを参照することにより、その枠組みを借りて実効性をもたせようとしている。たとえば、FATFの勧告は、国連で採択された1988年新麻薬条約、1999年テロ資金供与防止条約、2000年国際組織犯罪防止条約および安保理決議1373号に言及し、これらの履行のためにすみやかに必要な措置をとることを明記している。金融機関等については、コア・プリンシプル[35]およびCDD（Customer Due Diligence：顧客管理）ペーパー[36]に言及し、勧告の効果的実施のために、健全性および非対面取引のリスク管理目的に関する監督措置のうち、資金洗浄対策およびテロ資金対策に関連する部分について、これらの原則を適用することを求めている。

---

[35] バーゼル銀行監督委員会の"Core Principles for Effective Banking Supervision"、証券監督者国際機構の"Objectives and Principles for Securities Regulation"および保険監督者国際機構の"Insurance Supervisory Principles"をいう。
[36] バーゼル銀行監督委員会の"Customer due diligence for banks"をいう。

逆に、国際条約や取決めの側でも、FATFの勧告を基準として使用するよう、その枠組みのなかで要請することにより、FATFの勧告に実質的な強制力をもたせるよう、お互いに補完し合うかたちとなっている。たとえば、2000年の国際組織犯罪防止条約では、同条約の解釈規定において、マネー・ローンダリング防止規定に関し参照すべき基準の一つとしてFATFの勧告をあげている（同条約7条3項の解釈規定）。また、国連では、2005年7月の安保理決議1617号において、すべての加盟国がFATFの勧告により具現化された包括的な国際基準を実施するよう強く勧めている。さらに、IMFおよび世界銀行でも、金融部門評価プログラム（FSAP）において、加盟国の金融システムの健全性の促進効果の増大を図ることを目指して、関連する金融部門の基準等の遵守状況を評価したレポート（ROSCs）を作成しているが、その遵守規準等リストに2002年からFATFの勧告を加えている。

　このように、FATFの勧告を正式な国際基準としてグローバルレベルで相互に推奨し評価を行う仕組みを備えることで、マネー・ローンダリング規制の国際標準化は推し進められているのである。多国間条約の枠組みは、時として総花的であいまいなものになる傾向があるが、そのあいまいな規定の意味を明確化する役割をFATFに担わせることで、国際的な組織犯罪や大量破壊兵器拡散防止に関する条約や国際的な取決めの枠組みを実効性をもって機能させる仕組みを確保しているともいえる。

　このほかに、国際標準化を実効的なものにする仕組みとして、FATFと協力協定を締結したFATF型地域グループ（FSRBs）[37]を活用した加盟国間の相互審査[38]、マネー・ローンダリング対策に非協力的な国・地域（非協力国／NCCTs）のリストの公表、対抗措置の発動[39]などがある。

　金融機関等の対応については、「40の勧告」の改訂版で追加された「海外

---

[37] FATF型地域グループ（FATF-Style Regional Bodies）とは、FATFと同様の目的をもつ地域の枠組みであり、いくつかの資格でFATFに参加している。ただし、FATFの下部機関ではない。日本は、FATFの加盟国であると同時に、FATF型地域グループの一つであるアジア太平洋マネー・ローンダリング対策グループ（APG）の加盟国でもある。
[38] 他の加盟国や国際機関代表、専門家で構成されるグループによる勧告の実施状況に関する評価であり、IMF・世界銀行の金融部門評価を補完する役割ももつ。

とのコルレス銀行業務に対する厳格な顧客管理措置」(勧告7)および「9の特別勧告」のなかの「電信送金に係る発出者情報管理措置」(特別勧告7)が特に重要視される。

　また、FATFは、2001年9月の米国同時多発テロ事件発生後のG7財務大臣声明(同年10月)を受けて、同月中に、テロ資金対策に関する特別会合を開催し、テロ資金供与に関する「8の特別勧告」を策定し、直ちに公表した。2004年10月、この「8の特別勧告」に「キャッシュ・クーリエ(現金運搬人)」に関する九つ目の特別勧告が追加されて「9の特別勧告」(FATF Special Recommendations on Terrorist Financing)となった。「9の特別勧告」の主な内容は、以下のとおり。
① 　テロ資金供与行為を犯罪とすること(特別勧告Ⅱ)
② 　テロリズムに関係する疑わしい取引の届出の義務づけ(特別勧告Ⅳ)
③ 　電信送金に対する正確かつ有用な送金人情報の付記(特別勧告Ⅶ)
　この特別勧告Ⅶについては、「特別勧告Ⅶの解釈ノート」(Interpretative Note to Special Recommendation Ⅶ)によれば、各国は1,000ドル／ユーロを超える送金に正確かつ有用な送金人情報を付記することが求められている。

　2012年2月に採択された最新のFATF勧告(第4次改訂勧告)では、従来の40の勧告およびテロ資金供与対策に関する9の特別勧告を統合・合理化し、かつ、大量破壊兵器の拡散に関与する者の資産凍結の実施や法人・信託に関する透明性の向上等、マネー・ローンダリング、テロ資金供与の温床となるリスクが高い分野における対策の重点化を求める内容に改訂された。これは、大量破壊兵器の拡散や腐敗などの脅威にも、限りある資源を効果的に配分して、的確に対処すること等を目的として行われたものである。主な改訂点は、以下のとおりである。

39　勧告21の適用やその他の手続により、FATFの勧告を適用していない国の者との業務関係および取引に対して、金融機関等が特別の注意を払うべきこと、各国がFIUの監視下に置くこと、さらにはFATFからの除名処分もある。なお、FATFは、2006年10月に"Tour de Table"という名称でFATF勧告が不十分な国・地域(FATF加盟国に限らない)に対して是正措置を求めるための枠組み(制裁措置を発動することもありうる)の正式導入を決定し、取り扱う作業部会(ICRG)も設立している。

① 従来の「40の勧告」と「9の特別勧告」を統合

　マネー・ローンダリング対策（40の勧告）とテロ資金供与対策（9の特別勧告）は密接に関係するため、これらの従来の勧告を統合し、双方の対策をカバーする40の勧告とした。

② リスク・ベース・アプローチの強化

　リスク・ベース・アプローチのコンセプトを明確にするとともに、マネー・ローンダリングおよびテロ資金供与関連のリスク評価をより幅広く行い、高リスク分野では厳格な措置を求める一方、低リスク分野では簡便な措置の採用を認め、より効率的な対応を求めることとした。

③ 法人、信託、電信送金システムに関する透明性の向上

　犯罪者やテロリストによる悪用を防止するために、法人や信託の実質所有者／支配者に関する情報、電信送金を行う際に必要な情報等について基準を厳格化し、これらの透明性を高めることとした。

④ マネー・ローンダリング対策およびテロ資金供与対策のための当局機能や国際協力体制の強化

　国内においてマネー・ローンダリング対策およびテロ資金供与対策に責任をもつ法執行機関およびFIUの役割と機能を明確にし、より幅広い捜査手法や権限を求めることとした。また、グローバルなマネー・ローンダリングおよびテロ資金供与の脅威拡大に対応するため、捜査当局等に求める国際協力の範囲を拡充した。

⑤ 新たな脅威への対応

　腐敗行為防止の観点から、PEPs（重要な公的地位を有する者：Politically Exposed Persons）の定義を拡大し、外国だけでなく国内のPEPs等に関しても、金融機関等による厳格な顧客管理を求めることとした。

　また、第3次相互審査を通じて、税犯罪とマネー・ローンダリングが密接に関係していることが明らかになったため、税犯罪をマネー・ローンダリングの前提犯罪とすることを求めることとした。さらに、国連安保理決議の要請に沿って、大量破壊兵器の拡散に関与する者に対し、金融制裁を実施することを新たに勧告化している。

(3) 非協力的な国と地域（Non-Cooperative Countries and Territories：NCCT）の公表

　FATFが、ある国について、マネー・ローンダリングおよびテロ資金供与対策（AML/CFT）の管理が十分ではない、もしくは、グローバルな対策に協力していないと判断した場合、「非協力的な国と地域」(Non-Cooperative Countries and Territories：NCCT）の指名と公表を行う。これはNCCTプロセスと呼ばれるが、その目的は、ある国または地域のAML/CFTの脆弱性を周知することにより、加盟国の金融システムがNCCT経由でマネー・ローンダリングやテロ資金供与に利用されないようにすることである。FATFは、2000年6月の「NCCTを特定する第1回レビュー」(First Review Identifying Specific NCCTs）の公表以降、毎年リストを公表し、加盟国の金融機関に対して、NCCTの金融機関や法人を含む個人とのビジネス関係や取引に特に注意を払うよう注意喚起しているのである。直近の公表[40]は2013年2月であり、「当該国・地域から生じる継続的かつ重大な資金洗浄・テロ資金供与リスクから国際金融システムを保護するため、FATFがすべての加盟国およびその他の国・地域に対し、対抗措置の適用を要請する対象とされた国・地域」として、イランと朝鮮民主主義人民共和国（北朝鮮）を指定している。

(4) 相互審査の枠組み

　FATFの役割の一つに「参加国・地域相互間におけるFATF勧告の遵守状況の監視（相互審査）」という加盟国間におけるモニタリングがある。このモニタリングの仕組みは、2段階に分かれており、第一段階が年1回の自己評価であり、加盟国は、年に1度、FATF勧告の遵守状況に関する質問票に回答することが求められている。次に、加盟各国は、数年に1度、

40　http://www.mof.go.jp/international_policy/convention/fatf/fatfhoudou_250312.htm

FATF事務局によるオンサイトでの評価を受ける。これは、他の加盟国の政府から派遣されている、法律、財務、法令執行分野の3～4人の専門家によって構成される評価チームによって行われ、FATFの勧告と照らし合わせて、評価対象国におけるマネー・ローンダリング対策の効果的なシステムの構築がどの程度整備されているか、もしくはまだ改善が必要な領域があるかについて、法制、監督・取締体制、マネー・ローンダリング犯罪の検挙状況などさまざまな観点から対応する勧告ごとに査定が行われ、勧告ごとに4段階の遵守レベル（履行度）で評価される。勧告自体が該当しない等の特別な場合に限り、Not Applicable（適用なし）と評価される。わが国に対する相互審査は、過去、1993年、1997年および2008年の三度にわたり実施されている。

　FATFには、勧告に従わない加盟国に対して罰金や罰則を科す権限はなく、このモニタリングの対象となるFATF勧告の遵守状況を評価しても、低い評価の是正のための強制力がないという問題があったため、1996年、FATFは、FATFの勧告を遵守できていない国々の扱いに関して、"加盟国間の相互プレッシャー（Peer Pressure）を高めることを目的とする段階的なアプローチ"という枠組みを導入した。その枠組みの第一段階においては、相互評価対象となった国は、その評価結果を受けたフォローアップの進捗に関する報告を総会で提出することが求められる。その後、そのフォローアップが不十分な場合は、対象国にFATFの理事長からの文書が発出されるか、もしくは、FATF事務局のハイレベルミッションの訪問を受けることになる。さらに、それでも不十分と判断される場合、FATFは、改訂勧告19条（旧勧告21条）「高リスク国の扱い」を適用し、ビジネス関係や取引には特別な注意を喚起する国であると、他の加盟国に必要な措置をとることを求める可能性もある。

　最後の手段としては、FATFは、その国の加盟国としての権利を停止し、非加盟国とすることができるのである。1996年9月、トルコは、この"ピア・プレッシャー"の適用対象となった最初のFATF加盟国となった（加盟は1991年）。FATFは、トルコのマネー・ローンダリング対策が不十分であるとして、他の加盟国に対しトルコの個人や企業とのビジネス関係や取引

を警戒することを求めたのである。その結果、警告の1カ月後、トルコはマネー・ローンダリングに関する国内法を制定した。また、2005年に審査を受けたオーストラリアでは、40の勧告のうち、12しか遵守できていないとの評価を受け、2006年に、より厳格な国内法である Counter Terrorist Financing Act を制定した。相互評価は、加盟国すべてに対して実施され、2013年までのところ、多くの加盟国が最多で3回評価を受けている（加盟が遅れた国は、3回未満の相互評価しか受けていない可能性がある）。一巡する相互評価を FATF ではラウンドと呼んでおり、2013年までで、Third Round、第3次相互評価が終了し、2013年7月現在、そのフォローアップが行われているところである。今後の第4次相互評価については、2013年の第4四半期に開始される予定であるが、2012年2月に改訂された新たな勧告に沿った評価が行われることになる。2013年7月現在、日本は2008年10月に行われた第3次相互評価のフォローアップの段階にある。

⑥ 対策のための基準とプログラム

(1) リスク評価および評価モデルの構築

　従来より、FATF は英国や米国等の多くの加盟国とともに、リスクベースの管理を強く呼びかけている。それは、金融機関等が、膨大な情報処理のなかから、巧妙に仕組まれたマネー・ローンダリングやテロ資金供与等のすべてを検知することは事実上不可能であるからである。完全なる阻止は無理であるとして、そのかわりに均一で厳格な管理体制を構築すれば、相当の顧客利便性を犠牲にする可能性もあり、金融機関等が公共サービスとしての決済機能を発揮することに相応のコストが生じるかもしれない。
　リスクベース、すなわちリスクに応じた管理体制を構築することは、よりリスクの高い顧客や取引をより頻繁にモニタリングし、必要に応じて当局に

報告するシステムや手続を通じて、より効率的にAML/CFT態勢を構築することが可能になるのである。この、リスク・ベース・アプローチは、もともと監査論の考え方から発生したものであり、限られた資源・手段でより効果的な監査や調査を行うために用いられた概念である。

　2012年2月に改訂されたFATFの新たな勧告においては、リスク・ベース・アプローチのコンセプトを明確に打ち出すとともに、マネー・ローンダリング、テロ資金供与関連のリスク評価をより幅広く行い、高リスク分野では厳格な措置を求める一方、低リスク分野では簡便な措置の採用を認めることで、より効率的対応を求めることとしている。今後の相互評価では、リスク・ベース・アプローチをふまえた管理態勢の構築について、国としてどのように取り組んでいるかが検証されることになろう。

　その点についてFATFは、新勧告の解釈ノートにおいて、国としての対応として検証されるポイントは、あるセクターにおいてリスク・ベース・アプローチがどのように実施されるべきかを決定するにあたり、加盟各国が、関連セクターの対処能力をしっかりと見極めたうえで、その分野におけるマネー・ローンダリング、テロ資金供与対策が具体的に講じられているかを検証すべきであるとしている。また、リスク・ベース・アプローチにより与えられる裁量と金融機関等に課される責務が、より大きなマネー・ローンダリング、テロ資金供与対策の能力と経験を有するセクターにおいて、より適切となることを理解したうえで、リスクが高いシナリオであると判断する場合に、金融機関等がより厳格な措置を適用することを推奨すべきとしている。このようなリスク・ベース・アプローチを採用することにより、監督当局、金融機関等は、マネー・ローンダリングおよびテロ資金供与を防止または低減するために、リスクにふさわしい措置を確保することができ、それにより金融機関等は、より効率的に経営資源を配分することができるのである。

　他方、リスク・ベース・アプローチを実施する側においては、マネー・ローンダリングおよびテロ資金供与のリスクを特定、評価、監視、管理および低減するための適切なプロセスが必要となる。リスク・ベース・アプローチの基本原則は、リスクが高い場合には、金融機関等がそれらのリスクを管理し、低減するために必要な措置をとるべきであり、同時に、限定的で、か

つマネー・ローンダリングおよびテロ資金供与のリスクが低いと証明される場合には、金融機関等に対して特定の措置を適用しないことを決定することもできるのであり、メリハリの効いた態勢整備が可能となるのである。

　このように、リスク・ベース・アプローチをとることによりマネー・ローンダリングおよびテロ資金供与に係る特定のリスクに見合ったシステムや管理態勢を採用することが可能であるが、そのためには、まずは、取引や取引相手に関するリスクの評価が必要となる。まず、金融機関等がAML/CFT対応で対処すべきリスクは、自己評価と相手の評価である。自己評価は、その金融機関等の有する顧客基盤、営業地域、提供する商品・サービス、事業規模、経営戦略等、多様な要因によって決まり、それらに応じてリスク耐性、リスク嗜好、もしくはリスク許容度が決まる。そして、そのリスク許容度に応じて、どれくらいのリスクをとることができるのかということが決まるわけである。そして、そのためには、相手の評価として、新規の取引先のみならず、既存の取引先のリスクを見極めたうえで、リスクに応じた管理態勢を構築しなくてはならないのである。

　マネー・ローンダリング対策およびテロの資金供与対策においては柔軟性、有効性、効率性の観点から、規範重視のアプローチよりもリスク・ベース・アプローチのほうが適切であると考えられている。なぜならば、マネー・ローンダリングおよびテロ資金供与のリスクは、司法管轄権の異なる国や地域、顧客、商品をまたいで行われることが多く、柔軟でより実質的な対応が求められるからである。さらに、リスク・ベース・アプローチは、すべての顧客に同じようなハードルの高い管理手続を適用するよりも、合法的な顧客に及ぼすマネー・ローンダリング対策の手続による悪影響を最小限に抑えることが可能になるという点で、バランスがとれている。また、すべての顧客に一律に管理手法を適用した場合、形式的なチェック・ボックス・アプローチに陥るリスクがあるが、リスク・ベース・アプローチは、この形式化リスクを軽減できる可能性がある。

(2) リスクの決定要因

　リスク・ベース・アプローチをとるために必要な取引相手のリスク評価であるが、どのように評価するのであろうか。金融機関ごとに手法は異なるが、基本的には、取引相手の所在地、業種、提供しているサービスの種類に応じてスコアリングを行い、ハイ、ミドル、ロー（もしくは、レッド、アンバー、グリーン）の3段階に分け、その分類に応じて、顧客確認資料の範囲・量と更新の頻度を決めるというのが一般的な考え方である。なぜならば、金融機関等がマネー・ローンダリング、テロ資金供与に関して直面するリスクは、顧客基盤、国・地域、商品、サービス、事業規模等の多様な要因に左右される。また、このリスクは動的なものであるため、リスク評価が常に現実的かつ実態的であるためには、継続的な管理が必要になる。さらに、新しい商品を導入する場合には、その商品・サービスがマネー・ローンダリングの観点から悪用される危険の有無について評価することが必要である。

　たとえば、所在地、顧客基盤であるが、顧客はどの国や地域に居住するのか、顧客企業の本社はどこにあるのか、主要な業務はどの国や地域で行われているのか等について調査しなければならない。その際には、主要国や世銀など、国際機関等の公表されている調査報告書が参考になる。

　たとえば、米国財務省外国資産管理局（Office of Foreign Assets Control：OFAC）、米国財務省金融犯罪連絡室（U.S. Financial Crimes Enforcement Network：FinCEN）、欧州連合（European Union：EU）、世界銀行、国際連合安全保障理事会の決議、その他関係各国政府によって公表されるテロ支援国リスト、制裁リストが有効である。また、FATFによる"非協力国および地域"（Non-Cooperative Countries and Territory：NCCT）リストに記載されている国・地域か、FATFの非加盟国であるかも参考にするべきである。

　また、公共・政府部門における腐敗がどの程度かも考慮すべきである。このような国・地域の評価には、米国務省による「国際麻薬取引報告書」（International Narcotics Control Strategy Report）、民間団体であるトランスペアレンシー・インターナショナル（Transparency International）の"腐敗認

識指数"(Corruption Perceptions Index)[41]、それらに加えて、インターネット等のメディアを使い主要なニュースから、マネー・ローンダリング事件や汚職、内部不正事件などの舞台になっていないか、国際社会から非難されるような状況になっていないか等、ネガティブ情報をモニタリングすることも有効である。世銀にもCPIA（The Country Policy and Institutional Assesment）という援助対象国の公的部門のガバナンスを評価するシステムがあり、総合評価（1＝低から6＝高というスコア）のみならず各国の分析も公表している。

たとえば、国連や国際機関などによってテロ制裁リストに記載されている国や地域は、原則取引禁止対象国となる。

高もしくは中から高のリスクの対象国との取引は、必ずしも禁止されないものの、強化された顧客管理や高度な取引モニタリングを行う必要がある。たとえば、FATFのNCCTリストに記載されている国や地域に関しては、高リスクとみなす必要がある。また、汚職等のネガティブ情報がある国については、その国や地域に関する追加的な報告書を独自に作成し、それを開示することによって、高度なモニタリングを行っていることを対外的にコミットすることも有益な方法となろう。

低もしくは低から中のリスク対象国における事業運営や口座関係を維持することに関しては、基本的には十分配慮したうえで通常のビジネス・ルールが適用されるべきである。FATF加盟国は低リスクとみなされるが、相互評価での評価が低い国・地域に関しては、強化された顧客管理措置の対象となる可能性がある。

商品サービスについても、FATFの報告書などを参照してリスク分けをしておくべきであろう。

41　www.transparency.org

(3) マネー・ローンダリング、テロ資金供与対策プログラム（責任者、マニュアル、訓練等のPDCA）

マネー・ローンダリング対策部門をどのように構成するかは、非常に重要な問題であり、金融機関の規模、商品やサービスの性質や種類によって決まるべきものである。マネー・ローンダリング対策部門の運営方法や責任者は、最初に決定すべき重要な事項である。これらは、同業他社や同じような業務を行っている国際的な他社・他行の対応を参考にしながら、金融監督当局からの指導やFATF等の国際的な機関の提言や勧告等を十分にふまえて自己のリスク耐性を見極めながら、構築する必要がある。そして、その態勢、手続は規程として文書化される必要がある。組織、態勢、規程等を総称して、マネー・ローンダリング対策プログラムと呼ぶが、このプログラムの構築にあたり、金融機関等は、少なくとも、以下の措置を講じる必要がある。

① 社内規程の作成を含む内部統制の手順
② AML/CFT担当者の任命
③ 継続的なトレーニング・プログラム
④ 独立した監査機能によるプログラムの内部点検の仕組み等

英国のJoint Money Laundering Steering Group：JMLSGは2011年版Prevention of money laundering / combating terrorist financingのなかで、①上級マネジメントの責任、②内部統制、③マネー・ローンダリング対応責任者（MLRO）の任命、④リスクベース・アプローチ、⑤顧客情報の精査（Customer Due Diligence）、⑥報告と情報管理、⑦従業員教育、⑧記録保管、というように分類し、必要な事項を説明している。

a 社内規程等

基本的には基本規程（ポリシー）、規程・マニュアルといった上位規程と下位規程としての手続書に分かれることが多いが、マニュアルはポリシーよ

りも詳細な手続を記したもので、両者とも定期的に検討、更新する必要がある。ポリシーとマニュアルは、文書化され、取締役会、もしくは取締役会に相当する機関に承認を受ける必要がある。ポリシーには、以下の点を含むことが望ましいが、規模や事案内容によってバリエーションがありうる。

① リスクベースアプリーチによる AML/CFT プログラムの実施要領
② リスクが高いと判断された取引先、商品・サービスの特定、および、リスク・プロファイルの定期的な更新手順
③ 取締役会や経営幹部に対する、コンプライアンスに対する取組み
④ 疑わしい取引の届出の提出、是正措置に関する報告
⑤ AML コンプライアンス責任者の特定
⑥ AML コンプライアンス関連法令等の変更、FATF 勧告の遵守に対応するための適時の見直し
⑦ 顧客管理（Customer Due Diligence：CDD）ポリシー、手続、プロセスの導入
⑧ 報告対象取引の特定と、疑わしい取引の届出等の必須報告書の提出手順
⑨ 牽制機能、二重統制、職務分離の導入
⑩ 疑わしい取引の適時の検知と報告を実現する、十分な統制やモニタリング態勢（人的資源を含む）の構築
⑪ マネー・ローンダリングの法規制や社内規定について、従業者が十分な認識をもつためのトレーニング方法を定めるとともに、その受講結果についても関連従業員の実績評価に織り込むこと
⑫ 採用時の身元調査プログラムを導入すること、等

b　AML/CFT 担当者

　マネー・ローンダリング対策の担当者には、上記 AML/CFT プログラムの策定と実施、必要な変更、マネジメントを含む主要な役職者に対する情報発信、従業員のトレーニング・プログラムの立案・実施、法規制の進展について把握する責任と権限が与えられ、任命は取締役会に相当する機関決定が求められる。

　マネー・ローンダリング対策部門の組織構成は、金融機関や企業の規模や

業種によって異なる。企画部門と運用部門に分け、企画担当者がプログラムの企画、戦略面に責任をもち、運用担当者が日常の疑わしい取引やマネー・ローンダリングのモニタリング、疑わしい取引の届出等の運用面に携わる場合もある。また、ACAMSスタディー・ガイドでは機能によって運用部門を以下のようにさらに細分化することを例示している。

① モニタリンググループ

　顧客の電信送金を自動システムを使用してモニタリングし、システムの生成するアラート（Red Flagと呼ぶことが多い）に関して調査する。

② KYC（Know Your Customer）グループ

　取引開始時、および既存取引先のリスク評価を行い採点に基づいたリスク分類を決める。そして、リスクに応じて、定期的にレビューを行う。

③ 疑わしい取引の届出グループ

　モニタリンググループはKYCグループ、および顧客担当者から報告があった事例に関して調査を行い必要に応じて、監督を受けている国の当局（Financial Intelligence Unit：FIU）に、疑わしい取引の届出（SAR）を提出する。

　顧客との接点のある営業部門においては、新規取引開始時や口座開設の際に、KYC（Know Your Customer）フォームを作成し、KYCグループに報告する。KYCグループは必要であれば、追加情報の入手を営業部門に依頼する。営業部門は、リスクに応じた顧客の定期的なレビューに参加し、疑わしい取引の調査のための追加情報の収集を行うこともある。なお、疑わしい取引の調査に関する情報収集を行っている場合、それは厳秘扱いであり、万が一情報が漏れた場合は、法令等に基づき、金融機関等、調査を行っている当事者が処罰の対象となる。

c　トレーニング・プログラム

　すでに説明したように、金融機関等は「必要な職員への適切なトレーニング」の手順を含む文書化されたAMLコンプライアンス・プログラムを作成する必要があり、これは米国FFIEC（連邦金融機関検査協議会）の検査マニュ

アル等にも明記されているところである。

① 対象

　まずは、だれがどのようなトレーニングを必要としている職員なのかという、対象者の特定と対象者にマッチしたトレーニングの選定が必要となる。金融機関等の場合、原則すべての従業者がトレーニングを受ける必要があるが、すべてが同一のトレーニングプログラムだけでは不十分であり、共通の基本トレーニングのほかに従業員が従事する業務に関連するトピックや問題についての専門化されたトレーニング（Tailored Training）を受けることが望ましい。特に留意すべきは、経営幹部および取締役会のメンバーに対するトレーニングである。実務担当者に対するトレーニングは行われても、経営幹部に対するトレーニングが行われていなければ、組織全体としての対応は十分ではないとされている。なぜならば、マネー・ローンダリングの問題は、定期的に取締役会に報告する必要があり、コンプライアンス部門は取締役会の強い協力を得ることが重要なので、マネー・ローンダリングやテロ資金供与に巻き込まれるリスクに対する取締役会レベルでの意識を高く保つことが必要だからである。

② 内容

　先述のとおり対象者ごとにトレーニング内容は異なるが、基本的な部分は共通な内容であるべきであり、たとえば、マネー・ローンダリング対策に関する概要、重要性、従業者の責務と説明責任については、最低限の要素といえる。

　また他の金融機関等、もしくは他の企業で起こった実際のマネー・ローンダリング事件の実例について、紹介し、より現実味をもったトレーニングにするよう工夫すべきである。トレーニングの最後に小テストを行い記憶の定着を図るという方法も効果的である。だれがいつ何のトレーニングを受けたかの記録を残すことはきわめて重要であり、コンプライアンス部署で保管し、当局検査があった場合には、遅滞なく提出できるようにしておくべきである。

d 内部監査によるモニタリング

　AML/CFT のコンプライアンス・プログラムを有効に保つためには、自主的かつ継続的なモニタリングや評価が必要である。そのためには社内の独立した監査部署が定期的に監査することが必要である。内部監査では最低限以下のことが実施される。
① 　AML リスク評価の妥当性についての検討
② 　AML、手続、の妥当性およびそれに対する職員の遵守状況の確認
③ 　適切なトレーニングの実施状況
④ 　経営宛報告（経営情報システム）の頻度、内容や正確性
⑤ 　疑わしい取引の届出の提出に関する手続の有効性
⑥ 　これまでの監査結果（発見事項）に対する対応状況

　監査の目的は、決してあら探しを行い、ミスを指摘することではない。監査の目的は、監査結果に基づき、必要に応じて手続を見直し、継続的にプログラムの有効性を高いレベルで持続的に維持することなのである。
　また、AML/CFT のモニタリングにおいては、多量の情報を処理し不自然な取引を検出（Red Flag という）するために、システムおよびソフトウェアが用いられているため、監査においてもシステム機能を評価するための「システム監査」を行う必要がある。主なシステム監査の着眼点は、以下のとおりである。
・ フィルタリング・システムにおけるあいまい検索機能の設定基準および、実際の運用（フィルタリングに基づく Red Flag の合理性の判定結果とその判断プロセスのレビュー）。
・ 疑わしい取引、不自然な取引をモニタリングするためのポリシー、手続、プロセスのレビュー。
・ システムのモニタリングに基づく疑わしい取引報告書作成機能の評価。
・ 疑わしい取引の届出（Suspicious Activity Report：SAR）システムのレビュー。システムに不自然な取引の調査や照会の評価が含まれていることを確認する。

これらの監査の対象には AML/CFT 所轄部署から法務、営業部署まで広範な部署が対象となる。ただし、頻度については、リスクベースでの計画とされるべきであろう。

e　コンプライアンス文化

コンプライアンス文化を組織全体に根付かせることは、効果的な AML プログラムにとってきわめて重要でありこの点は、ここもと、英米の金融監督当局により、繰り返し強調されているところである。

f　顧客確認（Know Your Customer：KYC）

金融機関は、顧客の本人確認を実施したうえで、取引開始、口座開設手続を行うべきである。

バーゼル委員会公表の、顧客の本人確認に関する優れた取組みに関する手引きとなる「銀行の顧客管理（Customer Due Diligence：CDD）」（Customer Due Diligence for Banks）の添付資料「口座開設と顧客確認に関する一般的な指針（2003年2月）」（February 2003 General Guide to Account Opening and Customer Identification）は、以下のようないくつかの効果的な本人確認項目を列挙している。

- 法律上の正式な名前、および該当する場合はその他の使用名（旧姓等）
- 正確な定住所（完全な住所を要する。私書箱では不十分）
- 電話番号、ファクシミリ番号、電子メール・アドレス
- 生年月日と出生地
- 国籍
- 職業、公職、および／もしくは雇用者名
- 公式の個人識別番号、もしくは、その他の有効期限内の公的文書に記載された個人を識別できるもの（パスポート、身分証明書、居住許可書、社会保障カード、運転免許証等）で、写真付きのもの
- 口座の種類および銀行との取引関係の性質
- 署名

また、金融機関は、資金の出所および顧客の職業についての情報を得ること等によって、その資金の正当性を判断する努力を行うべきであり、とくに、多額の現金の預入れについてはその資金源を十分な配慮をもった検討を行うべきであろう。また、担当者は、顧客の住所や事業所の所在地と、口座が開設された支店との距離を考慮し、もし不自然なことがあった場合には、顧客がその場所で口座を開設した理由を確認するべきである。

　口座開設の手続や、新規顧客の受入れのポリシーの具体的な内容は、顧客の種類や、リスク、現地の法規制によって決められる。顧客の身元確認が行われ、口座を開設したら、金融機関はリスクに応じた頻度と内容で、口座をモニタリングする。金融機関は、商品やサービスに対しても、リスクに応じて顧客を分類し、モニタリングを実施する。リスクがより高い顧客には、より慎重な顧客管理（Enhanced Due Diligence）およびモニタリングが必要となる場合もある。

g　照合リスト

　金融機関は、新しい顧客と取引を始める前、もしくは、外為送金取扱時に、テロリストと判明している者あるいはテロリストの疑いのある者の公開リストと照合することを求められており、これを怠ったり、看過した場合は、法令等による処分の対象となりうる。ドル送金の場合は、米国財務省の外国資産管理局（Office of Foreign Assets Control：OFAC）が制定している特定国籍もしくは特定者リスト（Specially Designated Nationals（SDN）and Blocked Persons、いわゆるSDNリスト）が最も代表的なリストである。リストには、米国政府がテロリストとみなしている個人と企業、国際的な麻薬密輸業者、その他米国の対外政策や貿易制裁の対象者が掲載されており、米国では、OFAC規定の遵守は、海外で事業を展開するあらゆる企業や、米国で事業を行うすべての金融機関にとって、さらには、ドル取引を取り扱うすべての事業者に対し適用され、コンプライアンス・プログラムの最優先遵守事項となっている。

　また、重要な公的地位を有する者（Politically Exposed Person：PEPs）についても、FATFにも高リスクとして慎重な取扱いが求められているが問題

は、このPEPsを特定し、識別する確実なリストや方法はないという点である。原因は、世界中のPEPsの識別に関して、公式のデータベースがなく、入手可能かつ有用な情報が不足していることにある。現在、限られた数の、主に民間のプロバイダーのみが、PEPsのデータベースを提供している。

また、先述の国際的な非政府組織、トランスペアレンシー・インターナショナル（Transparency International）によって発表されている腐敗認識指数（Corruption Perceptions Index）は、リスクの高い国や地域特定をすることには役立つかもしれないが、腐敗指数にあげられている国に関係するすべての政府関係者や政治家がPEPsというわけではない。さらに、リスクが低い国や地域のPEPsでも、リスクがないというわけではない。

政府機関のなかには、たとえば米国のCIA（Central Intelligence Agency）のように、外国政府の国家元首と閣僚（Heads of State and Cabinet Members of Foreign Governments）のリストを公表しているものもある。しかし、このリストはすべての関連情報を提供してくれるわけではない。生年月日や住所等、その人物を一意に識別する情報はない。

h　グローバルベースのKYC

顧客情報をグローバルに、かつ、包括的に管理することができれば、国際的に活動している金融機関全体の風評リスク、集中リスク、オペレーショナル・リスク、法務リスクの管理に大きく貢献する可能性があるのは理論的には事実であろう。

しかし、これもなかなかむずかしい問題である。

たとえば、言語ひとつをとっても、英語での共通リストがあれば十分というわけではないし、英語表記が一通りでない場合、もしくは、英語表記がない場合もある。現実的には、態勢やプログラムをよりハイスタンダードなものにあわせる努力をしながら、各地域で対応を十分にとってゆくことと、ドル取引については、少なくとも、米国当局の求める水準を保ちつつ、各国当局と緊密に連携しながら対応を進めてゆくことであろう。

i 不自然な取引のモニタリングおよび疑わしい取引の届出情報の活用

疑わしい取引の届出（Suspicious Activity Report：SAR）は、マネー・ローンダリングや他の犯罪に関して、法執行機関が捜査を開始する際によく利用される情報であるといわれている。SAR を共有するための国際的な情報センターはないが、多くの国の資金情報機関（Financial Intelligence Unit：FIU）は、毎年何件の SAR が提出されたか、どの地域での届出が多いか、疑わしい取引の傾向はどのようなものかについて分析し、必要に応じて互いに情報交換していると思われる。

その観点からも金融機関は疑しい取引の届出を積極的に提出することが勧奨されている。

7 AML/CFT の枠組みを使った経済制裁

(1) BancoDeltaAsia への米国愛国者法（USA Patriot Act）311条の適用

マネー・ローンダリングおよびテロ資金供与対策において金融機関等によって行われるべき措置の柱は、第一に「本人確認（KYC）」、第二に「スクリーニング」、第三に「モニタリング」であり、第四に、これらが適切に維持管理され、機能するための「プログラム」の構築である。

本人確認は、口座開設時や取引の実行時に、自然人、法人等といった取引の相手に関して、適切な本人確認手続をとり、AML/CFT 上のリスク分類を行うという、適正な「顧客管理措置」であり、金融システムの水際対策というべきものであり、最も重要な手続である。スクリーニングは、国際機関や関係当局から金融取引を制限するよう指定された自然人、法人、団体、国・地域等との取引に巻き込まれないよう、送金取引等の実行前に指定リス

トとの照合をすること（スクリーニング）により、取引の停止（送金の返却等）、凍結（送金資産の凍結等）、報告等、法令等で定められた措置をとることである。モニタリングとは、あらかじめ構築された方法により、一定の取引パターンや不自然な取引について取引実行後に抽出し、取引記録を保存し、法令等に定められた手続により、疑わしい取引報告として当局に届け出るという一連の手続である。

なお、プログラムとは、スクリーニングやモニタリングのITシステムのみを示すものではなく、マニュアルの制定、責任者の任命から、教育訓練、監査までを含む「態勢」のことであり、その必要な項目・最低満たすべき基準は、当局からの検査マニュアルや法令等によって示されており、FATFでの議論や相互審査結果への対応によって、変更されるものであるので、常にその変更に留意し継続的な対応を図るべきである。

さて、この「スクリーニング」における取引停止や資産凍結という手法は、今日のマネー・ローンダリング対策に取り入れられる以前から、各国の外交手段、対外戦争時における敵性資産の凍結として用いられてきた。米国においては、1812年の米英戦争時の英国による米国籍船舶への臨検に対抗手段として、財務長官が英国資産の凍結措置を命じたのが最初といわれているが、それ以来、財務省内にある「外国資産管理室：Office of Foreign Asset Control：OFAC」が米国の外交政策、国家安全保障政策に沿って、経済制裁対象国・地域、団体、個人、テロリスト、麻薬取引者、大量破壊兵器拡散に関与する者・団体等を制裁対象者（Specially Designated Nationals：SDN）として指定・開示し、法令等に基づき米国金融機関に対し、取引制限、凍結等の措置をとるよう定めている。この場合、米国法令等によって定められた措置の履行義務者は、米国の法人、個人であり、米国の金融機関等がその中心的役割を果たすことになるが、米国内に存在する非米国金融機関の支店も対象となる。また、ドルの送金は米国銀行とのコルレス口座において決済されるため、米国内を経由することになり、基本的に、米国政府による資産凍結措置の対象となる。その仕組みを、より明確かつ有効にしたのが、米国愛国者法311条の「特別措置規程」である。

米国愛国者法とは、正式には「テロリズムの阻止と回避のために必要な適

切な手段を提供することによりアメリカを統合し強化する2001年の法 (Uniting and Strengthening America by Providing Appropriate Tools Required to Intercept and Obstruct Terrorism Act of 2001)」と呼ばれ、2001年に発効した米国の法律であり、正式名称の各単語の頭文字「USA PATRIOT ACT」をとって「米国愛国者法」(USA PATRIOT Act) あるいは単に「愛国者法」(Patriot Act) とも呼ばれる。この法律は、2001年9月11日の米国同時多発テロ事件後45日間で成立し、米国内外のテロリズムと戦うことを目的として政府当局に対して権限を大幅に拡大させた法律である。

マネー・ローンダリングやテロ資金供与に対する対策については、第3章 (300条台) に記載されており、外国銀行と取引を行う米国銀行の義務を規定し (311条、312条、319条等)、外国人や外国にある収益が米国と一定の関連をもつ限りにおいて、これを米国の裁判所の管轄権に含めることとしている (317条、323条)。もともと、米国でマネー・ローンダリングを規制する主な法律は、1970年に判定された銀行秘密法と1986年マネー・ローンダリング規制法であり、銀行秘密法 (Bank Secrecy Act) は、金融機関に通貨取引の報告および疑わしい取引の報告をする義務を課すことを主な内容としている。また、マネー・ローンダリング規制法 (Money Laundering Control Act) は、犯罪による不法収益の費消や移転を連邦法上の重罪と規定するものである。愛国者法の第3章は、これまでのマネー・ローンダリングの規制に加え、外国銀行と取引のある米国銀行について強化するもので、それにより、テロに利用されうる米国外からの資金を取り締まることを目的としている。ただし、この章については、規制緩和に逆行するといった指摘や、こうした規制の強化だけでは、正規の金融制度の外で資金を得たり、移転したりするテロリストを取り締まることはできないといった批判が当初よりあったため、303条に、議会が4年後にこの章を引き続き適用するかどうかを審議するための規定が設けられた。現在は、2011年5月より4年間延長され、2015年が期限となっている。

米国愛国者法の第3章の主要規程 (抄) は、以下のとおりである[42]。

第311条　マネー・ローンダリングの大きな懸念を与える管轄区、金融機関または国際取引のための特別措置

　財務長官は、国務長官および司法長官との協議の結果、米国銀行と取引のある外国銀行等が米国に「マネー・ローンダリングの大きな懸念（primary money laundering concern）」を与えると認めた場合には、その米国銀行に対し、次の五つの「特別措置」のうちの一つまたは複数を要求する権限を有する。(1)特定の取引の記録保持および報告、(2)米国銀行の特定の口座の外国人受益者の特定、(3)米国銀行で外国銀行により開設された銀行経由支払口座を利用する外国銀行の顧客の特定、(4)米国銀行で外国銀行により開設されたコルレス口座43を利用する外国銀行の顧客の特定、(5)国務長官、司法長官および連邦準備制度理事会の長と協議のうえで、特定の銀行経由支払口座またはコルレス口座の開設または維持を制限し、または禁止すること。(略)

第312条　コルレス口座およびプライベート・バンキング口座に対する特別の精査

　非米国人のために、コルレス口座やプライベート・バンキング口座を維持する米国金融機関に対し、マネー・ローンダリングを防止し、報告するための、精査方針（due diligence policies）を定めることを求める。また、オフショア44の銀行免許に基づき営業する銀行、国際機関から AML/CFT に協力的でないと指名された国の銀

42　米国愛国者法については、平野美恵子ほか「米国愛国者法（反テロ法）（上）」「外国の立法」214号、2002年11月詳細な解説と翻訳が掲載されており、本稿の主要規程（抄）および注記も「外国の立法214（2002. 11）」を参照している。
　　www.ndl.go.jp/jp/data/publication/legis/214/21401.pdf
43　銀行間の為替取引契約（コルレス契約）のために開設される口座。
44　オフショア市場とは、非居住者間の金融取引が自由にできるように、金融、税制、為替管理などの規制を大幅に緩和し、国内市場とは切り離したかたちで運営される市場をいう。「オフショアの銀行免許」とは、免許を発行した国の市民のために銀行業務を行うことの禁止を条件として付与される銀行業務のための免許をいう。

行、もしくは、311条の特別措置の対象となっている銀行とコルレス銀行関係にある米国金融機関がマネー・ロンダリングを防止するための講じるべき最低限の精査基準を規定する。(略)

第313条　外国のペーパー銀行（shell banks）のためのコルレス口座の禁止

米国で営業する預金機関および有価証券のブローカーおよびディーラーは、一定の例外に従いつつ、外国のペーパー銀行のためのコルレス口座を設立し、維持し、管理することを禁止する。(略)

第314条　マネー・ロンダリングを阻止するための協力

米国金融機関等は、財務長官に通知をしたうえで、金融機関間でテロリストまたはマネー・ロンダリング活動に従事する個人等の情報を共有できる。財務長官は、少なくとも半年に1度は、疑わしい取引のパターンについての詳細な分析や疑わしい取引報告から得られた捜査についての認識を含む報告書を公刊しなければならない。

第315条　外国人贈賄罪等をマネー・ロンダリング犯罪と規定

外国人への贈賄、関税規制違反、特定の武器輸出規制違反、特定のコンピュータ詐欺罪等に違反した重罪を、マネー・ロンダリング処罰規定に定める「特定の不法活動（specified unlawfulactivity）」を構成するものとして、犯罪リストに加える。

第317条　マネー・ロンダリングを行う外国人に対する拡大裁判管轄権

米国連邦裁判所は、米国でマネー・ロンダリングを行う外国人、米国で銀行口座を開く外国銀行および米国の裁判所により没収を命じられた資産を利用、売却、または移転する外国人についての裁判管轄権を認められる。また、この連邦裁判所は、米国の財産

を保護する目的で、正式事実審理前の一方的緊急差止命令を出すこと、および、その他必要な活動を行うことができる。

第318条　外国銀行を通したマネー・ローンダリング

金融機関の定義を拡大し外国銀行を含める。また、外国銀行をマネー・ローンダリングのために利用することも犯罪とする。

第319条　米国の銀行間口座資産の没収

外国銀行が米国銀行の銀行間口座に預託する資金は、米国に預託したものとみなす。この米国に預託された資産の没収に関して、米国司法長官は、米国の国益に合致すると認める場合には、没収手続の延期または終結する権限を有する。米国の金融機関は、連邦銀行規制当局がマネー・ローンダリング防止に関係する情報を請求する場合には、請求を受けてから120時間以内に応答しなければならない。財務長官または司法長官は、コルレス口座に関する記録について、<u>外国銀行に対し召喚状または罰則付召喚令状を発行することができる。そうした召喚状または罰則付召喚令状に従わないか異議を唱える外国銀行については、米国銀行に対し、その銀行とのコルレス契約を破棄することを要求する</u>。連邦裁判所は、有罪判決を受けた者に対し、外国にある資産の返還を命じる権限を有する。

第351条　疑わしい取引報告に関する改正

金融機関は、法律の定めに従って疑わしい取引を報告することで、民事責任を問われることはない。また、金融機関は、法律の定めに従い、他の銀行による雇用照会に応じて情報を提供することで、民事責任を問われることはない。

第352条　マネー・ローンダリング防止プログラム

金融機関は、マネー・ローンダリング防止プログラムを作成しなければならない。そのプログラムの最低限の基準は、財務長官が設

定する。(略)

第376条　テロリズム支援も対象化
テロリズムに関する違反行為の範囲を拡大し、テロ組織に対して物質的支援または資金を提供することも違反行為の対象とする。

第377条　域外的管轄権
米国の領域外で行われた金融犯罪についても、犯罪のための手段や収益が、米国を経由し、または米国に存する限りにおいて、米国内の金融犯罪に適用される罰則が適用される。

以上が米国愛国者法第3章の主な条項であるが、とくに注目すべきは、米国司法管轄権の域外適用規程として「米国領域外で行われた金融犯罪についても、手段や収益が米国を経由し、または米国に存する限りにおいて、米国内の金融犯罪に適用される罰則が適用される（317条等）としており、これにより、米ドル取引は米国金融機関のコルレス口座を経由して行われることから、原則すべて米国の規制対象となる点である。

また、銀行秘密法の改正を通じて、米国金融機関等（非米銀の米国内拠点も含む）に対して、米国財務長官が定める水準のマネー・ローンダリング防止プログラムの導入が法令によって定められたということである。つまり、態勢が十分でないということをもって法律違反ということになりうるのである。さらに、非米国銀行の米ドル以外の取引についても、米国規制の実質的な適用を可能としたのが311条の特別措置である。

(2) 非米国金融機関への制裁措置

a　バンコ・デルタ・アジアへの制裁

2005年9月、米国財務省は、北朝鮮関連のマネー・ローンダリングに関与したとして、マカオの銀行であるバンコ・デルタ・アジア（BDA）を、米国

愛国者法311条の「マネー・ローンダリング懸念先」に指定すると公表し、2007年3月に指定を確定した。この結果、米国金融機関はBDAとのコルレス口座を閉鎖することになり、BDAは世界中のドル取引から締め出されることになった。目的は、BDA内に存在するとされた北朝鮮関連のドル資金を実質的に凍結するということであり、その効果は、米国に拠点を有さない非米国銀行にも及ぶということが明確化されるという前例となったのである。たとえば、非米国の銀行の本店がBDAとコルレス口座を持ち合っていた場合、その非米国銀行の米国内拠点は、この311条に従い、本店とのコルレス関係を解消しなくてはならないため、本店もBDAとのコルレス口座を解消せざるをえなくなるのである。すなわち、米国は、米国金融機関との関係をてこにして、米国以外の国・地域、非米国籍の企業、個人、金融機関等に関しても、米国国家安全保障上の判断に基づき、米国内での活動禁止のみならず、主要貿易通貨であるドル取引から締め出すことができるのである。

b 米国によるイラン制裁のメカニズム

以上のような米国愛国者法311条のメカニズムは、米国のイラン制裁にも応用されており、イランという国自体が、311条の primary money laundering concern 先に指定され、世界中のドル取引から締め出されている。

イランの核開発をめぐる国際社会との間の問題は、2002年、イランが長期間にわたり、ウラン濃縮やプルトニウム分離を含む原子力活動を国際原子力機関（IAEA）に申告することなく実施していたことが発覚し、これを受け、IAEAや国際連合といった国際機関、および主要国間で、イランの核開発問題が取り上げられることとなったものである。国連は、2006年12月以降、4回の安保理決議を採択し、国連加盟国に適切な措置の実施を要請している。米国内においても、1996年、イランやリビヤと取引のある企業（含む外国企業）を対象とするイラン・リビヤ制裁法（Iran and Libya Sanctions Act of 1996）を施行。しかし、同法に基づく実効性のある制裁措置はとられてこなかったため、2009年4月、上院と下院で、1996年イラン制裁法を強化する法案（Iran Refined Petroleum Sanctions Act of 2009）の審議開始、イラン制裁法の内容強化および大統領への発動義務づけが必要との機運が米議会内で高

まった。このような状況のなか、2010年6月に、包括的イラン制裁法（Comprehensive Iran Sanctions, Accountability and Divestment Act of 2010：CISADA）が上下両院で可決され、7月にはオバマ大統領が署名した。また、2011年12月31日には、イランへの追加制裁措置に関する条項が追加された米国国防授権法修正法案が両院で可決され、オバマ大統領による署名を経て施行された。米国防権限法は、本来は米国の国防費にかかわる歳出法案であるが、そのなかに米国財務省OFACの指定する制裁対象者（SDN）にかわり金融取引を幇助した外国金融機関に対して、米国内におけるコルレス口座の開設、維持を禁止、もしくは制限するという、外国金融機関に対する一定の条件の金融制裁条項を加えたのである。

　さて、CISADAでは、石油・石油精製分野に関して、イランの石油資源生産等に寄与する2,000万ドル以上の投資を行ったと大統領が判断する者（国内・国外の双方）および、イランの石油精製品の生産に貢献する製品・サービス・技術・情報・支援をイランに対して提供する者、イランに対して石油精製品を輸出した者、イランの石油精製輸入に貢献する製品・サービス・技術・情報・支援をイランに対して提供する者、といった一定の要件に該当する者を対象として、9種類の制裁メニュー[45]から三つ以上を課すこととされており、最悪の場合、米国市場からの撤退とドル取引からの締出しという結果を招きかねない内容となってる。また、金融分野では、米国銀行に対し、イランの核開発・テロ活動を支援する機関、国連安保理決議にて制裁措置対象になっている機関、イラン革命防衛隊および関連団体、資産凍結対象となっている金融機関のいずれかとの取引関係がある外国金融機関との金融取引（コルレス契約の締結・維持）を禁止、または厳格な条件を課すこととしている。2010年9月30日、米国政府は、イラン国営石油公社（National Iranian Oil Company）の子会社であるNICOをCISADAに基づく制裁対象とすることを発表。同時に、欧州の石油開発大手（Total社、Statoil社、ENI社、Shell

---

[45] 米国輸出入銀行の支援、米国当局による輸出許可発行の禁止、米国金融機関による融資の禁止、米国債引き受け等の禁止、政府調達の禁止、制裁対象者からの輸入制限、米国内における外国通貨へのアクセス禁止、米国銀行システムへのアクセスの禁止、米国内における不動産取引の禁止。

社）については CISADA の特別規則を適用し、制裁対象としないことを発表。国防授権法に関しては、2012年3月20日、米国政府は、わが国と一部のEU 加盟国（10カ国）については同法の例外措置を適用し、当該国の金融機関については当面制裁対象としないことを発表している。しかし、イラン産原油の主要輸入国であり、輸入量削減に消極的であった中国、韓国、インド、トルコ、南アフリカは適用除外とならなかったとされている（各種報道）。

また米国に上場している企業については、2013年2月に改定された米国1934年証券取引法第13条(r)により、米国証券取引委員会（SEC）にイラン関連取引の情報を報告し、四半期報告（Form10-Q 等）、年次報告書（Form10-K、Form20-F 等）に、法令等に要請されたイランとの関連取引を開示することが求められている。

c　米国の経済制裁法令等の域外適用の問題点

このような、米国の法令等に基づく、非米国企業・非米国金融機関等への制限措置は、海外企業の貿易・金融取引を直接的に制限する効果を生じる可能性があることから、国際法上許容される範囲を超えた、過度な立法管轄権の行使となる可能性があるとの指摘もある。また、CISADA の制裁措置のうち、米国当局による制裁対象者向けの輸出許可発行の禁止および制限対象者からの輸入制限は、「関税と貿易に関する一般協定」（GATT）の第11条1項の輸入に対する「関税その他の課徴金以外の禁止又は制限」に該当し、GATT21条（安全保障例外）等に該当するとの判断がなされない限り、GATT 違反とされる可能性がある。しかしながら、金融機関等としては、米国法令等に基づく米国金融機関のコルレス口座解約という措置により、直ちに生命線であるドル決済が断たれること、もしくは米国内でのライセンスを失うことのほうが現実に目の前にある危機であり、米国内法令等の域外適用の是非を問うこととは別問題として自国政府と連携しつつ対応するとしても、まずは、リスクベースで優先順位に応じた現実的な対応を講じるべきであろう。

d　HSBC19億ドル支払

　2012年12月11日、米国財務省および英銀大手HSBCホールディングス（HSBC）は、HSBCの米国現地法人におけるマネー・ローンダリング対策について米国法令等の遵守が不十分だったとして、米司法省、財務省、連邦準備制度理事会などに合計19億2,100万ドルの罰金を支払うことで合意したと発表した[46]。罰金額は一銀行によるAML/CFT関連の科料支払額としては、2013年7月末時点で過去最大である。

　米国司法省はHSBCについて、特定の口座に対する精査の実施が不十分だったほか、米国の制裁措置対象国であるイランやリビア、スーダン、ミャンマー、キューバ関連の取引をしていたとしている。HSBCが一定の条件を守れば、司法省は刑事訴追を見送るという、Deferred Prosecution Agreementのかたちの和解となっている。公表されている合意文書によれば、2006年から2010年の間に、HSBCの米国現地法人とメキシコ現地法人との間の送金が、闇ペソマーケット交換（BMPE）に利用され、コロンビアなどの麻薬が米国で販売された際の資金決済が行われたのを看過したということがあり、この背景には、HSBC米国現地法人が兄弟会社であるメキシコ現地法人を適切にリスク評価せず、本来であれば高リスクであるとして、より厳密な管理対象にすべきところ、通常の管理対象としていたことに問題があったと指摘されている。また、1990年代の半ばから2006年にかけて、米国が制裁対象としていたイラン、キューバ、スーダン、リビア、ビルマ（ミャンマー）が関連する送金取引に関し、SWIFTの電文から国名を削除する等の改ざんを行っていたことがあげられている。このように、AML/CFT関連の米国当局の捜査は、数年から十数年にわたることが多く、実態として時効がないが、これは、捜査の初期段階で、時効の援用を行わない旨、当局との間で合意する文書を取り交わすためである。

　なお、報道等によれば[47]、HSBCのスチュワート・ガリバー最高経営責任

46　http://www.fincen.gov/news_room/ea/files/HSBC_ASSESSMENT.pdf
47　2012年12月12日付ロイター「英HSBCに米当局が過去最大の罰金、資金洗浄問題で19億ドル」。

者（CEO）は声明で「われわれは過去の誤りの責任を負う」と表明したうえで、「いまの HSBC はそうした誤りを犯した過去の組織とは根本的に異なっている」と強調し、「過去2年間にわたり、新しい経営陣のもとで誤りを正すための具体的措置を講じ、問題を明らかにして対処するため政府当局などと積極的に協議してきた」としている。HSBC は、再発防止策として、AML/CFT 管理態勢の見直しに関する5年計画を実施することで米司法省と合意しており、外部監視機関がコンプライアンス（法令遵守態勢）の改善状況を評価するほか、不正資金ルートに利用されることを防ぐための対策強化に5年間でおよそ7億ドルを投じるとしている。

8 まとめ——これから、何ができるか

　マネー・ローンダリングおよびテロ資金供与との戦いは、終わりのない戦いである。また、金融サービス自体が顧客利便性の追求という命題と公共性という社会インフラの一端を担っている一方で、利便性が向上すればするほど、マネー・ローンダラーにも機会を提供することになりかねない、というジレンマも否定できない。逆の言い方をすれば、AML/CFT を強化すればするほど、顧客利便性は減少し、金融サービスの公共性は低下する可能性もあるのである。関連する当局や金融機関は、このトレードオフの関係にある両者のバランスをとりながら、対策を講じていかなくてはならない。それに加えて、グローバリゼーションの進展、新興国等での政治的不安定さの増加、国境を越えた組織犯罪の拡大、IT 技術の進展など、ここもとの環境変化は、マネー・ローンダリングとテロ活動の脅威を増し、よりいっそう複雑化させる要因となっている。FATF の勧告が2012年2月に改訂されたが、その理由は、まさに、これらの多様化、複雑化したリスクを反映しているのである。すなわち、リスク・ベース・アプローチの強化とそのコンセプトを明確に打ち出すことにより、加盟国および金融機関等に対して、マネー・

ローンダリングおよびテロ資金供与関連のリスク評価をより幅広く行い、高リスク分野では厳格な措置を求める一方、低リスク分野では簡便な措置の採用を認めることで、より効率的で効果的な対応を求めることとしたのである。

　また、新たな脅威への対応として、腐敗行為防止の観点から、PEPs（重要な公的地位を有する者：Politically Exposed Persons）の定義を拡大し、外国人PEPsだけでなく国内PEPs等に関しても、金融機関等による厳格な顧客管理を求めることとした。さらに、第3次相互審査を通じて、税犯罪とマネー・ローンダリングが密接に関係していることが明らかになったため、税犯罪により生じた収益を資金洗浄する行為をマネー・ローンダリング犯罪の対象とすることを求めている。

　それらに加えて、国連安保理決議の要請に沿って、大量破壊兵器の拡散に関与する者に対し、金融制裁を実施することを新たに勧告化した。そして、その実現のために、当局の機能および国際協力体制の強化を進め、犯罪者やテロリストによる悪用を防止するために、法人や信託の実質所有者／支配者に関する情報、電信送金を行う際に必要な情報等について基準を厳格化し、これらの透明性を高めることにしたのである。

　現在、わが国は、関係当局においてFATF第3次対日審査のフォローアップへの対応を進めているが、FATFの要求水準は、すでにその先に目を向けており、わが国のAML/CFTに関する法令等はFATFの勧告が求める水準に向かって、リスクベースの考え方に基づき、より高度化の方向に進むことは間違いない。また、国際的に活動する金融機関や法人においては、進出先国での法令等を遵守しなくてはならないし、ドル取引に関与するものはすべからく米国法令等に沿った対応を講じなくてはならない。

　米国等においては、AML/CFTは、顧客保護や金融システムの保護のみならず、外交および国家安全保障のための手段であり、AML/CFTの手法を駆使した経済制裁は、いわば外交と戦争の間の高度政治的手段とさえいわれている。また、英国の金融行為監督機構（FCA／Financial Conduct Authority）においては、FATFの勧告改訂と平仄のとれたEUの第4次AML指令のプロポーザルを受けて、リスク・ベース・アプローチでの

AML/CFT 高度化の方向に進んでおり、マネー・ローンダリング、テロ資金供与のみならず、汚職や金融詐欺まで含めた、より広範な金融犯罪（Financial Crime）対策という概念で包括的な対策強化と KYC カルチャーの醸成を進めている。

したがって、AML/CFT を事務や手続や法令遵守の観点からのみとらえることは、物事の本質を見逃し、対応を誤らせるおそれがある。むしろ、これは、規制強化を伴う国際的な側面をもつ問題なのである。このリスクは関連する要因と変数が多く、金融サービスの利便性とトレードオフとなる面のあるため、事前に、予防的措置のみで完全にコントロールすることはむずかしいが、少なくともリスクを軽減し、同時に、何かしらの事案に巻き込まれた際のダメージ・コントロールを行うことは可能である。その第一歩が、水際対策としての KYC カルチャーに基づく本人確認、顧客管理手続の継続的な実行であり、FATF が述べている勧告の理解と、経営レベルでのコミット、基本に忠実な AML/CFT プログラムの構築とバランスのとれた運用である。また、KYC を通じて蓄積された膨大な情報は、単に AML/CFT の観点においてネガティブ・チェックに使い、法令等が求めるからといって記録のために保存しておくだけではなく、より付加価値の高い情報として活用する途もあるのではないかと思う。

なお、本稿の執筆にあたって、ACAMS（公認 AML スペシャリスト協会／Association of Anti-Money Laundering Specialists）日本代表の日比野正彦様より有益なコメントを多数頂戴したことに御礼申し上げるとともに、それを十分生かせなかったのは、筆者本人の力不足であることを記しておきたい。

第 3 章

反社会的勢力への対応措置とそのグローバルな合意

1 反社会的勢力の概念

(1) 反社会的勢力の定義

　はじめに、「反社会的勢力」（以下、「反社」という）とは何を指すと考えるべきか、について確認しておきたい。2007年に政府が公表した「企業が反社会的勢力による被害を防止するための指針」によれば、「暴力、威力と詐欺的手法を駆使して経済的利益を追求する集団又は個人である「反社会的勢力」をとらえるに際しては、暴力団、暴力団関係企業、総会屋、社会運動標ぼうゴロ、政治活動標ぼうゴロ、特殊知能暴力集団等といった「属性要件」に着目するとともに、暴力的な要求行為、法的な責任を超えた不当な要求といった「行為要件」にも着目することが重要である」とされている。考え方としては、暴力団等の属性要件の形式的定義を超えて、暴力、威力と詐欺的手法を駆使して経済的利益を追求する集団または個人を排除することが求められるわけであり、その概念はいわばオープンなものである。

　後に述べるように、暴力団排除条項等で取引を排除する対象としての反社の定義はある程度明確にしておかないと、対応において混乱や紛争を生じる原因になりかねない。しかしながら、社会情勢や反社側の行動・形態が変化していくなかで、排除すべき反社を形式的に固定することは実態にそぐわなくなってくる。そのため、反社の定義は適宜見直していくべきであり、反社の概念はある程度広くとらえる余地を残しておくことが必要となる。

　従来、実務においては、警察庁次長通達「組織犯罪対策要綱」（2008年10月25日）にあげられている、次のカテゴリについて「反社会的勢力」として認識するのが一般的となっていた。

① 暴力団　　　　　　　　② 暴力団員
③ 暴力団準構成員　　　　④ 暴力団関連企業
⑤ 総会屋　　　　　　　　⑥ 社会運動等標ぼうゴロ

⑦　特殊知能暴力集団等　　⑧　その他（これらに準ずるもの）
　このうち警察にデータベースが存在し一定条件のもとで開示されることにより具体的氏名・名称が把握できるのは、①②である。
　③④⑥⑦は次のように定義されている。
　③　暴力団準構成員：暴力団以外の暴力団と関係を有する者であって、暴力団の威力を背景に暴力的不法行為等を行うおそれがあるもの、または暴力団もしくは暴力団員に対し、資金、武器等の供給を行うなどの暴力団の維持もしくは運営に協力しもしくは関与するもの（企業舎弟）、をいう。準構成員は、警察のデータベースに登録され、警察もこの人数を把握しその推移も警察白書等で公表されている。近年暴力団の潜在化に伴い、準構成員が漸増する傾向にある。
　　②と③をあわせて「暴力団構成員等」と呼ばれ、その数は2005年以降減少を続けている。特に、②の暴力団員については、2003年以降減少が大きく、2004年以降ほぼ横ばいで推移していた準構成員も2011年には減少に転じた（平成24年版警察白書データによる）。
　④　暴力団関連企業：暴力団員が実質的にその経営に関与している企業、準構成員もしくは元暴力団員が経営する企業で暴力団に資金提供を行うなど暴力団の維持もしくは運営に積極的に協力もしくは関与する企業、または業務の遂行等において積極的に暴力団を利用し暴力団の維持もしくは運営に協力している企業をいう。
　⑥　社会運動等標ぼうゴロ（エセ同和、エセ右翼）：社会運動等を仮装・標ぼうして、不正な利益を求めて暴力的不法行為等を行うおそれがあり、市民生活の安全に脅威を与えるものをいう。
　⑦　特殊知能暴力集団等：暴力団との関係を背景に、その威力を用い、または暴力団との資金的なつながりを有し、構造的な不正の中核となっている集団または個人をいう。
　また、さらにこれらの定義の枠外で「暴力団と共生する者」（共生者）が警察によりマークされている。これらの者は、当局から明確に情報が示されていないため、さまざまな手段で入手した情報に基づき民間側で判断せざるをえず、グレーである要素がぬぐえない。共生者についても、後述のとお

り、類型化し、これを反社として排除する動きが事業者の各業態において進んでいるところである。

(2) 反社会的勢力のとらえ方

金融庁の監督指針においては、「反社会的勢力のとらえ方」として「暴力、威力と詐欺的手法を駆使して経済的利益を追求する集団又は個人である「反社会的勢力」をとらえるに際しては、暴力団、暴力団関係企業、総会屋、社会運動標ぼうゴロ、政治活動標ぼうゴロ、特殊知能暴力集団等といった「属性要件」に着目するとともに、暴力的な要求行為、法的な責任を超えた不当な要求といった「行為要件」にも着目することが重要である（平成16年10月25日付警察庁次長通達「組織犯罪対策要綱」参照）」としている。また、2007年6月の政府による「企業が反社会的勢力による被害を防止するための指針に関する解説」では、「暴力団排除条項の活用に当たっては、反社会的勢力であるかどうかという「属性要件」のみならず、反社会的勢力であることを隠して契約を締結することや、契約締結後違法・不当な行為を行うことという「行為要件」の双方を組み合わせることが適切であると考えられる」としている。

a 「属性要件」と「行為要件」

反社の定義をもとにする「属性要件」は、実際にそれらに該当するか実態の把握がむずかしいこともあり、より具体的で明確な「行為要件」もあわせて排除を判断せざるをえないのが実情であるが、暴力団等の活動の潜伏化が進むとともに、「行為要件」で排除できない反社との関与が拡大していく可能性が否定できない。「属性要件」と「行為要件」の関係は、両者がそろってから排除に動く、ということではなく、このどちらかが該当すれば、排除に動く、ということである。不当要求があってから反社として対応する、という姿勢も、暴力団等のカテゴリに該当しないからといって反社としての対応を考えないという姿勢も、いずれも判断基準として不適当である。後述する全銀協による預金規定の暴力団排除条項には、そこに定める属性要件（上

記①～⑧のカテゴリを含む)、ないし行為要件のいずれかに該当すれば預金取引の停止ないし預金口座の解約ができることとしている。さらに、「属性要件」と「行為要件」は硬直的に考えるのではなく、より幅広い視野で「反社」をとらえることが求められているのが、現在の状況といえるであろう。

b　半グレ集団の存在

たとえば、近年、従来の反社の定義のカテゴリに含まれない、いわゆる半グレ集団等による犯罪行為も暴力団に劣らず深刻化している。暴力団対策法や暴力団排除条例の浸透により活動と組織拡大が制限されてきた暴力団にかわり、暴走族の元構成員等、暴力団に所属しない者のより緩い結合体が暴力団にかわる社会の脅威となってきている。2013年3月7日に、警察庁から通達「準暴力団に関する実態解明及び取締りの強化について」が発せられ、暴力団に準ずる集団＝「準暴力団」という概念のもと、こうした団体への対策（組織・活動の実態解明、違法行為の取締りと資金源の遮断・犯罪収益の剥奪、警察組織内の情報共有）が講じられ始めている。いまだ「反社会的勢力」の概念を準暴力団にまで拡張して反社対策の枠組みのなかに加えることまではされていないが、排除すべき存在の一つとして認識すべきであるといえる。

c　海外の犯罪組織

さらに、近時、犯罪活動のグローバル化、犯罪組織の多国籍化に伴い、国内の反社会的勢力への対策に加えて、いわば海外の反社会的勢力に対しても適切な対応をとっておかなければ、特に企業の国際的な活動において重大な影響を受ける可能性がある。こうした海外の反社勢力に関しては各国政府機関が公表しているさまざまなリスト、海外の報道等をベースに、外部専門会社によってデータベースが提供されており、そうしたリストを参考にした管理が行われている。

このように、今日においては、固定的な「反社」概念を超えて、多面的・多層的な取引先管理が求められている。以下においては、主に国内の「伝統的な」反社会的勢力への対応についての記述が中心となるが、こうした現在の状況を十分に認識しておく必要がある。

2 反社会的勢力との関係が問題となった事例

(1) 反社会的勢力のリスク

　企業にとっての反社会的勢力のリスクとしては、反社との関係が、
① 　直接的に企業に損害・不利益を与えるという企業防衛の観点
② 　企業の社会的責任・コンプライアンスという社会的観点（これも結局は企業のレピュテーションを損なうという不利益をもたらすことになる）
があげられる。

　従来、反社対策として主に念頭に置かれたのは、①であり、これは暴力団等による不当要求により会社利益や役員・従業員、さらにはその取引先や顧客への被害を防ぐことに主眼が置かれていた。ところが、近時、社会的な反社への対応方針の変化に伴い、②の観点が重視され、「いかに反社会的勢力といっさいの関係をもたないことを確保するか」ということが重要になってきている。特に、意図せざるところで反社による犯罪行為・不正行為に関与してしまうことをどのように排除するか、が問題である。

　バブル期、そしてその後は規制緩和等を契機に、経済活動への反社会的勢力進出の重要性が高まってきたことが認識されており、特に金融・証券の分野への関与が注目されている。

　以下、特に金融関係において反社との関係が問題となった具体的ケース、さらに反社との関係が明らかになったことによるレピュテーション・リスクが企業に決定的打撃を与えたケースをみていくこととする。

a　五菱会ヤミ金融事件（2002～2003年）

　山口組系二次団体の五菱会幹部が統括するヤミ金融グループが犯罪行為によって得た90億円以上の収益を資金洗浄したもの。
　同幹部は、プライベート・バンキングを行う外銀Ｘ銀行香港支店担当者

に無記名割引債券の購入・償還と資金の国外持出しを依頼。この担当者は、業務委託先の他の外銀 Y 銀行の東京支店に口座を設定しこの割引債券を入金。ここから代理人によって引き出された割引債券は証券代行会社に持ち込まれ換金された後、Y 銀行東京支店口座⇒ X 銀行香港支店口座⇒ X 銀行本店口座への送金、という経路で資金が流れていった、という事件であったが、結果としてこの流れは最終段階で発覚し資金は凍結された。Y 銀行および証券代行会社は、それぞれ行政処分を受けている。

b 蛇の目ミシン事件（1989～1990年）

　仕手筋グループのトップが借入金で蛇の目ミシン工業（以下、「蛇の目」という）の株を買い占め筆頭株主となり、同社取締役に就任。借入金の返済のため、経営陣に株の高値買取りを要求し、要求に応じなければ暴力団に売り渡すとして恐喝。

　蛇の目は当時の社長の出身でもあるメインバンクに相談し、同行の担当の幹部行員は恐喝であることを知りながら、蛇の目の保証と同社本社屋の土地を抵当にとり、系列ノンバンクが蛇の目の子会社へ融資。その蛇の目の子会社は、仕手筋グループ出身の蛇の目の元副社長が設立した不動産会社がもつ土地を抵当に入れて296億7,000万円を融資し、それをこの仕手筋グループトップが喝取した。不正融資を行った銀行では逮捕者は出なかったものの、頭取が引責辞任。仕手筋グループにより会社が被ったこれ以外の損失も含め、2008年最高裁により当時の蛇の目の経営陣には583億6,000万円の賠償命令が下された。本件において、取締役の反社排除義務が内部統制構築義務も含めて裁判上明らかにされたといえる。

c スルガ・コーポレーション事件（2008年）

　東証2部上場の不動産開発業者が、ビルの立ち退き交渉に反社を使っていたことが発覚し、事件の発覚後わずか3カ月後に民事再生の申立てに追い込まれ倒産するに至った。

　同社は刑事上も行政上も処分の対象になってはいないが、反社との関係が表に出たことにより、金融機関の融資が得られなくなったことが倒産に至ら

しめることとなった。これには、前年6月に出された「企業が反社会的勢力による被害を防止するための指針について」という政府指針（後述）の影響があったものと考えられる。金融機関としては、融資先が反社を利用していることを知りながら取引を継続していたことが社会的に問題視されることとなった。

d　最近の金融関連事例

　警察庁による近時の「暴力団情勢」に記載されている金融関連事件の例としては、以下のようなものがある。
① 2011年9月山口組下部組織幹部らが自動車購入を装ってローン会社にオートローン契約を申し込み融資金を詐取。
② 2011年9月弘道会直系組長が会社役員と共謀のうえ、住宅ローン融資名目下に現金を得ようとして同会社に稼働事実があるように装うなどして融資を申し込み融資金を詐取。
③ 2011年11月浅野組下部組織幹部が貸金業法違反に係る収益犯罪の帰属を仮装しようと企て、顧客からの元金・利息の支払に際して、同人が管理する他人名義の預金口座に送金させた。

(2)　反社会的勢力との関係の類型

　企業にとって反社会的勢力との関係が生じる経済活動としては、以下の五つの類型に整理できよう。
① 　反社が行う経済的な行為自体が犯罪であるもの：賭博行為、ノミ行為
② 　反社が行う犯罪行為の結果行われた経済的行為：詐欺・脅迫・威嚇等による融資・保証・有価証券発行および譲渡・不動産売買等
③ 　反社が行う犯罪行為を実現するために利用される経済的行為：詐欺等に使用する目的の銀行口座開設、犯罪行為を行うための資金の融資・供与、企業の株式取得
④ 　反社が行った犯罪行為を隠蔽するために利用される経済的行為：資金洗浄等を目的とする口座開設、送金、有価証券売買、不動産売買等

⑤ 反社が行う犯罪行為とは直接関係がないが反社の存在に利益・便益を与える経済行為：暴力団事務所への賃貸、一般の口座開設、直接に犯罪行為に使用されない資金の融資・供与

このうち、③④については、当初においてその意図が把握しがたい場合が多いと思われるが、たとえば取引開始時の審査やマネー・ローンダリング対策で求められるプロセスを踏むことにより対応していくことになる。ここでは、反社対応についての意識の高さとリスク感覚が問われることになる。⑤については、近時対応が求められることになってきた類型である。

③ わが国における反社会的勢力対応の姿勢の動き

(1) 反社会的勢力に対する姿勢の変化

暴力団等に対する公的な対応としてはまず、1992年に施行された暴力団対策法（正式名称：暴力団員による不当な行為の防止等に関する法律、2008年、2012年に改正、以下、「暴対法」という）があげられる。暴対法においては、暴力団とは「その団体の構成員（その団体の構成団体の構成員を含む）が集団的に又は常習的に暴力的不法行為等を行うことを助長するおそれがある団体をいう」と定義されている。その規制対象として暴力団の反社会的「行為」が禁止行為として列挙されている一方、暴力団を反社会的な存在と認識しつつもその「存在」自体は否定されてはいない（憲法上で保障されている結社の自由に抵触するという議論がある）。

つまり、わが国において特徴的なことは、これまで、暴力団という「反社会的」存在が社会的にいわば認知されており、その存在を前提とした規制がなされる制度となっていることである。つまり、反社会的であるとされながら、その存在自体は法的に許されているということで、こうした制度的前提に反社対策の悩ましさ、困難さの原因の一つがあるように思われる。

それでも近時の暴対法の改正は、暴力団の弱体化・影響力の極小化を目指す姿勢を示しており、実際に暴力団の活動・存続に対して大きな打撃を与えたと評価される。その一方で、暴力団の活動が法律に触れぬように巧妙になり、一般企業社会への進出（共生者や企業舎弟の増加）や組織擬装が増加するなど、組織の不透明化（いわゆる、マフィア化）が進んだ。また、組織犯罪の国際化が進むことにもなったと指摘される。

　かつての暴力団対策の基本思想は、「暴力団の存在自体は前提としながら、それが社会に対して害悪を与えることを防止し、暴力団が社会に与える影響を極力排除すること」に主眼があったといえよう。ところが、暴対法の施行と改正は（明確にはその存在は否定しないものの）、暴力団の存続の実質的な否定に向かっており、いわばテロリスト対策の基本構造と重なってくる（ここでは、国際的な動向・視点が意識されている）。これが「パラダイムシフト」の第一点である。

　これに連携するもう一つのパラダイムシフトは、暴力団対策の主体にかかわるものである。従来、暴力団対策は、「暴力団 vs 警察」の構図が基本であり、「社会」は暴力団の活動の被害者という位置づけであった。ところが、2007年6月19日のいわゆる「政府指針」で明らかになったように、現在は「暴力団 vs 社会」という構図に転換し個々の企業・個人を含む「社会」が暴力団との関係を排除する義務の履行を促す構成となっており、それにより暴力団の存続自体に打撃を与えるような対策が講じられてきている。

　企業や個人にとっては、従来は、暴力団から具体的な不当要求・行為を受けた場合にどのように対応するか（被害者にならないための対応）ということが対策の中心であったが、現在は、いかに暴力団と関係をもたないか、暴力団の存在を許す前提に協力しないようにするか、すなわち社会活動からの暴力団の締出しが対策における重要な課題となっている。

　特に重視されているのが、暴力団の存続基盤（経済的基盤、事務所等物理的基盤）に対する締付けである。とりわけ、資金源についての締出しは、最終的には金銭獲得を活動の目的とする結社である暴力団にとって最も打撃が大きい対策であると認識されている。そして、これはまさにマネー・ローンダリング対策と重なる部分である。

こうした警察当局以外の当事者を主体とする対策の具体的な動きとして、各都道府県において施行された暴力団排除条例と、民間による暴力団排除条項の制定があげられる。
　以下、こうした動きについて歴史的な流れをみていく。

(2)　いわゆる政府指針と暴力団排除条項導入の動き

　銀行業界においては、2005年に全銀協理事会決議により「市民生活の秩序や安全に脅威を与える反社会的勢力とは断固として対決する」とする自主規制を定めている。ここでは、①反社の不当な介入は銀行の信用の崩壊に直結する。反社とは断固として対決する。②基本姿勢、行内体制、マニュアル整備や教育・研修の充実、③外部との連携強化、といった内容が述べられていた。また2007年4月14日には、日本経団連から「企業行動憲章実行の手引改正」が発表されていた。
　そして、2007年6月、政府より、企業が反社による被害を防止するための基本的な理念や具体的な対応について取りまとめた、「企業が反社会的勢力による被害を防止するための指針」(平成19年6月19日、犯罪対策閣僚会議幹事会申合せ、「政府指針」)が発表された。
　ここでは、五つの基本原則として、
① 　組織としての対応
② 　外部専門家との連携
③ 　取引を含めたいっさいの関係遮断
④ 　有事における民事と刑事の法的対応
⑤ 　裏取引や資金提供の禁止
が定められ、この基本原則に基づく対応として、
① 　基本的な考え方：企業の倫理規範、行動規範、社内規則等に明文の根拠を設け、担当者や担当部署だけに任せずに経営トップ以下、組織全体としての対応
② 　平素からの考え方：基本的な考え方の内容を基本方針として内外に宣言と具体的取組み、内部態勢の整備、関係解消の実施、契約書や約款におけ

る暴力団排除条項の導入、反社会的勢力のデータベースの構築等
③　有事の対応
があげられている。

　さらに、反社会的勢力による被害の防止を業務の適正を確保するために必要な法令等遵守・リスク管理事項として内部統制システムに明確に位置づけることが必要としている。

　ここで、暴力団排除条項について、「契約自由の原則が妥当する私人間の取引において、契約書や契約約款の中に、①暴力団を始めとする反社会的勢力が、当該取引の相手方となることを拒絶する旨や、②当該取引が開始された後に、相手方が暴力団を始めとする反社会的勢力であると判明した場合や相手方が不当要求を行った場合に、契約を解除してその相手方を取引から排除できる旨を盛り込んでおくことが有効である」と記述されている。

　これを受けて、金融庁では、2007年2月に金融検査マニュアルの改正、2008年3月に監督方針の改訂を行った。監督方針のなかでは、
①　内部統制システムへの位置づけ
②　取引関係からの排除
③　暴力団排除条項の導入とデータベースの構築
④　これらの違反に対しては銀行法上の処分が行われる
ことを示している。

(3)　暴力団排除条項

　政府指針により暴力団排除条項の導入が促されたことを受け、各業界において検討と具体的な導入が進められた。
　暴力団排除条項（以下、「暴排条項」という）の有用性については、
①　契約締結前に相手方の属性のみを理由として反社会的勢力との取引関係を排除できる予防的機能
②　契約締結後に相手方の属性ないし行為のみを理由として契約解除・更新拒絶ができる排除機能
③　訴訟等の法的手続において企業側の対応の正当性を主張できる裁判上の

機能
があると考えられる。

a　建設業界

　一般社団法人全国建設業協会は、会員に対し暴排条項の参考例を示し、その導入を会員に要請している。また、一般社団法人日本建設業団体連合会は、2010年4月、会員に暴排事項の参考例を示してその導入を求めている。ここでは、契約を解除された下請業者からの損害賠償請求の否定、不当介入についての下請業者の元請事業者への通報報告義務が定められている。

b　不動産業界

　2011年5月には不動産流通4団体（公益社団法人全国宅地建物取引業協会連合会、公益社団法人全日本不動産協会、一般社団法人不動産流通経営協会、一般社団法人日本住宅建設産業協会）が、また2011年9月には一般社団法人不動産協会が、それぞれ暴排条項のモデル条項例を発表し、会員に導入を要請している。

c　ホテル・旅館業界

　観光庁は、2011年9月、政府登録の旅館・ホテルに向けた「モデル宿泊約款」に暴排条項を導入し、暴力団関係者との宿泊契約の拒絶や解除の取組みが進められている。

d　金融機関

〈銀行・信金等〉

　金融機関においては、融資取引に絡み反社の関与した事件が生じる機会が多かったことから、融資取引における暴力団等の排除が先行した。
・2008年1月25日　全銀協銀行取引約定書暴排条項参考例の公表
・2009年9月24日　全銀協預金規定等暴排条項参考例の公表
・2011年6月　全銀協銀行取引約定書および当座勘定規定暴排条項参考例改訂

・全国信用金庫協会においては、2009年8月以降融資取引、普通預金、定期積金取引、当座勘定取引、貸金庫取引の約款に暴排条項を導入し、さらに2012年3月信用金庫定款例に盛り込む暴力団排除条項参考例を発表し、会員からの排除を示している。

〈証券〉

不正な証券取引や企業乗っ取り等、暴力団等の資金源として利用される可能性が高い業界であるため、古くから対策が講じられてきた業界である。

・2009年3月には日本証券業協会が「不当要求情報管理機関」として国家公安委員会に登録されている。
・2010年5月　日本証券業協会「反社会的勢力との関係遮断に関する規則」で、契約書または取引約款等に暴排条項を盛り込むことを義務づけている。

〈生命保険〉

保険金詐欺事件における暴力団関係者の関与のウェイトが高いことから、暴力団排除の重要性が高い業界であり、契約締結後に解除することがむずかしいという取引特性を有している。

・2012年1月　生命保険協会暴排条項約款例公表
・2012年6月　普通保険約款に暴排条項導入決定（「反社会的勢力への対応に関する保険約款の規定例」）、以降加盟会社における導入

〈損害保険〉

損害保険業界においては、損保協会において暴排条項導入の検討が進行しているが、取扱商品の多様性から、それぞれの商品特性に応じた配慮が必要となる。賠償責任保険等は、被害者救済機能とのバランスをいかに考えるかという困難な問題がある。

(4) 暴力団排除条例

2011年10月1日までに、全都道府県において暴力団排除条例（以下、「暴排条例」という）が施行されている。社会全体による暴力団排除の推進（地方公共団体、警察、暴力追放運動推進センター、弁護士会等関係各機関、事業者、

市民が一体となって暴力団を排除）が目的とされており、その具体的内容としては、
・県等の事務・事業からの暴力団排除の措置
・暴力団関連情報の提供、警察による保護措置等の支援実施
・青少年に対する暴力団排除教育の実施
・学校等の周辺200メートル区域内の暴力団事務所の新規開設の禁止（罰則あり）
・暴力団員等への利益供与等の禁止（勧告と公表）
・契約時、相手方が暴力団員等でないことを確認し、また、契約書等に暴力団排除条項を盛り込むよう努力義務
・不動産が暴力団事務所に利用されることを知って取引することの禁止（勧告と公表）

さらに、東京都条例では、
・暴力団排除活動の妨害行為禁止
・他人の名義利用の禁止

を盛り込んでいる。2011年末までに77件の勧告（うち3件は検挙）が実施されている。

　暴排条項や暴排条例に対する暴力団側の反応として、一部においては福岡でみられるように、「暴力団員の入店お断り」の掲示をした飲食店に対する暴力行為や、暴力団排除に動いた建設業界の個人が襲われるなどの具体的な反撃もみられ、警察等の当局の保護が必ずしも行き届いていない現実もあり、こうした方向を進めていくことの困難が感じられる場面もある。こうした現実を受け、2012年に暴対法の改正が行われ、暴力団に対する規制をさらに強化してその動きを封じ、状況の改善を図ろうとしている（今回の暴対法改正においては、事業者にとって特段新たな行動を求める性格の条項は含まれていない）。

(5) 金融機関における対応

　先に述べたように、かつての反社会的勢力への対応は、暴力団や総会屋等

による不当要求から会社、役員および従業員等を守るということ、そしてさらに、不当要求に屈することにより社会に不利益や悪影響が及ぶことを防ぐことに主眼が置かれていたと考えられる。特に金融機関の場合、金融機関経営と金融機能の健全な運営という観点が強く意識されてきており、2009年には全銀協理事会において反社会的勢力との関係排除についての宣言が決議されている。この段階では、不当要求への対応という観点からの「反社会的勢力の排除」であって、こうした排除の行動により結果的に暴力団の活動を弱めその弊害の防止や暴力団の勢力縮小が期待できたとしても、暴力団の存在そのものの否定という点からは決定的なものではなかった。

a　パラダイムシフト

「排除」の努力により、企業等に露骨な要求が行われることがみられることは少なくなり、社会における実害は減少していくようにみえた。その限りでは、こうした努力は効果があがったといえよう。しかし、暴力団側では、より巧妙で洗練された手段により経済的利益を獲得する活動の方向が進み、暴力団の勢力を弱めるという点においては必ずしも大きな効果はあげることができなかったようにみえる。依然として暴力団は社会において存在感を示していた。

しかし、その後、「暴力団 vs 社会」への「パラダイムシフト」に伴い、暴排条例制定や、暴排条項導入の流れにみられるように、暴力団の存在そのものに対し打撃を与えるような対策がとられてきている。そこでは、不当要求等の有無にかかわらず、暴力団との関係をいっさい断つ（特に、その資金源を断つ）ことにより、経済的・社会的に暴力団を締め出して、暴力団が存続できないような環境を実現するという方向を目指している（「不当要求の拒絶」から「いっさいの関係遮断」へと企業に求められるものが変化している）。そうした対応を実施していくことが企業の社会的責任として期待されているといえる。暴力団と関係を有するという事実は、企業にとってレピュテーション・リスク上、非常に重大な脅威であり、今後暴力団排除の重要性はますます強まっていくと考えられる。こうした要請に応えるために、暴排条項の導入は重要な武器となる。銀行においては、前述のように、融資取引、当座勘定に

続き、預金取引、貸金庫取引について暴排条項を導入してきた。

b 共生者への対応強化（共生者5類型）

　暴力団および暴力団員の締付けが強化されるに伴い、反社の資金獲得活動において、共生者を利用した契約の活用等共生者の役割が増大し、暴力団の資金源の生命線になってきており、共生者との取引を排除する必要性が高まっているが、これに関して、全銀協による2011年6月の取引約定書および当座勘定規定暴力団排除条項参考例の改正においては、画期的な進展がみられた。

　前述の「組織犯罪対策要綱」による八つのカテゴリおよび暴力団員でなくなってから5年を経過しない者を「暴力団員等」とし、これに加えて、「暴力団員等が経営を支配していると認められる関係を有すること」（反社会的勢力経営支配者）、「暴力団員等が経営に実質的に関与していると認められる関係を有すること」（反社会的勢力経営関与者）、「自己、自社もしくは第三者の不正の利益を図る目的または第三者に損害を加える目的をもってするなど、不当に暴力団員を利用していると認められる関係を有すること」（反社会的勢力利用者）、「暴力団員等に対して資金を提供し、または便宜を供与するなどの関与をしていると認められる関係を有すること」（反社会的勢力資金等供与者）、ならびに「役員または経営に実質的に関与している者が暴力団員等と社会的に非難されるべき関係を有すること」（密接交際者、反社会的勢力親交者）に該当する者も、排除すべき反社会的勢力の対象のなかに取り込むことにより、いわゆる共生者もカバーすることになった（共生者5類型）。

　近時発表された信用金庫定款例（会員資格における排除）、生命保険協会暴排条項約款例においても、これに近い反社概念の拡大が行われている。普通預金規定においても同様な改正が望まれるが、これは生活口座の排除について業界としてのためらいがあるのかもしれない。

c 対応の問題点と考え方

　こうした暴排条項導入により反社対策が進んできたなかで、従来の枠組みのなかでは、現実の場面における問題点があった。

① 明確に暴力団構成員ないしそうした者と密接な関係がある者であることを示せない（反社会的勢力であるという明確な根拠・証拠が示せない）が、反社であるという疑いが強い場合の対応、そしてさらに、
② すでにそうした者となんらかの関係が成立している場合の対応、
があげられよう。

①については、まず、暴力団等との契約関係に入る前の段階であれば、契約自由の原則から、相手が暴力団構成員であるという明確な根拠を有していなくてもそうしたおそれがあるのであれば、特に相手方に理由を示すことなく「総合的判断で」契約を謝絶することができると解される。

また、疑わしい点はあるものの明確に反社であることが示せない者との取引関係が成立してしまっている場合は、「疑わしい取引先」として管理し、システム上フラッグを立て、きめ細かい取引モニタリング（監視）を行い、モニタリングにより反社としての高い確度が認められる場合は、警察等に相談のうえ、反社として実際の排除の手段について検討していくことになるだろう。

②のように、反社と認識できる者とすでに関係が存在している場合の排除については、以下のように考えられる。

金融機関においては、預金規定において暴力団排除条項の定めがあるにもかかわらず、暴力団構成員等の名義であるという属性要件だけでは既存の預金口座の解約に踏み切れないところもいまだ多いようである。不当要求等の行為要件があって預金解約に踏み切る、という姿勢のところもあるようだが、こうした対応は、①暴力団構成員であっても人である以上基本的な人権を有し、生きるうえでのインフラである生活口座まで奪うのは問題があると考えられること、②金融機関やその従業員あるいはその顧客ないし社会に実害が及んでいない以上、解約申出に伴い予想されるトラブルの発生を招くことは賢明ではないと考えられること、また、属性要件のみで排除しても現実の訴訟において耐えうるかについて確信がない（裁判例の蓄積が十分でない）ため、行為要件とあわせて判断するのが適当という考えがあること、等が根拠になっていると思われる。

しかしながら、こうした議論については、以下のように考えるべきかと思

われる。

　①については、実際には、今日金融機関の口座が不可欠である場面はきわめて限られている〈たとえば、口座振替による支払については近時多くの代替手段がある〉と考えられる一方、生活口座とされる口座が真に生活に不可欠な機能以外の使途で使われる可能性は否定できない。基本的姿勢としては、暴力団員の口座は排除すべきであり、生活口座であれば解約の対象外とするという扱いは適当ではなく、解約が不適当であるかどうかは個別事情に即して慎重に検討すべきである。もし、暴力団構成員等の口座であると認識しても解約をしないという判断を最終的に行うのであれば、かなり徹底したモニタリングを行い、好ましくない目的に使われていないことを厳しく監視し続ける必要がある。

　②については、多くの場合、解約通知を受けた暴力団構成員が過激な反応をとったり、長期にわたる執拗なクレーム、いやがらせや訴訟提起を行うケースは限られているようである。万一に備えて役職員を守る、あるいは訴訟で敗訴しないように対策をとることは当然必要であるが、金融機関の場合、何よりも、反社会的勢力と認識しつつ（平然と！）関係をもっているということが明らかになれば、深刻なレピュテーション・リスクにさらされることになる重要性を認識しておく必要がある。なお、金融庁監督指針においても、「従業員の安全が脅かされる等不測の事態が危惧されることを口実に問題解決に向けた具体的な取組みを遅らせることは、かえって金融機関や役職員自身等への最終的な被害を大きくし得ることに留意する必要がある」とされている。

　今回の改正暴排条項で定められた「共生者5類型」については、現実の適用において判断がむずかしいところがある。たとえば、「役員または経営に実質的に関与している者が暴力団員等と社会的に非難されるべき関係を有する」とは、どの程度の関係で「社会的に非難されるべき関係」とされるのか。関係を有するに至った経緯、関係後の遮断の努力、関係遮断の困難さ、関係の内容・濃淡、回数等を考慮して判断することになろう（2010年8月4日の大阪地裁決定においては、例として、暴力団員が関与する賭博や無尽等に参加していたり、暴力団員やその家族に関する行事（結婚式、還暦祝い、ゴルフコ

ンペ等）に出席するなど、暴力団員と密接な関係を有している場合、があげられている。単に顔見知り程度の接触があるというだけでは排除の妥当性を欠くとされた裁判例がある）。

4　反社会的勢力対応の意義
　　──特に国際的意義

(1) 米国による「国際的犯罪組織」の指定

　2011年7月25日に発表された米国の大統領令は、日本の関係者を驚かせた。それは日本のYAKUZA（別名 "Boryokudan" "Gokudo"）を「重大な国際犯罪組織」として、その金融資産を凍結するというものであった。その後、具体的に個別暴力団3組織（山口組、住吉会、稲川会）および暴力団員6名が米国財務省外国資産管理局（Office of Foreign Asset Control：OFAC）により、国家の安全保障を脅かす者としてのSDN（Specially Designated Nationals：特別指定者）に、TCO（Transnational Criminal Organization：国際的犯罪組織）のカテゴリで指定されている（2013年5月末現在）。TCOについては、その資産および利益が凍結され、TCOの資産や利益に関する移転、支払、輸出、引出し等を行うことが禁じられる。米国が照準をあてているのは、こうした具体的に指定された者だけではなく、指定暴力団21団体、その構成員および準構成員が含まれると考えておくべきであろう（米国財務省資料では、8万人と記載されており、これらが対象となっていると推測される）。

　米国の政策の背景としては、日本の暴力団による国際犯罪への関与が米国の国益にとって無視できない段階にきているという認識がある。大統領令のファクト・シートによれば、ヤクザが「重大な国際犯罪組織」と認定されたのは、薬物（特に覚せい剤）取引等の犯罪や東アジアの犯罪シンジケートの協力を得て性犯罪等の重大犯罪から収益を得ているほか、ホワイトカラー犯罪にも深く関与し、フロント企業を用いて合法的企業において隠匿し、さら

に、アジア、ヨーロッパおよび米国の犯罪関係者と関係を有しており、米国内において、主に薬物の不正取引およびマネー・ローンダリングに関与していることによる、とされる。

　具体的なケースとして、1990年代から、ナイジェリアをはじめとする西アフリカ諸国の犯罪組織が、米国の金融機関から詐欺等により不正に資金を取得し、その資金が日本を経由して海外に送金されるという国際的マネー・ローンダリングの事件が頻発していたが、そのプロセスに日本の暴力団が関与している（暴力団員の預金口座が使われた）ことが明らかとなっていた。

　このように、米国の規制上、暴力団等についてはその存在自体に打撃を与えるべき対象として、テロリストといわば同等の位置づけとなっており、このことは日本における反社に対する規制の姿勢にも決定的な影響を及ぼすこととなる。

　そして、米国の制裁のフレームワークに日本の暴力団が組み入れられたことにより、日本の金融機関（必ずしも金融機関に限られるわけではないが）は、反社に関して対策の強化をいっそう進める必要に迫られることとなった。

　たとえば、反社の口座を有しているというだけでは、そのこと自体は日本に限れば（現状は）特に行政上ペナルティを受けることはないであろう（レピュテーション上の問題は別であり、また監督当局からどのように評価されるかも別の話として）。しかし、米国のSDNということになれば、米国の制裁規制のリスクを意識しなくてはならない。

　金融機関や国際的活動を行っている企業は米国の制裁の影響を受けることに注意しなければならない。米国の制裁が加えられると、巨額な罰金と国際ビジネスからの追放につながるレピュテーション崩壊という大きな損失を招くことになる。反社の口座を維持しているということが判明しただけでレピュテーション・リスク上は問題があり、海外取引先との関係維持に支障を生じる可能性がある（これは、自ら直接国際的なビジネスを積極的に行っていない「ドメスティック」な企業であっても、海外の企業となんらかの取引関係がある場合、「ヤクザ」と関係があるというレピュテーションにより海外企業から取引を拒絶される可能性があるということに注意）。

　こうした観点からも反社リストの充実とチェックの徹底を行う必要がある

第3章　反社会的勢力への対応措置とそのグローバルな合意　117

が、さらに、マネー・ローンダリングやテロリストファイナンス等への対策と統合した反社対策を策定していく必要がある。情報収集の徹底、適切なモニタリング、そして毅然とした対応といった態勢を組織として確立していく必要がある。

(2) マネー・ローンダリング対策と反社会的勢力の排除

従来より反社会的勢力により行われてきたマネー・ローンダリング行為は数多くの実例が認識されている（平成24年版警察白書のデータによれば、組織犯罪処罰法違反のうち暴力団構成員等によるものが、2009年中は39.8％、2010年中は43.9％、2011年中は33.3％を占めている）。マネー・ローンダリング行為の疑いは、反社である疑いと重なり合うことが多い。

一方で、前述のとおり近時、典型的な「反社」以外による組織的犯罪の拡大が進んでいるという状況変化から、「反社」自体のカテゴリの再検討が求められている。従来の「反社」の概念より広い対象でリスクを警戒する必要があり、これにはまさにマネー・ローンダリング対策におけるリスク・ベース・アプローチが有効になってきている。

こうして、マネー・ローンダリング対策と反社排除の対策を連続・連動するものとしてとらえることとなる。

実際、以下のようにマネー・ローンダリング対策のツールにより反社との取引排除のサポートが行われている。

a 犯罪収益移転防止法改正

2013年4月1日に施行された犯罪収益移転防止法（正式名称：犯罪による収益の移転防止に関する法律、以下、「犯収法」という）では、
・取引時に確認されるべき顧客管理事項について、顧客等の偽りの禁止と確認に応じない場合の取引拒絶が定められている。これにより情報を開示しない反社を入口で排除することも含め、反社であることを確認するための情報の取得がより行いやすくなった。
・さらに、改正法は、取引時に確認した情報について、最新の内容に保つた

めの措置（継続的顧客管理義務）を「特定事業者」に課している。

こうした法の趣旨をふまえ、事業者においては、契約約款（たとえば預金規定等）において、顧客が虚偽の申告をしている場合、さらに情報の更新を行わなかった場合は、事業者側からの解約事由となる旨を定めておくことが反社の排除においても有効である。

・また、金融庁による「犯罪収益移転防止法に関する留意事項について」（いわゆる、「ガイドライン」）においては、取引内容を含む取引時に取得した情報に実際の取引状況が合致しているか等をモニタリングしていくことが想定されている。

b 高リスク取引

取得した情報により、反社であると認識された者やそれに準じると認識された者については、「高リスク先」としてマネー・ローンダリング管理上も認識され、継続的なより高度なモニタリングと追加的情報収集の対象とすることが望ましい。犯収法では、反社であることは「ハイリスク取引」の類型には含めていないが、「なりすまし」を含め、その可能性は高いことから、事業者側としての管理上は、高リスク先として扱うことが適当である。金融庁も「取引の相手方が暴力団員等・その疑いがあることは、継続的取引（特定取引）についてハイリスク取引（なりすまし、契約時確認事項の偽りの疑い）に該当するかを判断するひとつの要素として考慮すべき」であるとしている（監督指針・検査マニュアル等一部改正にあたってのパブリックコメント結果より）。

そして、暴排条項や、改正犯収法により排除されうる取引の状況がないかどうかを監視し、排除が可能と判断されるようになった段階で適切なアクションをとっていくこととなる。

5 これからの反社会的勢力への対応の方向性

　反社会的勢力への対応の実務については、数多くの書物・論稿が著されており、具体的な対策についてはそこでの記述で論じ尽くされているものと考えるが、ここでは、最近の環境もふまえて多少の整理を行いたい。

(1) 反社のスクリーニング

　反社といったん関係が生じてしまうと、たとえ暴排条項を導入していたとしても、その解消は現実的には非常にむずかしくなる（暴排条項を導入していない場合でも信頼関係破壊の法理等で理論武装して対処することは考えられるが、現実にはむずかしい点が多い）。また、反社と関係を有したという事実は、将来にもわたるレピュテーション・リスクを抱えることとなる。したがって、反社との関係を遮断するためには、取引関係等に入る前に相手が反社であるかどうかを適切に審査（スクリーニング）し、事前スクリーニングの結果に応じた対応をとることが重要であり有効である。
　また、取引開始後においても、排除すべき取引・関係を探知し、適切な対応をとるためにも、事後スクリーニングが重要となる。既存顧客・既存取引についても、機会をとらえたスクリーニング（契約更改、諸届受理時等のタイミングで行う）を行うことに加えて、一定の頻度で全顧客を最新情報によりスクリーニングを継続することも、期待されている対応である。

(2) 反社情報の収集態勢

　このスクリーニングの基礎として、反社情報をいかにして収集・管理していくか、という問題がある。
　取引の相手方自ら情報収集の努力が必要（「自助」と呼ばれる）。加えて、

業界間や地域間の情報共有（「共助」と呼ばれる）、さらに警察からの情報取得（「公助」と呼ばれる）を行っていく。

a　自　　助

　自助としては、政府指針や金融庁監督指針においても、企業自らによる反社データベースの構築が求められているところである。各企業においては、一般的には、日経テレコム等の公開情報（検挙情報等）のデータベースの活用、営業現場等での具体的取引等を通じた社内情報の吸上げと整理、信用調査、その他新聞・週刊誌・インターネットによる情報や風評等の収集を行い、社内でデータベース化・一元化される。本部（専門部署）と現場のそれぞれにおける情報収集が求められる。近時では特に、グレー情報を収集し、それをいかに活用するかが重要となってきている。注意すべきは、こうしたデータは時とともに陳腐化していく運命にあるため、情報のメンテナンス、アップデートを行っていく必要があるということである。

　グループ会社間において反社情報を共有し、グループとしての反社の管理に活用することについては、個人情報保護法23条1項2号に該当し、本人の同意は要しない。金融当局としては、「子会社・兄弟会社等、金融業務以外を行う会社等においても、金融機関本体と同様の取組みが行われるよう、グループ単位での内部管理態勢（モニタリング態勢を含む）が構築されているか」（平成24事務年度　中小・地域金融機関向け監督方針）を注目しているところである。

　ただし、関連会社と反社情報を共有する場合には、反社情報の性格にかんがみ、以下のような点に留意しながら、反社情報のグループとしての管理態勢を構築することが前提となると考える。

①　関連会社における反社情報へのアクセスについては、業務上反社情報へのアクセスが必要な限りにおいてアクセス可能な体制とする。
②　関連会社の社員にも反社情報の慎重な取扱いおよび厳重な管理について十分な理解の周知徹底と体制の整備を確保する。
③　親会社は、関連会社の反社情報の取扱状況について、常にモニタリングできる態勢を整備・維持する。

b 共　　助

　共助については、全銀協や生保業界における近時の情報共有の具体的な動きが進展している。全銀協では、2010年4月より加盟行に対して月2回の反社に関する属性情報を提供、2011年4月からは不当要求行為の情報を共有している。証券業界においては、日本証券業協会が「不当要求情報管理機関」として国家公安委員会に登録されているが、日本証券業協会の反社データベースと警察庁のデータベースを接続する合意がなされている。

　業界間における反社情報の他社への提供も、個人情報保護法23条1項2号に該当し、本人の同意がなくても可能である。

c 公　　助

　公助、すなわち警察からの情報提供は、警察側の姿勢としては、あくまで提供を受ける側で自助・共助を十分に行うことが前提となっている。

　まず、警察から反社会的勢力の情報を取得するにあたっては、満たすべき要件および提供情報の範囲が定められている。

　平成12年の警察庁暴力団対策部長通達では、

　「情報提供を必要とする事案の具体的内容を検討し、被害が発生し、又は発生するおそれがある場合には、被害の防止又は回復のために必要な情報を提供する」「暴力団の勢力の誇示、暴力団の資金獲得等暴力団の組織の維持又は拡大に係る活動に打撃を与えるために必要な場合には、情報を提供する」とされており、提供する暴力団情報の範囲・内容については、「暴力団の活動の実態についての情報」「暴力団員等該当性情報の提供」「それ以外の個人情報の提供」の順に慎重な検討を行うこととされていた。

　2011年には新たな警察庁通達（「平成23年12月22日警察庁丙組企分発第42号、丙組暴発第19号「暴力団排除等のための部外への情報提供について」。以下、「新通達」という）が発せられた。これによれば、暴力団情報を提供する要件については、「当該情報が暴力団排除等の公益目的の達成のために必要であり、かつ、警察からの情報提供によらなければ当該目的を達成することが困難な場合に（暴力団員等の個人情報の提供）を行う」とし、「事業者が、取引等の

相手方が暴力団員、暴力団準構成員、元暴力団員、共生者、暴力団員と社会的に非難されるべき関係を有する者等でないことを確認するなど（暴排）<u>条例上の義務を履行するために必要と認められる場合には、その義務の履行に必要な範囲で情報を提供するものとする</u>」としている。新通達においては、事業者が条例上の義務を履行するために必要と認められる限度で情報の提供をするとして、情報提供が受けられる可能性を拡大し、従来の方針（不可欠の場合だけ情報提供をするという方針）を転換している。

　さらに、旧通達では、前科・前歴情報については顔写真の交付を行わないこととされていたが、新通達においては、そのまま提供されることなく、被害者等の安全確保のために特に認められる場合に限り、過去の犯した犯罪の態様等の情報を提供するとされている。ただし、情報提供により確実に暴力団等との関係を遮断できる見通しがあることが前提となる。これは情報を受ける側にとって、警察からの情報（たとえば、ブラックであるという情報）により取引関係の解除に踏み切れるという態勢が整っていることが必要である。この点からは、受け手側の企業で、暴排条項が導入されていることが前提となるといえる。ただし、暴排条項が導入されているからといって常に情報提供が受けられるわけではなく、暴排条項が導入されていないから必ずしも情報提供が受けられないわけではない。具体的に排除が可能な態勢となっていることが明確であれば情報提供を受けられる可能性がある。

　また、警察から情報を受ける側として備えるべき態勢として、新通達においては、提供を受ける側が、情報の悪用・目的外使用を防止するための仕組みを確立している場合、目的外利用をしない旨の誓約書を提出しているなどの場合に行うとされている。受け手側で適切な情報管理態勢を確立していることが求められる。新通達においては、旧通達ほど必要不可欠性や非代替性は強調されていないが、自助・共助による情報収集を十分に尽くしたうえで、排除の目的を達成するにはさらに警察からの情報が必要であると認められることが前提となる。

　警察からの情報提供は口頭で開示され、その認定の根拠となった具体的事実は開示されないが、提供を受けた情報については、警察が立証を支援し、また既存契約を解除する際に相手方に警察から情報提供を受けていることを

告げることは許容される。

(3) 反社リスクの管理手法

　企業はそのスクリーニングの結果をふまえ、必要に応じて警察当局からの情報を求め、「反社」であるかどうかを判定し、相手先への対応を決定する。警察当局からの暴力団関係者情報の取得は有効であるが、警察自体における情報管理の限界もあり、警察からの情報はあくまでも反社情報の収集ソースの一つにすぎないと考えるべきである。警察当局も徐々に情報提供の対象を広げつつあるが、すでに暴力団側では、構成員や準構成員を減らし（形式的破門や廃業も使われている）、共生者や協力者をふやすことにより、より水面下での活動を活発化している。こうした共生者や協力者はより把握がむずかしくなる傾向にある。また、こうした動きにデータベースが追いついていくには限界があり、客観的材料による「反社」の判定もむずかしく、暴力団排除条項等による関係遮断策も利用できない場合が出てくる。

　さらに、前述したように、暴力団との関係をもたない、いわゆる「半グレ集団」等による犯罪が拡大・深刻化している状況を考えれば、いわば古典的な暴力団対策というよりも、マネー・ローンダリング対策でとられているような、リスクを感知・評価し、それに応じた対応を講じる、という姿勢を反社対応においても徹底していく、ということが有効と思われる。すなわち、反社排除のうえでも、基本的なマネー・ローンダリング防止態勢の確立・維持は非常に重要な前提である。

　反社の活動には不正な手段・プロセスによる資金獲得が伴うものであり、広く金融犯罪やマネー・ローンダリング等への対策が有効になってくる。いわゆる反社リスト以外の、全銀協の凍結口座名義人リスト、自行の不正口座使用リストや問題先リスト、あるいはテロ資金関係リスト等、さらには一般に広く利用されている問題先データベースによるスクリーニングにおいて反社と位置づけるべき者が含まれている可能性もある。

　さらに、リスク管理の観点からは、管理対象とする反社の概念を従来の反社だけに限定せず、より広く設定することが考えられる。リスクの高さやリ

スクの性格に応じた管理（取引制限やモニタリング、追加的情報収集、当局報告等）を行う、まさにマネー・ローンダリングにおける管理手法を適用するのである。

そして、リスク・ベース・アプローチに基づき取引相手ないし取引の属性からリスクを評価し、リスク評価に則したモニタリングの実施・追加的情報収集により、問題性を評価し、その結果、「疑わしい取引先」については、取引を解消するとか、警察当局に連絡し対応を相談するといった対応を検討する。こうした「疑わしい取引先」のなかに、結果的に反社も入ってくる、という構造となるわけである。

一般にマネー・ローンダリングのデータベースと反社のデータベースとはそれぞれ別個に運営されているであろうが、これらの間に連動性をもたせ、たとえば犯収法に基づく疑わしい取引届出先については反社データベースに取り込むことも考えるべきであろう。

こうしたリスク評価に基づく対応を適切に行うためには、何よりもまず前提として、顧客情報取得の充実がある。顧客の実態を把握するために顧客の情報を十分に取得するよう努めることは、顧客に対して時に不快感を与えることもあり、営業上は支障となると思われてためらわれることもあるが、事業者のそうした姿勢が反社との関係を遠ざけることになり、結果として反社会的行為への関与を防ぐことになるのである。

(4) 反社会的勢力と取引モニタリング

明確に「反社」のカテゴリに含まれる先は、当然「高リスク先」となり、原則として取引拒絶ないし制限という対応がとられることになろう。明確に反社とはいえないが、反社データベースのリストに「ヒット」した、ないし社内情報や風評によって、反社、関連企業、共生者等の疑いがあると評価される先について、取引拒絶できずに取引が開始された場合、「高リスク先」としてマークし、取引動向（口座の動き等）の監視（モニタリング）を強化していくことになる。高リスク先については、送金先および送金元についての違和感、入出金額・タイミングの不自然さがないか、等に注目する。

また、一般的なマネー・ローンダリングのモニタリングを実施するなかで、反社と疑われる口座が浮かび上がることもあり、そうした口座の先については、追加的な情報収集を行う必要がある。その結果、高リスク先にカテゴライズしてそれに応じた対応をとっていくことにもなろうし、「疑わしい取引の届出」を行うことが必要となろう。

(5) 取引先に対する反社との取引排除の要請

　たとえば、金融庁は、金融機関が積極的に取引先企業に反社会的勢力との取引排除を要請するものではない、とする（監督指針改正に係るパブリックコメント回答）。しかし、取引先が反社と取引をしていたことが判明した場合、レピュテーション・リスク、金融機関に対する（特に、グローバルな）評価としては、不公正取引に関与した金融機関として評価される可能性があり、ダメージは大きい。特に金融機関の場合は、間接的にも反社との関与を防ぐことが期待されている。前述のスルガ・コーポレーションの場合は、事業遂行において反社を利用していたということで、より取引先の問題性が大きく金融機関は取引対応を消極化していったわけだが、金融機関の姿勢としては、取引先企業に反社との取引を排除する態勢の整備（たとえば、暴排条項の導入）をするように働きかけ、取引先企業が反社との関与をもたないよう注意すべきであるといえよう。
　金融機関以外の業態においても、たとえば業務委託先に対して、その再委託先が反社でないことの確認義務を課す例は多い。こうして、取引先に対しても反社排除を求めることによって、反社の活動領域が狭まってくることになる。

(6) 組織としての態勢の確立

　組織としての態勢、内部統制の整備については、「政府指針」でその枠組みが示され、これまで多くの論稿や書物において詳細に論じられてきており、ここで重ねて述べることはしないが、以下の点を強調しておきたい。

① 経営と現場の意識・認識を徹底する。

　経営の意識、現場の意識については、具体的な排除対応方針のレベルを組織として確認しておく必要がある。いわば、お題目にとどまらず、具体的に組織としてどこまでやるのか、だれが判断し、だれがやるのか、を明確にしておくことが、適時に適切な対応・対策を実現するうえで重要である。

② 情報の取得、活用、管理について充実させていくことが重要。

　これまで述べたように、反社対応は取引先管理と連続して考えるべきものである。取引先・顧客の情報をより多くより深く収集し、それを整理してデータベースの充実を図るとともに、それを効果的に活用していく。これには、仕組みづくりとともに、役職員の意識向上・情報収集能力向上を実現することも必要である。内部検査・指導・教育・研修においては、特に管理職層の機能を高める努力が重要であり、有効である。

③ より広い観点からの組織的対応を再考する。

　たとえば、金融機関においては、現場の営業部店、事務集中部署、事務企画本部、コンプライアンス部署、総務部等の部署において反社会的勢力対応の機能と情報が拡散して、必ずしも効果的・効率的な一貫した体制とはなっていないケースも見受けられる。本章以外の金融犯罪や社会的に不適切な行為にも対応するために、個々の類型に対応するタテ割りの組織対応ではなく、金融犯罪対策を一元的に担当する部署を設けて対応することが考えられ、すでにいくつかの金融機関においてそのような組織対応が行われている。

(7) おわりに

　本稿は、いわば伝統的な反社会的勢力の定義の議論から始めたが、対処すべき反社という主体が従来の認識から拡大・変貌していっており、それをふまえた管理を講じていく必要がある。

　社会の発展・変化（特に規制の緩和と強化、そして多様な意味での国際化）に伴って、企業活動は、さまざまな場面で、反社会的な活動や存在にかかわる

機会をふやしている。そして、反社会的な活動は、ますます多様化・複雑化し（表現が適当であるかは別として、高度化し洗練されてきているともいえる）、これに対する法規制が追いついていかない状況になっているとみられる。

そうした動きから社会を守るために企業に求められてくるのは、もはや単なる「法令遵守」というコンプライアンスの問題ではない。企業が不適切な行為に関与したことから生じるレピュテーションの危機発生にあたっては、組織として適切なポリシーと態勢が築かれているか、ということが問われてくる。

レピュテーション・リスクがもたらす損失可能性は無限大になりうることを認識して、より広い視野による「反社会的勢力への対応」の態勢整備に努めていく必要があるだろう。

第 4 章

マネー・ローンダリング対策法制の経緯

1 はじめに

　マネー・ローンダリング（Money Laundering）は、「資金洗浄」と訳される。芝原邦爾『経済刑法研究　下』（平成17年（2005年）10月、有斐閣）467頁では、

　「マネーロンダリングとは、麻薬取引等の違法行為によって不正に獲得した資金を、金融システム等を利用して浄化し、合法的な資金として表に出すプロセスをいい、資金洗浄とも言われる」

と説明されており、資金が不正に獲得されたものとする一方、当該資金が表に出るまでのプロセスすべてにわたるものとしてとらえられている。

　この言葉が用いられ始めた時期の主要な国際的文書として、1988年6月20日のトロント・サミット政治宣言があげられる[1]。「麻薬（Narcotics）」の箇所で

　「薬物の違法な使用や密輸は、サミット参加国の国民にも産出・通過国の国民にも重大な危険をもたらす。不法薬物問題のすべての側面、特に生産、

---

[1] 単なるローンダリングという言葉であれば、1986年8月に国連麻薬部より示された麻薬に関する新条約草案で用いられていたようである。森下忠「マネー・ローンダリングについての一考察」（ジュリスト949号（平成2年（1990年）2月、有斐閣））95頁以下では、「この条約草案では、締約国が裁判権を設定すべき行為の一つとして、二条一項C号に「不法取引から生じ若しくはこれに使用された収益の取得、所持、移転又はローンダリング」が掲げられた。ここにいうローンダリングとは、マネー・ローンダリングのことである。

　草案の定義規定によれば、「ローンダリング」とは、「収益の真実の状態、源泉、処分、移動若しくは所有関係の隠匿又は転換を含む」（一条(j)）とされている」と説明されている。

　また、結局麻薬新条約においてローンダリングという言葉が用いられなかったことについて、森下前掲「マネー・ローンダリングについての一考察」96頁では、「草案で用いられた「ローンダリング」という言葉が避けられたのは、恐らく、英語の単語を条約正文中に用いることが妥当でないと判断されたからであろう。ちなみに、新条約の正文は、アラビア語、中国語、英語、フランス語、ロシア語およびスペイン語の六カ国語とされている」と説明されている。

密輸、薬物取引の資金調達に対処するための諸方策について、すべての適切な場において国際協力を強化する緊急の必要性がある。この問題の複雑さから、特に薬物密輸者の収益を追跡、凍結、没収し、マネー・ローンダリングを規制するための追加的国際協力が求められる」[2]
と記されている。

また、同年12月のバーゼル委員会[3]の声明「マネー・ローンダリング目的の銀行システムの犯罪的利用の防止（Prevention of Criminal Use of the Banking System for the Purpose of Money-Laundering）」では、広く犯罪資金全般に関しマネー・ローンダリングという言葉が用いられ、

「犯罪者とその仲間たちは、金融システムを利用して、口座間の支払や資金移動を行い、資金源や実質所有関係を隠し、貸金庫等を通じ紙幣を蓄えている。こうした活動は一般にマネー・ローンダリングと呼ばれている」[4]
と記されている。

このマネー・ローンダリングに対し、これまで全世界的に諸対策が講じられてきたわけであるが、本稿では、国内外における法制面の発展に着眼し、犯罪化の観点と捕捉化の観点に二分したうえで、その経緯の梗概について説明を試みるものである。

---

[2] 原文は、「The illegal use of drugs and the illicit trafficking in them poses grave risks to the peoples of Summit countries as well as the peoples of source and transit countries. There is an urgent need for improved international cooperation in all appropriate fora on programs to counter all facets of the illicit drug problem, in particular production, trafficking, and financing of the drug trade. The complexity of the problem requires additional international cooperation, in particular to trace, freeze, and confiscate the proceeds of drug traffickers, and to curb money laundering.」。

[3] バーゼル銀行監督委員会（Basel Committee on Banking Supervision。1980年代末までは Basel Committee on Banking Regulations and Supervisory Practices）。1974年6月の西独ヘルシュタット銀行の経営破綻等を受け、同年末のG10中央銀行総裁会議により設立（1975年2月初会合）。スイス・バーゼルの国際決済銀行に事務局を置き、国際金融システム安定化の見地から銀行監督上のルールづくり等を行っている。

[4] 原文は、「Criminals and their associates use the financial system to make payments and transfers of funds from one account to another; to hide the source and beneficial ownership of money; and to provide storage for bank-notes through a safe-deposit facility. These activities are commonly referred to as money-laundering.」。

2　犯罪化

　不可罰的事後行為の類と認識されていたマネー・ローンダリングが独立した犯罪ととらえられるに至ったのは最近である。その嚆矢は、米国のRICO法（Racketeer Influenced and Corrupt Organizations Act。1970年組織犯罪規制法（Organized Crime Control Act of 1970, Pub.L.91-452, Oct.15, 1970）9編）によるラケッティア活動（racketeering activity）[5]に係る不法収益の適法な事業への投資の犯罪化にあるものと考える。合衆国法典（United States Code (USC)）18編「犯罪および刑事手続（Crimes and criminal procedure）」1962条「禁止行為（Prohibited activities）」(a)で

> 「USC18編 2 条「正犯（Principals）」に規定する正犯として加わった反復的・類型的なラケッティア活動または違法債務集約行為により、直接・間接に収入を得た者が、当該収入またはそこから生じる利益のいかなる部分であれ、州際・外国通商に従事しまたは影響を与える業体の利得または設立・運営に、直接・間接に利用しまたは投資することを違法とする」[6]

---

[5]　ラケッティア活動の範囲について、G. E. リンチ「RICO法」（警察学論集52巻5号（平成11年（1999年）5月、立花書房））97頁で、USC18編「一九六一条(1)は、特定の列挙された犯罪のうちのいずれかを「ラケッティア活動（racketeering activity）」と定義している（これらの犯罪は、文献上、あるいは実務上、「前提行為（predicate acts）」あるいは「RICO法の前提行為（RICO predicates）」と呼ばれている）。そのリストは年々拡大され、長大なものとなっている。RICO法は、多くの連邦犯罪をカバーしており、賄賂、通貨偽造、種々の形態の利得目的の不正行為・盗犯、わいせつ、薬物犯罪、司法妨害、マネー・ローンダリング等々、約一頁に及ぶ。さらに、ラケッティア活動には、連邦犯罪の中から特に列挙されたものだけでなく、謀殺や誘拐、賭博、放火、強盗、賄賂、恐喝、わいせつ、薬物犯罪等、州法により一年を超える拘禁刑の定めのある一般犯罪も含まれるものと定義される。これにより、後に見るように、連邦の調査・捜査官や検察官には、RICO法がなければ連邦政府の管轄権限外とされるような、組織犯罪と戦う機会が与えられることとなった」と説明されている。

と定められている。これに関し、G. E. リンチ「RICO 法」(警察学論集52巻5号(平成11年(1999年) 5月、立花書房)) 93頁では、

「第一九六二条(a)は、適法な事業に対する犯罪的侵入を定義しこれを禁止しようということに最も密接に関わっている。同項により、「反復的・類型的なラケッティア活動 (pattern of racketeering activity)」から得た収益を、州際通商において、「業体 (enterprise)」に関する利益の取得又は業体の設立又は運営に、利用することが犯罪とされる(「州際通商」の要件は、連邦政府の権限は州際通商に影響する活動に対してのみ及ぶために、加えられている。ただし、裁判所の下した今までの判断によると、米国内における経済活動であれば、一見ある地域に限定されるものに見えるものでもほとんど全て州際通商に影響すると認められるので、この制限は RICO 法の適用に際しては無視してよい)。立法意図は明白である。一定の範囲内で、不法収益を適法な事業に投資することを、禁止しているのである。

実際に第一九六二条(a)により訴追されることはまれだが、同項はある意味では一九八〇年代後半のマネー・ローンダリング対策法制の先駆をなすものであり、不法収益を合法な経済へ投入することを禁じようとする最初の法制の一つとして、その意義は重要である」
と説明されている。

(1) 海 外

a マネー・ローンダリング規制法

米国のマネー・ローンダリング規制法 (Money Laundering Control Act。

---

6 原文は、「It shall be unlawful for any person who has received any income derived, directly or indirectly, from a pattern of racketeering activity or through collection of an unlawful debt in which such person has participated as a principal within the meaning of section 2, title 18, United States Code, to use or invest, directly or indirectly, any part of such income, or the proceeds of such income, in acquisition of any interest in, or the establishment or operation of, any enterprise which is engaged in , or the activities of which affect, interstate or foreign commerce.」

1986年反薬物乱用法（Anti-Drug Abuse Act of 1986, Pub.L.99-570, Oct.27, 1986）
1編「反薬物法執行（Anti-Drug Enforcement）」H副編）により、
① 情を知って、特定違法活動（specified unlawful activity）[7]の遂行等に資すべくその収益に係る金融取引を行う行為
② 情を知って、特定違法活動の遂行等に資すべく通貨類または資金を国際的に移す行為
③ 特定違法活動に由来する財産に係る通貨取引にかかわる行為
が犯罪化された。具体的には、

> ① USC18編1956条「通貨類のローンダリング（Laundering of monetary instruments）」(a)(1)で
> 「何人も、金融取引に関する財産がなんらかの形態の違法活動の収益であることを知って、次のとおり、特定違法活動の収益を現実に含むような金融取引を行い、または行おうとした場合、50万ドルもしくは当該取引に関する財産額の2倍のいずれか大きい額以下の罰金、20年以下の禁錮、またはその双方が科されるものとする。
> (A) (i) 特定違法活動の遂行を助長する意図をもって
> 　　(ii) 1986年内国歳入法7201条「脱税企図（Attempt to evade or defeat tax）」または7206条「詐欺および虚偽申告（Fraud and false statements）」違反を構成する行為に関与する意図をもって
> (B) 取引が全体的または部分的に次の目的に向けられたことを知って

---

[7] 特定違法活動は幅広く定められており、芝原邦爾「資金浄化（マネーロンダリング）行為の処罰―アメリカ合衆国連邦法を中心として―」（『平野龍一先生古稀祝賀論文集下巻』（平成3年（1991年）2月、有斐閣））166頁で、USC18編「一九五六条(c)(7)はこれにあたる犯罪を列挙している。すなわち、㈠いわゆるRICO法の前提犯罪となる犯罪。但し、現金取引報告義務違反等の銀行秘密法関係の犯罪は本来マネーロンダリング立法自体に組み込まれているとみることができ、またこの犯罪から生じる「収益」が存在しないという理由で除外されている。㈡外国法違反の一定の薬物犯罪（合衆国内で少なくともその一部が行われたもの）。㈢継続的犯罪企行（Continuing Criminal Enterprise (CCE)）を構成する罪。㈣銀行詐欺罪、銀行強盗罪、賄賂罪、誘拐罪等の広範な連邦犯罪である」と説明されている。公平性の観点からむしろ当然であると考える。

    (i) 特定違法活動の収益の性質、場所、源泉、所有または管理を隠蔽しまたは偽装する目的
    (ii) 州法または連邦法の規定による取引報告義務を免れる目的」8
② 同(2)で
「何人も、通貨類または資金について、次のとおり、米国内から米国外へ、または米国外から米国内へ輸送、運搬もしくは移転をし、または輸送、運搬もしくは移転をしようとした場合、50万ドルもしくは当該通貨類もしくは資金に関する財産額の2倍のいずれか大きい額以下の罰金、20年以下の禁錮、またはその双方が科されるものとする。
  (A) 特定違法活動の遂行を助長する意図をもって
  (B) 当該輸送、運搬または移転に係る通貨類または資金がなんらかの形態の違法活動の収益であることを知り、かつ、当該輸送、運搬または移転が全体的にまたは部分的に次の目的に向けられたことを知って
    (i) 特定違法活動の収益の性質、場所、源泉、所有または管理を隠蔽しまたは偽装する目的
    (ii) 州法または連邦法の規定による取引報告義務を免れる目的」9
③ 同編1957条「特定違法活動に由来する財産に係る通貨取引への関

---

8 原文は、「Whoever, knowing that the property involved in a financial transaction represents the proceeds of some form of unlawful activity, conducts or attempts to conduct such a financial transaction which in fact involves the proceeds of specified unlawful activity —
(A) (i) with the intent to promote the carrying on of specified unlawful activity; or
    (ii) with intent to engage in conduct constituting a violation of section 7201 or 7206 of the Internal Revenue Code of 1986; or
(B) knowing that the transaction is designed in whole or in part —
    (i) to conceal or disguise the nature, the location, the source, the ownership, or the control of the proceeds of specified unlawful activity; or
    (ii) to avoid a transaction reporting requirement under State or Federal law,
shall be sentenced to a fine of not more than $500,000 or twice the value of the property involved in the transaction, whichever is greater, or imprisonment for not more than twenty years, or both.」。

第4章 マネー・ローンダリング対策法制の経緯 135

与 (Engaging in monetary transactions in property derived from specified unlawful activity)」(a)で
「何人も、(d)の状況下で、1万ドルを超え、特定違法活動に由来する犯罪由来財産に係る通貨取引に故意にかかわりまたはかかわろうとした場合、(b)に従い罰せられるものとする」10

と定められている。

b 麻薬新条約

一方で、1988年12月19日、国連事務総長招聘に係るウィーンにおける全権会議で採択された麻薬及び向精神薬の不正取引の防止に関する国際連合条約 (United Nations Convention against Illicit Traffic in Narcotic Drugs and Psychotropic Substances。麻薬新条約（ウィーン条約）。平成4年（1992年）8月28日条約6号）により、

① 情を知って、隠匿・偽装等のため薬物不正取引に由来する財産を移す行為

---

9 原文は、「Whoever transports, transmits, or transfers, or attempts to transport, transmit, or transfer a monetary instrument or funds from a place in the United States to or through a place outside the United States or to a place in the United States from or through a place outside the United States —
  (A) with the intent to promote the carrying on of specified unlawful activity; or
  (B) knowing that the monetary instrument or funds involved in the transportation, transmission, or transfer represent the proceeds of some form of unlawful activity and knowing that such transportation, transmission, or transfer is designed in whole or in part —
    (i) to conceal or disguise the nature, the location, the source, the ownership, or the control of the proceeds of specified unlawful activity; or
    (ii) to avoid a transaction reporting requirement under State or Federal law,
shall be sentenced to a fine of not more than $500,000 or twice the value of the monetary instrument or funds involved in the transportation, transmission, or transfer, whichever is greater, or imprisonment for not more than twenty years, or both.」。

10 原文は、「Whoever, in any of the circumstances set forth in subsection (d), knowingly engages or attempts to engage in a monetary transaction in criminally derived property of a value greater than $10,000 and is derived from specified unlawful activity, shall be punished as provided in subsection (b).」。

② 情を知って、当該財産の出所等を隠匿・偽装する行為
③ 情を知って、当該財産を取得・所持・使用する行為

が犯罪化された。具体的には、

> ① その3条「犯罪及び制裁（Offences and sanctions）」1(b)(i)で
> 「(a)の規定に従って定められる犯罪又はこれらの犯罪への参加行為により生じた財産であることを知りながら、当該財産の不正な起源を隠匿し若しくは偽装する目的で又はこれらの犯罪を実行し若しくはその実行に関与した者がその行為による法律上の責任を免れることを援助する目的で、当該財産を転換し又は移転すること」[11]
> ② 同(ii)で
> 「(a)の規定に従って定められる犯罪又はこれらの犯罪への参加行為により生じた財産であることを知りながら、当該財産の真の性質、出所、所在、処分若しくは移動又は当該財産に係る権利若しくは当該財産の所有権を隠匿し又は偽装すること」[12]
> ③ 同(c)(i)で
> 「(a)の規定に従って定められる犯罪又はこれらの犯罪への参加行為により生じた財産であることを当該財産を受け取った時において知りながら、当該財産を取得し、所持し又は使用すること」[13]

---

[11] 原文は、「The conversion or transfer of property, knowing that such property is derived from any offence or offences established in accordance with subparagraph (a) of this paragraph, or from an act of participation in such offence or offences, for the purpose of concealing or disguising the illicit origin of the property or of assisting any person who is involved in the commission of such an offence or offences to evade the legal consequences of his actions;」。
[12] 原文は、「The concealment or disguise of the true nature, source, location, disposition, movement, rights with respect to, or ownership of property, knowing that such property is derived from an offence or offences established in accordance with subparagraph (a) of this paragraph or from an act of participation in such an offence or offences;」。
[13] 原文は、「The acquisition, possesion or use of property, knowing, at the time of receipt, that such property was derived from an offence or offences established in accordance with subparagraph (a) of this paragraph or from an act of participation in such offence or offences;」。

と定められている。

c　1990年40の勧告

さらに、1990年4月19日に公表されたマネー・ローンダリングに関するFATF[14]の40の勧告（Forty Recommendations of the Financial Action Task Force on Money Laundering。1990年40の勧告）において、勧告4として

> 「各国は、必要に応じ、立法措置を含め、ウィーン条約で示された薬物マネー・ローンダリングの犯罪化を可能とする措置を講じるべきである」[15]

と定められている。

d　マネー・ローンダリング条約

かたや、1990年9月8日に欧州評議会（Council of Europe）閣僚委員会で採択された犯罪収益の浄化、捜索、差押えおよび没収に関する条約（Convention on Laundering, Search, Seizure and Confiscation of the Proceeds from Crime。マネー・ローンダリング条約（マネロン条約））により、犯罪化されたマネー・ローンダリングに係る収益を生み出した犯罪（前提犯罪）の範

---

[14] 金融活動作業部会（Financial Action Task Force）。1989年7月16日のアルシュ・サミット経済宣言に基づき設置されたマネー・ローンダリング対策のための国際組織であり、現在、36の国・地域等により構成。国際的な基準となる勧告の策定、相互審査、追加措置の検討といった権能を有している。時限とされているが、2012年4月20日のワシントンにおけるFATF大臣等会合で承認されたマンデート（http://www.fatf-gafi.org/media/fatf/documents/FINAL%20FATF%20MANDATE%202012-2020.pdf）により、4回目の期限延長（2020年12月31日まで）がなされている。

なお、FATFの策定する勧告自体に法的拘束力はないが、未実施の場合最終的に除名に至るペナルティが課されうる。たとえば、オーストリアが匿名口座制度を続けていたことに対し、2000年2月3日、改善措置が講じられない場合メンバーシップを停止する旨のステイトメントが発出された（ただし、その後改善されたため実際の停止には至らなかった）。

[15] 原文は、「Each country should take such measures as may be necessary, including legislative ones, to enable it to criminalize drug money laundering as set forth in the Vienna Convention.」。

囲が、薬物犯罪以外のものへと広がった[16]。これに関し、森下忠「マネー・ローンダリングに関する EC 指令」(判例時報1502号(平成6年(1994年)10月、判例時報社))30頁では、

「マネロン条約のねらいは、組織犯罪の制圧のために、薬物犯罪以外の主要犯罪(predicate offence, infraction principale)についても処罰することとし、かつ、犯罪収益の剥奪を効果的に行うために没収等の諸制度を充実・強化するところにある。

マネロン条約では、「主要犯罪」の範囲いかんが問題になるが、要するに、犯罪の種類いかんを問わず、重要・悪質な犯罪はすべて含まれることになる。具体的には、各締約国の立法で定めることになる。

ウィーン条約とマネロン条約とは、マネロンの前提犯罪が薬物犯罪に限定されるか(前者)、薬物犯罪を含む主要犯罪にまで及ぶか(後者)の違いはあるにせよ、マネロン等の犯罪化、不法収益の剥奪、保全手続、国際協力等に関する諸規定の内容は、基本的にほぼ共通している。

それは、ウィーン条約の作成作業を担当したヨーロッパ諸国の専門家が、マネロン条約の作成作業に従事したからである」
と説明されている[17]。

[16] マネー・ローンダリング条約採択に至った経緯に関し、森下忠「マネー・ローンダリング条約㈠」(警察研究63巻4号(平成4年(1992年)4月、良書普及会))19頁以下では、「一九八六年六月一七日から一九日まで、ノルウェーの首都オスロで開かれた第一五回ヨーロッパ司法大臣会議は、薬物の濫用および不正取引の刑事法的観点を検討したが、そこでは、薬物不正取引の収益の凍結および没収のような措置を執ることにより組織犯罪やテロ行為と闘うことの必要性も含まれていた。大臣会議は、討議の末、ヨーロッパ犯罪問題委員会…に対し、「薬物の不正取引の収益の発見、凍結及び没収に関する司法当局(時には警察当局)間の有効な国際協力を保証するために、国連の作業を考慮に入れた、国際規範及び基準の作成」を検討することを勧告した(決議一号)。

この勧告を受けて、ヨーロッパ犯罪問題委員会…は、一九八七年六月、第三六回委員会において、犯罪収益の捜索、差押え及び没収に関する国際協力についての専門委員会…を創設することを提案した。この提案は、一九八七年九月、閣僚委員会によって承認された。専門委員会は、犯罪収益、特に薬物不正取引者の財産の捜索、差押えおよび没収に関するヨーロッパ条約の適用可能性を検討することを任務とした。ここで注意すべきは、条約の取り扱い対象とされる収益が薬物不正取引に由来する収益に限定されなかったことである。

…九回にわたって開かれた専門委員会の成果として、本条約の草案が作成された。この草案は、一九九〇年六月、ヨーロッパ犯罪問題委員会の第三九回会議において仕上げがなされ、閣僚委員会に送付された」と説明されている。

e　1996年40の勧告

　同様に、1996年6月28日に改訂・公表されたFATFの40の勧告（1996年40の勧告）でも、勧告4として

> 「各国は、必要に応じ、立法措置を含め、ウィーン条約で示されたマネー・ローンダリングの犯罪化を可能とする措置を講じるべきである。各国は、薬物マネー・ローンダリングから重大な犯罪に基づくマネー・ローンダリングへとマネー・ローンダリング犯罪を拡大すべきである」[18]

などと定められている。

f　国際組織犯罪防止条約

　そして、2000年11月15日国連総会で採択され、翌月パレルモでその署名会議が開催された国際的な組織犯罪の防止に関する国際連合条約（United Nations Convention against Transnational Organized Crime。国際組織犯罪防止条約（パレルモ条約））により、薬物でないものも含めマネー・ローンダリングが犯罪化された。麻薬新条約と同様、

---

[17]　マネー・ローンダリング条約においてマネー・ローンダリングという言葉が用いられなかったことについて、森下忠「マネー・ローンダリング条約」（判例時報1408号（平成4年（1992年）3月、判例時報社））10頁では、「条約の正式名称を略せば、「収益ローンダリング条約」となるのであって、そこには「マネー」の言葉は付いていない。
　その理由は、説明書に述べられていないので、推測するしかない。二つの理由が考えられる。(1)「洗濯」を意味する laundering（英語）、blanchiment（フランス語）、riciclaggio（イタリア語）は、今日では、「カネの洗濯」（マネー・ローンダリング）を意味する法律用語として用いられている。(2)「洗濯」の客体は、厳密に言えば、カネ（マネー）に限られないで、広く犯罪活動に由来するすべての経済的利益という意味における「収益」にまで拡げられているからである」と説明されている。

[18]　原文は、「Each country should take such measures as may be necessary, including legislative ones, to enable it to criminalise money laundering as set forth in the Vienna Convention. Each country should extend the offence of drug money laundering to one based on serious offences.」。

① その6条「犯罪収益の洗浄の犯罪化（Criminalization of the laundering of proceeds of crime）」1(a)(i)で

「その財産が犯罪収益であることを認識しながら、犯罪収益である財産の不正な起源を隠匿し若しくは偽装する目的で又は前提犯罪を実行し若しくはその実行に関与した者がその行為による法律上の責任を免れることを援助する目的で、当該財産を転換し又は移転すること」[19]

② 同(ii)で

「その財産が犯罪収益であることを認識しながら、犯罪収益である財産の真の性質、出所、所在、処分、移動若しくは所有権又は当該財産に係る権利を隠匿し又は偽装すること」[20]

③ 同(b)(i)で

「その財産が犯罪収益であることを当該財産を受け取った時において認識しながら、犯罪収益である財産を取得し、所持し又は使用すること」[21]

と定められている[22]。

g 2003年40の勧告

また、2003年6月20日に改訂・公表されたFATFの40の勧告（2003年40の

---

[19] 原文は、「The conversion or transfer of property, knowing that such property is the proceeds of crime, for the purpose of concealing or disguising the illicit origin of the property or of helping any person who is involved in the commission of the predicate offence to evade the legal consequences of his or her action;」。
[20] 原文は、「The concealment or disguise of the true nature, source, location, disposition, movement or ownership of or rights with respect to property, knowing that such property is the proceeds of crime;」。
[21] 原文は、「The acquisition, possession or use of property, knowing, at the time of receipt, that such propety is the proceeds of crime;」。
[22] 国際組織犯罪防止条約の2条「用語（Use of terms）」や6条にマネー・ローンダリングという言葉はないが、7条「資金洗浄と戦うための措置（Measures to combat money-laundering）」等で用いられている。

勧告)[23]で、勧告1として

> 「各国は、1988年の麻薬新条約（ウィーン条約）および2000年の国際組織犯罪防止条約（パレルモ条約）に則り、マネー・ローンダリングを犯罪化すべきである。
> 　各国は、最大範囲の前提犯罪を取り込むことを目指して、すべての重大な犯罪に対しマネー・ローンダリング犯罪を適用すべきである」[24]

などと定められている。ちなみに、2003年40の勧告以降行われたFATFの相互審査（第3次相互審査）において、この勧告1は、PC（Partially Compliant。一部履行）またはNC（Non-Compliant。不履行）と評価された場合フォローアップ手続に移行することとなる、特に重要度の高い勧告（コア勧告）と位置づけられている。

h　テロ資金供与への対応

なお、以上のマネー・ローンダリングに係る流れとは別に、テロ資金供与について、1996年7月30日のパリにおけるG7/P8テロ閣僚会合（G7/P8-Ministerial Conference on Terrorism）[25]で25の措置に関する合意（Agreement on 25 Measures）が採択され、その措置19として

23　2003年40の勧告は、テロ資金供与特別勧告における現金運搬者（Cash Couriers）に係る特別勧告Ⅸの追加（注27参照）に伴い、勧告19に修正（(a)の削除）が施されている（2004年10月22日公表）。

24　原文は、「Countries should criminalise money laundering on the basis of the United Nations Convention against Illicit Traffic in Narcotic Drugs and Psychotropic Substances, 1988 (the Vienna Convention) and the United Nations Convention against Transnational Organized Crime, 2000 (the Palermo Convention).
　Countries should apply the crime of money laundering to all serious offences, with a view to including the widest range of predicate offences.」。

25　1996年6月25日に発生した「ダーラン米軍関係施設爆破事件」等を受け、同月27日のリヨン・サミットにおいて急遽採択されたテロリズムに関する宣言（Declaration on Terrorism）に基づき、テロ対策の具体的措置等を検討するため開催された仏、米、英、独、日、伊、加、露各国の治安担当大臣および外務大臣による会合（わが国からは、倉田寛之国家公安委員会委員長および池田行彦外務大臣が出席）。

> 「テロリストおよびテロ組織の資金供与について、直接的なものであれ間接的なものであれ、慈善的、社会的もしくは文化的目標を有しまたは有すると称する組織を経由するものであれ武器密輸、薬物取引またはラケッティア活動のような違法活動に従事する組織を経由するものであれ、適当な国内措置を通じ阻止し、対抗措置を進める（ようすべての国に求める）」[26]

と、国際的にテロ資金供与阻止のための措置が求められた。これをふまえ、1999年12月9日の国連総会で、テロリズムに対する資金供与の防止に関する国際条約（International Convention for the Suppression of the Financing of Terrorism。テロ資金供与防止条約。平成14年（2002年）6月17日条約6号）の採択に至り、テロ資金提供行為が犯罪化された。さらに、9.11米国同時多発テロ事件後の2001年10月31日に公表されたテロ資金供与に関するFATFの特別勧告（FATF Special Recommendations on Terrorist Financing。テロ資金供与特別勧告）[27]でも、特別勧告Ⅱとして同様に犯罪化されたところである。また、第3次相互審査において、この特別勧告Ⅱもコア勧告と位置づけられている。

---

[26] 原文は、「(We call on all States to:) Prevent and take steps to counteract, through appropriate domestic measures, the financing of terrorists and terrorist organizations, whether such financing is direct or indirect through organizations which also have, or claim to have charitable, social or cultural goals, or which are also engaged in unlawful activities such as illicit arms trafficking, drug dealing, and racketeering.」。

[27] 当初特別勧告Ⅰから特別勧告Ⅷまで数が八つであったことから8の特別勧告と称されたが、2004年10月22日、現金運搬者に係る特別勧告Ⅸが追加され9の特別勧告として公表された。

(2) 国　　内

a　麻薬特例法

　わが国においては、麻薬新条約実施のため、同条約に規定されたマネー・ローンダリングの犯罪化作業から始められた。たとえば、平成3年（1991年）4月25日の衆議院外務委員会で、古田佑紀法務省刑事局青少年課長より
　「マネーロンダリングと申しますのは、大体このような薬物の取引などで得ました利益、これはそのまま持っておりますと大変危険でございますので、例えば仮名預金にいたしますとか、第三者名義にいたしますとか、そういう形で保存いたしまして、これをまた薬物の不正取引の資金などに使う、こういうようなことがしばしばあるわけでございます。
　そこで、今回条約におきましてこういう行為を処罰することとし、そしてそういうことが対象になった利益を没収するというふうなことが義務づけられておりますので、ただいま申し上げましたような不正な収益を隠匿したりあるいは仮名預金にする、こういうふうな行為を処罰するということを国内法に設けまして、かつこれの利益を没収するという規定をつくってございます」
との答弁がなされている。つまり、従来の刑事法の枠組みを前提に、薬物マネー・ローンダリングを犯罪とし、その行為者を処罰すると同時に、その利益を没収・追徴することとされたものである[28]。
　この結果、制定時の国際的な協力の下に規制薬物に係る不正行為を助長する行為等の防止を図るための麻薬及び向精神薬取締法等の特例等に関する法律（麻薬特例法。平成3年（1991年）10月5日法律94号。平成4年（1992年）7月1日施行）9条（不法収益等隠匿。現6条）が設けられることとなった。古田佑紀等「「国際的な協力の下に規制薬物に係る不正行為を助長する行為等の防止を図るための麻薬及び向精神薬取締法等の特例等に関する法律」及び「麻薬及び向精神薬取締法等の一部を改正する法律」の解説㈠」（法曹時報44巻7号（平成4年（1992年）7月、法曹会））52頁では、

「本条は、麻薬新条約三条一(b)(i)(ii)の規定を受けて、マネー・ローンダリング行為を処罰するものである。

マネー・ローンダリングとは、簡単にいえば、薬物犯罪から生じた不法な収益、つまりダーティな財産を金融機関等を経由する等の方法によってクリーンな外観を有する財産に形を変えて薬物犯罪との関係を隠し、あるいはこれらの財産を隠匿するなど、薬物犯罪によって得られた不法な収益の保

---

28 わが国では、過去こうした利益を没収・追徴することができなかったため、次善の策として課税措置が講じられてきた。これに関し、昭和48年（1973年）3月8日の衆議院地方行政委員会で、小川新一郎委員より、暴力団への課税措置に対する疑問として「詐欺とか、強盗とか、またはノミ行為とか、すべての刑事犯について、これから得た所得に対して課税をするということ、税金を納めさせるということ自体が、われわれ庶民の側から言うと、その職業を認めるということになるんじゃないかということなんです。つまり、そういう犯罪が職業化されているような感覚になっちゃうのですね」との質問があり、関根廣文警察庁刑事局長より「まず、暴力団に対して課税するということは、国民感情から見ておかしいじゃないかというふうな御疑問は、皆さん抱かれる一つの疑問でございます。これは、犯罪を犯して、犯罪によって得た収入に対しては、当然没収あるいは追徴ということで取り上げるということが本筋でございまして、警察の法の適用から、没収や追徴というふうなことで、不法所得の徴収をするというたてまえでやるべきでございます。

しかしながら、わが国の法制が、警察でもなかなかそこまで徹底した資料が得られませんせいもありますが、没収というのは、現場でその現物を押収していない場合には没収ができない。賭博は、従来現行犯を検挙するということでありましたので、現場にあるテラ銭を押収して没収するということが通常行なわれておりましたが、数年前から、非現行賭博についても、公判で起訴して有罪にするというような方式になってまいりましたので、そういうふうに、われわれのほうから言えば技術が進歩してまいりました。そうなりますと、非現行賭博につきまして、かつて得たテラ銭について、これは押収するということはできない。そうしますと、これを没収するということもできないというふうになりますので、警察といたしましては、非常に隔靴掻痒の感があるといいますか、何とか不法な資金を取り上げたいということで切歯扼腕してきたというふうなことが実情でございます。

ところで、四十年ころから、実際は国税庁のほうと御協力を得まして、暴力団に対する課税措置の実施を現にやってきております。たとえば四十年に五億、四十二年には九億という課税は、警察のほうと国税庁と協力して、課税措置を警察のほうが通報しておるわけであります」との答弁がなされている。

しかしながら、当時の考え方に立っても、違法な所得はまずもって没収・追徴の対象であって、課税の対象でないとしていることは明白である。ましてや飛躍的に法制が整備された現在においてはなおさら、違法な所得の積極的な没収・追徴を図り、可能な限り被害回復等に努めていくべきである。逆に、没収・追徴ができるのに課税措置を優先すれば、犯罪のやり得を許している、犯罪者と犯罪収益を山分けしているといったそしりさえ受けかねないであろう。

第4章 マネー・ローンダリング対策法制の経緯

持、運用を容易にするために行われる各種の偽装、隠匿行為を総称するものといえよう」

と説明されている。

その一方、制定時の麻薬特例法10条（不法収益等収受。現7条）について、同58頁では、

「本条の罪は、麻薬新条約三条一(c)(i)の規定を受けて設けられたものであるが、不法収益等隠匿罪において処罰の対象とされている行為は、それ自体直接薬物犯罪の助長に向けられた行為であるのに対して、不法収益等収受罪において処罰の対象とされている行為は、そのような行為の存在が間接的に薬物犯罪を助長する性質のものである。すなわち、不法収益等隠匿罪の場合は、薬物犯罪から生じた不法収益が次の薬物犯罪へと流れていく際に、その流れを容易にするために隠匿行為が行われ、そこに薬物犯罪に対する助長罪としての処罰の根拠があるのに対し、収受罪は不法収益を直接隠匿したりその性質を偽装したりするものではないが、薬物犯罪の周囲にあってその不法収益の処分に関与する行為であり、例えば、薬物犯罪の犯人がそれによって得た不法収益である貴金属等を換金する際にその相手方となり、また不法収益たる現金を消費寄託契約（預貯金）あるいは消費貸借契約によって収受しその利息を支払うなどの行為は、薬物犯罪の犯人の不法収益の保持、運用を助ける結果となり、そのような行為の存在が薬物犯罪を助長することにもなるし、また、不法収益等を収受する行為は不法収益等隠匿罪に結びつき易い行為でもあることに処罰の主たる趣旨がある」

と説明されている。すなわち、マネー・ローンダリングと関連するもあくまで別の行為として理解されていたのである。

b　組織的犯罪処罰法

しかし、国連内での国際組織犯罪防止条約起草に並行するかたちで、組織的な犯罪の処罰及び犯罪収益の規制等に関する法律（組織的犯罪処罰法。平成11年（1999年）8月18日法律136号。平成12年（2000年）2月1日施行）の制定へと至り、さらなる法的整備が図られることとなった。これに関し、平成10年（1998年）5月15日の衆議院法務委員会で、古田佑紀法務大臣官房審議官

より

「マネーロンダリングという言葉は概念がなかなかつかみにくいものでございますが、一般的に、国際的にどのような理解がなされているかということを申し上げますと、典型的なものが、犯罪によって得た利益をあたかも犯罪から得られたものではないように装うためにいろいろな工夫を凝らすこと、これが一つの典型的なものでございます。

　それに加えまして、例えばその犯罪収益をいろいろな金融制度を使って他国に移動するとか、そういう類型のものもアメリカ等では含んで考えております。

　それともう一点ございまして、その犯罪収益でもうけたお金をいわば運用する行為、これもマネーロンダリングの一部だというふうに考えられているところでございます。

　…一点申し落としましたのでつけ加えさせていただきますと、犯罪の収益であることを知って受け取る、こういうこともマネーロンダリングの典型の一つというふうになっているわけでございます」

との答弁がなされている。また、三浦守等「組織的犯罪対策関連三法の解説(二)」(法曹時報52巻6号（平成12年（2000年）6月、法曹会））65頁以下では、マネー・ロンダリングが一般に麻薬新条約3条1(b)(i)および(ii)ならびに(c)(i)の規定に従って理解されるものであり、したがって、組織的犯罪処罰法は、

「①第九条に定める不法収益等を用いた法人等の事業支配を目的とする行為の処罰規定、②第一〇条に定める犯罪収益等の仮装・隠匿の処罰規定、③第一一条に定める犯罪収益等の収受の処罰規定の三つの類型のマネー・ロンダリング行為の処罰規定が設けられている」

と整理されている。

　特に、RICO法に同種規定があるものの麻薬新条約で犯罪化が義務づけられず麻薬特例法には盛り込まれなかった①に関し、三浦守等「組織的犯罪対策関連三法の解説(一)」(法曹時報52巻5号（平成12年（2000年）5月、法曹会））31頁以下で、法制審議会における審議概要として

「この罪を設ける根拠及び必要性について議論が行われたが、マネー・ローンダリング規制の目的は、犯罪収益が別の犯罪活動のために再投資され

ることを防止するとともに、合法的な経済活動に悪影響を与えることを防止することにあると理解されており、犯罪によって収益を得た者又は情を知って犯罪収益等を取得した者が、それによって法人等の事業経営を支配することになると、その事業経営に際して、犯罪収益等を不当な競争手段に用いるなど、不正な活動が行われるおそれがあるとともに、経済活動の中心となっている法人制度の健全性に対する信頼を害するなど、合法的な経済活動に悪影響を与える危険性があると考えられることから、この種の罰則を設けることが適当であるという意見が多数であった。

　この場合、この罪の構成要件については、犯罪収益等を利用して法人等の経営全般に干渉する行為を対象とすることも考えられたが、これまで犯罪とされていなかった行為を新たに犯罪とするものであって、処罰の範囲が広範に及ぶことは適当でないという意見もあり、法人等の事業経営を決定する行為であるとともに、その事業経営を支配する手段として最たるものと考えられる、役員等の変更行為に限定して、処罰規定を設けることとされた」
と説明されている。また、②および③に関し、同32頁で、

「麻薬特例法…の隠匿・収受の罪と同様に、犯罪収益の将来の犯罪活動への再投資及び合法的な経済活動への悪影響の防止を目的として、法定刑を含め、麻薬特例法の隠匿・収受の罪と同様の処罰規定を設けることが適当とされた」
と説明されている。この時点で、わが国におけるマネー・ローンダリングの射程範囲が明確になったものと考える。

c　テロ資金処罰法

　なお、テロ資金供与については、テロ資金供与防止条約およびテロ資金供与特別勧告をふまえ、平成14年（2002年）6月5日、公衆等脅迫目的の犯罪行為のための資金の提供等の処罰に関する法律（テロ資金処罰法。平成14年（2002年）6月12日法律67号。平成14年（2002年）7月11日全面施行）が成立、テロ資金提供行為等が犯罪化された。マネー・ローンダリングとの関係であるが、同年4月18日の参議院財政金融委員会で、平野達男委員より

「マネーロンダリングの定義ですけれども、あくまでもこれは私の理解で

は犯罪行為ということで、先ほど冒頭で言いましたけれども、麻薬あるいは武器の密売等に着目した、非合法的な資金を合法にする、見せ掛けるという活動だと思ったんですが、今回の公衆等脅迫目的の犯罪行為のための資金の提供等の処罰に関する法律の制定によってマネーロンダリングの定義を変えたということではないですね」

との質問があり、古田佑紀法務省刑事局長より

「マネーロンダリングと申しますのは、犯罪行為によって生じたそういう利益を、これを犯罪行為によって生じたものではないようにいろいろ装うということがポイントになるわけでございます。

現在、既に、組織犯罪処罰法で、例えば覚せい剤の密輸入でございますとかあるいは製造、こういうものについての資金提供罪がございますが、この資金提供罪によって提供された資金は、これはマネーロンダリングの対象になるように既になっております。

ですから、今回、この公衆等脅迫目的の犯罪行為のための資金の提供等の処罰に関する法律につきましても大変似た形の資金提供罪を設けているわけでございまして、これによって提供された資金は、これはマネーロンダリングの対象になるということに組織犯罪処罰法を改正することとしております」[29]

との答弁がなされ、さらに平野委員より

「例えば、私の歳費は非合法の資金じゃないと思うんですけれども、これを要するにだれかのテロリストに渡せば、これはマネーロンダリングの対象になるという、こういうふうに理解すればよろしいんでしょうか」

との質問があり、古田局長より

「御指摘のとおりで、要するに犯罪行為によって発生した利益ということになりますので、そのとおりです」

との答弁がなされている。

---

[29] テロ資金処罰法の制定に際し、同法附則3項によって、提供された資金等を犯罪収益とする組織的犯罪処罰法の改正がなされている。

③ 捕捉化

　現在、マネー・ローンダリングを捕捉するための代表的な方策としてあげられる二本柱は、カスタマー・デュー・ディリジェンス（Customer Due Diligence（CDD））とサスピシャス・トランスアクション・レポート（Suspicious Transaction Report（STR））であり、それぞれ「顧客管理」「疑わしい取引の届出」と訳される。

　これらはいずれも、米国の銀行秘密法（Bank Secrecy Act。1970年銀行記録および外国取引法（Bank Records and Foreign Transactions Act of 1970, Pub. L.91-508, Oct.26, 1970）1編「金融記録保存法（Financial Record Keeping Act）」および2編「貨幣および外国取引報告法（Currency and Foreign Transactions Reporting Act）」）による記録保存および報告の義務づけに端を発するものと考える。

　記録保存の義務づけについては、USC12編「銀行および銀行業務（Banks and banking）」1829条b「預貯金取扱金融機関による記録の保持（Retention of records by insured depository institutions）」(c)で

> 「(b)(2)および(3)に基づく財務長官および連邦準備制度理事会による共同命令の求めるところに従い、各預貯金取扱金融機関は、米国で当該機関の口座を開設した者および当該口座に関する小切手振出し、預金引出しその他の行為の権限を与えられた者の身元について、記録その他の証拠類を財務長官が求めるかたちで保存するものとする」[30]

などと定められている。

　報告の義務づけについては、USC31編「資金および金融（Money and finance）」5313条「国内硬貨・貨幣取引のレポート（Reports on domestic coins and currency transactions）」(a)で

> 「財務長官が規則で定める量、額もしくは量および額でまたは状況下で米国硬貨または貨幣（または財務長官が定める他の通貨類）の支払、受領、または移転のための取引に国内金融機関が関与する場合は、当該機関および財務長官が定めることのできる他のすべての取引関係者は、財務長官が定める時および方法に従い当該取引についてレポートを提出するものとする。他人のために行為をする関係者は、当該他人の代理人または受託者として当該レポートを作成し、取引をしてもらうこととなる当該他人の身元確認を行うものとする」31

などと定められている。

さらに、たとえば、1万ドルを超える貨幣の取引であれば、連邦規則集（Code of Federal Regulations（CFR））31編「資金および金融：財務（Money and Finance: Treasury）」103条22「貨幣に関する取引のレポート（Reports of transactions in currency.）」(b)(1)で

> 「カジノ以外の各金融機関は、本条で別に定められた場合を除き、当該機関に係る1万ドルを超える貨幣の預入れ、引出し、両替その他

---

30 原文は、「Subject to the requirements of any regulations prescribed jointly by the Secretary and the Board under paragraph (2) or (3) of subsection (b) of this section, each insured depository institution shall maintain such records and other evidence, in such form as the Secretary shall require, of the identity of each person having an account in the United States with the insured depository institution and of each individual authorized to sign checks, make withdrawals, or otherwise act with respect to any such account.」。
31 原文は、「When a domestic financial institution is involved in a transaction for the payment, receipt, or transfer of United States coins or currency (or other monetary instruments the Secretary of the Treasury prescribes), in an amount, denomination, or amount and denomination, or under circumstances the Secretary prescribes by regulation, the institution and any other participant in the transaction the Secretary may prescribe shall file a report on the transaction at the time and in the way the Secretary prescribes. A participant acting for another person shall make the report as the agent or bailee of the person and identify the person for whom the transaction is being made.」。

> 支払または移転についてレポートを提出するものとする」32

と、同(2)で

> 「各カジノは、チップを現金に換える場合も現金をチップに換える場合も含め、1万ドルを超える貨幣の取引についてレポートを提出するものとする」33

と、同編103条28「求められる身元確認（Identification required.）」で

> 「金融機関は、103条22でレポートが求められることとなる取引の終了前に、当該取引の効果を受けるすべての者の身元、口座番号およびもしあれば社会保険または納税者番号を確認し記録するものとする」34

などと定められている。

---

32 原文は、「Each financial institution other than a casino shall file a report of each deposit, withdrawal, exchange of currency or other payment or transfer, by, through, or to such financial institution which involves a transaction in currency of more than $10,000, except as otherwise provided in this section.」。
33 原文は、「Each casino shall file a report of each transaction in currency, involving either cash in or cash out, of more than $10,000.」。
34 原文は、「Before concluding any transaction with respect to which a report is required under §103.22, a financial institution shall verify and record the name and address of the individual presenting a transaction, as well as record the identity, account number, and the social security or taxpayer identification number, if any, of any person or entity on whose behalf such transaction is to be effected.」。

(1) カスタマー・デュー・ディリジェンス

a 海　外

(a) 「犯罪に由来する資金の送金および保管に対する措置について」

1980年6月27日に欧州評議会閣僚委員会で採択された勧告 (Recommendation No. R (80) 10)「犯罪に由来する資金の送金および保管に対する措置について (on measures against the transfer and the safekeeping of funds of criminal origin)」で、銀行組織によって口座開設時等の顧客の身元確認が講じられるよう手配することが盛り込まれた。具体的には、

> 「加盟国政府に以下の事項を勧告する。
> 　a．以下の措置が銀行組織によって講じられるよう手配すること。
> 　　i．以下の場合に該当するつど、顧客の身元確認を行うこと。
> 　　　─　預金口座または証券口座が開設される場合
> 　　　─　貸金庫が貸与される場合
> 　　　─　相当規模の金額で現金取引がなされる場合（複数回からなる取引の可能性を想定すること）
> 　　　─　相当規模の金額で銀行間送金がなされる場合（複数回からなる取引の可能性を想定すること）
> 　　　これらの確認は、公的書類を基にするかたちで、または顧客との関係が通信もしくは第三者を通じて確立された場合はこれと同等の方法によって、行われなければならない」[35]

と定められている。

(b) マネー・ローンダリング訴追改善法

次いで、米国のマネー・ローンダリング訴追改善法 (Money Laundering Prosecution Improvement Act。1988年反薬物乱用法 (Anti-Drug Abuse Act of 1988, Pub.L.100-690, Nov.18, 1988) 6編「反薬物乱用修正法 (Anti-Drug Abuse

Amendments Act)」E副編）により、3,000ドルを超える通貨類の購入者の身元を照合すること（verification of identity of purchasers of monetary instruments over $3,000）が義務づけられた。USC31編5325条「通貨類の購入に求められる身元確認（Identification required to purchase certain monetary instruments）」(a)で

> 「金融機関は、次の場合を除き、3,000ドル以上の量または額となる米国硬貨または貨幣（または財務長官が定めることのできる他の通貨類）に係る取引等に関し、いかなる個人にも銀行小切手、預金小切手、旅行小切手または為替指示書を発行し、または販売することはできない。
> (1) 当該個人が当該機関との取引口座を有しており、かつ、当該機関が
>   (A) 当該個人の口座に関し当該機関の保管する署名届その他の情報を通じその事実を確認し、
>   (B) 財務長官が定める規則に従い、確認の方法を記録する
>   場合
> (2) 財務長官が定める規則で求めることのできる身元確認書式にて当該個人が当該機関に情報を提供し、かつ、財務長官が定める規則に従い当該機関が当該情報を確認し、記録する場合」36

---

35 原文は、「Recommends that the governments of member states:
  a . arrange for the following measures to be taken by their banking system:
    i . identity checks on customers whenever:
      — an account or a securities deposit is opened;
      — safe-deposits are rented;
      — cash transactions involving sums of a certain magnitude are effected, bearing in mind the possibility of transactions in several parts;
      — inter-bank transfers involving sums of a certain magnitude are made, bearing in mind the possibility of transactions in several parts.
  These checks must be made on the basis of an official document or, where the relationship with the customer has been established through correspondence or through a third party, by equivalent means;」。

と定められている。

(c) 1990年40の勧告

さらに、1990年40の勧告において、「顧客の身元確認および記録保存のルール（Customer Identification and Record-keeping Rules）」として三つの勧告（勧告12～勧告14）が置かれ、金融機関による顧客の身元確認に係る勧告12で

> 「金融機関は、匿名の口座および明白な架空名の口座を維持すべきではない。金融機関は、一時的であれ、恒常的であれ、ビジネス関係を確立する場合または取引を行う場合（特に、口座または通帳を開設する場合、信託取引を開始する場合、貸金庫を貸与する場合、大口現金取引を行う場合）、公的または他の信頼できる証明書類に基づき顧客の身元を確認し、記録することを（法律、規則、監督当局と金融機関との合意または金融機関相互間の合意によって）求められるべきである」[37]

と定められている。

(d) 1996年40の勧告

その後、1996年40の勧告において、「顧客の身元確認および記録保存のルール（Customer Identification and Record-keeping Rules）」として四つの勧

---

[36] 原文は、「No financial institution may issue or sell a bank check, cashier's check, traveler's check, or money order to any individual in connection with a transaction or group of such contemporaneous transactions which involves United States coins or currency (or such other monetary instruments as the Secretary may prescribe) in amounts or denominations of ＄3,000 or more unless —
(1) the individual has a transaction account with such financial institution and the financial institution —
　(A) verifies that fact through a signature card or other information maintained by such institution in connection with the account of such individual; and
　(B) records the method of verification in accordance with regulations which the Secretary of the Treasury shall prescribe; or
(2) the individual furnishes the financial institution with such forms of identification as the Secretary of the Treasury may require in regulations which the Secretary shall prescribe and the financial institution verifies and records such information in accordance with regulations which such Secretary shall prescribe.」。

告（勧告10〜勧告13）が置かれ、金融機関による顧客の身元確認に係る勧告10で、従前の1990年40の勧告12と同じ上記文言に加え、法人に関する確認措置の詳細が定められている。

(e) **テロ資金供与防止条約**

続いて、テロ資金供与防止条約18条1において、テロ資金提供行為に対し締結国があらゆる実行可能な措置をとることとされ、その例示として、同(b)で

> 「金融機関その他金融取引に関係する職業に従事する者に対し、その通常又は臨時の顧客及び口座を開設している顧客の身元を確認するために利用し得る最も効率的な措置をとること並びに通常と異なる又は疑わしい取引に対して特別な注意を払い及び犯罪活動から生じた疑いのある取引を報告することを要求する措置。このため、締約国は、次のことを考慮するものとする。
> (i)名義人若しくは受益者が確認されていない又はこれらを確認することのできない口座の開設を禁止する規則を定めること、及び当該機関が当該開設に係る取引についての真の権利者の身元を確認することを確保する措置をとること」38

などと定められている。

(f) **「銀行のカスタマー・デュー・ディリジェンス」**

2001年1月31日に公表されたバーゼル委員会のガイダンス草案「銀行のカスタマー・デュー・ディリジェンス（Customer due diligence for banks）」は、こうした文脈でカスタマー・デュー・ディリジェンスという言葉が初めて用

---

37 原文は、「Financial institutions should not keep anonymous accounts or accounts in obviously fictitious names: they should be required (by law, by regulations, by agreements between supervisory authorities and financial institutions or by self-regulatory agreements among financial institutions) to identify, on the basis of an official or other reliable identifying document, and record the identity of their clients, either occasional or usual, when establishing business relations or conducting transactions (in particular opening of accounts or passbooks, entering into fiduciary transactions, renting of safe deposit boxes, performing large cash transactions).」。

いられた国際的文書であろう。同年10月4日に完成版が公表されており、そのなかでも

> 「銀行は、以下の基準を用いて紹介者が信頼し得るか否か判断すべきである。
> ・ この文書で確認された最小限のカスタマー・デュー・ディリジェンスに合致しなければならないこと
> ・ 紹介者のカスタマー・デュー・ディリジェンス手続は、顧客のために銀行が行ったであろう手続と同様に厳しくあるべきであること」[39]

などと記されている。

(g) **国際マネー・ローンダリング排除および反テロ資金供与法**

他方、米国の国際マネー・ローンダリング排除および反テロ資金供与法（International Money Laundering Abatement and Anti-Terrorist Financing Act。2001年米国愛国者法（Uniting and Strengthening America by Providing Appropriate Tools Required to Intercept and Obstruct Terrorism Act of 2001, Pub. L. 107-56, Oct.26, 2001）3編）では、デュー・ディリジェンスという言葉が用いられている。USC31編5318条「コンプライアンス、免除および召喚

---

[38] 原文は、「Measures requiring financial institutions and other professions involved in financial transactions to utilize the most efficient measures available for the identification of their usual or occasional customers, as well as customers in whose interest accounts are opened, and to pay special attention to unusual or suspicious transactions and report transactions suspected of stemming from a criminal activity. For this purpose, States Parties shall consider:
 (i) Adopting regulations prohibiting the opening of accounts the holders or beneficiaries of which are unidentified or unidentifiable, and measures to ensure that such institutions verify the identity of the real owners of such transactions;」。
[39] 原文は、「Banks should use the following criteria to determine whether an introducer can be relied upon:
 ・it must comply with the minimum customer due diligence practices identified in this paper;
 ・the customer due diligence procedures of the introducer should be as rigorous as those which the bank would have conducted itself for the customer;」。

権限（Compliance, exemptions, and summons authority）」(i)(1)で

> 「非米国人（米国訪問者を含む）または非米国人の代表者のために米国内のプライベート・バンキング口座またはコルレス口座の設定、継続、管理または運営を行う各金融機関は、これらの口座を通じたマネー・ローンダリング事案を発見し報告するよう合理的に設計されたデュー・ディリジェンスの方針、要領および規律（適切かつ具体的で、必要に応じ強化されるもの）を策定するものとする」[40]

と定められている。

(h) **2003年40の勧告**

そして、2003年40の勧告において、「カスタマー・デュー・ディリジェンスおよび記録保存（Customer due diligence and record-keeping）」として八つの勧告（勧告5～勧告12）が置かれ、金融機関によるカスタマー・デュー・ディリジェンスに係る勧告5で

> 「金融機関は、匿名の口座および明白な架空名の口座を維持すべきではない。
> 　金融機関は、次の場合、顧客の身元確認およびその身元の照合を含むカスタマー・デュー・ディリジェンスの措置を講じるべきである。
> ・　ビジネス関係を確立する場合
> ・　(i)一定の基準額を超え、または(ii)テロ資金供与特別勧告Ⅶの解釈ノートで示された状況における電信送金となる一時的な取引を実行する場合

---

[40] 原文は、「Each financial institution that establishes, maintains, administers, or manages a private banking account or a correspondent account in the United States for a non-United States person, including a foreign individual visiting the United States, or a representative of a non-United States person shall establish appropriate, specific, and, where necessary, enhanced, due diligence policies, procedures, and controls that are reasonably designed to detect and report instances of money laundering through those accounts.」。

・マネー・ローンダリングまたはテロ資金供与の疑いがある場合
・金融機関が過去に取得した顧客の身元確認データの真実性または妥当性に疑問を有する場合

カスタマー・デュー・ディリジェンスとして講じられるのは、以下の措置である。
a) 顧客の身元確認を行い、信頼できる独自の情報源の文書、データまたは情報を用いてその身元を照合すること。
b) 実質所有者の身元確認を行い、その身元を照合するための合理的措置を講じて、実質所有者がだれであるか金融機関が十分わかるようにすること。このことは、法人等の場合、その所有関係や管理体制を把握するための合理的措置を講じることを含むべきである。
c) ビジネス上の関係に係る目的および特性に関する情報を取得すること。
d) ビジネス上の関係について継続的なデュー・ディリジェンスを行い、当該関係の中においてなされる取引を精査することで、顧客やビジネスおよびリスクの内容（必要に応じ資金源を含む）に関する金融機関の知識と整合した取引がなされるよう確保すること。

金融機関は、上記a）からd）までの各カスタマー・デュー・ディリジェンスの措置を適用すべきである。ただし、顧客、ビジネス上の関係または取引の種類に応じた高感度のリスク・ベースで、措置の度合を決定することができる。こうした措置は、権限ある当局が発出するガイドラインと整合しているべきである。より高いリスクの範囲では、金融機関は、厳格なデュー・ディリジェンスを行うべきである。リスクが低い特定の状況においては、各国は、金融機関が軽減されまたは簡略された措置を適用できるよう決定することができる。

金融機関は、ビジネス上の関係を確立しまたは一時的な顧客との取引を行う前またはその最中において、顧客および実質所有者の身元を照合すべきである。各国は、金融機関においてマネー・ローンダリングのリスクが効果的に管理されており、また、通常のビジネスの遂行

> に支障を及ぼさないために不可欠である場合、当該金融機関がビジネス上の関係を確立後合理的に実施可能な範囲で迅速に照合を完了することを認めることができる。
>
> 　金融機関は、上記 a）から c）までの規定に従えない場合は、口座を開設したり、ビジネス関係を開始したり、取引を実施したりすべきではない。つまり、ビジネス上の関係を終了すべきである。そして、顧客に関連するサスピシャス・トランスアクション・レポートを作成することを考慮すべきである。
>
> 　これらの義務はすべての新規顧客に適用されるべきであるが、金融機関は、実質ベースおよびリスク・ベースで、すべての既存顧客にも勧告5を適用すべきであり、また、適切な時期に既存顧客とのビジネス上の関係についてデュー・ディリジェンスを行うべきである」[41]

と定められている。次の四つがポイントと考える。
① 顧客の身元確認およびその身元の照合
② 実質所有者の把握
③ 取引目的等の情報の取得
④ 継続的な取引の精査

　ちなみに、第3次相互審査において、この勧告5と金融機関による記録保存に係る勧告10もコア勧告と位置づけられている。

（i）コア・プリンシプル等の改定

　そのほか、2006年10月5日、バーゼル委員会は、実効的な銀行監督のためのコアとなる諸原則（Core Principles for Effective Banking Supervison。コア・プリンシプル。1997年9月公表）およびコア・プリンシプル・メソドロジー（Core Principles Methodology。1999年10月公表）を改定し、マネー・ローンダリング対策やテロ資金対策に取り組む銀行の一元的な体制づくりを求めるとともに、疑わしい取引の検知について、システムやマニュアルを使い、顧客属性に照らした具体的な取引金額・取引形態に注目した判断を求めている。これを受け、金融庁も、金融機関向けの監督指針を改正している（同監督指針に違反した金融機関は、業法に基づく行政処分の対象となりうる）。

41　原文は、「Financial institutions should not keep anonymous accounts or accounts in obviously fictitious names.
　Financial institutions should undertake customer due diligence measures, including identifying and verifying the identity of their customers, when:
・establishing business relations;
・carrying out occasional transactions: (ⅰ) above the applicable designated threshold; or (ⅱ) that are wire transfers in the circumstances covered by the Interpretative Note to Special Recommendation VII;
・there is a suspicion of money laundering or terrorist financing; or
・the financial institution has doubts about the veracity or adequacy of previously obtained customer identification data.
　The customer due diligence (CDD) measures to be taken are as follows:
a) Identifying the customer and verifying that customer's identity using reliable, independent source documents, data or information.
b) Identifying the beneficial owner, and taking reasonable measures to verify the identity of the beneficial owner such that the financial institution is satisfied that it knows who the beneficial owner is. For legal persons and arrangements this should include financial institutions taking reasonable measures to understand the ownership and control structure of the customer.
c) Obtaining information on the purpose and intended nature of the business relationship.
d) Conducting ongoing due diligence on the business relationship and scrutiny of transactions undertaken throughout the course of that relationship to ensure that the transactions being conducted are consistent with the institution's knowledge of the customer, their business and risk profile, including, where necessary, the source of funds.
　Financial institutions should apply each of the CDD measures under (a) to (d) above, but may determine the extent of such measures on a risk sensitive basis depending on the type of customer, business relationship or transaction. The measures that are taken should be consistent with any guidelines issued by competent authorities. For higher risk categories, financial institutions should perform enhanced due diligence. In certain circumstances, where there are low risks, countries may decide that financial institutions can apply reduced or simplified measures.
　Financial institutions should verify the identity of the customer and beneficial owner before or during the course of establishing a business relationship or conducting transactions for occasional customers. Countries may permit financial institutions to complete the verification as soon as reasonably practicable following the establishment of the relationship, where the money laundering risks are effectively managed and where this is essential not to interrupt the normal conduct of business.
　Where the financial institution is unable to comply with paragraphs (a) to (c) above, it should not open the account, commence business relations or perform the transaction; or should terminate the business relationship; and should consider making a suspicious transactions report in relation to the customer.
　These requirements should apply to all new customers, though financial institutions should also apply this Recommendation to existing customers on the basis of materiality and risk, and should conduct due diligence on such existing relationships at appropriate times.」。

b 国内の過去の流れ

わが国では、平成2年（1990年）6月28日に、大蔵省銀行局長通達（蔵銀1700号）が発出され、金融機関に対し、口座の開設、貸金庫の貸与、保護預り、信託取引または大口の現金取引（3,000万円以上。対外取引または外貨等の両替取引の場合には500万円相当額超）を行う際における本人確認が努力義務として求められた。

また、麻薬特例法施行日の平成4年（1992年）7月1日には、新たな大蔵省銀行局長通達（蔵銀1283号）が発出され、本人確認の努力義務が義務化されるなどの徹底が図られた。同通達は、平成10年（1998年）6月8日、大蔵省の金融関連通達廃止に伴い「事務ガイドライン」に連絡文書のかたちで掲載され、金融監督庁、金融庁へと引き継がれた[42]。

その後、9.11米国同時多発テロ事件を経て、テロ資金供与防止条約実施のため、平成14年（2002年）4月22日、金融機関等による顧客等の本人確認等に関する法律（金融機関本人確認法。平成14年（2002年）4月26日法律32号。平成15年（2003年）1月6日施行）が成立、本人確認その他の顧客管理に係る規定が法定化された[43]。

これに関し、平成14年（2002年）4月9日の衆議院財務金融委員会で、柳澤伯夫国務大臣（金融担当大臣）より、法案の提案理由について

「昨年九月の米国同時多発テロ事件の発生以降、テロリズムの撲滅のため、テロ資金対策が国際社会において重要な課題とされており、我が国といたしましても、テロリズムに対する資金供与の防止に関する国際条約の早期締結を目指しているところであります。

そこで、同条約の的確な実施を確保し、金融機関等がテロリズム等に利用されることを防止するための顧客管理体制の整備を促進する等の観点から、

---

[42] 他方、外国為替及び外国貿易法（昭和24年（1949年）12月1日法律228号）の改正（平成9年（1997年）5月23日法律59号。平成10年（1998年）4月1日施行）により、同法に基づく資産凍結等の措置の実効性確保のため、銀行等による本人確認の努力義務規定（18条）が設けられた。

[43] 同時期、外国為替及び外国貿易法の改正（平成14年（2002年）5月7日法律34号。平成15年（2003年）1月6日施行）により、同法18条の努力義務が義務化された。

この法律案を提出することとした次第であります」
と、また、その内容について

「第一に、金融機関等は、顧客等との間で預金口座の開設や大口現金取引等を行う際、運転免許証の提示を求める等の方法により、顧客等の氏名、住居及び生年月日等を確認して、本人確認を行わなければならないこととしております。

第二に、金融機関等は、本人確認で確認した顧客等の氏名等を記録し、当該記録を一定期間保存しなければならないこととしております。

第三に、金融機関等は、顧客等の取引に関する記録を作成し、当該記録を一定期間保存しなければならないこととしております」
と説明されている。さらに、法定化の実効性について、生方幸夫委員より

「本人確認をテロリストの送金や資金集めを防止するために行うということで、本人確認のためにいろいろな、保険証とか免許証とかそれからパスポートとかいうものを確認して本人であるかどうかを確認するという作業を行うということなんですけれども、私考えるに、本当にテロリストが資金を集めようというふうに考えれば、それは当然、世界じゅうを飛び回る方たちですからパスポートを偽造することぐらい簡単でしょうし、免許証を偽造することぐらい簡単で、本人確認をやるということであればそういうものを使う可能性があるんじゃないか。そういう偽造かどうかというのをまた確認するということになると、今度は窓口で非常に時間がかかってしまって、実際そんなことはやっていられないということで、これをやったとしても、本当にテロリストの送金の防止ということには残念ながらつながらないんじゃないかなという懸念を持っているんですけれども、財務大臣、いかがでございますか」
との質問があり、柳澤伯夫国務大臣（金融担当大臣）より

「今度の、本人確認の手段を公的書類によるものにするというようなことを講じているわけでございますけれども、それからまた同時に顧客側への規制として、虚偽申告、虚偽告知を罰則等をもって担保する、そういうことがないように担保するということにいたしておりますが、事実問題として、ではそれが一体どれだけの効果を上げるのかという角度からの御質問でござい

ます。
　これにつきましては、私どもこれで万全だというようなことを言うつもりはないのでございますけれども、やはり、この法律の考え方というものは、そういうものをすべて証拠として七年間残しておく、それで後に問題が顕在化したときにそのことを一々トレースできるようにしておく、そういうことで実際の捜査なりなんなりの役に立つようにする、こういうことでございまして、確かに、最初の開設とかいうところで、一発、すぐテロリストを挙げることができるというふうにいけば、それはそれにこしたことはないんですけれども、一つはそういうことをなかなかしがたくするという牽制の意味と、記録を保存することによって捜査が後に便利に展開する、こういうことも私ども考えていることを御理解賜りたいと思います」
との答弁がなされている。
　なお、アル・カーイダ関係者とされるリオネル・デュモンによる口座開設に関し、平成16年（2004年）6月2日の参議院イラク人道復興支援活動等及び武力攻撃事態等への対処に関する特別委員会で、榛葉賀津也委員より
　「デュモンがこれ銀行口座、郵便局の口座を開いたのは、この本人確認法が制定される前のことという理解でよろしいんでしょうか」
との質問があり、五味廣文金融庁監督局長より
　「お話にありますデュモン事件と申しますのは、平成十四年の九月から十二月までの間に行っていた海外送金という話でございますので、今話題に挙げられました本人確認法の施行前ということになります」
との答弁がなされ、さらに榛葉委員より
　「では、この法律があったら、このデュモンの事件というのは阻止をできたというふうに五味局長はお考えでしょうか」
との質問があり、五味局長より
　「具体的なその案件の話となりますと、なかなかその御答弁が難しいわけですが、本人確認法によりますと、もちろんそのテロ資金の追跡というようなことを捜査当局が順調にできるようにその情報を確保するということ、そして金融機関がテロ資金供与に利用されることを防ぐといったようなこういった趣旨がございますので、口座開設はもちろん、大口の現金送金などの

取引を行う場合というのも、これも金融機関は本人確認法に基づく本人確認義務があるということになるわけです。

　この本人確認と申しますのは、しかるべき本人確認資料、公的な資料に基づいて行うということでありまして、銀行に要求されますのは、通常必要とされる注意を持って十分に確認をするということでございます。

　私どももこの監督に当たりましては、そういった確認のための体制というのが十分できていないといけないということで、例えば検査マニュアルにおきましては、こうした本人確認等顧客管理の責任者を置いているか、あるいはマニュアルを各職員に配付する、研修をするといったことをやっているか、さらにはこの本人確認に関する記録あるいはそういった人との取引の記録、こういったものをきちんと取って、かつ保存しているか、こういった点からチェックをしております。

　ただ、実際に具体的な事案になってまいりますと、銀行が仮にこうした点から十分な注意を払っていたとしても、なお把握が難しい事例というのはあり得ると思います。特に、本人確認の資料というものが公的な資料、例えば外国人登録証ですとか、あるいは運転免許証ですとか、こういったものによることになってきますけれども、これが非常に精巧な偽造のものであったとかいうようなことになってまいりますと、銀行の通常のその顧客に対する注意義務ということでは難しいケースもあるかも知れません。これは一般論として申し上げておきます」

との答弁がなされている。

(2) サスピシャス・トランスアクション・レポート

a　海　外

(a) 1990年40の勧告

　1990年40の勧告において、「金融機関のさらなるディリジェンス（Increased Diligence of Financial Institutions）」として六つの勧告（勧告15～勧告20）が置かれ、金融機関によるサスピシャス・トランスアクション・レポートに係る

勧告16で

> 「金融機関は、資金が犯罪的行為に源泉をもつのではないかとの疑いをもった場合、かかる疑いを権限ある当局にすみやかに報告することを認められ、または求められるべきである」[44]

などと定められている。

(b) アナンツィオ・ワイリー反マネー・ローンダリング法

また、米国のアナンツィオ・ワイリー反マネー・ローンダリング法（Annunzio-Wylie Anti-Money Laundering Act。1992年住宅コミュニティ開発法（Housing and Community Development Act of 1992, Pub. L. 102-550, Oct. 28, 1992) 15編）により、サスピシャス・トランスアクション・レポートを求める権限が財務長官に付与された。USC31編5318条(g)(1)で

> 「財務長官は、いかなる金融機関または当該機関の役職員もしくは代理人に対しても、法令違反があり得ることに関するいかなる疑わしい取引であれ報告するよう求めることができる」[45]

と定められている。

(c) 1996年40の勧告

その後、1996年40の勧告において、「金融機関のさらなるディリジェンス（Increased Diligence of Financial Institutions）」として六つの勧告（勧告14～勧告19）が置かれ、金融機関によるサスピシャス・トランスアクション・レポートに係る勧告15で

---

[44] 原文は、「If financial institutions suspect that funds stem from a criminal activity, they should be permitted or required to report promptly their suspicions to the competent authorities.」。

[45] 原文は、「The Secretary may require any financial institution, and any director, officer, employee, or agent of any financial institution, to report any suspicious transaction relevant to a possible violation of law or regulation.」。

> 「金融機関は、資金が犯罪的行為に源泉をもつのではないかとの疑いをもった場合、かかる疑いを権限ある当局にすみやかに報告することを求められるべきである」[46]

と、従前の1990年40の勧告16の上記文言から「認められ（、または）(be permitted)」を抜いたかたちで定められている。

(d) **テロ資金供与防止条約**

そして、テロ資金供与防止条約により、すべての複雑で異常な大規模取引および異常な取引パターンについての報告義務を金融機関に課すよう定められている。その18条１(b)(iii)で

> 「金融機関に対し、明白な、かつ、経済的又は明らかに合法的な目的を有しないすべての複雑な、通常と異なるかつ大規模な取引及び通常と異なる取引の形態を権限のある当局に速やかに報告する義務を課する規則を定めること。金融機関は、善意によりその疑いを報告する場合には、情報の開示に関するいかなる制限の違反についても、刑事上又は民事上の責任を問われない」[47]

と定められている。

(e) **2003年40の勧告**

さらに、2003年40の勧告で「疑わしい取引の報告およびコンプライアンス（Reporting of suspicious transactions and compliance）」として四つの勧告（勧告13～勧告16）が定められ、なかでも金融機関によるサスピシャス・トラン

---

[46] 原文は、「If financial institutions suspect that funds stem from a criminal activity, they should be required to report promptly their suspicions to the competent authorities.」。
[47] 原文は、「Adopting regulations imposing on financial institutions the obligation to report promptly to the competent authorities all complex, unusual large transactions and unusual patterns of transactions, which have no apparent economic or obviously lawful purpose, without fear of assuming criminal or civil liability for breach of any restriction on disclosure of information if they report their suspicions in good faith;」。

スアクション・レポートに係る勧告13は、

> 「金融機関は、資金が犯罪的行為の収益ではないか、またはテロ資金供与と関係しているのではないかと疑うかまたは疑うような合理的な根拠を有する場合には、その疑いを資金情報機関（Financial Intelligence Unit（FIU））にすみやかに報告するよう直接法律または規則によって義務づけられるべきである」[48]

と定められており、第3次相互審査においてコア勧告と位置づけられている。

なお、テロ資金供与特別勧告の特別勧告Ⅳも、金融機関によるサスピシャス・トランスアクション・レポートが義務づけられており、また同様にコア勧告と位置づけられている。

b 国内の過去の流れ

わが国では、1990年40の勧告をふまえ、疑わしい取引の届出に係る規定が法定化された。これに関し、平成3年（1991年）9月20日の衆議院厚生委員会で、福田誠大蔵省銀行局銀行課長より、制度の趣旨について

「疑わしい取引の届け出制度でございますが、その趣旨は、金融機関が取り扱う金融取引のうち、薬物犯罪に係る金融取引であるとの疑いがある取引についての届け出を金融機関に義務づけまして、マネーローンダリング罪等の薬物犯罪の捜査に役立てようとするものでございます。それが趣旨でございます。また、副次的には、金融機関が提供するサービスあるいは決済システムを麻薬犯罪者が利用することを防止することによって、金融機関及び金融システムへの国民の信頼が損なわれることのないようにしようとする趣旨もございます」

---

[48] 原文は、「If a financial institution suspects or has reasonable grounds to suspect that funds are the proceeds of a criminal activity, or are related to terrorist financing, it should be required, directly by law or regulation, to report promptly its suspicions to the financial intelligence unit (FIU).」。

との答弁、また、疑わしい取引の定義について

「疑わしい取引とは何かということでございます。大変難しいお尋ねでございますが、金融機関がその業務を遂行するに当たり収受した財産が不法収益等である疑いがある場合、または取引の相手方が不法収益等を隠匿している疑いがある場合を指しているわけでございます。ただ、何が疑わしい取引に該当するかということになりますと、やはり具体的な事情によるところが大きいと思われます。金融機関が取引ごとにケース・バイ・ケースで判断することとなるわけでございます。一例を挙げるとすれば、例えばでございますが、麻薬生産国に対しまして頻繁に多額の海外送金を行っているというような場合等が考えられるのではないかということでございます」
との答弁がなされている。

具体的な条文は、制定時の麻薬特例法5条から7条であり、古田等前掲「「国際的な協力の下に規制薬物に係る不正行為を助長する行為等の防止を図るための麻薬及び向精神薬取締法等の特例等に関する法律」及び「麻薬及び向精神薬取締法等の一部を改正する法律」の解説㈠」43頁では、

「アルシュ・サミットの経済宣言に基づき召集された金融活動作業グループは、四〇項目に上る勧告を採択したが、その「C．金融システムの役割の強化」の中で、金融機関等による顧客の身元の確認制度と疑わしい取引の報告制度に関する勧告を行い、その実施を各国に求めている。本条から七条までの規定は、この金融機関等による疑わしい取引に関する勧告を国内的に実施するための規定である」
と説明されている[49]。

その後、国際組織犯罪防止条約を受け、当時の麻薬特例法5条から7条は

---

[49] 平成8年（1996年）7月31日には、大蔵省銀行局長通達（蔵銀1521号）で、当時17例からなる「疑わしい取引の参考事例」が初めて示された。これは、個別の取引が疑わしい取引に該当するか否かを判断するための基準として、マネー・ローンダリングの蓋然性が高い取引類型を列挙したものであるが、平成10年（1998年）6月8日、大蔵省の金融関連通達廃止に伴い「事務ガイドライン」に盛り込まれ、金融監督庁、金融庁へと引き継がれ、現在に至っている。

なお、犯罪収益移転防止法の制定によって特定事業者の範囲が拡大したことに伴い、非金融機関たる各特定事業者についても、「疑わしい取引の参考事例」が別途関係所管省庁より示されているところである。

第4章　マネー・ローンダリング対策法制の経緯　169

削られ、あらためて組織的犯罪処罰法5章「疑わしい取引の届出」として整備された。三浦守等「組織的犯罪対策関連三法の解説㈤」（法曹時報52巻9号（平成12年（2000年）9月、法曹会））67頁以下では、法整備の趣旨について

「これまで、薬物犯罪収益等に係る疑わしい取引の届出制度は、麻薬特例法第五条から第七条に定められていたが、麻薬特例法においては、金融機関等による届出の対象が薬物犯罪収益等に係る疑わしい取引に限定されていた上、…FIUの機能を果たす機関はなく、疑わしい取引に関する情報は一つの機関に集約されて捜査機関等に提供されるものでもなく、国際的な情報交換も認められていなかった。そのため、マネー・ローンダリング対策において、この制度が十分な機能を果たしているとは言い難い面があったが、本章の規定は、疑わしい取引の届出制度を拡充し、金融庁…にFIU機能を付与するものである」

と、また、制度の拡充について

「マネー・ローンダリング対策は、国際的な課題であるとともに、我が国としても、国内外の犯罪収益についてのマネー・ローンダリングが我が国で行われることを防止し、我が国の金融、経済システムの健全性及びこれに対する信頼を維持するためにも必要不可欠な重要施策である。疑わしい取引の届出制度が十分に機能することにより、金融機関等において把握するマネー・ローンダリング事犯の捜査の端緒等となる情報を捜査当局に提供することができれば、マネー・ローンダリング対策がより一層効果的なものとなるとともに、犯罪者によって金融機関等が提供する預金の受入れサービスや決済システムが利用されることを防止し、金融機関等及び金融システムの健全性及びこれに対する信頼を確保することが可能となる。

金融機関等においてはこの点を十分に理解し、積極的に届出義務を履行することが求められているところであり、この制度が我が国におけるマネー・ローンダリング対策において、重要な機能を果たすものとして期待される」

と説明されている。

加えて、平成14年（2002年）4月9日の衆議院財務金融委員会で、佐藤観樹委員より

「各金融機関はこの疑わしい取引というのを、どういうケースの場合にこ

れは金融庁に報告をするということになっているんですか」
との質問があり、原口恒和金融庁総務企画局長より
　「金融機関は、各取引ごとにその取引相手の属性、年齢ですとか職業、収入等、それから取引の態様、現金であるかとか頻度ですとかその金額、その他業務の過程で把握しております各種情報を総合的に判断して、当該取引が疑わしい取引かどうかを判断しているということでございます。
　ただ、金融庁の方からも、各金融機関に対して、疑わしい取引の判断の参考となる取引類型をまとめました参考事例集を配付しておりまして、金融機関はこういった参考事例集をも参考にしながら疑わしい取引か否かを判断して、疑わしいと考えられるものについて届け出をしていただいているということでございます」
との答弁がなされ、さらに佐藤委員より
　「去年、本委員会で、テロ対策ということで国連から言ってきた、アルカイーダ、オサマ・ビンラディン以下、たしか二百二十一の個人及び団体じゃなかったかと思いますが、このときには名前がはっきりしているわけですね…。
　今度の場合は、いわばそういう固定的な指定がないわけですね。そうすると、金融機関というのはどこからそういう情報を、今原口局長が答弁をなさったような、どこからそういう情報を得てチェックできるんだろうか。
　…「疑わしい取引の参考事例」の中に、後ろの方に、その他だったかな、「四十二　暴力団員、暴力団関係者等に係る取引」こういうのも入っているわけですね。しかし、まさか警察庁が暴対法に基づいて自分が持っているデータを金融機関に出すということはないと思いますが…、一体、この法律を実効あらしめるために、そういう情報というのはどういうところから得るのか。それは、突き詰めれば、金融機関が窓口で、簡単に言えばいかがわしいというか、先ほど原口局長がちょっと挙げたような、そういうものに該当しそうだぞというような、いわば人間の勘といいましょうか、手先といいましょうか、これで疑わしい取引というものを調べているんだ、こう思ってよろしいんですか」
との質問があり、原口局長より

第4章　マネー・ローンダリング対策法制の経緯　171

「もちろん、先ほど申し上げましたように、いろいろな客観的な状況を総合的に判断ということでございますけれども、やはり疑わしいということでございますから、ある程度そこに主観的な要素というものも、もちろんあるいはそういう経験的なものというものが加味されるケースもあろうかと思います」
との答弁がなされている。

(3) 国内の最近の動き

a 「テロの未然防止に関する行動計画」

9.11米国同時多発テロ事件後、わが国の国際テロに対する意識が年々高まり、平成16年（2004年）8月24日には、内閣に設置されていた国際組織犯罪等対策推進本部[50]の国際組織犯罪等・国際テロ対策推進本部への改組が閣議決定されるに至った。そして、同年12月10日の国際組織犯罪等・国際テロ対策推進本部で、「テロの未然防止に関する行動計画」が決定され、「テロ資金を封じるための対策の強化」として、FATF勧告の完全実施に向けた取組みについて、

「国際的なテロ資金対策に係る取組みであるFATF（金融活動作業部会）の「40の勧告（平成15年6月改訂）」及び「9の特別勧告」を完全実施するため、経済産業省、財務省、法務省、金融庁、国土交通省その他関係省庁は、銀行、証券会社、保険会社等に加え、ファイナンス・リース、宝石商、貴金属商、両替商、弁護士、公証人、会計士、不動産業者等に対して、顧客等の本人確認、取引記録の保存及び疑わしい取引の届出の義務を課すことなどについて、平成17年7月までにその実施方法を検討して結論を得ることとする。

---

[50] 来日外国人犯罪の凶悪化、組織化を背景に、国際組織犯罪等に対し関係行政機関の緊密な連携を確保するとともに、有効適切な対策を総合的かつ積極的に推進することを目的として、平成13年（2001年）7月10日の閣議決定により設置された会議。構成員は、本部長（内閣官房長官）、副本部長（国家公安委員会委員長）および本部員（内閣官房副長官（政務および事務）、法務副大臣、外務副大臣、財務副大臣、厚生労働副大臣、経済産業副大臣および国土交通副大臣）。

その結果、法整備を必要とするものについては、平成18年の通常国会に所要の法律案を提出し、法整備を必要としないものについては、平成18年上半期までに所要の制度の整備を行うこととする」
と記された。

b 「FATF勧告実施のための法律の整備について」

　さらに、平成17年（2005年）11月17日の国際組織犯罪等・国際テロ対策推進本部では、「FATF勧告実施のための法律の整備について」(http://www.kantei.go.jp/jp/singi/sosikihanzai/kettei/051117kettei.html) が決定され、マネー・ローンダリング対策およびテロ資金対策のための法案を警察庁が作成する旨、金融機関本人確認法および組織的犯罪処罰法5章を参考として作成する旨等が記された。法案の作成を警察庁が行う旨の決定に関し、平成19年（2007年）3月28日の参議院内閣委員会で、朝日俊弘委員より

　「マネーロンダリングなりあるいはテロ資金の対策の問題について、国際組織犯罪等・国際テロ対策推進本部がFATF勧告実施のための法律の整備についてという、まとめたペーパーがありますね。その中間的にまとめたペーパーの中で、FATF勧告実施のための法律の整備について、法律案の作成は警察庁が行うというふうにした理由がどうもまだすとんと落ちないんです」
との質問があり、山浦耕志内閣官房内閣審議官より

　「委員御指摘のとおり、平成十七年十一月に国際組織犯罪等・国際テロ対策推進本部において、法律案の作成は警察庁が行うということが決定をされました。その際、本制度が目的とする犯罪による収益の移転防止を効果的に行うためには、暴力団その他の組織犯罪対策、テロ対策等において中核的な役割を担っているところの国家公安委員会、警察庁が所管することが適当であるとの判断がなされたものであります」
との答弁がなされている。

c 犯罪収益移転防止法の制定

　はたして、平成19年（2007年）3月29日に、犯罪による収益の移転防止に

関する法律(犯罪収益移転防止法。平成19年(2007年)3月31日法律22号。平成20年(2008年)3月1日全面施行)が成立、同法において金融機関本人確認法の規定と組織的犯罪処罰法5章の疑わしい取引の規定が一本化され、2003年40の勧告に沿って、対象事業者に一定の非金融機関も含めたかたちに整備されると同時に、わが国のFIUが金融庁から警察庁に移管された[51]。

犯罪収益移転防止法案の作成、提出の背景について、平成19年(2007年)3月16日の衆議院内閣委員会で、溝手顕正国家公安委員会委員長より

「近年、暴力団等の経済活動への介入とか、金融機関による本人確認の強化に伴いまして金融機関以外の事業者を利用して犯罪を行って収益を隠匿したりする、いわゆるマネーロンダリングの手口が見られるようになってきております。また、マネーロンダリング及びテロ資金対策の国際基準とされておりますFATF勧告においても、本人確認等の措置を講ずべき事業者の範囲を金融機関以外の、外に拡大することが求められておりまして、我が国もこれに対して対応しなくてはいけないという面がございます。

本法案は、このような犯罪による収益をめぐる内外の動向に対応するため、政府の国際組織犯罪等・国際テロ対策推進本部という、ややこしい名前があるんですが、ここで決定されました方針に基づいて国会に提出するものでございます。本人確認、取引記録等の保存及び疑わしい取引の届け出の義務対象事業者の範囲を拡大するということ、それからもう一つは、これに伴いFIUを金融庁から国家公安委員会に移管することなどを主な内容とするものであります。

---

[51] 士業者(特に弁護士)についてFATFの勧告どおりに法制化することは、日弁連の反対を受けたために実現しなかった。これに関し、倉田保雄「マネー・ロンダリング及びテロ資金対策を強化〜犯罪収益移転防止法案〜」(立法と調査265号(平成19年(2007年)3月、参議院事務局企画調整室))5頁では、「日弁連は、テロ対策の必要性やFIUが金融庁に設置されていることから、日弁連が弁護士からの報告を審査した上で金融庁に通知する構造であれば市民の弁護士に対する信頼や弁護士自治にとって、「より侵害的でない制度の構築も可能」として、関係機関と協議を進めてきた。しかし、FIUの国家公安委員会への移管決定を受け、「警察への報告制度は、弁護士・弁護士会の存立基盤である国家機関からの独立性を危うくし、弁護士・弁護士会に対する国民の信頼を損ねるものであり、弁護士制度の根幹をゆるがすもの」として強く反対していくことを決定した」と説明されている。ただこれは、「警察への報告制度」ではない現行制度の下で反対し続ける理由にはなっていないと考える。

本法の施行により、マネーロンダリング及びテロ資金対策における我が国としての責務を果たし、国内にテロの脅威を呼び込むことを防止するとともに、暴力団等の犯罪組織が振り込め詐欺ややみ金などにより得た犯罪による収益を追跡、その剥奪を図り、これを被害者に回復する等、手続が一段と促進されることを期待いたしております」
と説明されている[52]。

d　第3次対日相互審査

　時を同じくして、わが国に対する第3次相互審査（第3次対日相互審査）が始まったところ、平成20年（2008年）10月30日に公表された審査結果は、カスタマー・デュー・ディリジェンスに関する評価が芳しくなく、勧告5に至っては、義務づけが不十分であるなどの理由で、NCと評価された。具体的には、

「〈カスタマー・デュー・ディリジェンスが求められる場合〉
- カスタマー・デュー・ディリジェンスの義務の対象に、敷居値を下回る複数の関連取引が含まれていない。
- カスタマー・デュー・ディリジェンスが、マネー・ローンダリングまたはテロ資金供与の疑いがある場合求められていない。

〈求められるカスタマー・デュー・ディリジェンス〉
- 金融機関が依拠することを認められる顧客の身元確認書類の質が不明確であり、自然人の場合、写真付きの身元確認（あるいは、写真付きの身元確認が現実的でない状況では、リスクの増大を抑制する追加的二次的措置）が含まれていない。
- 法人のために行動する自然人が権限の委任を受けているか否かを確認す

---

[52] 犯罪収益移転防止法の制定に関し、「特集・犯罪収益移転防止法の制定」（警察学論集60巻7号（平成19年（2007年）7月、立花書房）所収）、太刀川浩一「犯罪による収益の移転防止に関する法律」（ジュリスト1340号（平成19年（2007年）9月、有斐閣）所収）、同「「犯罪による収益の移転防止に関する法律」の全面施行」（金融法務事情1829号（平成20年（2008年）3月、金融財政事情研究会）所収）および犯罪収益移転防止制度研究会『逐条解説犯罪収益移転防止法』（平成21年（2009年）6月、東京法令出版）を参照願いたい。

ることが金融機関に求められていない。
- 顧客が法人等の場合、顧客の法的地位、取締役および顧客を拘束する定款についての情報を取得することが金融機関に求められていない。
- 実質所有者について身元確認を行い、その身元を照合することが金融機関に一般的に求められていない。
- 顧客が別人のために行動しているか否か判断すること、または当該別人の身元を照合するための合理的な措置を講じることが金融機関に求められていない。
- 顧客が法人等の場合、顧客の所有関係や管理体制を把握すること、または顧客を究極的に所有し管理する自然人がだれかを判断することが金融機関に義務づけられていない。
- ビジネス上の関係の目的および特質についての情報を取得することが金融機関に明示的に求められていない。
- 金融機関がビジネス上の関係の継続的なデュー・ディリジェンスを行うことが法律または規則で義務づけられていない。

〈リスク〉
- より高いリスクの範疇に属する顧客、ビジネス上の関係および取引が厳格なデュー・ディリジェンスの対象となっていない。
- 低いリスクの範疇に属する顧客がカスタマー・デュー・ディリジェンスの義務から完全に除外されている。
- カスタマー・デュー・ディリジェンスの措置を講じる義務が、マネー・ローンダリングまたはテロ資金供与の疑いがある場合求められていない。

〈照合の時期〉
- カスタマー・デュー・ディリジェンスの完了前に、取引の件数・種別・総量の制限や監視強化を含め、内部管理を展開し、取引からもたらされるリスクを最小限にすることが金融機関に求められていない。

〈カスタマー・デュー・ディリジェンスの未完了〉
- カスタマー・デュー・ディリジェンスが完了できていない場合STRの提出を考慮することが金融機関に求められていない。

〈既存顧客〉

- 従来の既存顧客に対し、実質ベースおよびリスク・ベースでカスタマー・デュー・ディリジェンスを行うことが法律、規則または他の強制措置で求められていない」53

と指摘されている。

e 犯罪収益移転防止法の改正

　これを受け、犯罪収益移転防止法の改正に向けた検討が進められた結果、平成23年（2011年）4月27日に改正犯罪収益移転防止法（平成23年（2011年）4月28日法律31号。平成25年（2013年）4月1日全面施行）が成立、ハイリスク取引の設定、確認すべき事項の追加、確認手続の二分化等に係る規定が盛り込まれた54。しかし、FATF側からは、依然として不備が残っている旨の指摘がなされており、これへの対応を引き続き検討していく必要に迫られている。

　他方、2012年2月16日、新たに改訂されたFATFの勧告（http://www.fatf-gafi.org/media/fatf/documents/recommendations/pdfs/FATF_Recommendations.pdf）が公表された。2003年40の勧告とテロ資金供与特別勧告が一本化、あらためて40の勧告となったものであるが、カスタマー・デュー・ディリジェンスに関し、リスク・ベース・アプローチの強化、法人等に関する情報の透明性の向上等について追加されており、今後これに基づく新たな対日相互審査（第4次対日相互審査）への対応も求められることとなる。

53　原文は、「When CDD is required:
- The CDD obligation does not include multiple below-threshold transactions that appear to be linked.
- CDD is not required when there is a suspicion of money laundering or terrorism finance.

Required CDD measures:
- The quality of the customer identification documents upon which financial institutions are permitted to rely is unclear and, in the case of natural persons, does not include photographic identification (or, in situations when photographic identification is not practicable, additional secondary measures to mitigate the increased risk accompanying such situations).
- Financial institutions are not required to verify whether the natural person acting for a legal person is authorized to do so.
- Financial institutions are not required to obtain information on the customer's legal status, director(s) and provisions regulating the power to bind the legal person or arrangement, when the customer is a legal person or arrangement.
- There is no general requirement for financial institutions to identify and verify the identity of the beneficial owner.
- Financial institutions are not required to determine whether the customer is acting on behalf of another person, or to take reasonable measures to verify the identity of that other person.
- In case of legal persons or arrangements, there is no obligation for the financial institutions to understand the ownership and control structure of the customer or to determine who are the natural persons who ultimately own or control the customer.
- Financial institutions are not explicitly required to obtain information on the purpose and intended nature of the business relationship.
- There is no obligation in law or regulation for financial institutions to conduct ongoing due diligence on the business relationship.

Risk:
- Higher risk categories of customers, business relationships and transactions are not subject to enhanced due diligence.
- Low risk categories of customers are exempted entirely from CDD requirements.
- There is no requirement to undertake any CDD measures when there is a suspicion of ML or TF.

Timing of verification:
- There is no requirement for financial institutions to develop internal controls to mitigate the increased risk posed by transactions undertaken before the completion of the CDD process, including by limiting the number, types, and amount of transactions or by enhanced monitoring.

Failure to complete CDD:
- Financial institutions are not required to consider filing an STR when CDD cannot be completed.

Existing customers:
- There is no requirement in law, regulation or other enforceable means requiring CDD on previously existing customers on the basis of materiality and risk.」。

4 おわりに

　以上述べてきた方策の実質的な部分は、法制面の話とは別に、いわゆる「ノウ・ユア・カスタマー（Know Your Customer。顧客熟知）」ルールとしてつとに知られてきたものと考えるところ、これは国際社会におけるマネー・ローンダリングの進展に伴う対抗措置のさらなる強化が叫ばれる昨今、もはや「サスペクト・ユア・カスタマー（Suspect Your Customer。顧客不信）」ルールと化したのではないかとさえ感じられる。というより、そもそもこうした方向性自体が、日本人にとってはきわめて受け入れがたいものかも知れない。

　しかし、現実問題として、ボーダーレスとなっている犯罪収益移転のループホールにわが国が陥ってしまうような事態は避けなければならない。仮に古き良き時代に戻ることは不可能であるにせよ、秩序維持のためのたゆみない努力が地球規模で求められていることを強く意識せざるをえない。世界中のどこであっても、犯罪がペイ（pay）してはならないのである[55]。

　2013年（平成25年）6月12日、警察庁で「マネー・ローンダリング対策等に関する懇談会」第1回会合が開催され、カスタマー・デュー・ディリジェ

---

[54] 犯罪収益移転防止法の改正に関し、「特集・犯罪収益移転防止法の一部改正」（警察学論集64巻9号（平成23年（2011年）9月、立花書房）所収）および拙稿「犯罪による収益の移転防止に関する法律の改正による顧客管理の強化」（事業再生と債権管理137号（平成24年（2012年）7月、金融財政事情研究会）所収）を参照願いたい。

[55] 本年（2013年）10月には、20年ごとに式年遷宮の行われる伊勢神宮の本殿が「米座」と呼ばれる東側敷地から「金座」と呼ばれる西側敷地に遷されることに伴い、「精神（心）」の時代から「経済（物）」の時代に移行するといわれることがある。矢野憲一『伊勢神宮―知られざる杜のうち』（平成18年（2006年）11月、角川学芸出版）256頁では、「神宮にはこんな予言や伝説は存在しないのだが、伊勢の人たちは、東の御敷地を米座（こめざ・こめくら）、西の御敷地を金座（かねざ・かねくら）と俗にいい、西に神様がおられるときは戦乱がある時代だといってきた。これはそんなに昔からいわれたことではないだろう。おそらく明治以後だと思う」と説明されている。少なくとも「地下経済」の時代にならぬよう、切に願うばかりである。

ンスの強化や顧客および取引のリスク評価に応じたリスク・ベース・アプローチの導入について検討が始められた。委員は、次のとおり。

相澤直樹　一般社団法人全国銀行協会業務部長
金子正志　弁護士
釘宮悦子　公益社団法人日本消費生活アドバイザー・コンサルタント協会理事
小林　勇　公益社団法人全国宅地建物取引業協会連合会専務理事
櫻井敬子　学習院大学法学部教授
安冨　潔　慶應義塾大学大学院法務研究科教授
吉野直行　慶應義塾大学経済学部教授

2013年6月18日、ロック・アーン・サミット首脳コミュニケにおいて、「会社および信託等の透明性（Transparency of companies and legal arrangements）」の箇所で

「実態のない会社は腐敗、脱税およびマネー・ローンダリングから生じる不正な資金の流れを助長するために悪用され得る。そしてこのことは、持続的な経済成長と健全なガバナンスに対する深刻な障害となり得る（Shell companies can be misused to facilitate illicit financial flows stemming from corruption, tax evasion and money laundering. Misuse of shell companies can be a severe impediment to sustainable economic growth and sound governance.）」

と記されたうえ、

「我々は率先垂範的にFATFの基準を満たしていく。我々は今日、別に示した共通原則（https://www.gov.uk/government/uploads/system/uploads/attachment_data/file/207644/Common_Principles.pdf）に基づく各国の行動計画を発表することに合意した（We will lead by example in our implementation of the Financial Action Task Force（FATF）standards. We today agreed to publish national Action Plans based on common principles（annexed).）」

旨明らかにされ、同日、わが国の行動計画（http://www.mofa.go.jp/mofaj/files/000006562.pdf）も示されている。

第 5 章

貿易安全保障

貿易の安全保障に関する施策分野は、「安全保障輸出管理」あるいは「安全保障貿易管理」と呼ばれている。その場合、狭義では、外国為替及び外国貿易法（以下、「外為法」という）に基づく大量破壊兵器や通常兵器に使われる可能性のある一定の機微貨物・技術についての輸出や提供についての規制を指すが、より広い意味では、関税法に基づく国際物流のセキュリティ確保、国連安全保障理事会決議やわが国独自決定に基づく経済制裁措置、国際社会の有志国による大量破壊兵器拡散防止のための船舶臨検等の取組み等まで含まれる。

　いずれも、国際社会の協調のもとに行われているものであり、輸出関係者にとっては十分に念頭に置いておく必要があるものであるため、本稿では、広義の輸出管理について解説することとする。なお、本稿では、関係者の間でなじんでいる「安全保障輸出管理」「輸出管理」という用語を用いることとする。

1 安全保障輸出管理が重視される背景

(1) 全般的状況

　安全保障輸出管理は、かつて共産圏向けのハイテク貨物・技術の輸出規制を行っていたココムの時代から重要であったが、東西冷戦終結後にその必要性が高まっているのは、2001年9月に発生した米国同時多発テロによって、テロリストの手に大量破壊兵器などの関連物資が渡り、甚大な被害をもたらす可能性を世界が認識したこと、そして、2003年に、通常の民生品を核兵器開発に転用するための国際的な闇調達網（いわゆる、「カーン・ネットワーク」）の存在が露見したこと等が背景としてまずある。

　これらをきっかけとして、国際社会では危機感が高まり、先進国首脳会議でも大量破壊兵器の拡散防止のための行動計画が繰り返しうたわれたほか、

国連安全保障理事会（以下、「国連安保理」という）において、国連加盟国に対する非国家主体（テロリスト）に関しての大量破壊兵器の拡散防止措置の義務づけなどが決議された（いわゆる、「1540号決議」）。これにより、安全保障輸出管理は、国際的要請としてクローズアップされることになった。

　また、イランの核開発のほか、北朝鮮によるミサイル発射や核実験という、わが国の安全保障にも直接かかわるような事態も発生し、2006年以降、国連安保理決議やわが国単独による経済制裁が、相次いで実施されることとなったことも、要因として大きい。「北朝鮮のミサイル部品の多くは日本製である」という北朝鮮からの亡命技術者による証言も米国議会でなされたこともあるが、これら懸念国では、経済制裁にもかかわらず、核開発等の動きを一段と進めており、大量破壊兵器関連貨物・技術がいかに懸念国に流れないようにするか、ということが国際的要請となっている。

　他方、わが国の国内をみると、2006年初めに外為法違反の不正輸出事件が続けて発生し、社会的にも大きな注目を集めた。ココムの時代にも、大手工作機械メーカーによるソ連向け不正輸出や、戦闘機部品メーカーによるイラン向け不正輸出が、安全保障にも大きな影響を与えたとして、国際的にも大きな問題となった事件があった。それ以降も、北朝鮮系等の中小商社等による不正輸出事件はあったが、2006年初めに続けて発生した事件は、よく知られている大企業によるものであったために、あらためて安全保障輸出管理に対して社会の関心が集まった。そして、それらの事件のなかには、国際的な核の闇調達網（カーン・ネットワーク）や、懸念国のフロント企業にかかわるものがあったことも、注目を集める要因となった。不正輸出事件にかかわった企業は、社会的にもダメージを受け、厳しい罰則や制裁が科されることとなった。

　さらには、企業や大学を舞台とした懸念国等によるハイテク技術の窃取、漏洩の問題も、米国などでも大きな問題となっているほか、わが国でも、警察白書などが、「対日有害活動」として警戒を呼びかけている。

　こういった諸々の事態がこの10年強の間に生じていることから、安全保障輸出管理の重要性が国内外においてクローズアップされてきているという状況にある。以下、各要因について概略を説明する。

(2) 大きな契機その1——米国同時多発テロをはじめとしたテロの続発

　今世紀に入って世界を震撼させるテロ事件が相次いだ。2001年9月11日に発生した、国際テロ組織のアル・カーイダによる米国同時多発テロでは、ハイジャックされた数機の飛行機がテロの道具そのものとなった。世界貿易センタービルに突っ込み、ビルが倒壊して多数の犠牲者が出たことは、記憶に新しい。さらにホワイトハウスや国防総省も標的とされ、未遂に終わったものの、米国社会のみならず世界中を震撼させた。
　そして、続く10月には、同じく米国で炭疽菌事件が発生した。民主党の上院議員の事務所などに、炭疽菌が入った封筒が届き、5人の犠牲者が出た。さらに2003～2005年にかけて、中東では、サウジの外国人居住区や米国総領事館が襲撃されたテロ事件、レバノンのベイルートでハリリ前首相が暗殺された爆弾テロ事件などが相次いだ。欧州では、スペイン・マドリードでの列車爆破テロ、ロシアでの国内線航空機爆破、北オセチア共和国の学校占拠と銃撃戦、そして、ロンドンでの主要国首脳会議が行われているなかでの地下鉄・バス爆破テロが相次いで起こっている。
　これらのテロ事件では、大量破壊兵器が使われたのは、米国での炭疽菌事件だけであったが、わが国で1995年に発生したオウム真理教による地下鉄サリン事件など一連のテロ事件では生物・化学兵器、さらにはラジコンヘリによるテロの試みがあったこともあり（後述）、テロリストに対して、それらの兵器やその原材料が渡った場合に想定される脅威を未然に除去しなければならないとの危機感が生まれた。

(3) 大きな契機その2——カーン・ネットワークの露見

　そして、核・ミサイル等の大量破壊兵器を製造できる関連貨物が闇の調達網によって流通していることが、船舶の臨検によって露見し、大量破壊兵器の拡散防止が喫緊の課題と認識されるに至った。この闇の調達網は、パキス

図表５−１　リビアによる遠心分離器の調達　カーン・ネットワーク

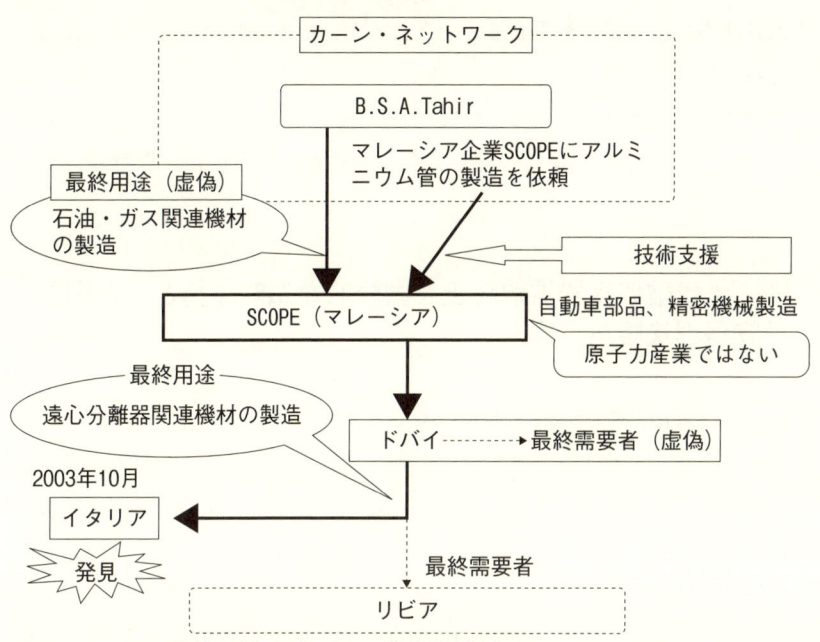

```
┌─ カーン・ネットワーク ──────────────────┐
│        ┌──────────────┐              │
│        │  B.S.A.Tahir │              │
│        └──────────────┘              │
│   ┌─最終用途（虚偽）─┐ マレーシア企業SCOPEにアルミ │
│   │ 石油・ガス関連機材 │ ニウム管の製造を依頼       │
│   │ の製造       │                    │
│                                      ┌──────┐
│                          ←─────────│ 技術支援 │
│        ┌──────────────┐           └──────┘
│        │ SCOPE（マレーシア）│  自動車部品、精密機械製造
│        └──────────────┘           原子力産業ではない
│  ┌─最終用途─────┐   │
│  │ 遠心分離器関連機材の製造 │
│                       ▼
│  2003年10月        ┌────┐
│   ┌────┐        │ドバイ│┄┄┄▶ 最終需要者（虚偽）
│   │イタリア│◀──────└────┘
│   └────┘           ┆
│     発見              ┆  最終需要者
│                       ▼
│                    ┌────┐
└──────────────────│ リビア │
                     └────┘
```

（注）　マレーシア警察の発表資料をもとに森本正崇氏作成。
（出所）　田上博道・森本正崇『輸出管理論』2008年、信山社

タンの原爆開発により国民の英雄だったカーン博士やその弟子、協力者たちによって築かれたネットワークであり、その名前をとって「カーン・ネットワーク」と呼ばれたり、あるいは「核の闇市場」とも呼ばれている。

　事件は、マレーシア企業の SCOPE 社（スコミ社）というエンジニアリング会社で、スリランカ人から、UAE 向けの石油プラントで使用するアルミ管数千本の加工を受注したのがきっかけだった。加工を終え、ドバイへ向けて船積みされたが、ドバイで別の船に積み替えられ、スエズ運河を越えて、地中海を西に向かった。その不審な動きが衛星で監視され、イタリア警察が臨検・拿捕した。その船舶はリビアに向かう予定だった。マレーシア警察等による調べでは、闇調達網は、パキスタン、南ア、スペイン、イタリア、スイス、スリランカなど世界で30カ国以上の国や個人、20社超の企業が関与しており、資金を用意すれば、機械、素材、技術が整うという状況で、世界を

震撼させるものであった。しかも、それらは、民生用に使う資機材を調達して大量破壊兵器開発に転用するというもので、その意味でも衝撃を与えるものであった。

このカーン・ネットワークでは、当時のパキスタンのムシャラフ大統領は、カーン博士は北朝鮮にも遠心分離器、濃縮技術を供給した旨述べている。

(4) 大量破壊兵器拡散防止を国際的な法的義務とした国連安保理決議1540号

以上のように、米国同時多発テロをはじめとする世界各地でのテロの続発とカーン・ネットワークの露見とにより、国連安保理でも、大量破壊兵器関連貨物等の拡散防止が強調されるようになり、民生用・軍事用の双方で利用可能な汎用品（デュアル・ユース品）の輸出管理の重要性がそれまで以上に大きく高まるに至った。

大量破壊兵器やその関連貨物の拡散防止のための国際的取組みとしては、原子力供給国会合（NSG）、生物兵器、化学兵器の輸出規制についてのオーストラリア・グループ（AG）、そして、ミサイルにかかわるロケットや無人航空機の輸出規制についてのMTCRという三つの国際レジームがある（後述）。ただ、これらの国際レジームは、いずれも国際条約に基づくものではなく、参加各国による紳士協定という位置づけである（これは、かつての共産圏向けに厳しい輸出規制を行っていたココムについても同じ）。

他方、米国の同時多発テロや核の闇市場の露見をふまえて、国際的に法的拘束力のあるかたちで大量破壊兵器やその関連貨物・技術の拡散防止体制を、加盟各国に義務づけたのが、「国連安保理決議1540号」であった。同決議は、2004年4月に採択されたもので、大量破壊兵器の拡散防止のため、すべての国に対して、以下を義務づけている。

① 大量破壊兵器等の開発等を企てる非国家主体へのいかなる形態での支援提供の禁止
② 非国家主体による大量破壊兵器等の開発等への従事、援助、資金提供の

禁止のための効果的な法律の採択・執行
③ 大量破壊兵器等およびその関連貨物の適切な管理（安全確保策、防護措置、不正取引・仲介の抑止等、輸出・通過・積替・再輸出に関する適切な法令の確立等）

安保理決議1540号は、安保理による「立法」としばしばいわれる。平和に対する脅威に関する行動を定めた国連憲章第7章に基づき、全加盟国に即刻適用される義務を課したためである。安保理は、一般的には個別事態への対処を行うものであるが、1540号決議のような措置が認められたのは、「差し迫った脅威認識と国際法の欠缺という状況のなかで、いわば緊急避難的に認められた」ものとされている。通常は、国家に義務を課するのは、多国間条約によるものであるが、テロとの戦いの文脈のなかで、テロリスト（非国家主体）への対処ということもあり、全会一致で採択されたものである。

このように、安保理決議1540号は、以下の2点で画期的なものとなった。
① 一連のテロ対策を加盟国に義務づけた決議1373号とともに、一定の制約のなかではあるが、国連憲章第7章により全加盟国に義務を課し、安保理による「立法」に途を開いたこと。
※安保理決議1373号（2001年9月に採択）では、テロ資金対策としてテロ行為のための資金供与の犯罪化、テロリストの資産凍結、テロリストへの金融資産等の提供禁止、テロ資金供与防止条約等のテロ防止関連条約の締結等を求めている。
② 大量破壊兵器等の拡散防止に関して、紳士協定の国際レジームだけでなく、国連という場で、輸出管理を含めた適切な拡散防止措置が国際的義務となったこと。

(5) 北朝鮮およびイランに対する経済制裁

国連安保理決議による加盟各国に対する要請としては、1540号決議だけでなく、核開発、ミサイル発射等を継続している北朝鮮およびイランに対する経済制裁決議がある。これらについては、第6章において、別途論じられるため、ここでは、輸出管理に関する点についてのみ簡単に触れておく。

a 北朝鮮制裁

(a) **国連安保理決議に基づく制裁**

北朝鮮制裁については、2006年のミサイル発射、核実験以降、数次にわたる制裁決議が繰り返されている。同年のミサイル発射を受け、国連安保理決議1695号に基づき、大量破壊兵器計画に係る貨物・技術の移転防止に加えて、資金の移転防止措置が、外為法により講じられた（15団体・1個人）。これらの資金の移転防止措置の対象団体は、経済産業省が公表している外国ユーザーリストにも掲載されており、輸出面でも一定の規制がかかるかたちになっている（形式的には制裁措置の一環ではないが、実質的には輸出が認められるとは考えがたい）。

また、続く最初の核実験を受けた安保理決議1718号では、大量破壊兵器関連の特定貨物の北朝鮮への供給の禁止、および北朝鮮からの調達の禁止、奢侈品の輸出禁止、関係公務員等の入国・通過禁止等の措置が盛り込まれた。輸出禁止対象となる奢侈品の範囲については、各国が独自の判断で定めることとされた。わが国は、主要各国に先んじて北朝鮮幹部が使用したり下賜品として使われうるものとして、24品目を対象に輸出禁止措置を講じた。

さらに、安保理決議1874号に基づき、北朝鮮の核関連、弾道ミサイル関連またはその他の大量破壊兵器関連の計画または活動に貢献しうる資産凍結措置が講じられたが、同様に外国ユーザーリストに掲載されている。

同決議では経済制裁に関する行動を定めた国連憲章第7章41号に加え、北朝鮮向けおよび北朝鮮からのすべての貨物でそれらが北朝鮮向け禁制品とみなされる合理的な理由があるならば、すべての国に対し自国領内における当該貨物の検査を行うよう要請している。わが国では、「貨物検査等特別措置法」が2010年7月に施行されている。

(b) **わが国の単独制裁措置**

外為法では長く、国際合意や有志連合による制裁措置はできても、単独制裁はできなかったが、北朝鮮による拉致問題を契機に、2004年に単独制裁を可能とする規定が創設された。2006年7月のミサイル発射をふまえて、わが国単独での制裁措置として初めて、特定船舶入港禁止法に基づく北朝鮮の万

景峰（まんぎょんほん）92号の入港禁止がとられ、厳格な輸出管理を行うこともあわせ閣議決定された。

また、続く核実験を受けた制裁措置として、すべての北朝鮮籍の船舶の寄港禁止、北朝鮮への輸出の全面禁止、北朝鮮からの輸入の全面禁止、北朝鮮籍の者の原則入国禁止、仲介貿易取引の禁止等の措置が段階的に講じられた。

b　イラン制裁

イランの核開発に対しては、特に米国を中心に、実質的なドル決済の禁止など厳しい制裁措置を講じ、EU等でも同様の措置を講じている。これらの欧米主導の制裁措置と同時に、2006年12月の安保理決議1737号以降、数次にわたり制裁決議が繰り返されている。

そこでは、輸出管理関連として、核活動等に寄与しうる品目等の供給・販売・移転の防止、技術支援、訓練等の提供防止に加え、関連するイラン国民に対する専門的教育の監視および防止等の要請等の措置がある。

なお、後述のとおり（「7　米国の再輸出規制および経済制裁法」参照）、欧米によるイランの主要銀行に対する金融制裁により、ドル、ユーロ等の主要通貨の送金、決済ができなくなっている。また、わが国でも、米国からの要請をふまえて、わが国の銀行とイランの主要銀行とのコルレス契約が停止されているので、事実上、貿易自体が一部を除いて困難となっている。

(6)　わが国に関連する大量破壊兵器関連の動向

a　大量破壊兵器テロの先駆けとなったオウム真理教事件

米国同時多発テロが発生した2001年からさかのぼる7年前の1995年前後に発生したオウム真理教による一連のテロ事件は、日本中を震撼させたが、これは大量破壊兵器テロの先駆けでもあり、縮図でもあった。松本サリン事件や地下鉄サリン事件は、世界初の化学兵器テロといわれているが、これらの既遂に至ったもの以外に、未遂に終わったものもある。事後に判明したとこ

ろでは、サリンの量産プラントやその噴霧車は完成ずみであった。また、新宿の青酸ガス発火未遂事件では、中小メッキ工場でも日常的に使われるシアン化ナトリウムと希硫酸を混ぜ合わせて猛毒ガスを発生させる発火装置が新宿の西口のトイレに置かれており、致死量は2万人で、発見が数十秒遅れていたら大惨事となるところであった。

　これらの化学兵器テロ以外に、炭疽菌を使った生物兵器テロの未遂もあった。東京・亀戸の教団道場の屋上から、市販の農薬噴霧器を使って、炭疽菌がばらまかれ、周辺に異臭が発生したが、炭疽菌が活性化していなかったために未遂に終わった。首都高速道路でも、トラックの荷台から散布したことが明らかになっている。また、ヘリコプターを使ったサリンの散布計画もあった。旧ソ連製の軍事ヘリを分解して日本に持ち込み、これと空撮用のラジコンヘリを使って、上空からサリンを散布するという計画が露見している。

　このように、生物・化学兵器によるテロ行為が、短期間に集中して行われ、あるいは行われようとしたことは、世界の治安関係者にとって大きな衝撃となった。その理由としては、以下の点が指摘できる。

① 　大量破壊兵器が、国家でなくても製造可能だということが実証されたこと。
② 　容易に入手可能な民生品だけで製造されたこと。
③ 　主要な大量破壊兵器テロのパターンを網羅していたこと。

　米国上院に当時設置されたオウム真理教調査委員会のソプコ副代表は、「国家機関でもない限り、生物・化学兵器は作れないと思い込んでいた固定観念は覆された。オウムの出現は21世紀型の無差別テロの予告であった」「テロリストが本気になれば、今や、どんな薬も効かない毒物や細菌を上空からばらまくことも可能だ。我々米国は、それを日本の教訓から学んだ」と述べている（読売新聞2002年1月26日付）。

　なお、米国は、事件から15年以上経った現在も、同事件の解明に力を入れており、新米国安全保障センター（CNAS）は、2011年7月に、収監中のオウム真理教幹部に異例のインタビューも行い、報告書をまとめている。

b 北朝鮮のミサイル、核開発に寄与した朝鮮総連・科学技術協会

　北朝鮮はミサイル開発や核開発を進めてきており、国際社会からの警告と非難とを無視して、弾道ミサイル発射実験と核実験を繰り返している。これらの大量破壊兵器開発の初期段階では、わが国が関連資機材や技術の調達拠点となった可能性がある。

　2003年に米国に亡命した北朝鮮のミサイル技術者が、米国の上院の小委員会で証言をしているが、その際、北朝鮮のミサイルの部品の90％が日本から運ばれたと述べ、大きく報道された。また、ほかにも北朝鮮のウラン関連の副工場長を務めた技術者がやはり亡命をし、「第三国経由で北に入った日本の重機や機器があらゆるところで使われている」旨の証言をしていることが報道されており（産経新聞2003年3月3日付）、その著書では、日本の機器はロシア製や中国製と比べ、いかに信頼されているかということが縷々述べられている（李福九著『北朝鮮弾道ミサイルの最高機密』2006年、徳間書店）。

　これらの証言が真実かどうかは検証しようがないが、わが国においては、朝鮮総連系の商社や科学技術協会（以下、「科協」という）と呼ばれる在日の科学者、技術者の集団の活動が活発で、しばしば不正輸出事件等で摘発されていることや、かつて、新潟港と北朝鮮との間の直行航路を万景峰92号が頻繁に往来し、先端製品や外貨が運ばれ、日本人拉致にも使われたとの指摘もあること等を考えると、事実が述べられているのではないかと思われる。拉致問題やミサイル・核開発等に関する経済制裁等が発動されて以降は、輸出入や北朝鮮船舶の寄港は禁止され、活動は低下しているとしても、在日朝鮮人の特殊な立場を利用して、以前はわが国が大量破壊兵器関連貨物や技術の調達拠点となっていた可能性は否定できない。

　なお、2013年2月に、安保理制裁決議を無視して強行した3度目の核実験を受けて、追加的制裁決議が3月に採択されたが、わが国独自の制裁措置の一つとして、朝鮮総連議長、副議長の再入国禁止措置が講じられ、さらに科協所属の技術者の再入国禁止も検討されている旨報じられている（産経新聞2013年3月9日付）。

c　パキスタンの核開発とわが国企業の関係

　パキスタンは1970年代にカーン博士主導で核開発を進め、1998年に核実験に成功している。その核開発の過程では、カーン・ネットワークとも呼ばれる核の闇市場で関連の重要な資機材を調達したといわれている。

　ネットワーク露見後、カーン博士はパキスタン国内で軟禁されていたが、米国やわが国のマスコミのインタビューに応じて、その核開発関連資機材の調達の実態について語っている（共同通信2008年12月8日付、2009年2月15日、同20日付等）。

　カーン博士は、1977年の訪日時に、欧米の企業から断られた無停電電源装置（UPS）を日本企業から調達、さらに1984年に再度日本を訪れ、高濃縮ウラン生産のための遠心分離器に用いるいくつかの重要なハイテク資機材を注文したとしている（リングマグネット、マルエージング鋼、ベリリウムの薄板、冶金用の装置、緊急発電機、多数の精密機械、測定装置、電子顕微鏡、高機能機械等）。その後、パキスタンの核開発がメディアで取り上げられるようになって以降は、直接取引はやめ、シンガポール経由で、第三者を介して迂回輸出のかたちで調達をしたとしている。

　当時はまだ、共産圏向けハイテク製品の輸出等を禁止するココムの時代で現在のような大量破壊兵器開発等に用いられるおそれのある資機材の輸出規制を行う輸出管理制度とは異なっていたため、輸出管理法令上の問題があったわけではないが、ただ現時点で振り返ってみると、最終用途や需要者のチェック、すなわち取引審査を十分に行う必要があるということの教訓になるものであった。

2　軍事技術のスピンオンとスピンオフ

　安全保障輸出管理を考える場合、軍事技術の「スピンオフ」と「スピンオ

ン」という点を念頭に置いておくのが望ましい。

(1) 軍事技術を民生利用するスピンオフ

スピンオフというのは、軍事技術の民生利用のことであり、かつてはその流れが一般的であった。しかし現代では、民生品の経済性、先端性、即応性等の面でのメリットが注目され、スピンオン、すなわち民生品を軍事転用するケースもふえてきており、米国、中国等も、軍民両用の汎用品（デュアル・ユース品）の積極利用を政策として推進してきている（米国は、特にクリントン政権時代のもとで、エレクトロニクス分野で推進された）。そういう流れのなかで、民生品が懸念国や懸念用途に使われることがないように神経を使うことがますます重要になってきている（ただし、軍や軍事用途に使われること自体が問題となるわけではないことについて誤解がないようにする必要がある。あくまで懸念国、テロリストその他の懸念者による懸念用途に使われることが問題ということである）。

軍事技術を民生利用するスピンオフについては、歴史が長い。コンピュータは米陸軍の大砲の弾道計算用として開発されたものであり、人工衛星はドイツのV2ロケット技術から生まれたものである。あるいは、電子レンジは米国レイセオン社のレーダー開発の副産物として誕生し、GPSは、軍用の衛星測位システムが起源である。インターネットは、ソ連からの核攻撃を想定した分散処理システムがもとである。

(2) 民生用品の軍事転用であるスピンオン

逆に、民生用品の軍事転用であるスピンオンについては、合成繊維による防弾服の開発、電卓用液晶ディスプレーによる戦闘機等の計器等への利用等、さまざまなものがある。工作機械は核兵器のウラン濃縮に必要な遠心分離器の成形加工に使われ、化粧品、シャンプー、自動車の不凍液やシャンプー等に使用されるトリエタノールアミンは化学兵器に使用されるマスタードガスの原材料ともなる。インスタントコーヒー等をつくる凍結乾燥機はそ

のまま生物兵器の製造装置となり、微粉末をつくるジェットミルの高性能のものは、ミサイルの固形燃料の製造に使われる可能性がある。また、テニスラケットや釣り竿、ゴルフシャフト等に使われる炭素繊維はミサイルの構造部材や戦闘機、ウラン濃縮用のパイプ等に使用可能である。

　自衛隊での最近の民生技術の応用例として、興味深いものが防衛省のサイトで紹介されている。93式空対艦誘導弾の冷却技術は、冷凍手術装置を応用したとのことであり、04式空対空誘導弾の首振角度検出技術は、ハイブリッド乗用車用センサーを利用したとのことである。

　近年は、民生用品がテロ用品、大量破壊兵器をつくることが可能となってきており、その実例も出てきている。最も卑近な例では、硫化水素での自殺が続発し、巻添えで死亡する事例も生じたが、これはホームセンターで普通に売っているトイレ洗剤、入浴剤、園芸材料等のローテク材料が原料である。アフガニスタンの武装勢力は、化学肥料である硫酸アンモニウムと圧力釜、飲料水タンクなどから手製爆弾をつくっていると報じられた（毎日新聞

図表5－2　汎用技術の民生用途と軍事用途について

貨物・技術の種類	民生用途	軍事用途
三次元測定装置	自動車・電機・金型等における精密測定	核兵器の開発等（遠心分離器の精度確認等）
凍結乾燥機	冷蔵庫・バイオ実験	生物（細菌）剤の開発等
無人ヘリコプター	農薬散布 空撮（映画撮影や原発監視等）	化学剤・生物剤の散布 偵察・監視
ロボット	産業用機械の製造 監視用ロボット	武器等の製造 偵察・軍用ロボットスーツ
炭素繊維	スポーツ用品（テニスラケット等） 航空機の構造材	戦闘機やミサイル等の構造材
光ファイバー	光通信用	有線誘導型のミサイル
レーザー半導体	CD・DVDプレーヤー等	ミサイルの誘導装置等

（出所）　田上博道・森本正崇『輸出管理論』2008年、信山社

2010年8月17日付)。

　Dirty bomb（汚い爆弾）と呼ばれる放射性爆弾も、そのもととなる放射性同位元素（RI）は、医療器具の殺菌やガン治療、有害物質の分析、非破壊検査等に幅広く活用されている。さらに最近では、合成生物学の目覚ましい進歩によって細菌を合成することが可能となっており、絶滅したはずのポリオウィルスやスペイン風邪ウィルス等の合成に成功している。これはワクチンの無毒化、菌の強毒化、耐性強化等生物兵器の凶悪化に利用される懸念が生じている。さらに最近では、ヒトゲノムを解読した研究者によって、大手石油会社の支援のもと、人工ゲノムで合成した細菌を増殖させることに成功した旨報じられている（読売新聞2010年9月10日付）。大量のバイオ燃料の生産等の民生用の用途での可能性が期待される一方で、根絶されたはずの病原菌の生産等の悪用懸念も指摘されている。

３　国際輸出管理レジームの概要

(1) 国際輸出管理レジームに基づく輸出と技術提供の規制 　　――四つのレジーム

　安全保障輸出管理は、もともとは、共産圏諸国に対する西側諸国のハイテク製品輸出を規制するココム規制が中心であった。しかし、旧ソ連の解体に伴う冷戦の終結で、1994年３月にその使命を終え、ココムは解散した。
　他方、1974年のインドの核実験、1980年のイラン・イラク戦争におけるイラクによる化学兵器の使用などをきっかけとして、核兵器、生物・化学兵器、ミサイル関連資機材の輸出管理に関する国際的レジームが1970年代後半から80年代後半にかけて発足している（後述）。
　その後、イラクによるクウェート侵攻をきっかけとする湾岸戦争でのイラクの核開発計画（1990年）、カシミール紛争を抱えるインド、パキスタンの

核実験（1998年）、日本列島越しに行われた北朝鮮のテポドン打上げ実験（1998年）など、90年代に核兵器や生物・化学兵器、それらの運搬手段であるミサイルといった大量破壊兵器等が使われることへの危機感を抱かせるような一連の問題が次々と生じた。

　また、ソビエト連邦の解体に伴い、冷戦構造のタガが緩み、民族、宗教、領土などの問題が顕在化するとともに、政治・経済の混乱で核兵器や通常兵器の管理に不安が生じてきただけでなく、紛争、軍拡地域等への流出が懸念されるようになった。紛争地域は、アジア、中東、アフリカなどに広がっていった。

　そこで、通常兵器についても紛争地域での過剰な蓄積を防ぐべく、国際的な輸出管理を行うことになり、ココムにかえて、ワッセナー・アレンジメントという国際レジームが1996年に発足した。

　こうして、通常兵器の過剰な蓄積防止に関して一つ、大量破壊兵器の拡散防止に関して三つの国際レジームができ、これらが、国際的な輸出管理の基本となって現在に至っている。これらは、欧米諸国やわが国をメンバーとする紳士協定であり、条約のような法的拘束力があるわけではないが、実質的な国際合意として扱われ、わが国でも、これらの合意に即して、外為法に基づき、輸出規制が行われている。以下、概略を説明する。

a　原子力供給国会合（NSG）——核兵器関連

　1970年に発効した核拡散防止条約（NPT）では、核保有国は核兵器の譲渡等を行わず、非保有国はその入手、開発製造等を行わないという相互義務を負い、国際原子力機関（IAEA）による核物質の査察などにより原子力の平和利用から核兵器への転用を防ぐなどの処置が求められている。

　また、その補完として、ロンドンガイドラインというものがあり、核兵器開発への転用を防ぐための輸出規制を、主要原子力供給国が行うこととされた。プルトニウム、原子炉、重水素などの、核兵器開発のための本体や専用品（パート1）、さらに汎用資機材（パート2）の規制が実施されている。この規制についての参加国の集まりを、原子力供給国会合（NSG）と呼んでおり、日本が実質的な事務局を引き受けている。

図表5-3　国際輸出管理レジームの概要

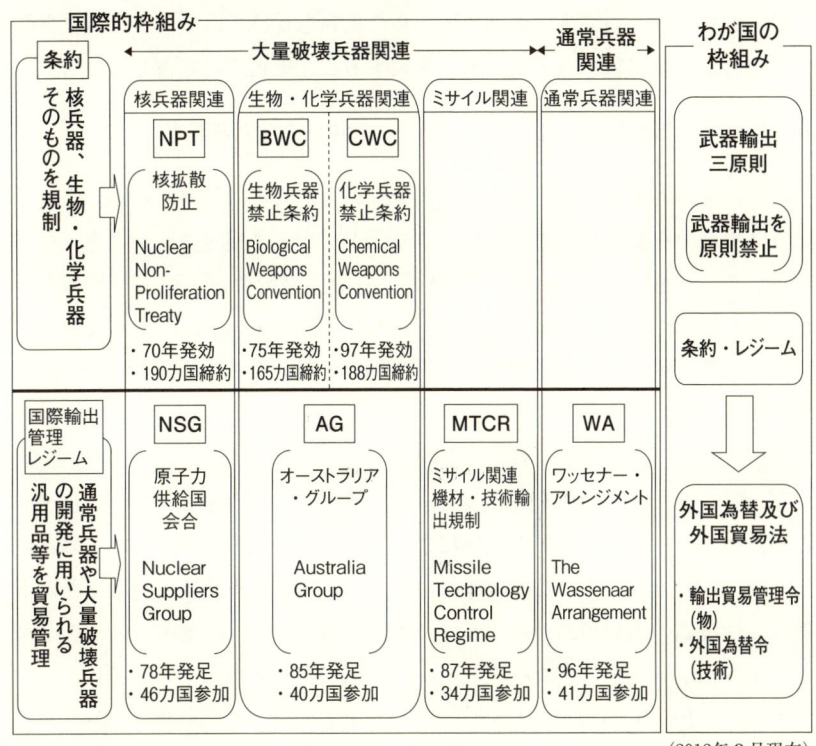

国際的枠組み						わが国の枠組み
	← 大量破壊兵器関連 →				通常兵器関連	
条約 核兵器、生物・化学兵器そのものを規制	核兵器関連 **NPT** 核拡散防止 Nuclear Non-Proliferation Treaty ・70年発効 ・190カ国締約	生物・化学兵器関連		ミサイル関連	通常兵器関連	武器輸出三原則 武器輸出を原則禁止
		BWC 生物兵器禁止条約 Biological Weapons Convention ・75年発効 ・165カ国締約	**CWC** 化学兵器禁止条約 Chemical Weapons Convention ・97年発効 ・188カ国締約			
国際輸出管理レジーム 通常兵器や大量破壊兵器の開発に用いられる汎用品等を貿易管理	**NSG** 原子力供給国会合 Nuclear Suppliers Group ・78年発足 ・46カ国参加	**AG** オーストラリア・グループ Australia Group ・85年発足 ・40カ国参加		**MTCR** ミサイル関連機材・技術輸出規制 Missile Technology Control Regime ・87年発足 ・34カ国参加	**WA** ワッセナー・アレンジメント The Wassenaar Arrangement ・96年発足 ・41カ国参加	条約・レジーム ↓ 外国為替及び外国貿易法 ・輸出貿易管理令（物） ・外国為替令（技術）

（2012年3月現在）

（出所）　経済産業省資料

　これらの基本的枠組みの成立後、インドやパキスタンが核実験を行っており、最近では北朝鮮も連続して実験を行い、イランやシリアでも核開発の動きがあるなど、核不拡散の基本的枠組みに反する動きが出てきており、安全保障輸出管理のうえでも、動きを注視する必要がある。なお、インドについては、NPTへの加盟を拒否し、1974年、1998年に核実験を行ったことをふまえて、NSGにおいて民生用原子力関連の禁輸措置が続いてきたが、2008年のNSG臨時総会において、米国とインドの原子力協力協定を例外として承認することを決めている。これは、米国が、インドの政治的重要性や民生用原子力ビジネス拡大への期待から、例外扱いするよう働きかけてきたものであるが、インドは以前から自主的に核実験モラトリアム（凍結）を行うと

第5章　貿易安全保障　197

ともに、民生用原子力施設について IAEA と保障措置協定を締結していた。ただ、例外化についての一部加盟国からの批判も受けて、インドは核拡散防止を実行し、核実験モラトリアムを継続することを正式に宣言している。

b　オーストラリア・グループ（AG）——生物・化学兵器関連

　第一次世界大戦で、ヨーロッパ戦線で毒ガスが大量に使われたが、戦後に毒ガスや細菌を使用することを禁止する「ジュネーブ議定書」が合意・発効している（1925年）。しかし、それらの兵器の開発や生産・取引を管理する規定がなかったため、効果に疑問がもたれていた。そのため、生物兵器について、開発、生産、貯蔵を禁止する「生物兵器禁止条約」が結ばれた（1975年発効）。

　その後、イラン・イラク戦争で化学兵器が使われたほか、「貧者の核兵器」などと呼ばれて、生物・化学兵器が多くの国に広がる可能性が強くなった。このため、オーストラリアの提案により、それらの輸出管理について協議が行われ、1991年に、化学兵器の原料になりうる化学品や製造に使用できる機器等に法規制の網をかぶせることで合意した。これを、提案国の名前をとって「オーストラリア・グループ（AG）」と呼んでいる。

　さらに、1969年から行われてきた「化学兵器禁止条約（CWC）」の交渉も終結し、1997年に発効している。

　オーストラリア・グループでは、この化学兵器関連だけでなく、生物兵器関連の細菌、ウィルス、培養装置などの機器も含めて輸出管理の対象としている。

c　MTCR——ミサイル関連

　ミサイルについては、核爆弾等の運搬手段となりうるロケットと無人航空機の開発・製造に使われる機材と技術の輸出規制を目的として、1987年に国際的な輸出管理の枠組みができており、MTCR（Missile Technology Control Regime）と呼ばれている。

　現在では、核爆弾だけでなく、生物・化学兵器を搭載できる小型のミサイルや、それらを噴霧できる無人ヘリ、その資機材まで含めて規制されてい

る。

d　ワッセナー・アレンジメント（WA）──通常兵器関連

　東西冷戦の終結によりココムは使命を終えて1994年に解散したが、湾岸戦争をはじめとした地域紛争の激化をふまえ、その防止の観点から、通常兵器の過剰な蓄積の防止を目的とするワッセナー・アレンジメントが、1996年に発足した。

　ここでは、ココムの規制対象貨物等を継承してはいるが、欧米先進国だけでなく、かつてのココム規制の対象国である旧共産圏だったロシアや東欧諸国も参加している。また、ココムの枠組みでは、輸出等は原則禁止で、輸出する場合には全参加国の合意が必要であったが、ワッセナー・アレンジメントでは、輸出の可否の判断は、各国の裁量により最終用途に応じて個別に判断することとされ、輸出許可・不許可の判断を相互に通報しあうかたちで協調を図る仕組みとなっている。

4　わが国の安全保障輸出管理制度の枠組み

(1) 概　要

　国際輸出管理レジームでの合意を受けたわが国の安全保障輸出管理制度は、「外国為替及び外国貿易法」（以下、外為法）で規制されており、貨物に関しては外為法48条に、技術に関しては同25条に規定されている。

> **第48条（輸出の許可等）**　国際的な平和及び安全の維持を妨げることとなると認められるものとして政令で定める特定の地域を仕向地とする特定の種類の貨物の輸出をしようとする者は、政令で定めるところにより、経済産業大臣の許可を受けなければならない。

2　（略）

3　経済産業大臣は、前二項に定める場合のほか、特定の種類の若しくは特定の地域を仕向地とする貨物を輸出しようとする者又は特定の取引により貨物を輸出しようとする者に対し、国際収支の均衡の維持のため、外国貿易及び国民経済の健全な発展のため、我が国が締結した条約その他の国際約束を誠実に履行するため、国際平和のための国際的な努力に我が国として寄与するため、又は第十条第一項の閣議決定を実施するために必要な範囲内で、政令で定めるところにより、承認を受ける義務を課することができる。

第25条（役務取引等）　国際的な平和及び安全の維持を妨げることとなると認められるものとして政令で定める特定の種類の貨物の設計、製造若しくは使用に係る技術（以下「特定技術」という。）を特定の外国（以下「特定国」という。）において提供することを目的とする取引を行おうとする居住者若しくは非居住者又は特定技術を特定国の非居住者に提供することを目的とする取引を行おうとする居住者は、政令で定めるところにより、当該取引について、経済産業大臣の許可を受けなければならない。

2　（略）

3　経済産業大臣は、次の各号に掲げる場合には、当該各号に定める行為をしようとする者に対し、政令で定めるところにより、当該行為について、許可を受ける義務を課することができる。

一　第一項の規定の確実な実施を図るため必要があると認めるとき
　同項の取引に関する次に掲げる行為
　　イ　特定国を仕向地とする特定技術を内容とする情報が記載され、又は記録された文書、図画又は記録媒体（以下「特定記録媒体等」という。）の輸出
　　ロ　特定国において受信されることを目的として行う電気通信（電気通信事業法（昭和五十九年法律第八十六号）第二条第一号に規定する電気通信をいう。以下同じ。）による特定技術を内容とす

る情報の送信（本邦内にある電気通信設備（同条第二号に規定す
　　る電気通信設備をいう。）からの送信に限る。以下同じ。）
　二　（略）

　貨物・技術ともに政令により、具体的に規制内容が定められており、貨物に関しては「輸出貿易管理令別表第一」に、技術に関しては「外国為替令別表」にそれぞれ定められている。またこれらの規制対象リスト貨物・技術以外であっても、最終用途・需要者に一定の懸念がある場合には規制対象とするキャッチオール規制が導入されている（大量破壊兵器関連キャッチオール

図表5-4　安全保障貿易管理制度の仕組み

法律			政令		
			リスト規制	大量破壊兵器 キャッチオール規制 （2002年4月導入）	通常兵器 キャッチオール規制 （2008年11月導入）
外国為替及び外国貿易法 （外為法）	（物） 貨物 48条	輸出貿易管理令 （輸出令）	1～15項	別表第一 16項	16項
	（技術） 役務 25条	外国為替令 （外為令）	1～15項	別　表 16項	16項
物：機械、部品、原材料など 技術：物の設計、製造、使用に関する技術（ソフトウエアも含む）		規制対象になるもの	・武器 ・兵器の開発等に用いられるおそれの高いもの	リスト規制以外で、大量破壊兵器の開発等に用いられるおそれのあるもの	リスト規制以外で、通常兵器の開発、製造または使用に用いられるおそれのあるもの
ホワイト国：米、加、EU諸国等の輸出管理を厳格に実施している27カ国（2012年8月1日よりブルガリアが追加） 国連武器禁輸国：国連の安全保障理事会の決議により武器の輸出が禁止されているイラク、北朝鮮、アフガニスタン等11カ国（2012年2月1日よりシエラレオネが削除され、リビアが追加）		規制対象地域等	全地域向けが対象	ホワイト国を除く全地域向けが対象	国連武器禁輸国向けが対象 ※特定の品目については、ホワイト国を除く全地域向けが対象

（出所）　経済産業省資料

図表5－5　規制リストと国際レジームの対応関係

項		国際輸出管理レジーム		規制品目	
1	武器	WA（ワッセナー・アレンジメント）			
2	汎用品	大量破壊兵器関連	NSG（原子力供給国会合）	NSGパート1 NSGパート2	原子力専用品 原子力用途以外にも使用できる汎用品
3			AG（オーストラリア・グループ）	化学兵器の原料となる物質および製造装置	
3の2				生物兵器の原料となる微生物、毒素および製造装置	
4			MTCR（ミサイル関連貨物技術輸出規制）	ミサイル・ロケットおよび製造装置	
5		通常兵器関連	WA（ワッセナー・アレンジメント）	カテゴリー1	先端材料
6				カテゴリー2	材料加工
7				カテゴリー3	エレクトロニクス
8				カテゴリー4	コンピュータ
9				カテゴリー5	通信機器
10				カテゴリー6	センサー／レーザー
11				カテゴリー7	航法装置
12				カテゴリー8	海洋関連装置
13				カテゴリー9	推進装置
14		その他		軍需品リスト	（1項に該当するものを除く）
15		汎用品		機微な品目	
16		大量破壊兵器関連		キャッチオール規制対象品目	

（出所）　経済産業省資料

規制は2002年4月より、通常兵器関連キャッチオール規制は2008年11月より）。

　輸出貿易管理令別表第一、外為令別表ともに関連する兵器や貨物等のカテゴリーに応じ1－15の項に分類されており、各項番は国際輸出管理レジー

ムに対応している（1から15の項による規制を「リスト規制」という）、貨物・技術ともに16の項に「キャッチオール規制」の規制品目が定められている。

(2) リスト規制について

貨物の輸出と技術の提供において、規制される品目を規定している法令の構造は、次のようになっている。

	法　律	政　令	省　令	通　達
貨　物	外為法48条	輸出令別表第一 1～16項	貨物等省令 1～14条	運用通達解釈
技　術	外為法25条	外為令別表 1～16項	貨物等省令 15～28条	役務通達解釈
		（品目を規定）	（スペックを規定）	（用語の解釈等）

　貨物について、輸出しようとする貨物が輸出令別表第一の1～15項に該当する場合、提供しようとする技術が外為令別表の1～15項に該当する場合には、経済産業大臣への許可申請が必要となる。リスト規制は前述の国際輸出管理レジームでの合意に基づき、武器および大量破壊兵器の開発等に用いられるおそれの高いものを規制している。具体的には全地域を規制対象とし、規制対象となる品名や仕様（スペック）がリスト化されている。

　輸出する貨物、提供しようとする技術が輸出令別表第一ならびに外為令別表の1～15項に該当するか否かの判定を、一般的に「該非判定」と呼び、最終用途・需要者をチェックする「取引審査」と並ぶ輸出管理の最も基本となる業務となっている。

　この該非判定作業を行う場合には一定の留意が必要となってくる。スペック等を判定するための品目がまったくない場合は「対象外」となるわけであるが、貨物によっては、その附属品や部分品まで規制の及んでいるものもあるほか、規制品目は法令用語で書かれており、一般的な商品名等ではなく、貨物等の機能や材質、特性等の観点より規制がなされており、輸出する貨物の名称がないからといって、安易に「対象外」と判断することなく、慎重

図表 5 − 6　規制対象技術の内容（種類）

```
┌─────────────────────────────────────────────────┐
│ 輸出貿易管理令別表第 一 に該当の貨物に関連する技術が規制対象 │
└─────────────────────────────────────────────────┘
```

- **設計**
  → 一連の製造過程の前段階のすべての段階
  → 設計研究、設計解析、設計概念、プロトタイプの製作および試験、パイロット生産計画、設計データ、設計データを製品に変化させる過程、外観設計、総合設計、レイアウトetc

- **製造**
  → すべての製造過程
  → 建設、生産エンジニアリング、製品化、統合、組立／アセンブリ、検査、試験、品質保証etc

- **使用**
  → 設計、製造以外の段階であって、次の場合
  → 操作、据付、保守（点検）、修理、オーバーホール、分解修理
  ただし、外為令別表の1の項に係る技術にあっては、設計、製造以外の段階

- **ポイント　必要な技術**
  ⇒ 規制の性能レベル、特性もしくは機能に到達しまたはこれらを超えるために必要な技術

  注意　非該当貨物の製造に用いる技術であっても規制されることがあります。

（出所）　経済産業省資料

見極める必要がある。加えて1項番だけでなく複数の項番で規制されている場合もあるため、政省令のみならず解釈をも含めて規制の内容を注意深く読み取る必要がある。

　また、貨物に関しては、日本から船積みし外国へ実際に貨物が輸出される場合に規制の対象となるが、この場合、自己使用のものであっても規制対象となることに留意が必要である。

　技術の提供に関しては、外為法25条1項に基づいて、「役務提供」の一つとして、「特定技術の提供」を目的とする取引が規制対象となっている。「特定技術」とは、リスト規制の対象となっている貨物の設計、製造または使用に係る技術を指す。研修生を受け入れ技術指導を行う、技術資料を持ち出す、商品のサンプルの海外送付に伴う技術資料を提供する等、さまざまな提供方法のパターンがある。また、紙や電子媒体などの有形の提供だけでなく、電子メールや電話、口頭による提供の場合にも規制対象となるので、注

図表5-7　輸出と技術提供との違い

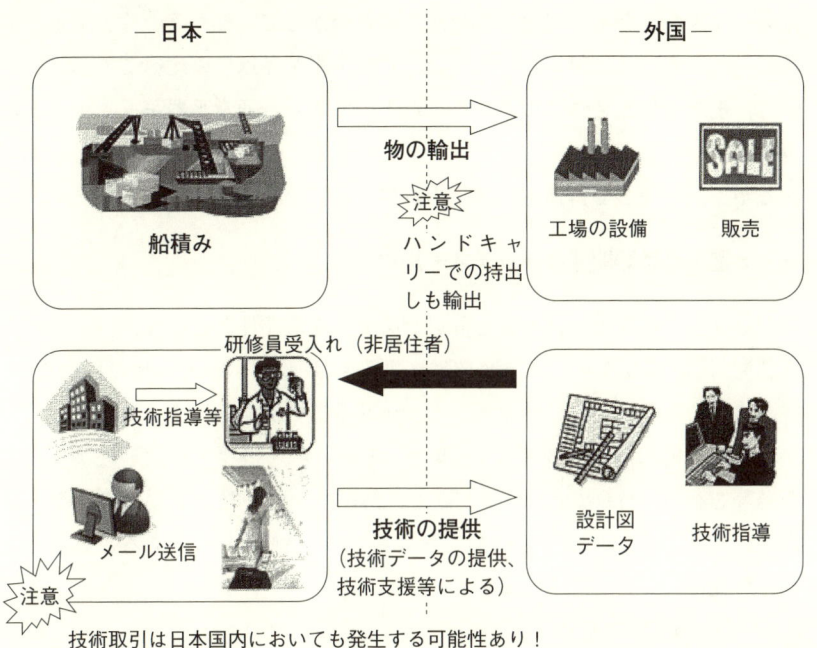

―日本―　　　　　　　　　　―外国―

物の輸出

船積み　　　　　　　工場の設備　　販売

注意
ハンドキャリーでの持出しも輸出

研修員受入れ（非居住者）

技術指導等
メール送信

技術の提供
（技術データの提供、技術支援等による）

設計図データ　　技術指導

注意　技術取引は日本国内においても発生する可能性あり！

（出所）　経済産業省資料

意が必要である。

(3) キャッチオール規制について

　キャッチオール規制とは、リスト規制品以外のものであっても、核兵器等（核兵器、生物・化学兵器およびそれらの運搬手段）の開発等や通常兵器に用いられるおそれのある場合には、輸出等の許可申請を義務づける制度を指す。2002年に大量破壊兵器関連キャッチオール規制が、2008年に通常兵器キャッチオール規制が、それぞれ導入された。

　大量破壊兵器関連キャッチオール規制の前身として、補完的輸出規制というものが1995年から実施されていた。これは、リスト規制品のスペックダウン品に限定して、規制対象とするものであったが、スペックダウン品以外で

も、たとえば、ステンレス鋼材などのようにミサイルの構造材として使われるものは少なくなく、用途に懸念があるとわかっていてもその輸出を止められないということが現実化したため、リスト規制品以外のすべての品目について、規制対象とされることになったものである。通常兵器キャッチオール規制は、ワッセナー・アレンジメントでの合意に基づいて導入されたものであるが、国によって具体的な規定内容について差異がある。

a　大量破壊兵器関連キャッチオール規制

キャッチオール規制に関連し許可が必要となる要件としては、輸出者による判断（＝客観要件）と経済産業省による判断（インフォーム要件）がある。客観要件には輸入先等において、大量破壊兵器の開発等に用いられるかどうか、使用目的に関する要件（用途要件）と輸入者・需要者が大量破壊兵器の開発等を行う（行っていた）かどうか、外国ユーザーリスト掲載の企業・組織かどうかといった需要者に関する要件（需要者要件）とがある。以下、これらの要件について説明する。

(a)　**客観要件について**

輸出貨物・技術が「核兵器等」の「開発等」に使用されるおそれがある場合、具体的には、「当該輸出又は取引に関する契約書や輸出者又は技術の提供者が当該輸出又は取引に関連し入手した文書、図画若しくは電磁記録」または「輸入者又は取引の相手方若しくは需要者又は技術を利用する者又はこれらの代理人からの連絡」で、次の事実が明らかになった場合に規制の対象となる。

① 　輸出される貨物または提供される技術が「核兵器等」の「開発等」（開発、設計、使用または貯蔵）に用いられること。
② 　輸出される貨物または提供される技術が、以下に掲げる行為に用いられること。
・核燃料物質もしくは核原料物質の開発等、核融合に関する研究、原子炉またはその部分品もしくは付属装置の開発等、重水の製造、核燃料物質の加工、「使用済燃料」の再処理軍もしくは国防に関する事務をつかさどる行政機関（以下、「軍等」という）またはこれらの者から委託を受け

た者が行う化学物質の開発・製造、微生物・毒素の開発等、ロケット・無人航空機の開発等、宇宙に関する研究。

③ 輸出貨物の需要者または技術を利用する者が「核兵器等」の「開発等」を行い、または行っていたこと（ただし、輸出される貨物および提供される技術が、用途ならびに取引条件および態様から、「核兵器等」の「開発等」および「核兵器等開発等省令」の「別表に掲げる行為」以外のために用いられることが明らかな場合を除く）。

(b) **経済産業大臣からのインフォーム要件について**

インフォーム要件とは、輸出貨物・技術が「核兵器等」の「開発等」に使用されるおそれがあるものとして、経済産業大臣から輸出許可・役務取引許可申請をするべき通知を受けた場合をいい、経済産業大臣名で企業の代表取締役宛てに文書にて通知される。

(c) **規制対象地域について**

規制対象地域としては全地域（ただし、輸出管理を厳格に実施している27カ国（ホワイト国）を除く）であり、対象となるものは食料品、木材等の一部を除き、ほぼリスト規制に該当しない全品目となる。特に注意を要するものとして「懸念の強い貨物例」の40品目およびシリアを仕向地とする場合の生物・化学兵器関連11品目が、経済産業省より示されている。

(d) **経済産業大臣への報告について**

なお、取引に関する文書等や需要者等からの連絡以外の方法等によって、輸出貨物が大量破壊兵器等の開発等に利用されるおそれがあることを知った場合には、経済産業大臣に報告するように、通達において行政指導ベースにより定められている。

図表5－8　大量破壊兵器の開発等に用いられるおそれの強い貨物例

	品　目	懸念される用途
1	リン酸トリブチル（TBP）	核兵器
2	炭素繊維・ガラス繊維・アラミド繊維	核兵器、ミサイル
3	チタン合金	核兵器、ミサイル

4	マルエージング鋼	核兵器、ミサイル
5	口径75ミリメートル以上のアルミニウム管	核兵器
6	しごきスピニング加工機	核兵器、ミサイル
7	数値制御工作機械	核兵器、ミサイル
8	アイソスタチックプレス	核兵器、ミサイル
9	フィラメントワインディング装置	核兵器、ミサイル
10	周波数変換器	核兵器
11	質量分析計またはイオン源	核兵器
12	振動試験装置	核兵器、ミサイル
13	遠心力釣り合い試験器	核兵器、ミサイル
14	耐食性の圧力計・圧力センサー	核兵器、ミサイル
15	大型の非破壊検査装置	核兵器、ミサイル
16	高周波用のオシロスコープおよび波形記憶装置	核兵器
17	電圧または電流の変動が少ない直流の電源装置	核兵器
18	大型発電機	核兵器
19	大型の真空ポンプ	核兵器
20	耐放射線ロボット	核兵器
21	TIG溶接機、電子ビーム溶接機	核兵器、ミサイル
22	放射線測定器	核兵器
23	微粉末を製造できる粉砕器	ミサイル
24	カールフィッシャー方式の水分測定装置	ミサイル
25	プリプレグ製造装置	ミサイル
26	人造黒鉛	核兵器、ミサイル
27	ジャイロスコープ	ミサイル
28	ロータリーエンコーダ	ミサイル
29	大型トラック(トラクタ、トレーラー、ダンプを含む)	ミサイル
30	クレーン車	ミサイル
31	密閉式の発酵槽	生物兵器

32	遠心分離器	生物兵器
33	凍結乾燥機	生物兵器
34	耐食性の反応器	ミサイル、化学兵器
35	耐食性のかくはん機	ミサイル、化学兵器
36	耐食性の熱交換器または凝縮器	ミサイル、化学兵器
37	耐食性の蒸留塔または吸収塔	ミサイル、化学兵器
38	耐食性の充てん用の機械	ミサイル、化学兵器
39	噴霧器を搭載するよう設計された無人航空機（UAV）（娯楽もしくはスポーツの用に供する模型航空機を除く）	ミサイル、生物・化学兵器
40	UAVに搭載するよう設計された噴霧器	ミサイル、生物・化学兵器

(注1) 34から38のミサイルは2012年4月1日より追加。
(注2) これらの物の輸出または技術の提供を行う際には、輸入先等において大量破壊兵器の開発等の懸念用途に転用されないよう、輸出者は特に慎重な審査が必要。
(注3) 外国ユーザリスト掲載企業に対し、これらの物の輸出または技術の提供を行う場合は、リスト上の懸念区分（核兵器・化学兵器・生物兵器・ミサイル）と、物・技術の懸念用途が一致するか否かのチェックを行う際に活用。
(出所) 経済産業省資料

b 通常兵器キャッチオール規制

　ワッセナー・アレンジメントにおいて、2003年末に、通常兵器関係のキャッチオール規制の実施が合意され、規制対象国としては、国連武器禁輸国および各国が武器禁輸国として位置づけている地域とされた。趣旨としては、武器禁輸国に対して武器そのものを禁輸しても、汎用品を使って武器をつくられてしまっては、禁輸の効果が薄まってしまうため、その抜け道をふさぐという点にある。

　EU諸国は、いち早く国連武器禁輸国やEU独自禁輸国を対象にして、すべての品目を対象にして、規制を実施する一方、米国は、産業界の反対などの紆余曲折を経て、2007年から、中国だけを対象にして、品目も比較的機微度が高い31品目（その後32品目に増加）に限定して、実施した。

　これらの欧米の状況を受け、わが国でも産業構造審議会の場で検討が行わ

れ、以下のような枠組みにより、2008年より導入された。仕向先の地域によって、要件が異なっている。

① 国連武器禁輸国向けの場合

「客観要件＋インフォーム要件」で全品目を対象。

② それ以外の地域（ホワイト国は除く）

「インフォーム要件」のみで、品目は機微な32品目に限定（その後34品目に増加。2013年秋をメドに、品目限定はなくなる見込み）。

国連武器禁輸国向けに武器に使われると知って輸出することはまず考えがたいことや、それ以外の非ホワイト国向けであっても、当局からのインフォーム要件だけにとどまるため、規制としてはかなり緩やかなものとなっている。

(4) 技術提供の規制について

a 「居住者」「非居住者」の概念による規制

技術提供規制については、後述するように、2009年の外為法改正により、いわゆる「ボーダー規制」が導入されたため、枠組みが変わったが、それでも、「居住者」「非居住者」という概念により規制がなされているため、その意味について十分な理解が必要となる。この「居住者」「非居住者」の具体的内容は、財務省通達で定められていることからわかるとおり、外国為替規制における概念であるが、それが技術提供規制にも用いられているために、かなり複雑な適用関係になってくる。

「居住者」とは、わが国に住所・居所を有する自然人またはわが国に主たる事務所を有する法人である。「非居住者」はそれ以外となる。具体的には、図表5－9のように定められている。

米国のように、自国人か外国人かで分けるわけではないため、日本人、外国人であっても、ケースによってステータスが異なってくることに留意が必要である。特に、以下の点に注意する必要がある。

① 個人としての日本人が出国すると、目的なり期間によって非居住者に立

図表5－9　居住者および非居住者の判定

居住者	非居住者
日本人の場合 ① わが国に居住する者 ② 日本の在外公館に勤務する者	**日本人の場合** ① 外国にある事務所に勤務する目的で出国し外国に滞在する者 ② 2年以上外国に滞在する目的で出国し外国に滞在する者 ③ 出国後外国に2年以上滞在している者 ④ 上記①～③に掲げる者で、一時帰国し、その滞在期間が6カ月未満の者
外国人の場合 ① わが国にある事務所に勤務する者 ② わが国に入国後6カ月以上経過している者	**外国人の場合** ① 外国に居住する者 ② 外国政府または国際機関の公務を帯びる者 ③ 外交官または領事官およびこれらの随員または使用人（ただし、外国において任命または雇用された者に限る）
法人等の場合 ① わが国にある日本法人等 ② 外国の法人等わが国にある支店、出張所その他の事務所 ③ 日本の在外公館	**法人等の場合** ① 外国にある日本法人等 ② 日本法人等の外国にある支店、出張所その他の事務所 ③ わが国にある外国政府の公館および国際機関
	その他、合衆国軍隊等および国際連合の軍隊等

※財務省通達「外国為替法令の解釈及び運用について（抄）」より
（出所）　経済産業省資料

場が変わったり、逆に、外国人が入国すると、やはり目的なり期間等によって居住者に立場が変わったりする。すなわち、単純に、日本人＝居住者、外国人＝非居住者というわけではない。

② 社員の扱いは、その属する企業の位置づけ（ステータス）で判断される。このため、
・日本国内の企業に雇用されている外国人は、居住者扱いとなる。
・日本企業の海外法人（＝非居住者）に本社から出向している日本人社員は、非居住者になる。

③ 海外に本店がある外国企業の、日本にある支店その他の事務所は、居住者とみなされる。

④ 居住者の海外における代理人が、居住者の業務についてした行為は、居住者の行為として法が適用される（外為法5条の法の適用範囲に係る規定に

基づく)。

このように、技術提供の規制が始まった当時は、日本人が海外勤務をしたり、海外から日本に外国企業や外国人が多数来る時代ではなかったために、単純に、日本人・日本企業＝居住者、外国人・外国企業＝非居住者という関係がほぼ成り立っていたが、その後、経済の国際化が飛躍的に進み、人的交流も活発となったため、空間的移動や時間的経過によって、ステータスが変わってしまうという状況が生じている。

b　規制対象となる局面

技術提供規制は、前述した外為法25条1項の条文からは読み取りにくいが、大別して、三つの局面で規制がかかる。後述する外為法改正における技術提供規制の見直しによって、以下のようになっている。

① 日本国内→海外
提供元、提供先とも、居住者、非居住者を問わない。
② 海外→海外
居住者から非居住者への提供を対象。
③ 日本国内→日本国内（これを「みなし輸出」としばしばいう）
居住者から非居住者への提供を対象。

(5)　外為法に基づく輸出等の許可について

a　経済産業大臣による許可

規制に該当する物の輸出や技術の提供をする際には、外為法48条1項または25条1項に基づき、事前に経済産業大臣の許可を取得する必要がある。

許可の種類としては、個別案件ごとに許可される「個別許可」と、包括的に輸出等が認められる包括許可とがある。該当貨物の輸出や該当技術の提供を行う場合には、輸出貿易管理令等による特例や一部除外規定がある場合もあるが、原則いずれかの許可が必要となる。

b　包括許可の種類

「包括許可」にも数種類ある。「包括許可」に関しては適用できる品目や仕向地・提供地が「包括許可取扱要領」等にて細かく規定されているので、包括許可にて輸出等を行う場合には、仕向地・提供地、包括許可が適用可能な貨物か技術であるかどうかを十分に確認することが必要である。

① 　一般包括許可（ホワイト包括許可）

原則、国際輸出管理レジーム参加国（ホワイト国）を仕向地として行う機微度が比較的低い品目等の取引を一括して許可するもの。これは、輸出管理内部規程（CP）の整備、実施等の要件は不要である。これは、2012年4月の通達改正により実現した（2004年以前までは同様の制度があったが、それ以降はCP要件が課せられていた）。

なお、不具合、修理または異品のために返品輸出する場合についても、この一般包括許可または下記②の特別一般包括許可により可能である。

② 　特別一般包括許可

機微度が比較的低い品目等について、非ホワイト国向けも含めて一定の仕向地・品目の組合せの輸出等を一括して許可するもの。

これは、ホワイト包括許可とは異なり、以下を要件とする。

・輸出管理内部規程（CP）の整備・届出
・その確実な実施（チェックリストの提出）
・実地調査の事前実施

なお、2004年以降、経済産業省職員が講師となる適格説明会への参加が取得・更新要件の一つとなっていたが、2013年4月より不要となった。また、関税法に基づくAEO（Authorized Economic Operator）取得企業については、事前の実地調査は不要となった。

なお、不具合、修理または異品のために返品輸出する場合についても、この特別一般包括許可により可能である。

③ 　特定包括許可

継続的な取引関係を有する同一の相手方への特定の貨物・技術の取引について一括して許可するもの。特別一般包括許可と同様、輸出管理内部規程の

整備・実施と事前の実地調査が、原則として必要となる。なお、インフラ・プラントプロジェクトについては、継続的な取引関係がなくても申請が可能。

④　特定子会社包括許可

わが国企業の子会社向け（50％超の資本）に対する一定の品目の輸出等について一括して許可するもの。輸出管理内部規程の整備・実施と事前の実地調査が、原則として必要となる。なお、本制度は、2009年に新設され、当初は100％超の資本が要件だったが、2011年4月の通達改正により、50％超に緩和された。

⑤　特別返品等包括許可

これは、武器関連貨物等の返品に関するもの。本邦において使用するために輸入された貨物であって、不具合、修理または異品のために返品輸出する輸出令別表第一の1項または外為令別表の1項に該当する物（武器）またはその物に内蔵された技術について一括して許可するもの。

(6) 2009年外為法改正

北朝鮮のミサイル発射や核実験、核の闇市場の露見などの国際的環境変化に加えて、経済の国際化、人的交流の進展等によって、技術流出の懸念が増大し、実際にわが国から大量破壊兵器関連貨物や技術情報が不正に海外に持ち出される事案が続出したことをふまえて、2009年4月に、外為法の輸出関連部分としては実に22年ぶりとなる改正が行われた。主たる内容は、①技術取引規制の見直し、②仲介取引規制の見直し、③輸出者等遵守基準の導入、④罰則の強化の4点である。以下、概要を解説する。

a　技術取引規制の見直し

外為法の技術取引規制では、改正前は、居住者から非居住者に対して技術提供を行う行為が規制対象であった。しかし、米国のように米国人か外国人かで規制を分けるものではないため、国籍にかかわらず、居住者、非居住者のステータス変更がしばしば生じうる。このため、不正移転などに対して規

制が十分対応できるかという問題があった。たとえば、居住者が外国に技術を持ち出し、非居住者になってから提供するようなケースである。このほか、日本に一時的に入国した非居住者が海外の居住者に向けて提供するケースなど、規制対象外となる「抜け穴」が存在した。わが国では、北朝鮮と密接な関連がある朝鮮総連系の在日朝鮮人などは、居住者扱いとなり、日本国民と同様に自由に出入国を繰り返すため、この「抜け穴」が利用されうる懸念があった。

そこで、改正により、居住者、非居住者のステータスを問わずだれであっても、外国に向けて規制技術を提供する場合には、許可を要することとした（いわゆる「ボーダー規制」の導入）。ただし、自己使用目的・持帰り前提での持出しは、「取引」に当たらないため、規制の対象とはならない。また、ボーダー規制の補完的措置として、提供相手が未定の段階でも、技術を紙媒体、電子媒体（USBメモリー等）に記載して輸出する場合や電子メールで海外向けに送信する場合には、許可が必要とされることとなった。提供相手が決まった段階であらためて、技術提供許可をとることになる。

b　仲介取引規制の見直し

貨物の仲介である仲介貿易取引については、改正前は貨物の売買のみを規制対象としていたが、国連安保理1540号決議をふまえて、貸借や贈与に関するものも規制対象として追加された。非ホワイト国間の取引に限定される点には変更はない。

また、技術の仲介取引については、技術提供規制の枠組みのなかで規制されることとなった。ただし、規制内容はかなり限定的である。具体的には、居住者が、

① 非ホワイト国で入手した大量破壊兵器関連の規制技術情報を、他の非ホワイト国に送信する場合。
② 非ホワイト国で入手したそれらの技術の記録媒体を、他の非ホワイト国に輸出する場合であって、大量破壊兵器関連キャッチオール規制の用途要件またはキャッチオール要件に該当する場合である（ただし、武器技術の場合は、非ホワイト国のみではなくすべての外国であり、要件も限定されない）。

なお、その場合であっても、対象技術は、その取引にあたって日本から持ち出されたものではなく、取引時に外国にあったものを対象としている（日本からの提供は、日本から持ち出す段階で規制がかかるため）。

c　輸出者等遵守基準の導入

不正輸出事件が頻発したことをふまえて導入されたのが、輸出者等遵守基準である。一定の遵守すべき事項を経済産業大臣が定め、これを遵守しなかった場合には、指導・助言を行い、それでも違反があった場合には、勧告・命令が行われ、最終的には刑事罰で担保されるという仕組みである。

遵守事項としては、貨物等の該非判定責任者を定めること、輸出関連業務従事者に関係法令を遵守させるための指導を行うことの2点であるが、リスト規制品の輸出等を業として（反復継続して）行う者は、さらに詳細な輸出に関する手続を定め、書類の保存に努める等の基準も遵守する必要がある。

なお、「業として」輸出を行うとは、営利によるものとは限らず、反復継続して（すなわち複数回）輸出する場合には、遵守義務が生じる。大学・研究機関による輸出も含まれる。

d　罰則の強化

不正輸出への抑止力として、罰則の強化が行われた。改正前は、「5年以下の懲役又は200万円以下の罰金」であったものを、「10年以下の懲役又は1000万円以下の罰金」に引き上げられた。

また、不正手段による許可取得に対する罰則も導入されたほか、法人と個人との時効を調整する規定も導入された。これにより、個人時効に比べて短かった法人時効についても、個人時効と同じとされることとなった。

(7)　「仲介貿易」「積替」の規制とPSI、貨物検査

a　仲介貿易、積替に係る規制

安全保障輸出管理は、貨物の輸出、技術の提供にとどまらず、その周辺部

分にも規制が及んでいる。

　大量破壊兵器の拡散防止を加盟国の義務としている国連安保理決議1540号では、それだけではなく、大量破壊兵器やその関連貨物の仲介取引や、貨物等を積んでいる船舶や航空機の「寄港」も含めて規制することが求められている。外為法では、貨物の移動を伴う外国相互間の仲介貿易については、以前から武器やその専用品を対象にして許可対象となっていたが、2009年の外為法改正により、大量破壊兵器等関連貨物の仲介貿易を対象に、売買だけでなく、貸借、贈与も含めて規制されることとなった。ただし、許可が必要となるのは、非ホワイト国間の仲介貿易で、かつキャッチオール規制の用途要件、インフォーム要件に該当する場合だけであり、規制としては緩やかなものとなっている（武器等については、すべての国の間の仲介貿易が対象で、キャッチオール規制にとどまらない）。

　また、船舶等が寄港し、仮陸揚げをして他の船舶等に積み替える場合において、キャッチオール規制における用途要件、インフォーム要件に該当する場合には、経済産業大臣による許可が必要である。なお、寄港した場合においては、これらの積替規制以外に、懸念がある場合には、税関による検査が可能である。

　なお、技術の仲介取引に係る規制については、「(6)　2009年外為法改正」を参照されたい。

b　SUA条約、PSI、貨物検査法

　外為法に基づく規制ではないが、大量破壊兵器の拡散防止に関する動きを紹介しておく。一つは、海上航行不法行為防止条約（SUA条約と呼ばれている）であり、同条約では、新たに、船舶そのものを使用した不法行為および大量破壊兵器等・関連物質の輸送行為等を犯罪とし、これらの犯罪に従事しているとの合理的疑いのある船舶に対して、公海上において円滑な乗船等を可能とするというものである。改正SUA条約は2005年に採択されたが、まだ発効には至っていない（わが国もまだ批准していない）。

　もう一つは、PSI（「拡散に対する安全保障構想」：Proliferation Security Initiative）である。米国同時多発テロを契機に、米国のイニシアティブで発

足したもので、大量破壊兵器等の関連貨物の海上輸送等を阻止する訓練が、各国共同で毎年行われている。条約等に基づくものではなく、有志連合のかたちではあるが、102カ国以上が参加しており（2012年11月現在）、わが国からも、防衛省、税関、海上保安庁等が参加している。

さらに、北朝鮮制裁のための国連安保理決議1874号を受けて2010年5月に成立した貨物検査特別措置法に基づく貨物検査がある。これは、北朝鮮に出入りする船舶や航空機について、海上保安庁や税関などが、旗国の同意のもとに、公海上でも検査が実施できるようにしたものである。従来、公海上を航行している外国籍の船舶や日本向けの積み荷のない船舶の貨物検査は行うことができなかったが、安保理決議1874号では、国連加盟国に対して、自国領域での貨物検査をはじめ、公海上での船舶検査、検査協力、禁止品目の押収などが求められていた。2012年8月に、東京・大井埠頭に寄港した貨物船について初めて同法に基づく貨物検査を実施し、北朝鮮製とみられる鋼材やアルミ製の棒などが見つかった旨の報道がなされている（日本経済新聞2012年8月25日付他）。

(8) 武器輸出三原則の見直し

a 武器輸出三原則の概要

武器輸出三原則は、1967年の佐藤総理による国会答弁、1976年の三木内閣による政府統一見解により、原則として「武器及びその専用の部分品」の輸出は認めないとする政府方針であった。これは、法律に基づくものではなく、外為法の輸出許可の際の政府としての運用基準という位置づけであった（軍事、民生の両方に使われうる「汎用品」（デュアル・ユース品）は対象外）。

ここでいう「武器」とは、「軍隊が使用するものであって、直接戦闘の用に供されるもの」（具体的には、輸出貿易管理令別表第一の一の項（一）から（一四））を指す。共産圏、国連武器禁輸国、紛争当事国に対してはそれらの輸出は原則として認めない、それ以外の国に対しても輸出を慎む、というものである。

この武器輸出三原則については、中曽根内閣の時代の1983年に、米国から防衛分野での技術の相互交流の要請があったことをふまえて、対米武器技術供与取極が日米の政府間で結ばれ、同盟国の米国に対して、戦闘機等の兵器に使う技術を供与することとなった。日本企業の技術水準は高く、米国に供与することは、日本の国益にも資するという観点からのもので、これが武器輸出三原則の最初の例外となった。その後も、さまざまな情勢変化をふまえて、例外化措置がとられてきた。国際平和協力活動、人道的な地雷除去活動、在外邦人の輸送、中国遺棄化学兵器処理事業、テロ特措法等に関して、武器や装備品の輸出などがある。そして、北朝鮮等の近隣地域の動向もふまえつつ、わが国においても弾道ミサイル防衛（BMD）システムの構築が必要だという機運が高まった結果、2004年に、小泉内閣のもとで官房長官談話により三原則の例外化措置がとられることとなり、弾道ミサイルの共同開発・生産に必要な武器の対米供与を可能とし、BMD開発の一部を日本側が担うことになった。

　その際の官房長官談話では、対米共同開発・生産案件のほか、テロ・海賊対策支援に資する案件についても、個別案件ごとに検討されることになったが、これをふまえて、マラッカ海峡の海賊対策として、インドネシアに対して、海賊取り締まりのための巡視艇がODA（政府開発援助）の一環として供与された。

b　武器輸出三原則の見直しと「防衛装備品等の海外移転に関する基準」の発出

　2010年末に閣議決定された防衛大綱において、平和貢献・国際協力活動への期待の高まり、国際共同生産・開発への参加による防衛装備品の高性能化・コスト削減等の方策について検討すべきとの方針が示されて以降、検討が重ねられた結果、2011年12月に「防衛装備品等の海外移転に関する基準」についての、内閣官房長官談話が発出された。

　これは、従来、個別に三原則の例外措置を講じてきたものを、平和貢献・国際協力案件やわが国の安全保障に資する防衛装備品等の国際共同開発・生産に関する案件については、包括的に例外措置を講じるものである。

今後は、相手国政府との国際約束などの一定の枠組みによる「厳格な管理」のもとで、これら案件に関する輸出・移転が進んでいくものと思われる。2013年3月、日本政府は、官房長官談話により、米国の最新鋭ステルス戦闘機でわが国の次期主力戦闘機として予定されているF35の部品製造に日本企業が参画（輸出）することを、米国政府による一元的管理を前提に、武器輸出三原則の例外として認めた。国際共同開発案件についてのステップとなり、国連憲章に従う国に対して共同生産の部品供給が可能となった。また、2012年以降、英国との間で協定に関する交渉が先行して進められ、2013年7月に、化学・生物兵器に対する防護技術の共同研究の確認文書が締結された。また、豪州政府との間では、潜水艦推進機関の技術提供が議論されているとのことである（産経新聞2013年3月2日付）。

5　輸出者による自主管理の重要性

(1)　「輸出管理の強化」についての経済産業大臣通達の背景

　輸出管理を的確に実施するうえでは、経営トップを含めた的確な認識と、実効性のある措置が必要であり、不正輸出事件が続いたことを契機に、2006年3月に、経済産業大臣名での輸出管理強化についての要請文書が、産業界や大学に対して発せられた。そこでは、「経営トップ以下が改めて認識を深め、場合によってはその不備が企業の存亡に関わるという点も含めて、社内、子会社・関連会社、海外子会社に対して周知徹底すること」「社内における輸出管理体制の整備や実際の輸出管理の実施等に当たっては、経営トップが責任をもって実行すること」等の点が強調されている。その趣旨は、輸出管理を営業部門だけに委ねるのではなくて、あるいは形式を整えるだけでなく、経営トップの指揮のもと、輸出管理部局によるチェックが実質的に十

分機能するように担保すべきという点にある。

経済産業省では、年間100件以上の抜き打ち的な立入検査を実施しているほか、財務省（税関）においても、関税法に基づく事後検査を行っているため、いつ検査されてもいいように、日常的に輸出管理が的確に行われていることが必要となる。

(2) 輸出管理内部規程の整備と確実な実施の必要性

a 輸出管理内部規程の作成と届出

輸出管理が確実に行われるようにするため、経済産業省では、輸出者に対して輸出管理内部規程（コンプライアンス・プログラム）の届出を要請している（「輸出管理内部規程の届出等について」）。同省に届け出れば、同省の安全保障輸出管理のホームページに社名が掲載され、2013年3月現在で、約600社となっている。

輸出管理内部規程については、一般財団法人安全保障貿易情報センター（CISTEC）がモデル規程を作成している。そこでは、輸出管理体制、取引審査、出荷管理、監査、教育、資料管理、子会社等の指導、法令違反の報告・再発防止の8項目が基本的事項となっている。実際の作成にあたっては、それぞれの社の実態に即したものにするよう検討する必要がある。

b 特別一般包括許可の取得要件としての輸出管理内部規程

ホワイト国、非ホワイト国向けを問わず一定の仕向地・品目の組合せの輸出等を一括して許可する特別一般包括許可を取得する場合には、輸出管理内部規程の整備とその確実な実施が要件の一つになっている。実施状況をみるための「自己管理チェックリスト」の提出が毎年求められる。

c 輸出者等遵守基準

2009年の外為法改正で、輸出者等遵守基準が新たに導入されたことは既述のとおりであるが、具体的には、「輸出者等遵守基準を定める省令」に規定

されている。全体は2段構造となっており、
・すべての輸出者に適用される遵守基準
・リスト規制品の輸出等を行う者に適用される遵守基準
に大別される。これらは、すでに運用で行われてきた輸出管理内部規程の内容とおおむね合致するものであり、外為法改正によりそれを法定化し、その遵守がなされていない輸出者に対して経済産業大臣が指導、勧告等がなされるように担保されたものである。

① 輸出等を行うにあたって遵守する基準
・輸出等を行うものがリスト規制品に該当しないかどうか確認する責任者を定めること。
・輸出等の業務に従事する者に対し、関係法令の規定を遵守するために必要な指導を行うこと。

② リスト規制品の輸出等を行うにあたって遵守する基準
・組織の代表責任者を輸出管理の責任者とすること。
・組織内の輸出管理体制（業務分担・責任関係）を定めること。
・該非確認に係る手続を定めること。
・リスト規制品の輸出等にあたり用途（用途が提供である場合は需要者に係る情報も含む）の確認を行う手続を定め、手続に従って確認を行うこと。
・出荷時に、該非を確認した貨物等と一致しているか確認を行うこと。
・輸出管理の監査手続を定め、実施するよう努めること。
・輸出管理の責任者、従事者に研修を行うよう努めること。
・関係文書を適切な期間保存するよう努めること。
・法令違反等があった際は、すみやかに経済産業大臣に報告し、再発防止のために必要な措置を講ずること。

d 最終用途・最終需要者に対する慎重なチェック

ココム時代の輸出管理では、共産圏にハイテク製品を渡さないということが主眼だったが、現在の不拡散型の輸出管理では、最終用途、最終需要者（エンドユース）に大量破壊兵器開発等や通常兵器の過剰蓄積等の懸念がないかという点のチェックが重要となっている。

それらの情報は、政府によるインテリジェンス情報による部分もあるが、輸出者としても、エンドユースに不審な点がないかを見極める取引審査が自主管理における主要ポイントになってくる。核の闇市場その他の不正調達網は、フロント企業等を使って、迂回経路により必要な資機材を調達するようになっているため、自社の輸出がそれらの不正調達網に巻き込まれないように細心の注意を払う必要がある。

(a) **最終需要者のチェック**

　最終需要者のチェックに際しては、経済産業省が公表している大量破壊兵器に関連するユーザー情報である「外国ユーザーリスト」を参照することがまず基本となるが（ただし、外国ユーザーリストは禁輸先リストではないことに留意が必要である）、それ以外に、米国等の海外諸国での禁輸・要注意リストその他の懸念情報を十分チェックすることが望ましい。米国では商務省が出している、米国の輸出管理規則に違反した内外の企業・個人のリスト（DPL：Denied Persons List）や、大量破壊兵器の拡散にかかわる情報として、やはり商務省から公表されている Entity List、あるいは米財務省が公表している Specially Designated Nationals（SDN）のような公表情報は参考になるうえ、米国の EAR や各種制裁法で取引を禁じられている者と取引をすると、米国法に基づく制裁を受ける可能性もあるので、特にグローバルな事業展開をしている企業等にとっては、これらの確認が必要となってくる。わが国では、CISTEC が提供している総合データベースのうちの「チェーサー情報」というものによって、これらの米国の公表リストや経済産業省による外国ユーザーリストに加えて、海外の調査会社の調査や内外の公表資料等に基づく情報を収集して顧客情報を提供しているので、これを参照すれば、基本的なチェックはできるようになっている。

(b) **エンドユースのチェックのガイドライン**

　ただ、輸出先が上記の各種リストに掲載されていなければ懸念がないというわけではなく、さらに各種情報に照らして、エンドユースについて何か不審な点がないか、よくチェックする必要がある。

　経済産業省では、大量破壊兵器キャッチオール規制に関連して、「『おそれがない』ことが『明らかなとき』を判断するためのガイドライン」（一般的

には略して「明らかガイドライン」と呼ばれている）を公表している。これは、大量破壊兵器関連キャッチオール規制において、大量破壊兵器等の開発等に用いられる「おそれがない」ことが「明らかなとき」には、許可申請は不要と判断する場合のガイドラインとなっているが、これは同時にエンドユースに関する取引審査におけるチェックリスト的内容となっている。また、米国の商務省（BIS）でも、「顧客を知るためのガイドライン」というものに「レッドフラグ」という不審点の指標を列記している。

「明らかガイドライン」「レッドフラグ」の双方に共通するポイントとして、たとえば次のような不審点の事例がある。
・大量のスペアパーツの要求がある
・輸送ルートが仕向先からみて異常である
・支払対価や条件が非常に好意的である、あえて現金払いをする
・据付指導や専門家の派遣を拒否する
・近隣に軍事施設がある
・性能保証の要求が通常以上である

これらのチェックリストに照らして、不審が払拭できないのであれば、商談は断念することが望ましい。厳に避けるべきは、不審が解消されないままに、契約に、「他の用途への転用は禁止する」という条項を入れてよしとするやり方である。問題のあるユーザーは、大量破壊兵器関連等の用途に使うと自ら明らかにするはずはないため、いかにアンテナを高くして、不審な点を感知するかが重要となってくる。大量破壊兵器開発等への転用禁止の契約条項さえ整えればいいとする姿勢は、輸出管理の初歩を誤ったものである。

(3) 自主管理に失敗した場合のペナルティ

a 刑事罰と行政制裁

現行外為法では、無許可輸出等の不正輸出・技術提供がなされた場合のペナルティとしては、大別して以下のものがある。

図表5-10　経済産業省による「おそれがない」ことが「明らかなとき」を判断するためのガイドライン

　輸出者等は、「明らかなとき」を判断するに当たり、以下に掲げる事項（ただし、輸出する貨物等の用途並びに取引の条件及び態様からあてはまらない事項は除く。）を確認すること。

　輸出者等は、通常の商慣習の範囲で取引相手等から入手した文書その他の情報によって確認を行うこととし、入手した文書その他の情報のうち自らにとって都合の悪いものに対し目隠しをしないこと。

　確認の結果に疑義がある場合には商談を進める前に疑問点の解消に努めること。判断が困難な場合には、必要に応じ経済産業省貿易経済協力局貿易管理部安全保障貿易審査課に相談すること。

〔貨物等の用途・仕様〕
1. 輸入者、需要者又はこれらの代理人から当該貨物等の用途に関する明確な説明があること。
2. 需要者の事業内容、技術レベルからみて、当該貨物等を必要とする合理的理由があること。

〔貨物等の設置場所等の態様・据付等の条件〕
3. 当該貨物等の設置場所又は使用場所が明確であること。
4. 当該貨物等の設置場所又は使用場所が軍事施設内若しくは軍事施設に隣接している地域又は立ち入りが制限されている等の高度の機密が要求されている地域であり、かつ、その用途に疑わしい点があるとの情報を有していないこと。
5. 当該貨物等の輸送、設置等について過剰な安全装置・処置が要求されていないこと。

〔貨物等の関連設備・装置等の条件・態様〕
6. 当該貨物等が使用される設備や同時に扱う原材料についての説明があること。
7. 異常に大量のスペアパーツ等の要求がないこと。
8. 通常必要とされる関連装置の要求があること。

〔表示、船積み、輸送ルート、梱包等における態様〕
9. 輸送時における表示、船積みについての特別の要請がないこと。
10. 製品及び仕向地から見て、輸送ルートにおいて異常がないこと。
11. 輸送時における梱包及び梱包における表示が輸送方法や仕向地などからみて異常がないこと。

〔貨物等の支払対価等・保証等の条件〕
12. 当該貨物等の支払対価・条件・方法などにおいて異常に好意的な提示がなされていないこと。
13. 通常要求される程度の性能等の保証の要求があること。

〔据付等の辞退や秘密保持等の態様〕
14. 据付、指導等の通常予想される専門家の派遣の要請があること。
15. 最終仕向地、製品等についての過度の秘密保持の要求がないこと。

〔外国ユーザーリスト掲載企業・組織〕
16. 外国ユーザーリストに掲載されている企業・組織向けの取引については、リストに記載されている当該需要者の関与が懸念されている大量破壊兵器の種別（核兵器、生物兵器、化学兵器、ミサイル）と、輸出する貨物等の懸念される用途の種別が一致しないこと。

〔その他〕
17. その他、取引の慣行上当然明らかにすべき事項に関する質問に対して需要者からの明確な説明がないこと等、取引上の不審点がないこと。

(a) 刑 事 罰

2009年の外為法改正によって、罰則水準が引き上げられ、以下のようになっている。なお、従来、法人時効が個人時効に比べて短かったため、社員らが罰せられても法人が罰せられないという事例もあったため、同改正において、双方の時効は同じとされた。

① 大量破壊兵器関連貨物・技術の場合：10年以下の懲役または1,000万円（価格の5倍が1,000万円を超える場合には、価格の5倍）以下の罰金（併科あり）
② それ以外の場合：7年以下の懲役または700万円（価格の5倍が700万円を超える場合には、価格の5倍）以下の罰金（併科あり）
③ 行為者だけでなく、法人も罰する。
④ 未遂も罰する。

2011年末までに刑事罰が科された外為法違反輸出事件は30件である。なお、以前は執行猶予がつくケースがほとんどだったが、最近、対北朝鮮経済制裁違反で実刑が科せられるケースも出てきている。

(b) 行政制裁

① 3年以内の輸出禁止・技術提供の禁止
② 制裁対象は、全部または一部品目等（違反を起こした品目等に限定されないことに留意する必要がある。仕向地も全地域または一部地域）

ココムの時代には、共産圏向けのすべての品目について輸出禁止の処分が多かったが、それ以降は、北朝鮮関係の不正輸出事件などが中心で、小規模な商社などが中心だったこともあり、全世界向け、全貨物の輸出禁止という処分も少なくない。最近の事件では、小規模商社以外であっても、2年半〜3年という例も出てきている。禁止対象品目や期間は、ケース・バイ・ケースで、違反に係る輸出額の大きさ、その品目の全体に占める比重、企業の売上規模、悪質性・影響度、反省度合いその他を勘案して決められるものと思われる。

b 運用上のペナルティ

外為法に違反した場合のペナルティの具体的適用については、ケースに

図表5－11　国際的な脅威とわが国の主な外為法違反事案

判決および行政処分の時期・内容など	貨物・仕向地等	備考
2011年3月25日（判決）： 　代表取締役に1年6カ月（執行猶予3年）、法人に対して罰金120万円 2011年7月20日（行政処分）：1年1カ月間：全貨物・全地域向け輸出禁止	・パワーショベル ・北朝鮮	・キャッチオール違反 ・インフォーム無視 ・中国迂回
2009年11月5日（判決）： 　社長に懲役2年（執行猶予4年）、法人に対して罰金600万円 2010年6月18日（行政処分）： 　7カ月間：全貨物輸出禁止	・磁気測定装置ほか ・ミャンマー	・キャッチオール違反 ・インフォーム無視 ・マレーシア迂回
2009年8月7日（判決）： 　社長に懲役3年（執行猶予4年）、法人に対して罰金500万円 2010年1月19日（行政処分）： 　1年4カ月間：全貨物・全地域向け輸出禁止	・大型タンクローリーほか ・北朝鮮	・キャッチオール違反 ・インフォーム無視 ・他に、北朝鮮制裁違反（奢侈品（ベンツ・ピアノ））あり ・韓国迂回
2009年7月16日（判決）： 　社員ら4名に懲役1～2年6カ月（執行猶予3年）、法人に対して罰金4,700万円 2009年8月14日（行政処分）： 　5カ月間：全貨物・全地域向け輸出禁止	・工作機械 　（2項の(12)） ・韓国等	・測定データを改ざんし、性能を低く偽り非該当品として輸出
2007年6月25日（判決）： 　元副会長ら4名に懲役2～3年（執行猶予4～5年）、法人に対し罰金4,500万円 2007年6月26日（行政処分）： 　①　6カ月間：全貨物・全地域向け輸出禁止 　②　2年6カ月間：三次元測定機の全地域向け輸出禁止（①、②合計で3年間）	・三次元測定機 　（2項の(12)） ・マレーシア等	・このうち1台がリビアの核開発施設で発見 ・検査データを改ざんし、性能を低く見せかけ非該当品として輸出
2007年3月20日（略式命令）：罰金100万円 2007年5月11日（行政処分）：9カ月間：無人ヘリコプターの全地域向け輸出禁止	・無人ヘリコプター 　（4項の1－2）） ・中国	・未遂

（出所）　経済産業省資料

よって異なる。該非判定（規制に該当するものかどうかの判断）を、単純ミスで間違えた場合、手続が漏れてしまった場合、輸出先が特段問題ない場合等のケースでは、大きな問題にはなることはないと思われるものの、経済産業省にその旨のすみやかな報告は必須である。なお、経済産業省の運用として、最近は、CP（輸出管理内部規程）の届出企業が、そのCPが機能した結果、内部監査等で違反が見つかり報告がなされた等の場合には、従来のように、一律に社長名による経緯書の提出と再発防止策の策定を求められることはない由である。

ただし、輸出許可が下りるであろう案件であっても、故意に許可申請をしなかった場合、添付書類等を偽造した場合、特例等の手続を悪用した場合、組織的に隠蔽行為があった場合等の悪質なケースでは、相応のペナルティが科せられると思われる。それは、行政制裁にまで至らなくても、次のような運用上の実質的ペナルティが科せられる可能性がある。

(a) **包括許可の取消**

CPの策定・実行を要件とした各種包括許可があるが、悪質な違反を起こせば、CPが機能していなかったことになるため、それらの包括許可が取り消される可能性がある。包括許可は、納期やコスト面で大きなメリットがあるため、その取消しの影響は大きい。

なお、外為法の輸出管理上のCPと関税法のAEO制度（Authorized Economic Operator。後述）上のCPとは共通部分が多く、また、外為法違反は関税法違反にもなりうるため、外為法違反を起こせば、連動してAEOの認定を取り消される可能性が高い。AEOでは、後述のように、通関におけるリードタイム短縮、コスト低減の面で効果が大きく、しかも最近は各国との相互承認により、輸出先での通関も円滑に進むため、認定輸出者にとってメリットが大きい。このため、外為法違反に連動して、AEOの認定も取り消された場合のデメリットも大きくなる。そのデメリットは、外為法上の行政制裁である輸出禁止以上のものになる可能性もあるので、この点にも十分留意のうえ、法令遵守に努めることが肝要である。

(b) **警告、厳重注意、企業名の公表等**

CPの実効性、悪質性、法益侵害の程度等により、「厳重注意」「警告」「企

業名公表」等がありうる。以前は警告と企業名公表とはセットの場合が一般的だったが、最近は必ずしもそうとは限らないようである。

c 株主代表訴訟

　行政当局によるペナルティではないが、場合によっては、株主による株主代表訴訟が提起される場合がありうる。かつて、1980年代後半に、イラン向けに戦闘機やミサイルの部品を無許可輸出するという不正輸出事件があり、刑事罰として罰金、元社長らに懲役、行政制裁としての輸出禁止措置が科せられたが、株主から、善管注意義務・忠実義務違反であるとして担当取締役3名に対して株主代表訴訟が提起された例がある。判決では、損害賠償責任が認められ、約13億円もの賠償が命じられた（1996年。その後和解で約1億円を支払）。

　会社が日米で支払った罰金・制裁金以外に、売上げの減少、輸出禁止で発生した不良在庫処分に伴う損失などが、賠償の対象となった。

(4) その他留意点

　その他、自主管理に取り組むうえでの留意点を数点述べておく。

a コンプライアンスと社会的要請

　しばしば、法令に違反しなければそれでいいかのごとき主張が、輸出管理に限らずさまざまな分野でなされることがある。しかし、それは明らかな間違いであり、法令に規定されていることは最小限のことであり、それ以前に、だれもが守るべき一般常識や社会的要請というものがある。しばしば、コンプライアンス（法令遵守）という言葉が使われるが、その真の意味合いは、その法令が目的としている社会的要請を遵守する、社会的期待に応えるということにある。

　輸出管理の場合、現行法令上は、該非判定のミスが形式上は無許可輸出になってしまうが、取引審査（エンドユースのチェック）を怠って、懸念先に機微貨物が渡ってしまっても、それ自体が刑事罰や行政制裁の対象となるわけ

ではない。しかし、そのような輸出が露見したならば、その企業は社会的批判にさらされ、存亡の危機に直面する。この点に十分な理解をしたうえで自主管理に取り組むことが肝要である。

b 機微情報流出の防止

大量破壊兵器開発等に使われうる機微情報に限らず、対外的に保秘を要する情報管理には十分に留意する必要がある。2009年の外為法改正と同時期に、不正競争防止法も改正され、単に不正競争だけのためでなく、相手を害する目的のための技術窃取も処罰対象とされた（従来は情報の窃取だけでは処罰できなかった）。競合企業だけでなく外国政府も含めた他者によるスパイ活動に対する抑止手段として機能することが期待される。

機微情報の流出は、インターネット等を通じた社内の情報網への不正侵入、開発等の委託先に懸念者が入り込むことによる流出、企業買収、合弁企業等を通じた流出等、合法、非合法を問わず、有害活動が展開されていることを十分に念頭に置いた管理が必要となる。

また、最近の経済不況もあり、退職者による技術流出も無視できない流出要因となっているといわれている。不正競争防止法でも退職者による技術流出も一定の規制が行われているが、保秘情報の指定・管理、退職後の機密保持契約の締結等の措置が前提となるため、その点についての管理にも留意する必要がある。

なお、わが国企業への対内直接投資によって安全保障面で問題が生じることもありうることから（その企業が保有する大量破壊兵器開発等に資する重要技術の流出や、わが国の防衛生産・技術基盤の毀損等）、外為法の対内直接投資規制についても、2007年に政省令改正が行われている。具体的には、安全保障輸出管理の対象となっている先端素材や工作機械等の製造業や、武器・航空機等の製造用に特に設計した素材や部分品・製造装置等の製造業、武器・航空機、人工衛星等を使用するために特に設計したプログラムに関するソフトウェア業について、一定の直接投資を行う場合に事前届出の対象とされ、問題がある場合には、経済産業大臣がこれを認めない仕組みが導入されている。

❻ 大学・研究機関での輸出管理

(1) 大学の輸出管理の背景

　大学については、これまで安全保障輸出管理の意識が産業界ほどに強くなかったこともあり、政府全体として、意識向上や啓蒙普及に取り組むべく、閣議決定した「知的財産推進計画2007」において、初めて、「大学等における輸出管理の強化」が推進項目として盛り込まれた。これを受けて、2008年3月に、文部科学省から「大学及び公的研究機関における輸出管理について（依頼）」と題する事務次官名での通達が発出されるとともに、経済産業省により、文部科学省との連携のもとに、大学や研究機関向けに、「安全保障貿易に係る機微技術ガイダンス」が策定された。また、産学連携学会においても、自主的なガイダンスが取りまとめられた。
　そして、2009年の外為法改正では、すでに述べたとおり、輸出者等遵守基準が導入され、大学・研究機関も含むすべての輸出者において、輸出管理体制の整備が法的義務とされることになった。
　文部科学省では、産学連携予算の配分の際に、輸出管理の体制整備についても条件として求める等により、大学等の意識向上と取組促進を促してきている。その結果、大学・研究機関においては、自主的な取組みが活発になりつつある。

(2) 大学における輸出管理の問題点

　大学における輸出管理には、産業界におけるそれとはまた違ったむずかしさが存在することは否定できない。

a　マインドの差、「管理」への違和感

　まず、基本的体制とマインドの差がある。企業では、経営トップを最高責任者とする組織的管理により対応することになるが、大学の場合には、個々の研究者により研究活動が自由に行われるため、大学トップや事務局による一元的管理にはなじみにくい面がある。また、産業界においては技術開発や研究は、自らの優位性確保のため公開せずに保秘を図る方向にマインドが働くが、大学の研究活動は、むしろ積極的公開と情報の共有を図る方向にマインドが働くのが一般的である。このため、「管理」という言葉には、違和感を抱く可能性もある。

b　「輸出」という言葉への違和感

　また、「輸出」という言葉も、大学の研究室にとってはなじみの薄い概念であろう。大学の輸出管理は、貨物の持出しだけでなく、技術の提供にかかわる局面が多数ありうる。技術資料・研究試料等の持出し、海外大学・研究機関との研究交流、非公開の（あるいは不特定者相手ではない）研究発表、留学生や外国研究者の受入れ、産学共同研究等、多岐にわたる局面がありうるが、それらを「輸出管理」という言葉で示すのは、十分な理解を得られにくい面がある。

c　普遍的目的、社会的要請に応えるとの理解の必要性

　いずれにしても、上記の点も念頭に置きつつ、学長等の強力なリーダーシップのもとに、個々の研究者による自覚を促し、そのリテラシー向上に努めることが重要であるが、その際には、科学技術の平和利用の担保（大量破壊兵器への悪用防止）、世界の平和と安全への寄与といった、研究者にも納得できる普遍的目的について十分に理解を促しつつ、予算執行や出張等の手続のうえで、チェックが働くような仕組みが望ましいであろう。実際、そのような取組みを始めている大学も少なくない。

　なお、大学での輸出管理のリテラシー向上に努める場合に留意する必要があるのは、法令違反かどうかだけでなく、社会的要請に反することはないか

どうかとの観点からのチェックが必要という点である。たとえば、留学生や外国人研究者については、外為法上の「居住者」「非居住者」のステータスが、滞在期間（6カ月未満か以上か）によって変わってくる。これは外為法の規制の問題点の一つではあるが、しかし、滞在期間が6カ月以上となり、「居住者」にステータスが変わって、直接の規制対象からはずれたとしても、あくまで、国際平和と安全を守るとの社会的要請に照らして適当かどうかという観点からのチェックが必要となる。

同様に、「基礎科学研究」は、特例として経済産業大臣の許可を要しない「許可例外」対象であり、あるいは特許技術そのものライセンス付与も、公知の技術の提供であるため、やはり「許可例外」対象となるが、だからといってチェックがなされないとすれば、姿勢として問題であろう。実際、外為法には直接抵触はしないものの、留学生の受入れに関してマスコミで大きく取り上げられる事例が生じたこともある。

あるいはまた、大学発の知財流通促進の観点から、特許の流通促進も求められているが、その技術が公開されているので公知だとの認識のもとに、安易に懸念先に実施権を付与することになっては、社会的批判を浴びる可能性もありうる。

大学において扱われる技術や研究は、産業界のそれよりもハイテクの場合も少なくなく、それが大量破壊兵器や通常兵器の開発において革新をもたらす可能性も否定できない。米国やドイツ等においても、そのような問題意識のもと、大学における輸出管理について、曲折はありながらも取組みがなされており、わが国の大学においても、国際平和を希求する国際社会のメンバーの一員として、輸出管理の実効性確保が求められている。

(3) 米国テネシー大学・ロス教授のみなし輸出違反事件

米国の大学における輸出管理に関しては、テネシー大学のロス教授によるみなし輸出事件がよく知られている（米国の輸出規制では、米国で雇用される外国人が輸出規制されている技術等に接することが可能な場合、これらがその外国人が国籍を有する国に輸出されたものと同様であるという「みなし輸出」規制

がある)。

　米国の武器輸出管理法では、技術データも含めた軍事関連品目・技術の海外や外国籍保有者への輸出・開示を禁止しており、ロス教授のすべての容疑が確定した場合には、罰金(最高):1,525万ドル、禁固(最高):155年となる可能性もあった。

　ロス教授は、米空軍から、AGT社を通じた委託で、プラズマ・アクチュエータ技術の研究(軍用無人航空機を制御するもの)をしていたが、同教授は、中国の3大学で講義し、清華大学等から名誉教授の称号を受け、留学生を受け入れていた。立件された容疑は、中国国籍の大学院生に、技術データを無許可で開示したというものである(2008年5月摘発)。判決では、4年の実刑と服役後2年間監視下の保釈、700ドルの特殊課税であった(2009年7月)。

　この事件では、大学輸出管理当局は、責任は問われなかったが、その理由としては、
① 事件以前から、コンプライアンス整備、学内セミナー、指導を行っていたこと
② ロス教授に注意喚起し、記録化していたこと
③ 無視された後、関係当局に報告したこと
等がある。

　米国の主要大学は、輸出管理を着実に実施しており、ロス教授事件に関して、大学サイドからの反発等はみられない。ジョン・ヘネシー・スタンフォード大学長は、上院公聴会において、「米国が戦闘における軍事的優位を維持し、国家防衛のために輸出管理が必要なことに疑問の余地はない」旨を述べている。

7 米国の再輸出規制および経済制裁法

(1) 米国輸出管理規則(EAR)に基づく再輸出規制

わが国で安全保障輸出管理を行う場合には、外為法に基づく管理以外にも、米国の規制にも留意が必要となる。

米国では、輸出管理規則(EAR)によって、規制対象である米国製品の組込比率が一定割合以上の最終製品を外国から再輸出する場合には、米国商務省の許可をとらなければならない。国際法の一般原則では、国内法の域外適用は例外的であるが、米国政府は、米国政府や米国企業等との取引禁止を制裁措置として、実質的にその遵守を外国企業等に求めるかたちとなっており、域外適用の懸念が指摘されている。

具体的には、米国政府が指定するテロ支援国家、テロ組織、米国法違反者 (Denied Persons)、米国の安全保障・外交政策上の利益に反する顧客(Entity List)、大量破壊兵器拡散制裁者、懸念顧客(Unverified List)等に対する再輸出に際しては、禁輸または許可等の規制がかかっている。これに違反して取引禁止顧客(DPL)として公表された場合には、米国法違反者として、米国からの輸出、米国以外からの再輸出の禁止による米国製品の調達が困難となったり、米国政府との取引が制限される等の制裁措置がある。対象となるのは、違反した品目だけではなく、すべてのEAR対象品目になるので、米国製技術も取り扱えないということになることに留意が必要である。

これらの取引禁止または注意を要する顧客については、米国商務省(BIS)のホームページにある「Lists to Check」に公表されているが、CISTECの総合データベース「チェーサー情報」でも米国再輸出規制に関連する図表5-12のリストが収録されている。

図表5－12　米国政府による主要な要チェック顧客リスト

リスト名	内容	管轄省庁
Denied Persons List（DPL）	EAR違反禁止顧客リスト。違反により輸出権限を剥奪されている企業・個人を指す。原則として、EAR対象品目（直接製品を除く）の輸出・再輸出に係わる、掲載企業との取引は禁止されている。	商務省（BIS）
Unverified List	未検証エンドユーザーリスト。米国政府が許可前のチェックや許可証を使用した輸出の出荷後検証を実施することができない組織のリストを指す。不正転売やWMD拡散のリスクの観点で警戒を要する。	商務省（BIS）
Entity List	WMD拡散懸念顧客や米国の安全保障・外交政策上の利益に反する顧客等のリストを指す。掲載企業に輸出するにはEAR99製品も許可要の場合がある。	商務省（BIS）
Specially Designated Nationals List（SDNリスト）	国連制裁国、米国禁輸国、テロ支援国の政府関係機関、関連企業等の企業・個人のリストを指す。違反者リストではないが、掲載企業・個人への米国人の関与を禁止している。また、テロ組織や大量破壊兵器拡散者（NPWMD）なども掲載されており、これらの掲載者向けにEAR規制対象品目を輸出・再輸出する場合にはBISの許可が必要である。	財務省（OFAC）
Debarred List	武器輸出管理法（AECA）違反禁止顧客リスト。ITARの下で輸出権限を剥奪されている企業・個人のリストを指す。EAR規制対象品を輸出することは禁止されてはいないが、警戒を要する。	国務省（DDTC）
Nonproliferation Sanctions	各種の制裁法に基づく指名者を指す。個別に連邦官報で公表される。まとめたリストはない。	国務省（ISN）

（出所）『米国輸出・再輸出規制（EAR）Q&A／ケーススタディ』2012年、（一財）安全保障貿易情報センター

(2) 米国による各種制裁法に基づく規制

米国では、輸出管理に関係する省庁としては、商務省（BIS）だけでなく、国務省（DDTC）、財務省（OFAC）等がある。EAR 以外に、安全保障上等の理由から、各種の制裁法が存在する。武器関連品目は、主として DDTC が、「国際武器取引規則」（ITAR）に基づいて規制し、制裁としての輸出規制は主として OFAC が担当しているが、国務省管轄の制裁法もあり、また重複している部分もある。対敵取引規制法または国際緊急経済権限法により、以前からイラン、キューバ、スーダン等に対して禁輸措置がとられているほか、イラン・北朝鮮・シリア不拡散法、イラン脅威削減・シリア人権法等の個別の規制・制裁法がある。

これらの個別制裁法に基づく規制については、上記 EAR による再輸出規制のように、米国原産品が含まれるかどうかにかかわらず規制される場合が少なくない。過去、日本企業の海外法人が当時の「イラン・シリア不拡散法」に基づき制裁をかけられる例も生じているが、米国原産品が含まれているわけでもなく、どのような点が制裁対象として認定されたのか等の情報も開示されないままに制裁が科されるなど、手続面で懸念される点も少なくない。

(3) イランの核開発問題に係る制裁

2002年に、イランによる未申告の核開発活動が発覚して以降、数次にわたる国連安全保障理事会決議が、ウラン濃縮活動等の停止等を要請している。また、それと平行して、米国、EU 等による独自の制裁措置も講じられている。

最近では、2010年7月に、イラン包括制裁法（CISADA）が成立し、イランへの石油精製品供給企業等に加え、イランの核開発、テロ活動、革命防衛隊に関する取引がある外国金融機関についても制裁対象となった（その後、イランの航空会社、港湾会社も対象として追加）。これにより、仮に外国金融機

関が制裁を受けた場合には、ドル決済が事実上できなくなる。また、2011年12月には、イラン中央銀行の資産凍結を含む国防授権法が成立し、イラン中央銀行等と取引を行う外国金融機関に対して、ドル決済が禁止された（ただし、イラン原油の輸入を相当程度削減した国については、制裁を免除する規定があり、わが国およびEU諸国は除外された）。EUにおいても、イランからの原油輸送等に係る保険の引受停止、イラン金融機関と各国銀行の間の民間電子情報サービス（SWIFT）の提供停止等の制裁措置を講じている。

このように、米国主導により、単に核開発に直接関係する者だけでなく、広く、金融面、物流面にもわたる広汎な制裁措置が講じられたため、イランとの貿易自体が困難となってきている。

⑧ 国際物流のセキュリティ策としてのAEO制度

(1) AEO制度導入の経緯

外為法に基づく安全保障輸出管理と密接な関係にあるのが、国際物流のセキュリティ確保策としてのAEO制度（Authorized Economic Operator：認定事業者制度）である。

2001年9月の米国同時多発テロを受けて、米国は、大量破壊兵器関連物資やテロリスト向けの兵器の流入防止に向けたさまざまな措置を打ち出した。その柱の一つが、国際物流のセキュリティであり、米国向けコンテナ貨物に、放射性物質などの「汚い爆弾（dirty bomb）」等が含まれていないかを検査する取組みである。

これが、欧州にも広がり、わが国でも取組みが強化され、いまでは国際的な連携のもとに実施されている。テロ対策という観点で、安全保障輸出管理とも密接な関係を有するようになってきており、企業においても、輸出管理部門と国際物流部門とを統合する等の動きもみられる。

きっかけは、2002年米国通商法により、米国向け貨物に関する情報を、米国外の港において船舶に積載する24時間前に、米国税関・国境警備局（CBP）に提出することを義務づける制度の導入であった。2003年2月から運用開始されたが、テロ対策の一環として、米国に輸入される貨物に関する情報を早く入手するということにあった。

しかし、それによって、検査待ちの貨物が港に大量に滞留して貿易の円滑化が阻害されるという面があったため、翌年に官民一体の施策として、C-TPAT（米国のAEO）が導入された。

C-TPATはCustoms-Trade Partnership Against Terrorismの略で、米国税関・国境警備局（CBP）が、一定の基準に基づいて企業等のコンプライアンス（法令遵守）の水準について認定を行い、1～3の階層別に優良と認められた企業等は、一定の優遇措置が与えられ、迅速な通関等が可能になるというものである。官民のボランタリーベースの協力により行われるものだが、優良事業者であれば、迅速な通関が可能となるというインセンティブを与え、その取組みを促すものである。

これに呼応して、諸外国でも取組みが進み始め、EUにおいても、2005年の関税法改正により、米国とおおむね同じ内容の制度が導入された（2008年より実施）。米国とEUとは、それぞれの制度について相互認証に向けて協議がなされたが、各国の制度を統一的なものにすべく、WCO（世界税関機構）にてガイドラインづくりが進められ、2006年に総会で採択された。これを受け、わが国を含む各国において、AEO制度が導入されることとなった。

(2) わが国のAEO制度の概要

わが国のAEO制度は、関税法で定められているが、輸出者をはじめとして、通関業者、輸入者、運送者、倉庫業者等、サプライチェーン全体をカバーしている。そのメリットについては、保税倉庫に搬入することなく、自社倉庫にある状態で「輸出の許可」を受けることが可能であること、輸出申告時に書類審査・貨物検査が軽減されることがあげられる。

輸出者向けには、「特定輸出申告制度」があり、一連の改正により、次の

ように利便性が大きく向上している。
① 企業の特定事業部だけの特定輸出申告も可能
② 特定輸出申告を行う税関官署について従来の蔵置場所を管轄する税関だけでなく、積込み予定港を管轄する税関でも可能
③ 従来対象外だった「混載貨物」についても対象

a　AEO事業者となるための要件

〈法令要件〉
① 一定期間法令違反がないこと
② 暴力団員等が関与していないこと
③ 業務を適正に遂行する能力を有していること
④ 法令遵守規則を定めていること
⑤ NACCSを利用して業務を行う能力を要していること

　このうち、③④の２点については、具体的に下記の内容に取り組む必要がある。

i　社内体制の整備
ii　適正な通関手続を実施するための手順の整備
iii　セキュリティ確保のための貨物管理体制の整備
iv　監査体制の整備
v　教育研修体制の整備
vi　業務委託先の的確な選定・指導・管理
vii　報告連絡体制（社内・税関）の整備
viii　帳簿書類の適正な作成・保管

b　認定にあたっての視点

　AEO制度は、テロ防止のためのセキュリティプログラムであることから、安全な環境のもと、盗難、すり替え、差込みを排除するというものである。そのために、税関は、認定にあたっては次の三つの分野からアプローチしているとのことである（2012年11月19日開催の税関による対CISTEC説明会における説明。『CISTECジャーナル』2013年１月号所収）。

① 物理的セキュリティ（動線管理　コンテナ管理）

　正規の入出場動線を構築するとともに、不正な侵入者を容易に見分けることが可能な環境を整備するということ。もう1点はコンテナ管理であり、知らない間に改造コンテナを利用させられ、結果として規制物資の供給を手助けするようなリスクを排除すること。

② 人的セキュリティ（人的管理　業務委託先管理）

　社員（派遣社員を含む）管理を通じ、企業内部から発生する不正を抑制するとともに、外部からの不正侵入者の発見を容易にする環境を整備すること（社内研修の実施や社内教育の実施が重要になる）。また、業務委託先企業を的確に管理・監督し、サプライチェーン上のリスクを低減させること。

③ 情報セキュリティ（情報電子管理）

　コンピュータネットワークへの不正なアクセスを防止し、出荷情報や顧客情報を不正利用させないような環境を構築すること。

c　AEO の相互承認

　世界税関機構で採択された AEO ガイドラインにおいては、AEO の相互認証が慫慂されており、わが国の財務省では、2008年のニュージーランドを最初として、米国、EU、豪州、韓国、シンガポールと相互承認協定を締結している。

　これによって、AEO 認定企業についても、

① 自社が関与する輸出入貨物について、日本税関のみならず、相手国における税関手続でも書類審査・検査の負担が軽減される、

② AEO としての企業ステータスが国際的に認知される、

等のメリットが期待される。

(3)　AEO と関連するテロ防止のための国際的取組み

a　CSI（コンテナ・セキュリティ・イニシアティブ）

　CSI は、米国に大量破壊兵器関連物資やテロリスト用の兵器が流入するこ

とを阻止するために、海外の港湾から米国に向かう海上コンテナを対象に検査を行っている。米国同時多発テロの直後である2002年1月から米国でスタートした。

　海外の港に派遣された検査官が、その国と協力して、米国向けや米国経由のコンテナ貨物を対象に、ハイリスクコンテナを抽出し、X線装置や現品検査によって検査する。

　米国は、米国向け海上コンテナの約7割を占める、米国向け積出し上位20港を、まずCSI実施の対象とし、各国当局との間で結ばれた協定に基づき、査察官をお互いの指定港に派遣駐在させている。わが国でも、横浜、神戸等主要港が対象となっており、相互主義で米国にも係官を派遣している。

b　メガポート・イニシアティブ（MI）

　メガポート・イニシアティブは、放射性物質の拡散を防止するため、世界の主要港にゲート式の放射性物質検知施設を設置するという、米国政府が推進する取組みである。米国政府は、MIについて、主要関係国に対して積極的な働きかけを行っており、これまでに、中国、台湾、韓国等を含む多数の国・地域との間で実施合意している。

　わが国でも、2008年より、横浜港南本牧埠頭のコンテナターミナルにおいて、コンテナ搬出入レーンに放射性物質検知施設等を設置し、放射性物質の検知方法や運用体制の検討を実施している。

⑨ 今後の課題——輸出管理法体系の再構築に向けた中長期的視点

(1) 外為法体系見直しに関する諸論点

a 問題の所在

　外為法は、安全保障輸出管理の基本法ではあるが、法律としては古く、政府に委任している部分が多いために、新規の規制も政省令以下で逐次加えてきたという経緯がある。このため、全体の規制体系がわかりにくいことに加えて、個別条項も複雑となっており、中小企業や大学・研究機関等も含めて広く取り組む必要があるとされている輸出管理の根拠法としては問題を内包している。

　また、単に複雑でわかりにくいということだけでなく、ココム時代の法の枠組みを維持しているために、エンドユースのチェックという輸出管理の本質から乖離して、該非判定偏重になり、輸出者の事務負担も大きなものになっているという問題もある。

　いずれかの時点で、理解が容易な体系、規定内容とし、輸出管理の本質であるエンドユースのチェックに精力を集中できるような仕組みに改めることが必要と考えられる。また、その際には、国際展開の円滑化や国際競争条件の均等化が図られるように留意する必要がある。

b 法体系全体の枠組み再構築に際しての留意点

(a) 「輸出管理法」による体系一本化、法定事項の法定等

　上記の問題意識に立ち、まずは、「輸出管理法（仮称）」等のかたちで体系を1本にすることが望ましい。そのうえで、法律レベルで規定すべき事項を法定する必要がある。もともと戦後の混乱期にでき、行政に具体的な規制内容のほとんどを委ねているために、最近立法されている法律であれば規定さ

れるような事項も法定されていない。輸出の定義も明確な規定がなく、リスト規制と並ぶ柱であるキャッチオール規制も法定されていない。何の目的で何が審査のポイントかを示す許可基準も書かれていない。

また一見細かい点にみえるが、他の法令には一般的にあるような帳簿・書類の保存義務が法定されていないために、運用に制約が生じているという面がある。これが法律で担保されれば、機微度が低い品目、仕向地向け輸出は、許可制でなくても、他の対外取引と同様、届出制に移行したり、随時の報告徴収や立入検査のみ（＝書類保存のみ）とする等の合理化を図ることができるようになると思われる。

(b)　エンドユースチェック優先の仕組構築、該非判定負担の低減

これらの法定事項を規定したうえで、重層構造の整合化や国際合意の反映の迅速化が図られるような仕組み（省令、告示等への委任）とし、エンドユースのチェックが最優先とのメッセージを出すために、取引審査の実施を義務づける等の措置が必要である（ただし、審査範囲についてのガイドライン等は必要）。また、返品輸出や、CPを的確に運用している親会社の海外子会社向け輸出などは、エンドユースに懸念はない以上、非該当扱いとし、該非判定の負担を除去することが望ましい。また、該当ではあるが許可を要しない「特例」では、依然として該非判定を伴うため問題は解決しないので、該当－特例－非該当の3分類から、極力、該当－非該当の2分類にすることが、その意味でも適当と考えられる。

また、その非該当のなかに用途も含ませることも考えられる。現在でも一部品目は、「医療用途、娯楽用途、民生用途等については除く」との規定により、非該当としている例もあり、（国際レジーム合意内容との関係はあるものの）機微度が低い品目等の場合には一考の余地があると思われる。

(c)　違反事実の自主的申告の場合のペナルティ減免措置の制度化

さらに、米国のようなVSD制度（Voluntary Self Disclosure：違反の自主的報告の場合の免責）を、（内々の運用ではなく）法律上明確に位置づけることができれば、管理ミスや不正輸出の情報の積極的提供もなされ、当局としてもメリットがある。CP認定輸出者を対象とすることにより、CP整備の促進にもつながり、全体の輸出管理水準の底上げにもなると思われる。

c その他留意点

(a) 技術的ツールの活用

現行の外為法規制では、技術的ツール（センサー、GPS等）の活用についても、一部取り入れている部分があるが、基本的には、書類や手続面で担保するのが一般的である。技術的ツールについては、管理コストや実効性の面での懸念や課題は指摘されてはいるが、その活用により、書類や手続だけでは担保できない部分をカバーするという可能性については、官民双方が視点としてもっておくことが望ましい。

(b) 関係省庁の連携、インテリジェンス情報の活用

現行制度でも、関係省庁の連携はなされているが、インテリジェンス情報のいっそうの活用の要請、大学・研究機関などでの輸出管理の必要性等をふまえると、主要省庁間の連携が担保される環境づくりが必要と思われる。

d 対外取引規制では解決できない問題

安全保障輸出管理は、大量破壊兵器の拡散防止、通常兵器の過剰蓄積防止等が目的であるが、その観点からは、輸出管理はあくまで一つのツールにすぎない。すでにみたように、輸出管理の周辺分野で、物流に関するAEO、輸送に関するPSI、SUA条約等、同じ目的での取組みがなされている。

ただそれでも、輸出管理やその他周辺分野での取組みに加えて、法的な整備の検討が必要な部分がまだまだ存在すると思われる。たとえば、国内でのテロリスト等への提供の問題、懸念技術の公知化（開示）の問題等は、対外取引を規制対象とする輸出管理法制では対応がむずかしい部分である。これらの局面も念頭に置いて検討するのであれば、輸出管理、物流管理だけの法制ではなく、「大量破壊兵器等拡散防止法（仮称）」的な視点での検討が必要となってくるであろう。

(2) 輸出管理を実効的なものとするための必要情報

輸出管理は、政府が法制を整備したり、輸出者が自主管理体制を整備した

りすることも大前提として重要ではあるが、それを実効あらしめるためには、さまざまな情報が必要となる。たとえば、以下のような情報があれば、管理の実効性は大きく高まるものと思われる。

a　規制対象貨物・技術の機微性に関する情報

　輸出管理規制の対象となる貨物・技術については、国際レジームにおいて合意され、それが各国の国内法制で手当されることになる。しかし、その対象貨物等が、大量破壊兵器開発や通常兵器開発等において、どのように使われうるのか、どのようにそれらの性能・精度等の向上に寄与しうるのか等の機微性の情報が、輸出者側はもちろん、当局側においても必ずしも十分に把握されないままに運用されている面がある。

　これは、わが国では、これまで武器や武器専用品の輸出が、武器輸出三原則との関係もあり一般的には行われていないこと、武器等の生産は防衛省に納入するための生産であるため、それらの内容に関する情報は保秘義務との関係で、同一企業であっても民生品部門との情報が共有されえないこと等が背景としてある。今後は、これらの状況も少しずつ変わっていくとは思われるが、少しでもこれらの機微性に関する情報は、輸出管理を担う者にはシェアされることが望ましい。

　CISTECでは、米国政府や米国ジョージア大学の協力のもとに、『輸出管理のための大量破壊兵器解説』シリーズや『大量破壊兵器・通常兵器に転用可能な民生品』シリーズを発行し、その理解の一助として供しているが、より充実した情報が継続して、国際レジームは政府当局側から提供されることが期待される。

b　懸念エンドユーザーに関する情報

　輸出管理の本質が、懸念されるエンドユースに使われないようにするということであるため、エンドユーザーに関する情報はきわめて重要な判断材料となる。現在、米国政府等は大量破壊兵器開発関与者や不正調達に関与している機関・企業等を、禁輸その他の取引規制先として公表しているほか、わが国でも「外国ユーザーリスト」というかたちで顧客に関する参考情報が公

開され、大量破壊兵器関連キャッチオール規制上の材料となっている。

　国際レジーム参加国間では、懸念される具体的なエンドユーザー情報の共有はあると思われ、またインテリジェンス機関による情報蓄積もあると思われるが、それらの情報について、自主管理に取り組む輸出者側に可能な範囲で提供されることが望ましい。

c 不正調達の手口、ルート等に関する情報

　闇の調達網や懸念国のフロント企業による調達活動に巻き込まれないようにするためには、これまでに明らかとなった不正調達の手口や迂回ルート等に関する情報が有益である。それらは常に変わりうるにしても、自主管理のうえでは重要な材料になりうる。

　これまで、米国商務省（BIS）が毎年公表している EAR 違反情報には、詳細な内容が紹介されているほか、国連安保理の北朝鮮制裁委員会報告書でも、制裁違反事例としてさまざまな制裁破りの手口、迂回輸出ルート等が明らかにされている。しかしながら、同制裁委員会報告書は、これまで3回まとめられているが、一部メンバー国の反対により報告書自体が公表されなかったり、公表が大幅に遅れる等の事態が生じている。国連による立法という異例の方法により、加盟国政府に大量破壊兵器拡散防止のための措置を講ずべき旨を義務づけている以上、その報告書すべてのすみやかな公表は国連安保理の義務である。

　それらの情報も含めて、不正調達方法に関する情報を、各国政府および自主管理に取り組む輸出者が体系的にシェアできるような仕組みづくりが期待される。

第6章

特定国への経済制裁措置

1 経済制裁措置に係るコンプライアンス

　国家による「制裁」とは、国際社会や特定の国・地域の平和・安全が脅かされる場合または国家間の外交的・経済的な対立等を背景としてとられる措置であり、国際連合憲章第7章（平和に対する脅威、平和の破壊及び侵略行為に関する行動）の規定を参考にすれば、非軍事的制裁措置（41条）および軍事的制裁措置（42条）に区別することができる。前者の措置は「経済関係及び鉄道、航海、郵便、電信、無線通信その他の運輸通信の手段の全部又は一部の中断並びに外交関係の断絶」と規定されており、非軍事的制裁措置では不十分と認められる場合には、軍事的制裁措置である「空軍、海軍または陸軍の行動をとることができる。この行動は、国際連合加盟国の空軍、海軍又は陸軍による示威、封鎖その他の行動」である旨規定されている。

　一般的な非軍事的制裁措置は、金融関係では支払規制・資産凍結措置・投融資の禁止措置、貿易関係では輸出入・仲介貿易取引の禁止措置、役務関係では特定の技術やサービスの提供の禁止措置、人の往来や交通面では特定の者の入国禁止措置や航空機・船舶の乗り入れ禁止措置があり、さらに外交面での措置などがある。これらの措置は、国際連合（以下、「国連」という）などの国際機関の決定に基づき実施するもの、いくつかの有志国が連合して実施するもの、さらに単独の国で実施するものがある。なお、日本における主に経済面での制裁措置である金融関係、貿易関係および役務関係に係る措置は、外国為替及び外国貿易法（以下、「外為法」または「法」という）の規定に基づき実施されている。一方、特定の者の入国の禁止措置や航空機・船舶の往来を制限するものは出入国管理及び難民認定法（出入国管理法）や特定船舶の入港の禁止に関する特別措置法（特定船舶特措法）に基づき実施されている。

　現在（2013年7月4日）、わが国において実施されている外為法に基づく金融関係の制裁措置は20項目あり、タリバーン関係者等やテロリスト等に対す

る措置、イラクやリビアの前政権関係者やシリアの現政権関係者などの紛争国・地域の政権関係者等に対する制裁措置、北朝鮮やイランの核開発等を防止するための措置が講じられている。これらの措置の一部は、欧米との国際協調をふまえて実施しているものもあるが、多くは国連の安全保障理事会（以下、「安保理」という）決議に基づき実施されている。

　こうした措置は、まずは、個人や法人によるテロ資金供与や大量破壊兵器の拡散を防止するためのものである。また、これに関連した資金が国際金融システムを通じて移転することを防止するためには、預金取引や送金業務を行っている金融機関の役割・対応がきわめて重要となっている。外為法は経済制裁措置の発動を規定するとともに、こうした措置の適切な履行のため金融機関に対してさまざまな法令上の義務を課している。なお、こうした措置は国内法令に準拠した対応はもとより、マネー・ローンダリング防止対策、テロ資金供与防止対策および大量破壊兵器拡散に係る資金供与防止対策を策定している国際的組織である金融活動作業部会（Financial Action Task Force：以下、「FATF」という）からも対応すべき事項が勧告というかたちで公表されているところである。経済制裁措置に関しては、各国の金融機関はFATF勧告をベースとしたそれぞれの国の法令に基づく対応をしており、特にクロスボーダー取引では複数の金融機関が関与することとなり、補完的・協力的な関係となっている。したがって、本邦金融機関の対応に不備があった場合には、重大な外為法違反として行政処分や罰則が科されることはもとより、テロ資金供与防止対策等が不十分であるとして、他の金融機関から取引関係（コルレス取引など）を制限または解消されるなど、業務の継続上きわめて重大なリスクがあることに留意しておく必要があり、経済制裁措置に係るコンプライアンスには万全の態勢で臨むことが重要である。

　本章においては、外為法に基づく経済制裁措置のうち、金融関係の措置を中心に述べることとしており、わが国が実施している経済制裁措置の概要、経済制裁措置を規定している外為法の概要等、特定国等に対する経済制裁措置の概要、経済制裁措置に係る金融機関等の対応、外国為替検査の概要、わが国の金融機関の活動にも大きな影響を及ぼしている米国の制裁措置の概要についてできるだけ平易に解説したい。なお、外為法に基づく経済制裁措置

のうち、貿易関係の経済制裁措置に関しては第5章の「貿易安全保障」にて解説しているところ、為替取引に係る銀行等の確認義務の関係から、経済産業省所管の貿易規制や役務取引規制等についても簡記することとする。

2 わが国が実施している経済制裁措置の概要

(1) 外為法に基づく経済制裁措置の変遷

わが国の外為法に基づく経済制裁措置の発動は、1968年の「南ローデシア」に対する措置にさかのぼることができる。現在、南アフリカに位置するジンバブエは1980年に独立するまで南ローデシアと呼ばれていたものであり、英国からの独立に係る紛争のなか、1966年に国連安保理においてさまざまな制裁措置が決議された。これを受けて、日本においても輸出入の禁止、一部資本取引の禁止措置を外為法に基づき実施した。その後、1969年の対南アフリカ（アパルトヘイト）、対ナミビア（南アフリカによる支配）、1980年の対イラン（米国大使館占拠）に係る経済制裁措置がとられており、1990年には対イラクおよびクウェート（イラクのクウェート侵攻）、1992年の対旧ユーゴスラビア（内戦）、1992年の対リビア（国際テロ行為）、1993年の対ハイティ（軍事クーデター）、1993年の対アンゴラ（内戦）、1997年の対シエラ・レオーネ（軍事政権）、1998年の対ユーゴスラビア（コソヴォ問題）に係る経済制裁措置がそれぞれ実施された。

これらの措置は紛争等問題を抱える国や地域全体をカバーするかたちを基本として、それらの国・地域との間の取引または行為を許可制にするという制裁措置であった。それが、2001年9月11日の米国同時多発テロ事件を契機として、テロリストやタリバーン関係者などの特定の個人・団体を指定して経済制裁措置が実施されることとなり、国連制裁委員会による制裁対象者の指定や関係国との情報交換を受けて、個人・団体を特定した資産凍結等経済

制裁措置が実施されることとなった。

また、2006年以降は、北朝鮮やイランにおける核開発疑惑を受けて、核開発等に関連する個人・団体等を指定した制裁対象者に対する経済制裁措置に加えて、大量破壊兵器等の拡散等に関連する取引・支払等を許可制とした資金使途規制（目的規制）が新たに講じられている。

(2) 現在実施中の経済制裁措置

現在、わが国において実施されている金融面での制裁措置は図表6－1のとおり20項目あるが、制裁には大きく分けて2種類あり、テロリスト等、北朝鮮やイランの核関連計画等に関与する者およびシリアのアル・アサド大統領等関係者など、特定の個人・団体を指定してそれらの者の資産凍結等を実施する制裁（資産凍結等経済制裁措置）と、「北朝鮮の核関連、弾道ミサイル関連またはその他の大量破壊兵器関連の計画または活動に貢献し得る活動」「イランの核活動等に関連する活動」「イランへの大型通常兵器等の供給に関連する活動」「核技術等に関連するイランによる投資を禁止する業種」に関連する取引や支払等を禁止する制裁（資金使途規制）とがある。

前者の資産凍結等経済制裁措置については、2013年7月4日現在、1,381の個人・団体が制裁対象者に指定されており、テロの実行防止、国際社会等の平和・安全の確保等のために、これら制裁対象者の預金口座等の凍結およびこれらの者に対する支払を中心とした措置が講じられている。

後者の資金使途規制については、核関連・大量破壊兵器関連等の開発を進めているとされている北朝鮮およびイランに、こうした活動資金の移転を防止するために、関連する取引・支払等を許可制とすることにより規制しているものである。

これら経済制裁措置は、国連安保理決議に基づく国際社会との協調のもとで実施するものおよび米国を中心とした有志国連合に基づくものが大半となっているが、日本の平和と安全を著しく脅かす近年の北朝鮮の動向に関しては、貿易規制等わが国単独で実施している制裁措置もある。いずれの措置も日本の対外経済取引に関する法律である外為法の規定に基づき実施されて

図表6－1　現在実施中の外為法に基づく資産凍結等の措置（平成25年7月4日現在）

		送金規制等の対象	実施時期	実施根拠	対象者数
制裁対象者を指定した資産凍結等の措置	①	タリバーン関係者等	平成13年9月～	国連安保理決議1267号、1333号、1390号	451個人・団体
	②	テロリスト等	平成13年12月～	国連安保理決議1373号	
	③	ミロシェビッチ前ユーゴスラビア大統領および関係者	平成13年2月～	国際平和のための国際的努力への寄与（米、EU等との協調）	10個人
	④	イラク前政権の機関等・イラク前政権の高官またはその関係者等	平成15年5月～	国連安保理決議1483号	294個人・団体
	⑤	リベリア前政権の高官またはその関係者等	平成16年8月～	国連安保理決議1532号	39個人・団体
	⑥	コンゴ民主共和国に対する武器禁輸措置等に違反した者等	平成17年11月～	国連安保理決議1596号	39個人・団体
	⑦	コートジボワールにおける和平等に対する脅威を構成する者等	平成18年3月～	国連安保理決議1975号、1572号	8個人・団体
	⑧	スーダンにおけるダルフール和平阻害関与者等	平成18年6月～	国連安保理決議1591号	4個人
	⑨	ソマリアに対する武器禁輸措置等に違反した者等	平成22年6月～	国連安保理決議1844号	14個人・団体
	⑩	リビアのカダフィ革命指導者およびその関係者	平成23年3月～	国連安保理決議1970号、1973号、2009号	17個人・団体
	⑪	シリアのアル・アサド大統領およびその関係者等	平成23年9月～	国際平和のための国際的努力への寄与（米、EU等との協調）	94個人・団体
	⑫	北朝鮮のミサイルまたは大量破壊兵器計画に関連する者等	平成18年9月～	国連安保理決議1695号	16個人・団体
	⑬	北朝鮮の核関連、その他の大量破壊兵器関連および弾道ミサイル関連計画に関与する者	平成21年5月～	国連安保理決議1718号、2087号、2094号	31個人・団体（6団体は1695号にて措置ずみ）
	⑭	北朝鮮の核関連、その他の大量破壊兵器関連および弾道ミサイル関連計画に関与する者	平成25年4月～	国際平和のための国際的努力への寄与（米、EU等との協調）	5個人・団体
	⑮	イランの核活動等に関与する者	平成19年2月～	国連安保理決議1737号、1747号、1803号、1929号	121個人・団体
	⑯	イランの核活動当に寄与し得る者（銀行以外、銀行）	平成22年9月～	国際平和のための国際的努力への寄与（国連安保理決議1929号の任意措置への対応）	238個人・団体
取引・支払等の目的規制	⑰	北朝鮮の核関連、弾道ミサイル関連またはその他の大量破壊兵器関連の計画または活動に貢献し得る活動	平成21年7月～	国際平和のための国際的努力への寄与（国連安保理決議1874号の任意措置への対応）	資金使途規制
	⑱	イランの核活動等に関連する活動	平成19年2月～	国連安保理決議1737号、1747号、1803号、1929号	資金使途規制
	⑲	イランへの大型通常兵器等の供給に関連する活動	平成22年8月～		
	⑳	核技術等に関連するイランによる投資を禁止する業種			

いる。

　なお、これらの経済制裁措置に対する対応は、FATFの勧告にも規定されており、国連安保理決議に従い、対象を特定した金融制裁措置を実施し、指定された個人・団体が保有する資金その他資産を遅滞なく凍結すること等が求められている。特に、2001年（平成13年）9月11日の米国における同時多発テロ事件以降、テロ資金供与対策の強化は国際的な重要課題の一つとされ、さらに、近年の核不拡散体制に対する大きな脅威である北朝鮮やイランの核開発問題は国際社会全体の重要な課題となっている。これらに対処するため、核開発等に関連する資金が国際金融システムを濫用するかたちで移転していくことの防止が重要となってきており、2012年2月に発表されたFATFの新勧告（第4次相互審査用）においても大量破壊兵器の拡散に関する金融制裁措置が新たに盛り込まれている。

③ 経済制裁措置を規定している外為法の概要等

(1) 外国為替及び外国貿易法の変遷

a　外為法の制定

　1949年（昭和24年）、カネ（外国為替）およびモノ（貿易）の管理を同一の法制に取り込んだ戦後の新しい対外経済取引に関する法律として、「外国為替及び外国貿易管理法」（外為法）が制定された。法1条の法目的には「この法律は、外国貿易の正常な発展を図り、国際収支の均衡、通貨の安定及び外貨資金の最も有効な利用を確保するために必要な外国為替、外国貿易及びその他の対外取引の管理を行い、もって国民経済の復興と発展とに寄与することを目的とする。」旨規定されていた。当時は、戦後の経済復興期に当たり、国内産業再建のために貴重な外貨を重要な原料等の輸入決済等に分配・

図表6－2　外国為替及び外国貿易（管理）法（外為法）の変遷

	外為法の変遷	主な出来事
1949年～ （昭和24年）	外国為替及び外国貿易管理法の制定 （対外取引原則禁止、外国為替公認銀行制度等による外貨管理）	1949年：単一為替レートの設定（1ドル＝360円） 1952年：IMF・世界銀行加盟 1964年：IMF 8条国へ移行、OECD加盟 1971年：ニクソン・ショック（1ドル＝308円） 1973年：変動相場制移行
1980年～ （昭和55年）	外為法の改正 （対外取引は原則自由化の法体系とされたが、外為取引の担い手である外国為替公認銀行制度等は継続）	1986年：東京オフショア市場創設 1989年：FATF（金融活動作業部会）創設 1990年：イラクのクウェート侵攻（対イラク経済制裁）
1998年～ （平成10年）	外為法の改正 （外国為替公認銀行制度等が廃止され、経済的有事規制および政治的有事規制を除き、自由で迅速な内外取引が可能）	2000年：組織的犯罪処罰法施行（疑わしい取引の届出）
2001年～ （平成13年）	米国同時多発テロ以降、テロリスト等個人・団体を特定した経済制裁措置や北朝鮮・イランに関する大量破壊兵器拡散金融防止等の政治的な有事規制（経済制裁措置）の実施法令としての役割が増大するとともに、本人確認義務等を整備	2001年：米国同時多発テロ（安保理決議に基づくテロリスト等に対する資産凍結等の措置実施、有志国軍によるアフガニスタン侵攻） 2003年：本人確認法施行、多国籍軍によるイラク侵攻 2006年：北朝鮮ミサイル発射・核実験実施（安保理決議に基づく対北朝鮮経済制裁実施） 2007年：国連安保理イラン制裁決議（対イラン経済制裁実施） 2008年：犯罪収益移転防止法施行、FATF第3次対日審査 2012年：FATF第4次審査用勧告発表 2013年：改正犯罪収益移転防止法施行

充当する厳格な為替管理・貿易管理を行う必要があり、外国為替取引については、一般企業や個人は原則禁止とされ（許可・承認等の義務を課すことで事実上禁止）、外為法で認可された外国為替公認銀行のみを経由して貿易等に係る対外決済を行うこととされていた。

b　外為法の変遷（法律の制定から1980年まで）

　1950年代および1960年代におけるわが国経済の復興と発展につれて、経済や国民生活の国際化が進展するとともに、1964年にはIMF8条国への移行（国際収支（赤字）を理由とした経常為替取引に係る制限を撤廃）およびOECD加盟を果たし、貿易を含む経常取引に係る対外決済の自由化が進んだ。1970年代に入ると、1971年のニクソン・ショックを経て、1973年（昭和48年）には円は変動相場制に移行することとなり、また、国際収支の黒字基調化を背景に段階的に資本取引の自由化が進展した。その結果、国際収支の大幅な黒字やそれに伴う対外経済関係の悪化等を受けて、外為法は1980年（昭和55年）、「原則禁止の許可制から原則自由の事前届出制」の法体系へと大改正が行われた。これに伴い法目的も「外国為替、外国貿易その他の対外取引が自由に行われることを基本とし、対外取引に対し必要最小限の管理又は調整を行う」旨に改正され、為替取引等の原則自由がうたわれた。ただ、外国為替取引の担い手とした外国為替公認銀行・指定証券会社・両替商制度は残された。

c　外為法の変遷（1980年から現在まで）

　1990年代初から始まったバブル崩壊の後、空洞化しつつあった日本の金融市場をニューヨーク、ロンドンと並ぶ国際市場としての地位に向上させ、日本経済の再生を目指した大規模な金融制度改革（日本版ビッグバン）が1990年代半ば以降進められ、その金融システム活性化策の一環として、1998年（平成10年）に外為法の抜本的な改正が行われた。この改正において、外国為替公認銀行制度等が廃止されたことで、外国為替業務が完全に自由化され、後述する「経済的な有事規制」「政治的な有事規制」を除き、個別の取引等に関する事前手続もほぼ撤廃され、事後報告制度のみとなり一般企業・

個人の海外における預金口座開設や投資等が自由に行えるようになった（法令の「管理」の文字も除かれた）。

(2) 外為法に基づく経済的な有事規制および政治的な有事規制（経済制裁措置）

a 経済的な有事規制

1998年の抜本的な法令改正を経て、ほぼ完全に自由化が進められた現行の外為法においても、特定の場合には例外的に規制ができる仕組みが残されている。そのうちの一つは、法9条（取引等の非常停止）に規定されており、国際経済の急激な変化があった場合における緊急措置として外為法の適用を受ける取引等を一定期間停止するものである。この非常停止に関しては、1970年代の為替の固定相場制から変動相場制への移行となったスミソニアン合意、英ポンド危機や独マルク投機などを受けて、過去計5回にわたり銀行間外国為替市場を停止した事例があるが、1998年の法改正以降発動された実績はない（2013年7月末現在）。

もう一つが、法16条2項に規定されている国際収支の均衡維持が困難になるような場合における支払等の許可制、また、法21条2項に規定されている国際収支の均衡維持が困難になること、外国為替市場に急激な変動をもたらすこと、国際間の大量の資金移動がわが国の金融・資本市場に悪影響を及ぼすこと、となる事態が生じるときの資本取引（預金や貸付などの金融取引）の許可制である（いずれも発動実績はなし）。

これらは外国為替市場や金融・資本市場、国際収支など経済的な悪影響等が生じた場合を発動要件としているため、「経済的な有事規制」といえよう。

b 政治的な有事規制（経済制裁措置）

前述した経済的な有事規制以外に、例外的に規制を行うものとして、法16条1項（支払等）や法21条2項（資本取引）などに規定されている経済制裁措置が発動された場合の許可制がある。これは、国連安保理決議などに基づ

き、国際社会の平和・安全を脅かすテロリストや紛争国・地域の関係者等、核兵器などの大量破壊兵器開発関連の関係者やその活動に係る取引等を対象とした経済制裁措置が発動された場合であり、支払等や特定の取引について許可制を導入して事実上禁止する仕組みである。具体的には制裁措置の対象となる国・地域、個人・団体を指定して、それら指定された国・地域または制裁対象者に対する支払等や資本取引（預金契約・信託契約・貸付契約等）および核開発等特定の活動に係る取引等を許可制とする手法である。したがって、これら外為法に基づく経済制裁措置は、前述した「経済的な有事規制」と区別して「政治的な有事規制」といえよう。

c 外為法に基づく有事規制（経済制裁措置）発動の3要件

現在の外為法1条には、法目的として「この法律は、外国為替、外国貿易その他の対外取引が自由に行われることを基本とし、対外取引に対し必要最小限の管理又は調整を行うことにより、
① 対外取引の正常な発展並びに
② 我が国又は国際社会の平和及び安全の維持を期し
③ もって国際収支の均衡及び通貨の安定を図るとともに
④ 我が国経済の健全な発展に寄与することを目的とする。」旨規定されている。

外為法は以上の4項目を法益としており、政治的な有事規制である経済制裁措置は、②我が国または国際社会の平和および安全の維持の目的のために実施されているものである。なお、外為法に基づく経済制裁措置発動の要件は、
① 第一要件「我が国が締結した条約その他の国際約束を誠実に履行するため必要があると認めるとき」（国連安保理決議等に基づく制裁）
② 第二要件「国際平和のための国際的な努力に我が国として寄与するため特に必要があると認めるとき」（G7など有志国連合による制裁）
③ 第三要件「我が国の平和及び安全の維持のため特に必要があるとして対応措置を講ずべき旨の閣議決定が行われたとき」（わが国独自の制裁）
の三つがあり、主務大臣である財務大臣および経済産業大臣は、金融関係、

図表6－3　外為法に基づく経済制裁措置発動の要件

	発動要件	参　考
第一要件	わが国が締結した条約その他の国際約束を誠実に履行するため必要があると認めるとき	1980年（昭和55年）の改正時に、国際情勢に対応して経済制裁等を機動的かつ効果的に実施するために追加された（国連安保理決議等（国際約束の履行）に基づくテロリスト等に対する経済制裁措置が該当）。
第二要件	国際平和のための国際的な努力にわが国として寄与するため特に必要があると認めるとき	1990年（平成2年）のイラクによるクウェート侵攻の際に、欧米主要国は直ちに経済制裁を実施したが、日本は国連安保理決議の採択まで法令に基づく制裁を実施できなかった等を受けて、1998年（平成10年）の法改正時に、国際情勢に対応して有志国連合により経済制裁等を機動的・効果的に実施できるようにするために本規定が追加された（シリア等に対する経済制裁措置が該当）。
第三要件	わが国の平和および安全の維持のため特に必要があるとき（要閣議決定）	2004年（平成16年）に、わが国を取り巻く国際情勢を考慮して、議員立法により本規定が追加された（対北朝鮮貿易規制が該当）。

（参考）　経済制裁発動の三要件は、法16条（支払等）、法21条（資本取引等）、法24条（特定資本取引）、法25条（役務取引等）、法48条（輸出）、法52条（輸入）に規定されている（法23条の対外直接投資については第三要件のみ規定）。

貿易関係、役務関係の経済制裁措置を発動することができることとなっている。

　なお、第三要件については、2004年（平成16年）の法改正において、外為法第2章（我が国の平和及び安全の維持のための措置）10条に、「我が国の平和及び安全の維持のため特に必要があるとき」に閣議決定を要件として、追加されたものであり、わが国単独による経済制裁措置の発動が可能とされた。これら三要件に基づく経済制裁措置は、外為法で以下の六つの取引または行為を規制できることとなっている。

① 　支払等（法16条1項）
② 　資本取引等（法21条1項）

③ 特定資本取引（法24条1項）
④ 役務取引・仲介貿易取引（法25条6項）
⑤ 輸出（法48条3項）
⑥ 輸入（法52条）

　また、対外直接投資（法23条）および対内直接投資（法26条および27条）は、資本取引の一部または一形態であるが、資本取引規制が発動された場合、許可や届出を要する資本取引に該当するおそれがあるものとして、それぞれ告示および省令で規制内容が定められている。

(3) 国際連合安全保障理事会決議

a　国連憲章と安保理決議

　現在実施されている経済制裁措置のうち、大部分は国連安保理決議に基づく措置であり、これは外為法の経済制裁措置発動の第一要件である「我が国が締結した条約その他の国際約束を誠実に履行するため」に基づいて発動されている。国連憲章39条には「安全保障理事会は、平和に対する脅威、平和の破壊又は侵略行為の存在を決定し、並びに、国際の平和及び安全を維持し又は回復するために、勧告をし、又は第41条及び第42条に従っていかなる措置をとるかを決定する」旨規定されている。すでに説明しているように、同憲章41条は非軍事的制裁措置、42条は軍事的制裁措置が規定されており、安保理における決定は同憲章25条において、「国際連合加盟国は、安全保障理事会の決定をこの憲章に従って受諾し且つ履行することに同意する」旨規定されている。したがって、加盟国の一員であるわが国も安保理決議がなされれば、その内容は法的拘束力をもち、国際約束として履行する義務が生じることとされている。

　なお、安保理決議が採択される前にすみやかに措置を講ずる必要がある場合や一部常任理事国の拒否権行使により法的拘束力のある決議が得られなかった場合であっても、国際平和のための国際的な努力にわが国として寄与するためにG7などの有志国連合により経済制裁措置を実施する場合（第二

図表6－4　国際連合憲章の関連規定

第5章　安全保障理事会　任務及び権限

第24条
1　国際連合の迅速且つ有効な行動を確保するために、国際連合加盟国は、国際の平和及び安全の維持に関する主要な責任を安全保障理事会に負わせるものとし、且つ、安全保障理事会がこの責任に基く義務を果すに当って加盟国に代わって行動することに同意する。
2　前記の義務を果すに当っては、安全保障理事会は、国際連合の目的及び原則に従って行動しなければならない。この義務を果すために安全保障理事会に与えられる特定の権限は、第6章、第7章、第8章及び第12章で定める。

第25条
国際連合加盟国は、安全保障理事会の決定をこの憲章に従って受諾し且つ履行することに同意する。

第7章　平和に対する脅威、平和の破壊及び侵略行為に関する行動

第39条
安全保障理事会は、平和に対する脅威、平和の破壊又は侵略行為の存在を決定し、並びに、国際の平和及び安全を維持し又は回復するために、勧告をし、又は第41条及び第42条に従っていかなる措置をとるかを決定する。

第41条
安全保障理事会は、その決定を実施するために、兵力の使用を伴わないいかなる措置を使用すべきかを決定することができ、且つ、この措置を適用するように国際連合加盟国に要請することができる。この措置は、経済関係及び鉄道、航海、航空、郵便、電信、無線通信その他の運輸通信手段の全部又は一部の中断並びに外交関係の断絶を含むことができる。

第42条
安全保障理事会は、第41条に定める措置では不充分であろうと認め、又は不充分なことが判明したと認めるときは、国際の平和及び安全の維持又は回復に必要な空軍、海軍又は陸軍の行動をとることができる。この行動は、国際連合加盟国の空軍、海軍又は陸軍による示威、封鎖その他の行動を含むことができる。

要件：対シリア制裁等が該当）があり、また、わが国の平和・安全の維持のために、わが国単独での経済制裁措置の実施もできることとなっている（第三要件：北朝鮮に対する一部の経済制裁措置が該当）。

b 資産凍結等経済制裁措置の例（テロリスト等に対する措置）

2001年9月11日の米国同時多発テロ事件発生を受けて、同年9月28日、国連安保理はテロリスト等に対する資産凍結等経済制裁措置に関する決議1373号を採択した。この決議では、テロ行為の関係者の金融資産等を遅滞なく凍結すること、また、テロ行為の関係者が自国民および自国領域内の金融資産等を利用可能にすることを禁止すること、とされたことを受け、外為法において、テロリスト等の資産凍結措置（預金契約等の資本取引規制：法21条1項）およびこれら指定されたテロリスト等に対する支払規制措置（法16条1項）を講ずることとなった。なお、だれをテロリストとして指定するかについては、関係各国間における情報交換等を経て、安保理の制裁委員会が指定する場合とそれらの情報をもとに各国が独自に指定する場合の二通りの方法があり、したがって、制裁対象者リストは国によって異なっている場合がある。ちなみに、米国は地下鉄サリン事件や松本サリン事件を実行した「オウム真理教（別称：ALEPH）」を、テロリストのカテゴリーで指定している。

こうした特定の個人・団体に対する資産凍結等経済制裁措置に関する安保理決議の表現は、おおむね1373号の決議文と同様のものとなっており、それに基づく外為法の措置もほぼ同様となっている。また、対北朝鮮制裁措置や対イラン制裁措置に係る資金使途規制等さまざまな措置については、それぞれの安保理決議等の内容をベースに幅広く経済制裁措置を講じているものであり、詳細は後述する。

(4) 外為法に基づく経済制裁措置の形式等

a 外為法に基づく経済制裁措置の形式

外為法に基づく具体的な経済制裁措置の発動については、前述したように

図表6－5　国際連合安全保障理事会決議第1373号（テロ行為への資金供与防止等に関する決議）【2001年9月28日採択】

〔和　訳〕
1．全ての国が次のことを行うことを決定する。
(a) テロ行為への資金提供を防止し抑止すること。
(b) 省略
(c) テロ行為を行い若しくは行うことを試みた者又はテロ行為の実行に参加し若しくは便宜を図る者の資金その他の金融資産又は経済資源、そのような者により直接又は間接に所有され又は支配されている団体の資金その他の金融資産又は経済資源並びにそのような者及び団体に代わって又はそのような者及び団体の指示により行動する者及び団体の資金その他の金融資産又は経済資源（これらの者及びこれらの者との関係を有する個人及び団体により直接又は間接に所有され又は支配されている財産から生ずる資金を含む。）を遅滞なく凍結すること。
(d) 自国民又は自国領域のいかなる者及び団体に対しても、テロ行為を実行若しくは実行を試み又はテロ行為の実行に便宜を図り若しくは参加する者の利益のために、そのような者により直接若しくは間接に所有され又は支配されている団体の利益のために及びそのような者に代わって又はそのような者の指示により行動する個人及び団体の利益のために、すべての資金、金融資産若しくは経済資源又は金融その他の役務を、直接又は間接に利用可能にすることを禁止すること。

Resolution 1373 (2001)
Adopted by the Security Council at its 4385th meeting, on 28 September 2001
1．Decides that all States shall:
(a) Prevent and suppress the financing terrorist acts.
(b) 省略
(c) Freeze without delay funds and other financial assets or economic resources of persons who commit, or attempt to commit, terrorist acts or participate in or facilitate the commission of terrorist acts; of entities owned or controlled directly or indirectly by such persons; and of persons and entities acting on behalf of, or at the direction of such persons and entities, including funds derived or generated from property owned or controlled directly or indirectly by such persons and associated persons and entities.
(d) Prohibit their nationals or any persons and entities within their territories from making any funds, financial assets or economic resources or financial or other related services available, directly or indirectly, for the benefit of persons who commit or attempt to commit or facilitate or participate in the commission of terrorist acts, of entities owned or controlled , directly or indirectly, by such persons and of persons and entities acting on behalf of or at the direction of such persons.

三つの要件がそれぞれの条文に規定されているが、具体的な実施方法は外国為替令等の政令に委託されている。さらに、関係する政令では告示により明確化して実施することとしており、経済制裁措置の発動が機動的に行えるようになっている。実際には制裁対象者の個人・団体等の指定は外務省告示で行われ、その指定された者との間におけるどのような取引または行為等を規制（許可制）するのかは、財務省告示および経済産業省告示により指定されている。たとえば、テロリスト等に対する資産凍結等経済制裁措置を例にとると、安保理決議に基づき、テロリスト等の制裁対象者を外務省告示で行い、財務省告示および経済産業省告示にてこれら制裁対象者に資金を支払わないこと（資金の移転）を規制することおよび制裁対象者の資産を利用させないこと（資産凍結）で実施している。

なお、制裁対象者の追加・変更等は告示により順次改訂されており、2013年7月4日現在では1,381の制裁対象者が指定され、財務省ホームページ等で公表されている。また、核開発等の特定の目的に係る活動に対する規制や貿易規制については外務省告示や経済産業省告示において具体的な活動や国・地域、取引品目等が示されている。経済制裁措置の許可制となった場合の所管官庁については、輸出入や仲介貿易、貿易関係貿易外取引、また、核開発関連技術に係る役務取引など経済産業省が所管する取引または行為は経済産業大臣、それ以外の取引または行為は財務大臣となっている。

b　外為法の居住者・非居住者および適用範囲

外為法は対外経済取引に関する法律であることから、本邦と外国、居住者・非居住者という区別で法令の適用範囲を定めている。居住者とは「本邦内に住所又は居所を有する自然人及び本邦内に主たる事務所を有する法人」であり、非居住者は「居住者以外の自然人及び法人」である旨法6条1項5号に規定されている。外為法上の居住者・非居住者の解釈は、1980年（昭和55年）に別途「外国為替法令の解釈及び運用について」という大蔵省（現財務省）通達が出されている。したがって、制裁対象者は非居住者であることを前提として規制を課す形式になっているものの、制裁対象者が仮に居住者であった場合には、規制の対象外となる取引または行為が生じ、経済制裁措

置が法令上適切に実施できないという事態に陥る可能性がある。2008年のFATF第3次対日審査においても、居住者に対する資産凍結等の措置が法令上担保されていないことが指摘されており、今後なんらかの対応が必要となってきている。

また、外為法の適用範囲に関しては、法5条において、「居住者の代理人、使用人等が外国において、その居住者の財産又は業務についてした行為も外為法が適用される」旨規定されており、本邦金融機関の海外拠点の取引または行為についても外為法の適用を受けることに留意が必要である。

(5) 外為法に基づく具体的な経済制裁措置の内容

外為法に基づく経済制裁措置に関して、制裁発動に係る3要件を規定した条文は、支払等（法16条1項）、資本取引等（法21条1項）、特定資本取引（法24条1項）、役務取引等（法25条6項）、輸出（法48条3項）、輸入（法52条）に規定されているが（対外直接投資（法23条4項）は第三要件のみ）、どのような取引または行為について規制を課すこととなっているのかにつき、以下説明する。

a 支払等（法16条1項）

外為法上の「支払等」とは、「支払」と「支払の受領」の双方向をあわせて使用しており、支払等には、直接金銭の引渡しを行う行為も、金融機関等を通じた送金による方法や債権債務の相殺、勘定の貸借記による方法も含まれ、債権債務の消滅をもたらすような行為を広く指しているものと解されている。支払等の規制については、法16条1項に「本邦から外国へ向けた支払をしようとする居住者若しくは非居住者又は非居住者との間で行う支払等をしようとする居住者」に対して許可義務を課すことができることとなっており、本邦と外国、居住者と非居住者という概念に基づき、外為法の適用範囲をベースに規制の範囲が規定されている。

これら規制を課すことができる支払等のうち、実際の制裁対象者を指定した経済制裁措置に係る支払等の規制の範囲は、それぞれ告示に示されてお

り、それをわかりやすく分解すると、以下のようになる。なお、制裁対象者は非居住者が前提であり本邦の非居住者には、非居住者が開設した預金口座等も含まれる。

(制裁対象者との間の支払等の規制の範囲)
① 本邦の居住者・非居住者による外国の制裁対象者に対する支払
② 本邦の居住者の本邦の制裁対象者および外国の(本邦)居住者の本邦・外国の制裁対象者に対する支払
③ 本邦にいる制裁対象者(預金口座等も含む)による外国へ向けた支払

図表6-6 外為法16条に基づく制裁対象者との間の支払等規制の範囲

① 本邦の居住者・非居住者による外国の制裁対象者に対する支払

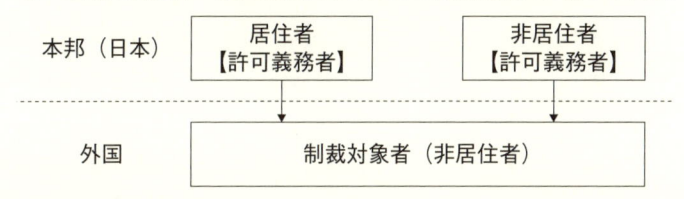

本邦(日本)	居住者【許可義務者】	非居住者【許可義務者】
外国	制裁対象者(非居住者)	

② 居住者による制裁対象者(非居住者)に対する支払

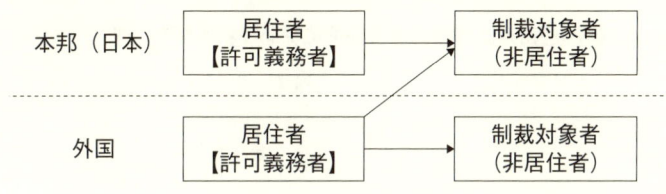

本邦(日本)	居住者【許可義務者】	制裁対象者(非居住者)
外国	居住者【許可義務者】	制裁対象者(非居住者)

③ 本邦の制裁対象者による外国へ向けた支払

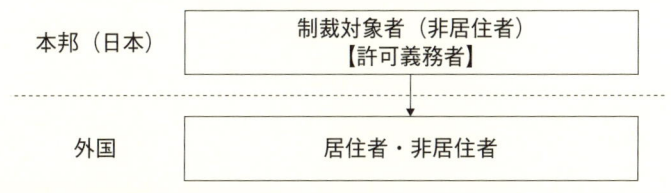

本邦(日本)	制裁対象者(非居住者)【許可義務者】
外国	居住者・非居住者

(資金使途規制の範囲)

一方、北朝鮮およびイランの核開発等に係る資金使途規制に係る支払規制は、平成25年7月末現在、「北朝鮮の核関連、弾道ミサイル関連またはその他の大量破壊兵器関連の計画または活動に貢献し得る活動」「イランの核活動等に関連する活動」「イランへの大型通常兵器等の供給に関連する活動」「核技術等に関連するイランによる投資を禁止する業種」に関する規制がある。なお、②の居住者と非居住者との間の支払等(支払および支払の受領)のうち、支払の受領については、北朝鮮制裁措置については支払を受ける国・地域は特定されていないが(全世界から)、イラン制裁措置はイランからの支払の受領に限定されているなど、内容が異なっている。

① 本邦の居住者・非居住者による外国に対する支払
② 居住者(本邦・外国)と非居住者(本邦・外国)との間の支払および支払の受領(受領については、北朝鮮制裁は特定されていない(全世界から)が、イラン制裁はイランからに限定されている)

また、銀行等の為替取引(送金)に係る確認義務は、これらの規制範囲のなかでさらに法令により定められており、詳しくは後述する(図表6-8)。

図表6-7 外為法16条に基づく資金使途に係る支払等規制の範囲

① 本邦の居住者・非居住者による外国に向けた支払

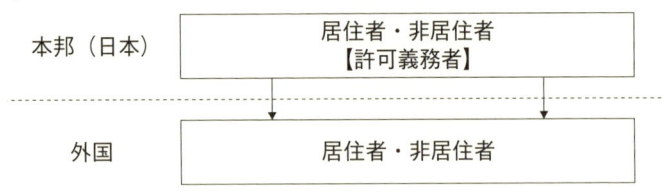

本邦(日本)	居住者・非居住者【許可義務者】
外国	居住者・非居住者

② 居住者と非居住者との間の支払および支払の受領(①を除く)

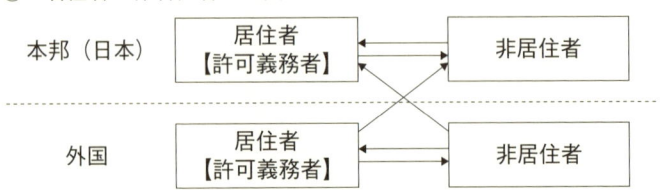

本邦(日本)	居住者【許可義務者】	非居住者
外国	居住者【許可義務者】	非居住者

b 資本取引等（法21条1項）

　資本取引とは、預金、金銭貸借、対外支払手段または債権の売買、証券の取得・譲渡・発行、金融指標等先物取引など、主として国際間の資金移動を伴う取引または行為として法20条にそれぞれの取引が規定されている。これら資本取引に係る経済制裁措置は法21条の規定に基づき、規制を課すことができることとなっており、具体的な規制内容は大蔵省告示第99号（平成10年3月30日）において指定されている。制裁対象者に対する資産凍結等経済制裁措置としては、預金契約、信託契約、金銭貸付契約の3取引の規制が基本となっているが、安保理決議の内容によって多少の違いがある。たとえば、イラクの前政権の機関・高官等の関係者に係る経済制裁措置では、前政権の資産がイラク国外への逃避を防止するための措置が国連安保理決議に盛り込まれたことから、居住者による制裁対象者からの金銭の借入契約および制裁対象者に対する債務保証契約も規制対象とされている。なお、制裁対象者の預金口座の増減（付利や手数料等の自動引落し）についても預金債権の発生・消滅に該当することから、それぞれ事前に許可を要することに留意する必要がある。

　北朝鮮に対する制裁措置のうち、核開発関連等に寄与する目的で行われる資金使途規制においては、こうした目的で行われる資本取引（居住者による非居住者との間の預金・信託・金銭貸付、借入債務保証、証券売買、金融指標等先物取引などの資本取引）がすべて許可制の対象となると同時に、役務取引（すべての金融サービス）および特定資本取引も規制対象とされている。

　一方、イランに対する資金使途規制に関しては、居住者によるイラン関係者に対する会社（核技術等に関連するイランによる投資を禁止する措置の対象となる業種（外務省告示第361号：平成22年8月3日））の株式または持分の譲渡を対象としている。

(a) 対外直接投資

　対外直接投資（法23条）とは、居住者による外国法人の事業に参加するための証券の取得、当該法人に対する期間1年超の金銭貸付、外国における支店・工場等の設置や拡張に係る資金の支払に該当するものであり、資本取引

の一形態である。経済制裁の対象となっている資本取引については、対外直接投資のカテゴリーに入るものでも同様に規制が行われることとなっている（図表6－8の資本取引のうち、対外直接投資に該当するものは同様の規制が課されている）。

(b) **対内直接投資**

対内直接投資（法26条）とは、資本取引に類似する取引として、外国投資家（非居住者や外国法人等）による本邦会社の株式または持分の取得や長期貸付に該当するものである。現在の規制は、イラン関係者（イラン政府や国籍を有する自然人、イランの法令に基づき設立された法人その他の団体等）により行われる、核技術等に関連するイランによる投資を禁止する業種（外務省告示第361号：平成22年8月3日）に属する事業を営む会社の株式または持分の取得、同業種に属する事業を営む上場会社等の株式への一任運用および個人が有する上場会社等の株式等のイラン関係者に対する譲渡が規制されている。

c **特定資本取引**（法24条1項）

特定資本取引とは、法20条で規定されている資本取引のうち、「居住者と非居住者の間の金銭貸借契約および債務の保証契約に基づく債権の発生取引」（2号）であって、債権の発生から消滅までの期間が1年超の取引であり、輸出入に係る代金決済と当該輸出入に関係する金銭貸借契約の全部または一部の相殺および鉱業権、工業所有権その他これに類する権利の移転・使用に係る金銭貸借契約のうち、それぞれの権利の対価と金銭債務の全部または一部の相殺、鉱業権等の移転等に係る債務保証である。

資本取引に関しては、一般的には金融関係取引であり、財務省の所管であるものの、貨物の輸出入に関係する契約や鉱業所有権等の移転・使用に関する契約に伴うものについては、経済産業省の所管となっており、特定資本取引として定義・区分されている。なお、現行の規制は、おおむね金銭の貸付契約に係る規制と同様のものとなっており、具体的には経済産業省告示第193号（平成15年5月31日）において定められている。

d　役務取引等（法25条6項）

　役務取引とは、「労務又は便益の提供を目的とする取引（サービスの提供）」であるが、具体的には保険、運送、加工・工事、技術援助等あるいは一般的な技術や情報の提供、特許権・著作権の移転等も含まれる。この役務取引に加えて、「外国相互間の貨物の移動を伴う貨物の売買、貸借又は贈与に関する取引（仲介貿易）」について、経済制裁の観点からの規制を行うことが規定されている。仲介貿易に関しては、わが国の貨物の輸出入に関係するものではないため、役務取引等で取り扱われているが、規制の発動は輸出入の貿易規制にあわせて実施されているものである。具体的な規制内容は、大蔵省告示第100号（平成10年3月30日）および経済産業省告示第93号（平成22年4月9日）で定められている。

(a)　対北朝鮮制裁措置

　現在の役務取引等の規制は、「北朝鮮の核関連等の計画又は活動に貢献し得る活動」として外務大臣が指定する活動（外務省告示第365号：平成21年7月7日）に寄与する目的で行う居住者が非居住者との間で行う金融に係る役務取引がある。また、貿易規制に関しては、「仲介貿易であって、当該売買、貸借又は贈与に係る貨物の原産地、船積地域又は仕向地が北朝鮮であるもの」が規制対象とされている（前述の経済産業省告示参照）。

(b)　対イラン制裁措置

　現在の役務取引等の規制は、居住者が非居住者であるイラン関係者（政府、法人その他の団体（当該法人等の外国支店等も含む））との間で行う保険（除く生命保険）に係る役務取引であって、イランの核活動等に寄与する目的で行う取引または行為である。

　また、居住者が非居住者との間で行う役務取引であって、「イランの核活動等に寄与する目的」となる以下の取引または行為
・イラン関係者が発行した証券の取得または譲渡に係る媒介、取次ぎまたは代理
・イラン関係者が発行した証券の売付けの申込みまたはその買付けの申込みの勧誘の取扱い

・イラン関係者が新たに発行する証券の取得の申込みの勧誘の取扱いが規制対象となっている。

　e　輸出（法48条3項）

　貨物の輸出に関する経済制裁措置は、法48条3項の規定に基づき、輸出貿易管理令2条1項1号の2により、平成18年11月14日以降、「北朝鮮を仕向地とする奢侈品の輸出」について、経済産業大臣の承認を要するものとされていた（24品目）。その後、平成21年6月16日以降、輸出貿易管理令附則により、対象貨物が奢侈品から全貨物へと拡大され、全面的な輸出禁止措置がとられている。また、当該措置は、輸入禁止措置とあわせて、平成22年4月から1年ごとに延長されていたが、平成25年4月からは2年間延長されている。

　f　輸入（法52条）

　貨物の輸入に関する経済制裁措置は、法52条の規定に基づき、輸入貿易管理令3条1項により、経済産業大臣は輸入の承認を受けるべき貨物の原産地または船積地域その他貨物の輸入について必要な事項について公表（輸入公表）することとなっており、同公表において、北朝鮮を原産地または船積地域とする全貨物が承認（全面禁止）を要するものとなっている。

　なお、当該措置は平成18年10月14日から北朝鮮が関係する仲介貿易とあわせて禁止措置がとられており、平成25年4月からは2年間延長されている。

(6) 銀行等の為替取引（送金）に係る適法性の確認義務

　金融面の経済制裁措置を適切に実施していくためには、預金、貸付や為替取引（送金）を取り扱う金融機関の役割が重要である。特に、クロスボーダー取引である外国送金に関しては、顧客の外国送金（支払等）が制裁対象者に対する支払か否か、また資金使途規制に該当する支払か否か、貿易規制に該当するか否か、さらに、資本取引規制等に該当する支払か否か等につき、外為法17条に確認義務として履行すべき旨規定されている。この確認義

務は本人確認義務と混同することがあるため、「適法性の確認義務」と一般的に呼ばれている。また、適法性の確認義務の履行に問題があった場合には、法17条の２の規定に基づき、財務大臣は銀行等に対して確認義務の適切な履行のための是正措置をとることができ、場合によっては、外国為替取引に係る業務の停止や制限をすることができる。

なお、法17条の３においては、「資金決済に関する法律」（資金決済法）に基づき、2010年４月以降、為替取引を取り扱えるようになった「資金移動業者」が同様の為替取引を行う場合には、本条の確認義務の適用が準用される旨規定されており、銀行等と同様に適法性の確認義務が課されている。

銀行等および資金移動業者が履行すべき適法性の確認義務については、法17条に以下のように規定されている。
① 法16条１項から３項までの規定により許可義務が課された支払等
② 法21条１項または２項の規定により許可義務が課された資本取引に係る支払等
③ その他この法律等の規定により、許可・承認を受け、または届出をする義務が課された取引・行為のうち、政令で定めるものに係る支払等

①については、制裁対象者に対する支払および北朝鮮制裁およびイラン制裁に係る資金使途規制か否かの確認である。②については、経済制裁措置として、制裁対象者との間の預金契約や貸付契約、また、資金使途規制に係る資本取引が許可制となっているが、こうした規制に係る支払等に該当するか否かの確認である。③については①および②以外の特定資本取引、役務取引等、輸入規制に係る支払等であるか否かの確認である。

図表６－８を参照すると、◎の網かけ部分が、本邦から外国、居住者と非居住者との間の為替取引を行う場合の適法性の確認義務の範囲となっており、この確認を行った後でなければ当該為替取引を行ってはならない旨法17条に規定されている。

(7) 金融機関等の本人確認義務等

外為法においては、法18条（為替取引）および22条の２（資本取引）にお

図表 6 - 8　外為法に基づく経済制裁措置および適法性の確認義務の範囲

送金規制等の対象			支払等(16条)	預金	信託
法17条の適法性確認義務規定			1号		
制裁対象者を指定した資産凍結等の措置	①	タリバーン関係者等	◎	◎	◎
	②	テロリスト等	◎	◎	◎
	③	ミロシェビッチ前ユーゴスラビア大統領・関係者		◎	
	④	イラク前政権の機関・高官・関係者等		◎	◎
	⑤	リベリア前政権の高官・関係者等	◎	◎	◎
	⑥	コンゴ民主共和国武器禁輸措置等に違反した者等	◎	◎	◎
	⑦	コートジボワールの和平等の脅威となる者等	◎	◎	◎
	⑧	スーダンのダルフール和平阻害関与者等	◎	◎	◎
	⑨	ソマリアに対する武器禁輸措置等に違反した者等	◎	◎	◎
	⑩	リビアのカダフィ革命指導者・関係者		◎	◎
	⑪	シリアのアル・アサド大統領・関係者等	◎	◎	◎
	⑫	北朝鮮のミサイル・大量破壊兵器計画等に関連する者等	◎	◎	◎
	⑬	北朝鮮のミサイル・大量破壊兵器計画等に関与する者（平成21年実施分）	◎	◎	◎
	⑭	北朝鮮のミサイル・大量破壊兵器計画等に関与する者（平成25年実施分）	◎	◎	◎
	⑮	イランの核活動等に関与する者	◎	◎	◎
	⑯	イランの核活動等に寄与し得る者（銀行以外、銀行）	◎	◎	◎
取引の目的規制・支払等	⑰	北朝鮮の核関連等の計画または活動に貢献しうる活動	◎	◎	◎
	⑱	イランの核活動等に関連する活動	◎		
	⑲	イランへの大型通常兵器等の供給に関連する活動	◎		
	⑳	核技術等に関連するイランによる投資を禁止する業種			
貿易等の規制	㉑	北朝鮮を原産地・船積地域とする貨物の輸入			
	㉒	貨物の原産地・船積地域・仕向地が北朝鮮である仲介貿易			
	㉓	北朝鮮を仕向地とする貨物の輸出			

（注1）　⑩のリビア制裁に関しては、リビア前政権の2団体は預金・信託の規制のみ。
（注2）　⑰の対北朝鮮制裁措置の支払等に係る資金使途規制は、すべての支払およびすべ
（注3）　⑱⑲の対イラン制裁措置の支払等に係る資金使途規制は、すべての支払およびイ
（注4）　⑱⑲の対イラン制裁に係る役務取引に関しては生命保険以外の保険が対象。
（注5）　二重丸に網のかかっている部分は銀行等による確認義務の対象取引（輸出は対象

資本取引（21条）				特定資本取引（24条）	対内直接投資（27条）	役務取引等（25条）		輸入（52条）	輸出（48条）
金銭貸付	金銭借入債務保証	証券取得譲渡	その他の資本取引			金融関係	仲介貿易		
2号				3号					なし
◎				◎					
	◎			◎					
◎				◎					
◎				◎					
◎				◎					
◎				◎					
				◎					
				◎					
				◎					
				◎					
				◎					
				◎					
◎	◎	◎	◎	◎		◎			
						◎			
						◎			
		◎			◎				
								◎	
							◎		
									○

ての支払の受領が対象。
ランからの支払の受領が対象。

外）。

いて、銀行等を含む金融機関等が顧客の本人確認を行う義務が規定されており、為替取引に関しては、法18条の5に基づき資金移動業者にも同義務が準用されている。外為法に基づく本人確認義務は、本人確認法（金融機関等による顧客等の本人確認等に関する法律、名称は2004年に「金融機関等による顧客等の本人確認等及び預金口座等の不正な利用の防止に関する法律」に変更）と同時に2003年1月から施行されたものであり、ほぼ同様の規定振りとなっている。ただ、外為法の場合の本人確認義務は、制裁対象者との取引等か否かの確認を行うことおよび為替取引に係る適法性の確認義務の履行に主眼を置いている。

なお、本人確認法は2007年に犯罪収益移転防止法（犯罪による収益の移転防止に関する法律）に改組されており、2013年4月以降は、マネー・ローンダリング防止の観点から本人確認義務である本人特定事項に加えて、取引目的や職業・事業の内容など顧客管理事項の確認が追加されている。外為法に基づく本人確認義務は制裁対象者等との取引を確認することが主目的であることから、本人特定事項の確認（本人確認義務）以上の対応はなされておらず、それに伴う法令改正は行われていない。

4 個別の経済制裁措置の概要

個別の経済制裁措置については、タリバーン関係者およびテロリスト等に対する経済制裁措置、紛争国・地域の政権関係者等に係る経済制裁措置、対北朝鮮経済制裁措置、対イラン経済制裁措置、の四つに分けて説明したい。

(1) タリバーン関係者およびテロリスト等に対する経済制裁措置（図表6-1の①②）

2001年の米国同時多発テロを契機として、国連制裁委員会等によりタリ

バーン関係者等およびテロリスト等が制裁対象者に指定されたことを受けて、これら特定の個人・団体に対する資産凍結等の措置を講じている。制裁措置の内容は、これらの者に対する支払規制と預金等の凍結措置である。

(2) 紛争国・地域の政権関係者等に係る経済制裁措置（図表6－1の③〜⑪）

イラク前政権関係者やシリアのアル・アサド大統領等、紛争国・地域の政権関係者や平和を阻害する者等に対しては、計9項目の経済制裁措置が講じられており、その多くは国連安保理決議に基づき実施されている。制裁措置の内容は、タリバーン関係者等と同様に、これら特定された者に対する支払規制と預金等の凍結措置である。なお、過去においては、紛争地域となっていたボスニア・ヘルツェゴビナに対する制裁措置など、幅広く国や地域を指定して、それらの国・地域に所在する者に対する支払規制や資産凍結措置を講じていたケースもある。

(3) 対北朝鮮制裁措置（図表6－1の⑫〜⑭および⑰）

a 北朝鮮に対する経済制裁措置の経緯

(a) 2006年の制裁措置発動以前の状況

北朝鮮は1985年、核拡散防止条約（NPT）の署名後、非核保有国に義務づけられている国際原子力機関（IAEA）との協定を結んだものの、核開発疑惑の解明に非協力的な対応をとり、結局、1993年NPTからの脱退を表明した。その後、北朝鮮の核開発問題は米国・北朝鮮に日本・韓国・ロシア・中国を加えた6者会合にて協議されることとなり、2003年8月に第1回会合が開催された。しかしながら、2005年9月、米国財務省が愛国者法（パトリオット法）に基づき、マカオにあるバンコ・デルタ・アジア（BDA）を主要な資金洗浄（マネロン）懸念がある金融機関として認定したことを受けて、BDAはマカオ当局の監督下となり、北朝鮮関係口座（約2,500万米ドル）が

凍結された。これに反発した北朝鮮は態度を硬化させ、6者会合は膠着状態に陥った。

(b) **2006年（平成18年）の動き**

こうした状況下、2006年7月、北朝鮮は長距離弾道ミサイルを発射したことから、国連安保理は北朝鮮に対するミサイル開発関連資金の移転防止措置を含む決議1695号を採択した。これを受けて、わが国では、9月19日に15団体・1個人を制裁対象者に指定した。同年10月には、安保理は地下核実験実施を受けて、北朝鮮に対する奢侈品の供給の防止を含む決議1718号を採択した。わが国は10月13日、外為法10条の規定に基づく独自制裁として、北朝鮮からの輸入・仲介貿易取引の全面禁止措置を実施（10月14日から実施）するとともに、11月14日（翌15日から実施）には北朝鮮に対する奢侈品の輸出・仲介貿易取引の禁止措置を講じた。

(c) **2009年（平成21年）の動き**

2009年4月、北朝鮮による長距離弾道ミサイル（テポドン）の発射を受けて、安保理の制裁委員会は3団体の制裁対象者を指定（日本は措置ずみであるが同年5月に再指定）した。これを受けて、わが国では北朝鮮への支払報告義務（3,000万円超⇒1,000万円超）および支払手段（証券を含む）の携帯輸出に係る届出義務（100万円超⇒30万円超）の閾値を下げる措置をとった。また、5月の北朝鮮の核実験実施発表を受けた国連安保理は、6月に決議1718号の制裁内容を拡大・強化する決議1874号を採択した。わが国は独自の措置として、6月18日に北朝鮮向け輸出の全面禁止措置（仲介貿易取引を含む）をとるとともに、7月には北朝鮮の核関連計画等に貢献しうる資産移転等の防止措置（目的規制）を講じた。さらに、7月の弾道ミサイルの発射を受けて、安保理制裁委員会は7月16日に新たに5団体・5個人を制裁対象者に指定したことから、わが国は、7月24日にこれら5団体・5個人を資産凍結等制裁対象者に指定した。

(d) **2010年（平成22年）の動き**

2010年3月、韓国海軍哨戒艦に対する魚雷攻撃があり、韓国政府は5月に北朝鮮による魚雷攻撃である旨発表した。わが国においては、5月28日、北朝鮮に対する支払報告義務（1,000万円超⇒300万円超）および支払手段等の携

帯輸出に係る届出義務（30万円超⇒10万円超）の閾値を再度引き下げる措置をとった。また、11月には北朝鮮は韓国延坪島（ヨンピョンド）を砲撃し、一般市民を含む多くの死傷者を出した。

  (e) **2012年（平成24年）以降の動き**

  2012年4月には人工衛星と称するミサイル発射を受けて、安保理制裁委員会は3団体を新たに制裁対象者に指定した。わが国では、5月15日にこれら3団体を資産凍結等制裁対象者に指定した。12月のミサイル発射を受けて、制裁委員会は6団体・4個人に対する制裁対象者に指定したことから、わが国では2013年2月に同6団体・4個人を資産凍結等制裁対象者に指定した。また、2013年3月には安保理において、さらなる制裁措置を含む決議2094号が採択された。

b **対北朝鮮経済制裁措置の概要**

  以上の結果、制裁対象者に対する規制は2013年7月末現在、46個人・団体が指定されている。資金使途規制は「北朝鮮の核関連、弾道ミサイル関連またはその他の大量破壊兵器関連の計画または活動に貢献し得る活動」に係る規制（これらの目的の取引および支払等の規制）が講じられている。この具体的な活動は外務省告示第365号（平成21年7月7日）により指定されており、ロケット等の起爆装置、核燃料物資、ロケット製造に係る貨物、技術の供給、売買、設計、製造等となっている。これらの目的に係る取引または行為について、居住者・非居住者による本邦から外国へ向けた支払および居住者による非居住者との間の支払等（支払および支払の受領）が許可を要するものとして、大蔵省告示第97号（平成10年3月30日）において規定されている。この支払の受領については、特に北朝鮮からの支払の受領とは規定されていないため、法令上は、全世界から本邦への支払の受領について適法性の確認義務の対象となっている。

  なお、北朝鮮に対する制裁措置に関連して、居住者または非居住者による北朝鮮を仕向地とする貴金属の輸出の許可制（奢侈品規制）、また、居住者または非居住者による支払手段または証券の輸出入であって、北朝鮮の核関連活動等に貢献し得る活動に寄与する目的で行うものは許可制とされている。

図表6－9　北朝鮮に対する経済制裁措置等の推移

	日本政府の措置	北朝鮮および国連安保理の動向
2006年 (平成18年)	9月19日：15団体・1個人に対する資金移転防止措置を実施【決議1695号】 10月13日：北朝鮮からの輸入・仲介貿易禁止（北朝鮮から第三国向け）【日本単独の措置】（翌14日実施） 11月14日：北朝鮮への奢侈品（24品目）輸出・仲介貿易禁止【決議1718号】（翌15日実施）	7月5日：弾道ミサイル発射 【7月16日：安保理決議1695号採択】 10月9日：核実験の実施を発表 【10月14日：安保理決議1718号採択】
2007年 (平成19年)	4月、10月：輸入等の禁止措置延長【日本単独の措置】	
2008年 (平成20年)	4月、10月：輸入等の禁止措置延長【日本単独の措置】	
2009年 (平成21年)	4月5日：輸入等の禁止措置1年延長【日本単独の措置】 5月12日：北朝鮮向け支払報告・携帯輸出届出の報告等下限額の引下げ（支払：3,000万円⇒1,000万円、携帯輸出100万円⇒30万円） 5月21日：決議1718号に基づき3団体を追加指定（決議1695号と重複）【4月24日：制裁委員会指定】【5月22日実施】 6月16日：北朝鮮向け輸出禁止措置発表（18日施行） 7月6日：決議1874号に基づき、核関連計画等に貢献し得る資金移転防止措置発表（7月7日実施） 7月23日：決議1718号に基づき、5団体・5個人を追加指定【7月16日：制裁委員会指定】（7月24日実施）	4月5日：弾道ミサイルを発射 5月25日：核実験の実施を発表 【6月12日：安保理決議1874号採択】
2010年 (平成22年)	4月：輸出入等の禁止措置1年延長【日本単独の措置】 5月28日：韓国哨戒艦沈没事件に対する追加措置として、北朝鮮向け支払報告・携帯輸出届出の報告等下限額の引下げ（支払：1,000万円⇒300万円、携帯輸出30万円⇒10万円）（7月6日実施）	3月26日：韓国哨戒艦「天安（チョナン）」が沈没 5月20日：韓国政府、北朝鮮による魚雷攻撃と発表 11月23日：北朝鮮による延坪島（ヨンピョンド）への砲撃
2011年 (平成23年)	4月：輸出入等禁止措置1年延長【日本単独の措置】	
2012年 (平成24年)	4月：輸出入等禁止措置1年延長【日本単独の措置】 5月15日：決議1718号に基づき、3団体を追加指定【5月2日：制裁委員会が3団体を追加指定】【即日実施】	4月13日：ミサイル発射実験（失敗） 【4月16日：安保理議長声明を採択】
2013年 (平成25年)	4月：輸出入等禁止措置2年延長【日本単独の措置】 4月5日：2団体・3個人および1団体・4個人を追加指定【決議2094号】【即日実施】	2月12日：核実験の実施を発表 【3月7日：安保理決議2094号採択】

これは、「規定の確実な実施を図るため」という発動要件に基づくものであり、規制をまぬがれるような取引または行為を防止するための措置という位置づけとなっている。

(4) 対イラン経済制裁措置（図表6－1の⑮⑯⑱～⑳）

a 経済制裁措置の経緯

(a) 2006年（平成18年）から2008年（平成20年）の動き

　2006年2月、無申告でウラン濃縮活動等を行うなど国際原子力機関（IAEA）による軍事転用を含むイランの核プログラムに関する数多くの問題点・懸念に係る報告等を受けて、同年12月には、国連安保理はイランの核活動等に関与する10団体・12個人を制裁対象者、支払等の目的規制に関する措置、イランからの核関連品目の輸入禁止措置を含む決議1737号を採択した。これを受けて、わが国では2007年2月にこれらの措置を講じている。

　また、2007年3月にはイランの核活動等に関与する13団体・15個人を制裁対象者に指定するとともに、イランからの貨物の輸入禁止措置を拡大した安保理決議が採択されたことを受けて、わが国は同年5月にはこれらの措置を講じている。さらに、核活動等に関与する12団体・13個人を追加指定する2008年3月の安保理決議1803号を受けて、わが国では4月に本措置を講じている。なお、同決議ではイランの金融機関との取引に対する注意喚起を要請している。

(b) 2010年（平成22年）から2012年（平成24年）の動き

　2010年6月の安保理決議1929号を受けて、わが国では8月にイランの核活動等に関与する40団体・1個人を制裁対象者に指定するとともに、支払等の目的に関する規制について、大型通常兵器供給関連活動等に寄与する目的を規制対象に追加し、支払の範囲をあらゆる外国向けとするとともに核技術等関連業種に関係する日本企業へのイランからの投資禁止措置も講じた。また、同年9月には米欧との協調により、安保理決議1929号に付随する措置として、イランの核活動等に寄与しうる15銀行および銀行以外の88団体・24個

人を制裁対象者に指定するとともに、支払等の目的規制を拡大し、イランからの支払の受領も規制対象に追加した。また、証券仲介・保険引受の金融サービス提供の役務取引に係る目的規制を講ずると、同時に日本とイランとの間の資金移転の監視を強化する措置として、外為法令に基づき、イランとの間の支払等の月次報告を継続的に行うことを金融機関に求めた。さらに、2011年12月には、イランの核活動等に寄与しうる3銀行を追加指定するとともに、106団体・1個人を指定し、2012年3月には1銀行を制裁対象者に追加指定している。

b 対イラン経済制裁措置の概要

国際原子力機関（IAEA）に無申告でウラン濃縮活動等を行っていたイランに対しては、2006年12月の安保理決議1737号をはじめ、4回の制裁決議が採択されている。その結果、イランに対しては、19銀行を含む359個人・団体の制裁対象者の資産凍結等経済制裁措置が講じられるとともに核開発関連等の資金使途規制が実施されている。

2010年の日本とイランとの間の貿易は、約1兆円の原油等の輸入、約2,000億円の工業製品等の輸出があるものの、米国の対イラン制裁強化措置もあり、イランの19銀行が制裁対象者に指定されたことから、貿易等の決済面で大きな影響が生じており、制裁措置発動により取引を順次縮小していかざるをえない状況となってきている。

これらイランの銀行に対する制裁措置は、欧米諸国との協調のもと、安保理決議の付随措置として実施しているものである。制裁の実施により日本とイランとの貿易は縮小傾向にあるが、制裁対象となった銀行との決済を直ちに禁止することは石油輸入への影響や国内の輸出業者に対して大きな混乱を招くことから、制裁措置実施前に契約した取引やそれに準ずる取引である場合には、一定期間イラン系銀行との間の決済について、当局は許可を付与している。

図表6-10　イランに対する経済制裁措置の推移

2007年（平成19年）2月16日発表【2月17日実施】 【安保理決議1737号（2006年12月23日採択）に基づく措置】 ○10団体・12個人を制裁対象者に指定 ○イランの核活動等に寄与する目的で行われる支払禁止 ○イランからの輸入禁止措置（核関連品目）
2007年（平成19年）5月18日発表【5月19日実施】 【安保理決議1747号（2007年3月24日採択）に基づく措置】 ○13団体・15個人を制裁対象者に指定 ○イランからの輸入禁止措置拡大（武器関連品目を規制対象に追加）
2008年（平成20年）4月22日【即日実施】 【安保理決議1803号（2008年3月3日採択）に基づく措置】 ○12団体・13個人を制裁対象者に指定
2010年（平成22年）8月3日【即日実施】 【安保理決議1929号（2010年6月9日採択）に基づく措置】 ○40団体・1個人を制裁対象者に指定 ○資金使途規制の目的を拡大（イランへの大型通常兵器供給関連活動に寄与する目的を資金使途規制対象に追加、イラン向け支払を全世界向け支払規制に拡大） ○核技術等関連業種の日本企業に対するイランからの投資禁止措置
2010年（平成22年）9月3日【即日実施】 【安保理決議1929号（2010年6月9日採択）に基づく付随措置】 ○イランの15銀行・88団体・24個人を制裁対象者に指定 ○特定目的の資金移転防止措置を拡大（イランからの支払の受領も対象に追加） ○イラン貨物輸入禁止を銀行等の確認義務の対象に追加 ○イランの核活動等に寄与する目的の役務取引禁止措置（保険引受、証券引受禁止措置）
2011年（平成23年）12月9日【即日実施】 【安保理決議1929号（2010年6月9日採択）に基づく付随措置】 ○イランの3銀行、106団体・1個人を制裁対象者に指定
2012年（平成24年）3月13日【即日実施】 【安保理決議1929号（2010年6月9日採択）に基づく付随措置】 ○イランの1銀行を制裁対象者に指定
2013年（平成25年）2月27日【即日実施】 【これまでの安保理決議に基づく制裁委員会による指定】 ○3団体・2個人を制裁対象者に指定

5 経済制裁措置に係る金融機関の対応

(1) 金融機関の役割

　金融面での制裁措置を確実に実行するためには、金融機関の役割・関与に負うところが大きく、指定された制裁対象者の金融資産を迅速に凍結したり、個々の支払等や取引を適切に確認することが重要になってくる。前述のさまざまな形態の経済制裁措置は、国際的な協力のもとで行われるため、わが国としてこれを的確に実施していく必要があり、この適正な履行を図るため、金融機関等に対して、外為法令等に基づく各種義務を課していることはすでに述べたところである。金融面での制裁措置は主に資産凍結措置（預金等の金融資産の凍結）および支払規制であるが、後者に関しては、主に外国送金を取り扱う際に、規制対象の取引・支払等か否かを確認する適法性の確認義務が法17条に規定されている。確認義務の主体は法令上、「銀行等」とされており、具体的には外国為替令6条の2に規定され、銀行法に規定する銀行や信用金庫など為替取引を取り扱うことのできる金融機関となっている。なお、資金決済法に基づき、為替取引を取り扱っている資金移動業者にも同確認義務が課されている。

　また、資産凍結措置では、預金等の金融資産を迅速に凍結することが求められており、制裁対象者であることを看過した場合には、銀行等に対して是正措置や罰則が適用される可能性があり、確実な対応が求められている。

(2) 預金契約等の資本取引に係る制裁対象者の有無の確認

　預金取引は金融機関の主要な業務の一つであるところ、通常、外為法に基づく資産凍結措置は、制裁対象者に係る預金契約・信託契約に係る規制（凍結措置）および当該制裁対象者に対する支払等の規制が講じられている。外

為法に基づく制裁対象者が指定された場合には、当局（財務省国際局外国為替室）から金融機関宛てに通知がなされるとともに、当該制裁対象者の預金取引等があるか否か、預金口座を照合して、該当する預金口座があった場合には、直ちに凍結措置を講じるとともに、当局宛てに報告することとなっている。

預金口座の照合に関しては、外国為替検査マニュアルにその方法が明記されており、制裁対象者の預金口座を確実に抽出・凍結させるため、金融機関に対して、全預金口座（全顧客情報ファイル）を対象に当該制裁対象者の仮名名およびアルファベット名にて、単語ごとに検索するなど類似する預金口座名義を抽出したうえで、幅広い候補から順次絞り込んでいく照合方法を求めている。

なお、現在、制裁対象者には一般的な日本人名義の者は指定されていないことから、外国人名義を適切に抽出して照合できるのであれば、照合対象を絞り込んで行う方法でも許容されている。また、金融機関の窓口において新規に預金口座を開設する際には、口座開設者が制裁対象者か否か、制裁対象者検索用リストを用いて確認することを求めており、この場合も、外国人名義を中心に対応することが認められている。仮に、制裁対象者の口座があり、当該口座に入出金がある場合には、当該口座を保有している金融機関が資本取引（この場合、預金債権の発生・消滅）を行うための許可を事前に取得する必要があり、当局から許可を得ないで入出金を行った場合には、法令違反となることに注意が必要である。

(3) 為替取引（主に外国送金）に係る適法性の確認義務

すでに述べたように、金融機関のもう一つの主要な業務である為替取引（主に外国送金）に関しては、外為法17条において、「顧客の支払等が経済制裁等規制に該当しないこと等を確認した後でなければ、当該為替取引を行ってはならない」旨、規定されているところである。これは、経済制裁措置の実効性を確保するために、為替取引（送金）を業として行う金融機関に対して、顧客の支払等が規制に該当しないことを確認すべきことを法令上義務化

（適法性の確認義務）したものである。現行の規制内容から大別すると、顧客の送金について、①制裁対象者（送金人の場合も含む）に対する送金か否か、②資金使途規制に該当する送金か否か、③貿易等の規制に該当する送金か否か、の3点について確認義務が課されている。

為替取引（特に外国送金）を取り扱っている金融機関における具体的な確認方法は、外国送金を取り扱う場合、送金依頼書やスイフト電文等の送金に係るデータ等を確認することが一般的である。なお、現在、外国送金を取り扱うには、送金依頼書ベース、EB（Electronic Banking）やインターネットを利用した送金、送金先等を事前に登録しておく事前登録型送金などの形態があるが、いずれにしても、送金を実行する前に確認を行う必要がある。

a 制裁対象者の規制

制裁対象者に対する送金か否かの確認については、検査マニュアルでは、送金人名や受取人名など送金に係る情報（スイフト電文等）について、制裁対象者名またはこれに類似する名義があった場合には自動的に検出する照合システムを用いて確認することを求めている。当該自動照合システムを導入していない金融機関においては、制裁対象者検索用リストを用いて受取人名等を単語ごとに入力して確認を行うことを求めており、制裁対象者または類似の名義があった場合には、慎重な確認を経て送金の可否の判断を行い、記録を残すことを求めている。

b 資金使途規制

北朝鮮やイランの核関連等に関係する資金使途規制に係る適法性の確認義務の方法は、制裁対象者に関係する送金の確認と同様に、為替検査マニュアルに記述されており、一般的には、送金目的等を確認することで対応している。送金形態は前述したように、送金依頼書ベース、EBやインターネットを利用した送金などの形態があるが、いずれの形態においても、送金目的を確認または北朝鮮やイランの核開発関連等の取引ではないことにつき、顧客からの申告を受け、それを確認する必要がある。さらに、送金使途規制に抵触する疑いがある場合には、顧客から証拠書類を徴求するとともに、それぞ

れ確認の記録を残すことを求めている。

c　貿易規制

　貿易等の規制に該当する送金か否かの確認については、2006年10月に北朝鮮からの輸入等禁止措置が発動されているところ、一般的には輸入や仲介貿易取引の送金の際に、顧客から当該貨物の原産地等の申告を受けるなど、本規制に該当しないことを確認・記録することを求めている。なお、貿易規制および資金使途規制に関して、北朝鮮やイランに関係する規制内容を具体的に説明して、当該規制に該当しない旨を申告させることにより、これら確認義務を履行する方法についても許容されているところである。また、顧客から得た必要情報の真偽に疑いがある場合または貿易規制に抵触することが考えられる場合にはエビデンスによる慎重な確認を求めている。なお、イランに関係した貿易取引に関しては、基本的にエビデンスを徴求したうえで慎重な確認を実施しているのが通例である。

6　外国為替検査

(1)　外国為替検査の概要

　経済産業省とともに外為法を共管している財務省・財務局は、金融機関等における経済制裁措置の履行状況等をチェックするため外国為替検査を実施している。その目的は、外為法令等に基づく各種義務の履行状況等を確認して、内部管理体制の整備を促し、外為法に基づく資産凍結等経済制裁措置および犯罪による収益の移転防止に関する法律（犯罪収益移転防止法）の規定の実効性を担保するためのものである。

　その検査対象は、外国送金等の外国為替業務を取り扱う金融機関や資金移動業者、両替業者である。外国為替検査を所掌している国際局為替実査室

は、外為法および犯収法に関する検査の項目を定めた外国為替検査マニュアルを制定するとともに、各財務局理財部等に配置された為替実査官と連携し、金融機関等に対する外国為替検査を実施している。

(2) 外国為替検査の変遷

外為法68条1項においては、「主務大臣は、この法律の施行に必要な限度において、当該職員をして、外国為替業務を行う者その他この法律の適用を受ける取引又は行為を業として行う者」に対する検査権限が規定されており、同法で規定されている取引等のうち、外国為替業務は財務省、外国貿易取引等に関しては経済産業省がそれぞれ検査を実施している。1998年以前の外国為替公認銀行（為銀）制度が残っていた旧外為法時代の外国為替検査は、為銀の健全性を中心とした検査を実施していた。しかしながら、1998年の改正外為法施行に伴い、為銀制度が廃止され、対外取引が自由になったことにより、外国為替検査は外為法令に基づく経済制裁措置の実施状況等を主眼としたものとなり、いわば国際金融システムの濫用防止のための検査に特化するものとなった。

特に、2001年9月の米国同時多発テロ事件の発生を契機として、タリバーン関係者等およびテロリスト等に対する資産凍結等の措置が講じられたことから、経済制裁措置の実効性を担保するうえで外国為替検査の事務体制のよりいっそうの整備・強化を図ることが必要となり、2003年1月に外為検査マニュアルが制定されるとともに、同年7月に財務省国際局に為替実査室が設置され、新しい体制で検査が開始された。その後、2006年の北朝鮮による長距離弾道ミサイル発射を機に対北朝鮮経済制裁措置が発動されたことを受けて、外国送金を取り扱う金融機関約270に対する対北朝鮮制裁に係る特別検査を実施するとともに対イラン経済制裁の強化による集中検査の実施など、経済制裁措置の適切な対応をチェックするため検査は機動的・集中的に実施されてきている。なお、外国為替検査の実施状況は図表6－11のとおりである。

図表 6－11　外国為替検査の実施状況

平成・年度	15	16	17	18	19	20	21	22	23	24
都市銀行・信託銀行	1	4	10	18	8	1	5	7	4	4
在日外国銀行・外資系信託銀行	23	33	19	83	23	13	22	16	18	23
地方銀行	36	38	30	133	59	51	38	29	37	41
信用金庫	26	32	31	104	50	52	92	80	48	44
その他金融機関	1	3	4	10	6	4	2	10	6	11
資金移動業者								7	9	8
両替業者	1		7	10	22	149	9	32	38	18
証券会社				2	1					
合　計	88	110	101	360	169	270	168	181	160	149

（出典）　財務省政策評価書

(3)　外国為替検査マニュアル

　外国送金を取り扱う金融機関に対しては、主に経済制裁措置の履行状況に関する検査を行うとともに、外国為替業務のうち両替のみを取り扱う約160の金融機関および非金融機関である約170の両替業者に対しては、外為法および犯罪収益移転防止法に基づく検査（マネー・ローンダリング対策やテロ資金対策としての本人確認義務、疑わしい取引の届出義務等の履行状況を確認する検査）を行っている。最新の外国為替検査マニュアルは、財務省ホームページに掲載されており、現在6本のチェックリストがあり、検査の趣旨、検査実施の基本的考え方、検査事項、検査方法等が説明されている。

（参考）　外国為替検査マニュアルに関するチェックリスト
① 　外為法令等遵守のための内部管理体制全般に係るチェックリスト
② 　資産凍結等経済制裁に関する外為法令の遵守状況に係るチェックリスト
③－1 　金融機関等の本人確認義務等に関する外為法令等の遵守状況に係る
　　　チェックリスト（除く両替業務）
③－2 　金融機関等の両替業務における取引時確認等に関する犯罪収益移転防止
　　　法令及び本人確認義務等に関する外為法令等の遵守状況に係るチェックリ

図表6-12 資産凍結等経済制裁に関する外為法令の遵守状況に係るチェックリストの項目

```
Ⅰ 資産凍結等経済制裁に対応するための内部管理体制
  1．法令遵守体制における外為法令遵守の位置付け
  2．事務リスク管理体制における外為法令遵守の位置付け
  3．その他（資産凍結等責任者の設置）
Ⅱ 資産凍結等経済制裁への対応状況
  1．内部における情報の周知
  2．預金口座の管理
  3．資産凍結等経済制裁対象預金口座の有無の確認
   (1) 口座の有無の確認の迅速性
   (2) 口座の有無の確認のための照合上の留意点
     ① 照合の対象となる預金口座の範囲
     ② 照合手段
     ③ 照合基準
     ④ 制裁対象者と同一・類似名義の口座が発見された場合の対応
   (3) 新規預金口座開設の際の照合（非居住者・外国人預金）
  4．資産凍結等経済制裁対象預金口座がある場合等の当該預金口座の管理状況等
  5．制裁対象者への支払の管理状況等
  6．預金以外の資本取引等の管理状況
  7．銀行等の確認義務の履行状況
   (1) 確認義務履行上の留意点
     ① 送金情報の把握
     ② 資産凍結等制裁対象者に対する支払規制への対応
     ③ 貿易に関する支払規制への対応
     ④ 資金使途規制への対応
     ⑤ 確認結果の記録
     ⑥ 取次金融機関等との協力体制の構築
   (2) 顧客の支払等が制裁対象に該当する場合の確認事務の実施手続
  8．邦銀の海外支店における資産凍結等経済制裁への対応状況
  9．資産凍結等経済制裁への対応状況の把握等
```

スト
④　特別国際金融取引勘定の経理等に関する外為法令の遵守状況に係るチェックリスト
⑤　両替業務に係る疑わしい取引の届出義務等に関する犯罪収益移転防止法令の遵守状況に係るチェックリスト
⑥　外国為替取引に係る通知義務に関する犯罪収益移転防止法令の遵守状況に係るチェックリスト

　このなかで特に重要なチェックリストは、②の資産凍結等経済制裁に関するチェックリストであり、外為法に基づくさまざまな経済制裁措置に係る金融機関等の対応状況をチェックすべき事項が詳細に規定されている。本チェックリストの内容（預金取引および為替取引（主に外国送金）への対応）について以下、簡単に説明すると、まず資産凍結等経済制裁に対応するための内部管理体制として法令遵守体制上の位置づけ、事務リスク管理体制における外為法令遵守の位置づけなどが規定されている。次に、資産凍結等経済制裁への具体的な対応状況として、内部における情報の周知、預金口座の照合、制裁対象者口座の有無の確認、制裁対象者口座があった場合の同口座の管理状況、金融機関等による制裁対象者への支払の管理状況、預金取引以外の資本取引の管理状況、顧客の送金に係る銀行等の確認義務の履行状況、邦銀の海外支店における資産凍結等経済制裁への対応状況などチェックすべき事項が記されている。このなかで特に重要であるのは、金融機関の本来業務である預金の口座照合および顧客の為替取引（送金）に係る確認義務の履行に関してであり、本チェックリストに基づいた対応が求められている。
　なお、外国為替検査で指摘された不備事項は、2009年6月公表版および2012年6月公表版が財務省ホームページに掲載されており、体制整備等の参考に資するものである。

7 米国の経済制裁措置の概要

　わが国の経済制裁措置については、前述したように外為法に基づき実施されており、所管官庁は金融関係は財務省、貿易関係は経済産業省となっている。なお、世界各国においては、国連安保理決議をベースとした措置を含むさまざまな経済制裁措置が各々の国の法令等に基づき実施されているが、このうち、わが国に最も大きな影響を及ぼすのは米国の経済制裁措置である。米国は、テロ資金供与対策、マネー・ローンダリング防止対策、大量破壊兵器の拡散金融防止に関して、国際社会のなかで主導的な役割を果たしてきており、国連安保理やFATFをはじめ、同盟国等に対しても強い影響力を及ぼしている。また、その措置は、どの国よりも厳しいものとなっており、これに違反した金融機関等に対しては、巨額の罰金等を科しており、米国において活動している金融機関をはじめ、外国送金や外貨両替を取り扱っている本邦金融機関にも少なからず影響を与えている。

　米国に進出している本邦金融機関等の拠点は当然ながら米国規制の適用を受けることとなるが、米国内に拠点がなくとも、米国向け外国送金やドル建て送金等を取り扱った場合には、基本的にニューヨークにある米銀等の口座を経由して決済されることから、米国法令の適用を受ける米銀等を通じて間接的に米国規制の影響を受けるかたちとなり、この点注意が必要である。よって、外国送金等しか取り扱っていない本邦金融機関においても、ある程度米国規制の概要を把握して対策をとっておくことが必要になってきている。

　なお、米国の経済制裁措置に関しては、第1章および第2章において、その経緯、背景、内容等が詳細に述べられているため、本章では、規制の概要と本邦金融機関が留意しておくべき点を中心に述べることとしたい。

(1) 米国における経済制裁措置の担当部署

米国における経済制裁措置は、1812年の米英戦争直前における対英国資産凍結にさかのぼることができるとされ、南北戦争や第一次世界大戦、第二次世界大戦、朝鮮戦争などの国内・対外戦争時における敵国資産等の凍結や通商の制限等により実施されてきた。現在の経済制裁措置は、米財務省の組織である外国資産管理室（Office of Foreign Asset Control：「OFAC」という）が担当しており、米国の外交政策・安全保障政策の一環として、テロリスト、国際的犯罪組織、麻薬取引者、大量破壊兵器関係者などの特定行為関係者およびイラン、北朝鮮、キューバ、シリアなどの特定国の関係者を制裁対象者として指定して、これらの者に対する取引の制限や資産凍結措置を実施している。

(2) 米国 OFAC による制裁措置

米国の経済制裁プログラムは合計23あり（2013年7月末現在）、それぞれの措置の根拠法令は異なり、たとえば、敵国通商禁止法（イラン、シリア、キューバなど）、国際緊急経済権限法（テロリスト、麻薬、国際的組織犯罪など）、イラン制裁法など多岐にわたり、プログラムによっては複数の法令に基づき実施されている措置もある。具体的な制裁措置の実施は、措置の根拠となる法令に基づき大統領令（Executive Order）が発出され、米財務省は米国務省等関係する政府機関と連携しながら、具体的な制裁措置の内容を決定している。

たとえば、日本に関係する措置としては、松本サリン事件や地下鉄サリン事件を実行したオウム真理教を指定している「テロリスト」や日本の「ヤクザ」、およびその具体的な3団体・6個人を指定している「国際的組織犯罪」に対する規制では、発動根拠は国際緊急経済権限法を含むいくつかの法律に基づき実施されている。これらの法令に基づき、大統領令の発出を受けて、経済制裁実施機関であるOFAC等が具体的な制裁対象者を指定している。

図表6－13　米国 OFAC 制裁プログラム（2013年7月末現在）

①	バルカン関係制裁（Balkans-Related Sanctions）
②	ベラルーシ制裁（Belarus Sanctions）
③	ミャンマー制裁（Burma Sanctions）
④	コートジボアール関係制裁（Cote d'Ivoire（Ivory Coast）- Related Sanctions）
⑤	対麻薬取引制裁（Counter Narcotics Trafficking sanctions）
⑥	対テロリズム制裁（Counter Terrorism sanctions）
⑦	キューバ制裁（Cuba sanctions）
⑧	コンゴ民主共和国関係制裁（Democratic Republic of the Congo-related Sanctions）
⑨	イラク関係制裁（Iraq-Related Sanctions）
⑩	イラン制裁（Iran Sanctions）
⑪	レバノン関係制裁（Lebanon-Related Sanctions）
⑫	リベリア前政権関係者（チャールズ・テイラー）制裁（Former Liberian regime of Charles Taylor Sanctions）
⑬	リビア制裁（Libya Sanctions）
⑭	マグニスキー制裁（Magnitsky Sanctions）
⑮	大量破壊兵器不拡散制裁（Non-Proliferation Sanctions）
⑯	北朝鮮制裁（North korea Sanctions）
⑰	ダイヤモンド原石取引管理（Rough Diamond Trade Controls）
⑱	ソマリア制裁（Somalia Sanctions）
⑲	スーダン制裁（Sudan Sanctions）
⑳	シリア制裁（Syria Sanctions）
㉑	国際的犯罪組織（Transnational Criminal Organizations）
㉒	イエメン関係制裁（Yemen-Related Sanctions）
㉓	ジンバブエ制裁（Zimbabwe Sanctions）

指定された制裁対象者は、通常 SDNs（Specially Designated Nationals）と称されており、現在では、6,000超の者が指定されている。なお、制裁対象者リストは頻繁に更新されており、OFAC のホームページには最新の制裁対象者リストをはじめ、規制の概要、個別制裁プログラムの概要、Q&A 等の情報が掲載されている（図表6－13）。

a　法令遵守すべき者および規制内容

OFAC 規制を遵守すべき者は、原則米国人（US Persons：個人、法人）とされており、在米の本邦金融機関等の拠点も当然ながら対象とされ、また、米国外居住であっても米国籍個人・法人も含まれる（米国系金融機関の在日拠点も対象）。なお、規制は米国内にある OFAC 規制対象者の預金口座や資産を凍結（block）すること、または制裁措置に関係する取引である場合には貿易や金融取引を拒絶（reject）することで行われるが、ライセンスを取得した場合には、規制されている取引が行えることとなっている。

b　OFAC への報告

金融機関は、凍結または拒絶取引があった場合には、その発生から10日以内に OFAC に報告する必要があり、また、毎年6月末の凍結口座の状況を同年9月末までに OFAC に報告することとなっている。なお、凍結された資産・資金は凍結口座にて管理する必要があり、金融機関は取引後最低5年間は凍結口座、拒絶取引に係るすべての記録を保存する義務がある。

c　OFAC 規制違反の罰則

刑事罰は5万ドルから1,000万ドルの範囲の罰金と10年から30年の禁固刑を含むことができるとされており、民事罰は1件当り25万ドルから取引額の2倍で107万5,000ドルまでの範囲の金額を科せられることとなっている。

(3) 日本に関係する指定者

2011年7月、米財務省は国際犯罪収益が米国に還流して、犯罪組織の新た

な犯罪資金となること等を防止するため、重大な国際的犯罪組織として四つのグループを資産凍結対象者に指定した。わが国に関連するものとしては、包括的な名称である「YAKUZA」およびその別称である「BORYOKUDAN」、「GOKUDO」が指定され、さらに、2012年2月以降、具体的名称・氏名として3団体・6個人が指定されている。なお、2013年7月末日現在で、OFACが指定している日本関係者の内訳は、以下のとおりとなっている。

OFAC規制に係る日本関係者の内訳	
キューバ制裁関係	12団体・2個人
イラン制裁関係	1団体
テロリスト関係	1団体
国際的犯罪組織関係	1総称・3団体・6個人

(4) 本邦金融機関の対応

　本邦金融機関には、メガバンクなど米国の拠点のある金融機関は米国の法令に従って、米国規制に該当する取引か否か、預金や外国送金の取扱い時に確認を行っており、本邦においても、外国送金等に関してOFACリストに基づくチェックを行っている。なお、米国に拠点のない本邦金融機関であっても、米国向けの外国送金や米ドル建て送金は米国に所在する金融機関が関係するため、間接的にOFAC規制が適用されることとなる。したがって、OFAC指定者が関係した送金があった場合には、当該取引は米国等により凍結等される可能性があることに留意が必要である。

　なお、前述した米国の「ヤクザ」に係る資産凍結等の措置のわが国への影響については、一般的には本邦金融機関は反社会的勢力との取引か否かについて、スクリーニングを行い、慎重な対応をとっているため、こうした措置を着実に実施していればあまり懸念する必要はないものと考えられる。ただ外国送金の場合に、「ヤクザ」指定者が送金人・受取人にはいないことを確認しておくことが必要であろう。なお、具体的な指定者は現在、3団体・6個人であるが、警察庁が暴力団対策法に基づき指定している団体が、21団体（約7万人：構成員・準構成員：2012年6月現在）あり、警察庁等のホームペー

ジに公表されているところである。

　こうした指定団体名義の外国送金を本邦金融機関が取り扱う可能性は低いと考えるが、21団体の情報は公表されている情報でもあり、こうした団体名による外国送金についても予防的にスクリーニングしておくことが望ましいと考える。また、OFACが指定している他の日本関係者についても、まず、これらの預金口座の有無等を確認しておき、外国送金の取扱いがあった場合には慎重な対応が必要であろう。

⑧ おわりに

　以上、わが国の経済制裁措置を中心に述べたところであるが、国際的な観点からは、現行のわが国の経済制裁措置に関する法制度に関して課題が残されている。2008年に実施されたFATF第3次対日審査においては、テロリスト等の経済制裁措置に関して、国内におけるテロリストの資産凍結措置を行う法制度がないことが指摘されている。すでに、本文中でも述べているが、わが国の経済制裁措置は、対外経済取引を規定している外為法により対応しているが、本邦と外国との間の取引、居住者と非居住者との間の取引など対外的な取引に限定して規制を行える法制となっている。しかしながら、仮に国内に国連安保理で指定されたテロリストが居住していた場合（居住者の場合）には、現行の外為法では対応できない状況となっている。今後、安保理決議に基づき、国内のテロリスト等であっても資産凍結措置を可能とするような法整備が期待されるところである。

　また、第3次対日審査においては、テロ行為に対する物質的支援を犯罪化していないことが指摘されている。1999年の国連総会において採択され、2002年にわが国が締結した「テロリズムに対する資金供与の防止に関する国際条約」（テロ資金供与防止条約）においては、テロ行為を行うために使用される資金の提供および収集を犯罪化することが求められている。この場合の

「資金(funds)」は、「有形・無形、動産・不動産を問わず、あらゆる種類の財産」とされている。わが国においては、2002年、本条約の国内担保法である「公衆的脅迫目的の犯罪行為のための資金の提供等の処罰に関する法律」(テロ資金提供処罰法)を制定したが、本法律では、基本的に金融資産の提供および収集を処罰の対象としており、たとえばテロリストに対するアジト(不動産)の提供(使用)に対しては犯罪化の対象外とされている。この点に関しても、テロリストに対する物質的支援を犯罪化するなど、国際的に求められている法整備が期待されるところである。

第7章

外国公務員等贈賄防止と米国海外腐敗行為防止法／2010年英国贈収賄禁止法対応

1　外国公務員等贈賄の罪について

　贈賄は世の中にさまざまなひずみを起こす犯罪であるが、経済のグローバル化に伴い、自国の公務員への贈賄に限らず、海外におけるビジネスを獲得ないし維持するために外国の公務員に対する贈賄も行われるようになった。このようななか、米国では、いち早く、1977年に海外腐敗行為防止法（The Foreign Corrupt Practices Act。以下、「FCPA」ということがある）を制定して、外国（非米国）の公務員に対する贈賄を禁止した。その後、1988年にはFCPAを改正するとともに、経済協力開発機構（The Organisation for Economic Co-operation and Development。以下、「OECD」という）において外国公務員贈賄禁止に係る条約を作成するよう働きかけを行った。

　上記のような米国の要請により、OECDにおいて交渉が開始され、1997年11月に国際商取引における外国公務員に対する贈賄の防止に関する条約（OECD Convention on Combating Bribery of Foreign Public Officials in International Business Transactions。以下、「OECD外国公務員贈賄防止条約」という）が採択され、1999年2月に発効した。また、国際連合でも、国内および海外の公務員に対する贈賄等を禁止する、腐敗の防止に関する国際連合条約（United Nations Convention against Corruption。以下、「国連腐敗防止条約」という）が2005年12月に発効した。OECD外国公務員贈賄防止条約の締約国は40ヵ国[1]、国連腐敗防止条約の締約国は167ヵ国[2]である。

　日本はOECD外国公務員贈賄防止条約の発効時からの締約国であり、同条約が採択されると、不正競争防止法の改正を行い、外国公務員等贈賄罪を創設した（1999年2月に発効。現在の不正競争防止法18条）。2013年4月現在、外国公務員等贈賄罪での摘発件数は2件である。

　また、英国では、OECD外国公務員贈賄防止条約の遵守状況等をモニタ

---

[1] http://www.oecd.org/daf/anti-bribery/antibriberyconventionratification.pdf
[2] http://www.unodc.org/unodc/en/treaties/CAC/

リングする贈賄防止作業部会から、同国の贈賄を禁止する法令3が約100年も前に制定されたものであり、現代社会にあわせたものに改訂するよう勧告を受けていたところ、2010年贈収賄禁止法（The Bribery Act 2010）が発布され、2011年7月に発効した。米国では2000年に入ってFCPAの摘発数が急増し、かつ、外国企業に対する積極的な取締りも行われている。

このように外国公務員等贈賄に対する法制やその執行は年々厳しくなっており、海外に進出する日本企業は、日本の不正競争防止法や現地の贈賄法制はもちろん、米国FCPAや2010年英国贈収賄禁止法を正しく理解することが肝要である。

2　The Foreign Corrupt Practices Act（米国海外腐敗行為防止法）

(1)　FCPAの外国公務員等贈賄禁止条項——FCPAガイドライン4をふまえて

a　FCPAの構成

FCPAは、米国連邦法規類集（United States Code。以下、「U.S.C」という）15編「商業および貿易（Commerce and Trade）」の2B章「証券取引（Securities Exchanges）」に規定されている。

FCPAは、外国公務員等贈賄禁止条項（15 U.S.C. §78dd-1～78dd-3）、会計条項（15 U.S.C. §78m）、罰則（15 U.S.C. §78ff）とに分けられて規定されている。会計条項（厳密には、定期的報告等（Periodical and Other Reports））で

3　Public Bodies Corrupt Practices Act 1889, Prevention of Corruption Act 1906, Prevention of Corruption Act 1916
4　2012年11月14日に米国司法省および米国証券取引委員会が公表した「FCPA A Resource Guide to the U.S. Foreign Corrupt Practices Act」。http://www.justice.gov/criminal/fraud/fcpa/guide.pdf

は、15 U.S.C.§78lに基づき証券を登録している者および15. U.S.C. 78o(d)に基づく報告義務がある者に対し、合理的な範囲で詳細、正確、公正に当該者の財産の取引や処分を反映した会計帳簿等（books, records and accounts）を記録・維持することなどを義務づけている。

　これに対し、外国公務員等贈賄禁止条項は、当該条項が適用される対象者ごとに構成要件が規定されている。以下、外国公務員等贈賄禁止条項の構成要件について解説したうえで、適用除外、有効な抗弁、管轄、刑罰等について述べ、最後にFCPAの執行状況について述べる。

b　外国公務員等贈賄禁止条項が適用される対象者

　(a)　**Issuer**（米国上場企業等。15. U.S.C.§78dd-1）

　15. U.S.C.§78dd-1では、「Issuers」が行う行為について規定している。「Issuer」とは、以下の者のことをいう。

① 15. U.S.C.§78l（証券取引法12条）に基づき証券を登録しているIssuerまたは15. U.S.C.§78o(d)（証券取引法15(d)条）に基づく報告義務があるIssuer
② ①の役職員（officer, director, employee）
③ ①のエージェント（agent）
④ ①の代理として行動するIssuerの株主（stockholder）

　①は、米国証券取引所に上場している企業または米国市場で店頭取引され（quoted in the over-the-counter）、かつ、米国の証券取引委員会に対し定期的報告義務がある企業をいう[5]。よって、米国預託証券（American Depository Receipts）を発行している外国企業もIssuerに含まれうる。

　さらに、FCPAガイドラインによれば、Issuerの共犯者（co-conspirators）もこのカテゴリーに入るとしているが[6]、詳細は「f　管轄」において詳解する。

5　FCPAガイドライン11頁
6　FCPAガイドライン11頁

(b) Domestic Concern（米国企業等。15 U.S.C. §78dd-2）

15 U.S.C. §78dd-2は、「Domestic Concern」が行う行為を規定している。「Domestic Concern」とは、以下の者のことをいう[7]。

① 米国の市民、国籍保有者または居住者（a citizen, national or resident of the United States）
② 「Issuer」以外の企業等で、米国に主要な事務所（principal place of business）がある企業等または米国法に基づいて設立された企業等
③ ①および②の役職員（officer, director, employee）
④ ①および②のエージェント（agent）
⑤ ②の代理として行動する②の株主（stockholder）[8]

(c) Others（非米国企業等。15 U.S.C. §78dd-3）

15 U.S.C. §78dd-3は、「Others」が行う行為を規定している。「Others」とは、以下の者のことをいう。

① 「Issuer」、「Domestic Concern」以外の個人、企業等で、米国領域内（while in the territory of the United States）で禁止行為を行った者
② ①の役職員（officer, director, employee）
③ ①のエージェント（agent）
④ ①の代理として行動する①の株主（stockholder）

以下、本bのなかで説明した「Issuer」を「米国上場企業等（Issuer）」、「Domestic Concern」を「米国企業等（Domestic Concern）」、「Others」を「非米国企業等（Others）」と述べることとする。

c 禁止行為

FCPAが禁止する行為は、以下の行為である。
① 外国公務員等に対し
② 営業上の利益を得る目的で
③ 腐敗の意図で

---

[7] 15 U.S.C. §78dd-2(h)(1)参照
[8] 文理上は①の株主も入るが、個人の株主は想定しがたい。

④ 外国公務員等の職務権限に関係する行為や決定に影響を与える目的等で
⑤ 利益を提供し、利益提供の約束をしまたは利益提供の申込みをすること
以下、個別に説明する。

(a) 「外国公務員等」に対し

「外国公務員等」は、FCPA上、以下の者と定義されている。

① 外国[9]政府（foreign government）またはその内局、エージェンシーもしくは機関（department, agency, or instrumentality thereof）の役職員（officer or employee）
② 公的国際機関の役職員
③ 外国政府またはその内局、エージェンシーもしくは機関、または公的国際機関のために、あるいはそれらを代理して、公的権限を行使する者
④ 外国の政党もしくはその職員または外国の公職の候補者

このように、外国の政党を除けば、贈賄が禁止されているのは、外国政府等の職員個人に対してであり、外国政府そのものではない[10]。

「外国公務員等」の定義は、公的企業（instrumentality of a foreign government）を除けば比較的明確である。しかし、公的企業については、OECD贈賄作業部会からどの企業を意味するのかいまひとつ明確ではないという指摘がなされていた[11]。FCPAガイドラインには多少、どの企業が公的企業に該当するかの考え方の説明が掲載されている。すなわち、FCPAガイドラインによれば、どの企業が公的企業に該当するかは、当該企業のオーナーシップ、コントロール、地位、機能等について具体的な事実の分析が必要であるとし、次の事項が考慮されうるとしている[12]。

① 外国政府がどの程度当該企業を所有しているか
② 外国政府がどの程度当該企業をコントロールしているか
③ 外国政府が当該企業やその役職員をどのように位置づけ（characteriza-

---

[9] 米国にとって外国という意味であり、米国以外の国または地域を意味する。
[10] FCPAガイドライン20頁
[11] 例として、OECD外国公務員贈賄作業部会フェーズ2米国報告書（2002年10月）段落108および109等
[12] FCPAガイドライン20頁

tion）しているか
④ 当該企業設立の経緯
⑤ 当該企業の活動の目的
⑥ 外国法上における当該企業の義務ないし特権
⑦ 活動をするために当該企業に与えられた排他的権限ないし支配権
⑧ 外国政府による財政支援の程度
⑨ 領域の居住者に提供される当該企業のサービス内容
⑩ 外国政府の政策のなかに、達成されるべき目標や目的として（当該企業の活動等が）明記されているか
⑪ 当該企業が公的または政府の機能を担っているとの一般的な見方があるか

　さらに、FCPAガイドラインによれば、一般的には、外国政府が株式を過半数所有ないし支配していない場合は、公的企業に該当しないとしつつ、たとえば、43%の株しか外国政府が所有していない場合であっても、当該外国政府が当該企業の主要な支出について拒否権を有する特別の株主である場合や、多数の役員が政府から任命されている場合には、公的企業に該当すると解されている[13]。
　このようなFCPAガイドラインの説明にかんがみると、米国司法省および証券取引委員会は、ある企業が公的企業に該当するか否かについて、当該企業に対する外国政府の人ないし株式等の所有による支配に主に着目していると考えられる。よって、少なくとも、日本の不正競争防止法18条2項に該当する企業は、FCPA上も公的企業に該当し、その役職員は外国公務員等に該当すると考えるのが無難である。

(b) **営業上の利益を得る目的（business purpose test）**
　贈賄は、営業上の利益を得る目的（in obtaining or retaining business, or directing business）で行われなければならない。
　FCPAガイドラインによれば、「営業上の利益を得る目的」は広く解され

---

[13] FCPAガイドライン21頁

ている。すなわち、直接、外国政府と契約を締結したり、更新したりする目的のみならず、税制上の優遇措置を受ける目的や、関税を減少させる、または免除させる目的、あるいは、競合他社の市場参入や許認可を妨げるために政府の行動を得る目的などは、すべて営業上の利益を得る目的に含まれるとされている[14]。そして、結局、FCPAは、あらゆる目的でなされる贈賄をすべて包含しないまでも、さまざまな不公正な営業上の便宜（unfair business advantages）を確保するための支払等、営業上の利益を獲得ないし維持するのに寄与する贈賄行為に広く適用されるとしている[15]。

したがって、ビジネスの過程で行われる外国公務員等への支払は、ほぼ、「営業上の利益を得る目的」のためになされる支払と解されると考えたほうがよいであろう。

(c) **腐敗の意図（corruptly）**

FCPAは、「腐敗の意図のある」外国公務員等への利益提供等に適用される。FCPA上、腐敗の意図は明確に定義されていないが、FCPAが制定される際、議会は外国公務員等の地位を濫用（misuse）するよう利益の受領者に誘導する目的が必要であるとした[16]。

FCPAガイドライン上、何が腐敗の意図かについて明確には説明されていないが、この点、不正競争防止法上の外国公務員等贈賄罪の「不正の利益」の考え方が参考になると思われる。すなわち、日本の経済産業省「外国公務員贈賄防止指針」（平成16年5月26日作成。平成19年1月29日、平成22年9月21日各改訂。以下、「経産省指針」という）によれば、「不正の利益とは、公序良俗又は信義則に反するような形で得られる利益を意味する」として、具体的に、「外国公務員等に対する利益の供与等を通じて自己に有利な形で当該外国公務員等の裁量を行使させること」「外国公務員等に対する利益の供与等を通じて、違法な行為をさせること」などが禁じられている[17]。FCPA上の腐敗の意図も、利益提供等によって、外国公務員等に対し、自己に有利

14　FCPAガイドライン13頁
15　FCPAガイドライン14頁
16　S. REP. No. 95-114, at 10（FCPAガイドライン脚注75）
17　経産省指針13、14頁

になるようその裁量を行使させたり、違法な行為をさせる意図を意味すると考えてもよいと思われるが、それらの意図は、実は下記(d)の要件とかなり類似している。

(d) 外国公務員等の職務権限に関係する行為や決定に影響を与える目的等

FCPA 上、次の目的のうち少なくとも一つを有することが必要とされている[18]。

① 外国公務員等の職務権限に関係する行為や決定に影響を与える目的
② 外国公務員等の法的な義務に違反する行為や不作為をさせるよう、当該外国公務員等を誘導する目的
③ 不適切な便宜を得る目的
④ 米国上場企業等（Issuer）／米国企業等（Domestic Concern）／非米国企業等（Others）が営業上の利益を得るために役立つよう、外国政府やその機関に外国公務員等の影響力を使って、当該政府や機関の行為や決定に影響を与えるよう、当該外国公務員等を誘導する目的

(e) 利益（anything of value）

外国公務員等贈賄罪において提供等が禁止されているのは、なんらかの利益（anything of value）であり、例外とされているものや、ミニマムスタンダードは設定されていない。ここでは、贈答、接待、寄附、外国公務員等の招へいなどが適切な業務の一環として行われたものか、それとも、贈答等を装ってなされた贈賄であるかの線引きが問題となる[19]。この点、FCPA ガイドライン[20]によれば、腐敗の意図のあるなんらかの利益の提供等か否かが問題となるとされている。たとえば、コーヒー代、タクシー代、わずかな価値を有する企業のプロモーショングッズの提供等では腐敗の意図は認められにくい。また、わずかな支払や贈答については、それがビジネスを獲得ないし維持するための贈賄スキームであるところの、長期間にわたる、あるいは組織的な行動の一環として行われている場合のみ、米国司法省と証券取引委員

---

[18] 15 U.S.C. §78dd-1(a)(1)(2)、同78dd-2(a)(1)(2)、同78dd-3(a)(1)(2)
[19] 以下に述べることは、「利益」の該当性ではなく、「腐敗の意図」の有無の判断の話であるが、FCPA ガイドラインでも利益の項目で説明されているので、本章もそれに倣っている。
[20] FCPA ガイドライン15頁

会は着目するとされている。他方、多額の現金の提供等は、正当な理由があるとは考えにくく腐敗の意図が認められやすい。贈答や接待については、透明性をもって行われ、会計帳簿類にも正しく記録されること、敬意を払う等の目的であり、現地法上も禁止されていなければ、腐敗の意図は認められにくいとされている。

　外国公務員等の招へいについては、その目的（必要性）、時期、対象者、費用負担が必要かつ相当な範囲であるかなどを総合的に考慮して、腐敗の意図の有無が認定されると考えられる。寄附については、たとえば、寄附の相手方が外国公務員等の親族が運営している団体であり、そこになんらの理由もないのに多額の寄附をすることは、当該団体を通じた外国公務員等への贈賄とみなされるか、少なくとも疑いが生じると考えられる。

　この点、FCPAガイドライン[21]では、寄附を行う際、①寄附の目的、②社内規程に従って寄附がなされているか、③外国公務員等の要請に従って寄附がなされていないか、④寄附の相手方は外国公務員等と関係があるか、ある場合、当該外国公務員等は寄附を行う企業の活動について決定権を有しているか、⑤寄附は、ビジネスやその他の便宜を獲得することを条件になされていないかを考慮すべきであるとされている。

　後記5(2)cで述べるとおり、接待、贈答、招へい、寄附等が腐敗の意図をもって行われないよう、あるいは贈賄であると疑われないよう、社内規則上、明確な基準をもつことが望ましい。

(f)　提供、提供の約束および提供の申込み

　外国公務員等贈賄罪で禁止されているのは、なんらかの利益の提供の申込み（offer）、なんらかの利益の提供（payment/gift）、なんらかの利益を提供することの約束（promise to pay/give）または外国公務員等へなんらかの利益を提供等することの承諾（authorization）である。よって、なんらかの利益の提供の申込みをした場合、外国公務員等が、実際にその利益の提供を受けることや受けることを承諾、すなわち約束をすることは要しない。また、外国公務員等から便宜を受けたり、外国公務員等が違法な行為を行うことも

---

[21]　FCPAガイドライン19頁

要件ではない。

d　第三者に対する支払

　FCPA は、外国公務員等に対する支払ではなく、第三者に対する支払であっても、一定の場合には、外国公務員等贈賄罪に該当すると規定している。すなわち、第三者に提供等される利益の全部ないし一部が、直接的または間接的に外国公務員等に提供等されることを「知りながら（while knowing）」、当該利益を第三者に提供等した場合、その他の要件（営業上の利益を得る目的、腐敗目的等）を満たしていれば、第三者に提供等した者に対して外国公務員等贈賄罪が成立する。

　この問題となる行為、状況または結果を「知りながら（while knowing）」とは、FCPA 上、
① 当該人物が、ある者が問題となる行為に従事していること、ある問題となる状況が存在すること、もしくはある問題となる結果が発生することが相当確実（substantially certain）であることを知っている（aware）こと、または
② 当該人物が、ある問題となる状況が存在すること、もしくはある問題となる結果が発生することが相当確実であることの確信（firm belief）があること
とされている[22]。

　さらに、ある特定の状況が存在することの認識（knowledge）要件は、当該状況が存在しないと実際に信じている場合を除き、当該状況が存在する高い可能性があることを知っていることで満たされる[23]。FCPA が1988年に改正される際、米国議会は、「単純過失（simple negligence）」や「単に愚かだったこと（mere foolishness）」は責任の基礎とはならないが、「未必の故意や重大な過失（conscious disregard, willful blindness or deliberate ignorance）」は責任を負うとすることで合意した[24]。

22　15 U.S.C. §78dd-1(f)(2)(A)、同78dd-2(h)(3)(A)、同78dd-3(f)(3)(A)
23　15 U.S.C. §78dd-1(f)(2)(B)、同78dd-2(h)(3)(B)、同78dd-3(f)(3)(B)
24　H.R. Conf. Rep. No. 100-576, 2 d Sess. (1988)

この規定は、特に、外国でエージェントやコンサルタントを雇用し、同エージェント等が外国公務員等に贈賄した場合、同エージェント等を雇用した企業にも外国公務員贈賄罪等が成立するか否かに関して重要となる。企業がエージェント等が贈賄等をすることを「知りながら（while knowing）」、エージェント等に利益を提供等したか否かは、当該企業とエージェント等との関係から客観的に認定されると考えられる。そこで、企業が気をつけるべき点は、

① エージェント等について外国公務員等贈賄をするような者ではないか、という観点からのデュー・ディリジェンスを尽くしたか
② エージェント等に対して依頼する事項は明確であるか、依頼する必要性があるか
③ エージェント等に対する報酬は適切であるか、当該エージェントに直接支払われているか
④ エージェント等に対して贈賄禁止義務を課し、継続的に監視しているか
⑤ エージェント等に対して依頼した事項の成果物を受領しているか

などである。すなわち、たとえば、ある事業の許認可を政府から取得しようとするに際し、エージェント等に対して依頼する必要性が乏しいにもかかわらず、依頼事項が不明確な依頼を、許認可の権限を有する外国公務員等と親しいエージェントに対して行い、その報酬が過度に高ければ、当該報酬の一部ないし全部が許認可を行う外国公務員等への贈賄に使われる可能性が高く、当該エージェント等に依頼した者も贈賄が行われることについて「知りながら（while knowing）」、当該エージェント等に利益の提供等をしたと認められる可能性が高い。

　FCPAガイドライン[25]においても、エージェント等を雇用する場面で、危険信号（red flags）が出る場面の例として、

① 第三者であるエージェントやコンサルタントに対する過剰な報酬
② 第三者であるディストリビューターに対する不合理に多額な割引
③ 抽象的にしか記載されていないサービスの提供を規定した第三者とのコ

---

[25] FCPAガイドライン22、23頁

ンサルティング協定
④ 第三者であるコンサルタントが従事していた業務とは異なる業務のラインに当該コンサルタントが位置づけられていること[26]
⑤ 第三者が外国公務員等の親族であったり、外国公務員等と深い関係があること
⑥ 外国公務員等の要望や主張によって、第三者が取引関係に入ること
⑦ 第三者が海外（offshore）で設立された単なるダミー会社（a shell company）にすぎないこと
⑧ 第三者が海外（offshore）にある銀行口座への支払を求めること
があげられている。

なお、この問題に関連して、サプライヤーについてどの程度の注意を払うべきかも問題になることがある。サプライヤーから、ごく一般に流通している市販製品の納入を受けるにすぎず、その対価も市場で定められた適切なものであれば、サプライヤーに対して支払う料金が贈賄に使われる可能性は低いと考えてよいであろう。他方、サプライヤーが提供する製品が、外国公務員等の許可等に係るものである等なんらかの外国公務員等の行為や決定が影響するものである場合には、より注意をもってサプライヤーの属性やサプライヤーが贈賄を行っていないかを監視する必要が出てくるであろう。

e 適用除外、有効な抗弁（Affirmative defenses）

(a) 適用除外

FCPAは、外国公務員等による日常的な活動（performance of a routine governmental action）を促進し、または確保する目的でなされる支払（facilitating or expediting payment。以下、「ファシリテーション・ペイメント」という）には適用されない[27]。日常的な活動の具体例として、査証のペー

---

[26] たとえば、普段は許認可に関する情報収集を依頼しているコンサルタントが、ある案件についてのみ、公共工事の入札についてのアドバイスを行うなど、合理的な理由がなく第三者を用いることなどが想定されていると思われる。
[27] 15 U.S.C. §78dd-1(b)、同78dd-2(b)、同78dd-3(b)

パー処理、警察による保護や郵便サービスの提供、電話、電力、水道などのユーティリティを供給することがあげられているが、外国公務員等による裁量を伴う行為は含まれない[28]。また、ファシリテーション・ペイメントに該当するか否かについては、金額の大きさに必ずしも左右されるものではなく、むしろ、支払の目的は何かに重きが置かれる。必要な確認書がない器材等の通関を確保するためや、現地規制に適合していない器材の輸出入許可を求め、また、輸入品の検査を避けるための支払は、ファシリテーション・ペイメントとは認められていない[29]。これらの行為は、外国公務員等の裁量の余地がない日常的な活動とはいえないからであると考えられる。

　少額のファシリテーション・ペイメントは、OECD外国公務員贈賄防止条約が採択されたころには、外国公務員等贈賄罪には該当しないと解釈されていた[30]。しかし、最近では、ファシリテーション・ペイメントに対する厳しい意見が出されており、2009年11月26日にOECD贈賄作業部会が理事会に対して出した勧告[31]によれば、OECD外国公務員贈賄防止条約の締約国は、少額のファシリテーション・ペイメントを禁止または奨励しないよう、企業等に対し奨励すべきであるとされている。また、後記3(2)b(c)②で述べるとおり、英国のBribery Act 2010でもファシリテーション・ペイメントは認められていない。また、日本の不正競争防止法上も、「少額のFacilitation Paymentsであるということを理由としては処罰を免れることはできない。少額のFacilitation Paymentsであるか否かにかかわらず、個別具体の事案において『国際的な商取引に関して営業上の不正の利益を得るために』との要件を満たす場合には、外国公務員贈賄罪が成立し得る」とされている[32]。

　以上のような世界の動きにかんがみても、FCPA上、ファシリテーショ

28　FCPAガイドライン25頁
29　FCPAガイドライン25頁
30　Commentaries on the Convention on Combating Bribery of Foreign Public Officials in International Business Transactions 9
31　Recommendation of the Council for Further Combating Bribery of Foreign Public Officials in International Business Transactions。2009年11月26日にOECD贈賄作業部会で勧告され、2010年2月18日に理事会（Council）で採択された。
32　経産省指針14頁

ン・ペイメントが認められる場合は、ごく限られた例外的場面であると考えるのが相当であろう。

(b) **現地法で認められた支払**

FCPA 上、有効に認められる抗弁の一つに、「利益の提供等が外国公務員等が属する国の成文法令によって認められていること」がある[33]。もっとも、「贈賄」が成文法令で認められている国はないと考えられるし、単に贈賄が摘発されていないという実務上の慣習は抗弁にはならないので注意が必要である。また、現地法で、贈賄を行ったことを自首した者には刑が免除されると定められており、実際、現地において贈賄者が自首した場合であっても、当該規定が贈賄自体を許容しているわけではないとして、現地法で認められた支払には当たらないと判断された例がある[34]。

(c) **製品やサービスのプロモーション等のための合理的かつ善意の支払**

FCPA 上、有効に認められる抗弁のもう一つは、「利益の提供等が、①製品やサービスのプロモーション、デモンストレーション、説明に直接関係するものか、②外国政府またはそのエージェンシーとの契約の履行または遂行（execution or performance）に直接関係するもので、外国公務員等によって、または外国公務員等のために生じる合理的かつ善意の費用（たとえば、旅費や宿泊費用）」である[35]。FCPA ガイドライン[36]では、米国司法省も証券取引委員会も、ビジネス上、このような支払が許容されることは認めているが、結局は、当該支払が、本当に製品等のプロモーション等や契約の履行に直接関係する合理的かつ善意の支払なのか、事案ごとに判断されるとしている。具体的には、以下の点に気をつけるべきとされている。

① 訪問やプログラムに参加する特定の外国公務員等を選ばないこと、あるいは、事前に定められたメリットベースの基準で選ばないこと[37]

---

[33] 15. U.S.C. §78dd-1(c)(1)、同78dd-2(c)(1)、同78dd-3(c)(1)
[34] United States v. Kozeny, 582 F. Supp. 2d 535、FCPA ガイドライン23、24頁
[35] 15 U.S.C. §78dd-1(c)(2)、同78dd-2(c)(2)、同78dd-3(c)(2)
[36] FCPA ガイドライン24頁
[37] ある特定の外国公務員等（たとえば A 氏）を招へいするのがビジネス上有利であるなど、まず、招へいの内容より A 氏の招へいありきで人選することなどが想定されていると思われる。

② 旅行会社等に費用を直接支払うか、または、立替費用を支払うときは領収書を確認すること
③ 事前に立替払いをしないこと、また、立替費用を現金で支払わないこと[38]
④ 支払が合理的で必要な範囲であること
⑤ 支出が企業等や外国政府にとって透明性があること
⑥ 外国公務員等による行為を条件とした費用の支払を認めないこと
⑦ 費用の支払が現地法に反しないことの書面による確認をとること
⑧ 実際に生じた費用の支払に必要な範囲を超えて支払をしないこと
⑨ 外国公務員等への支払が企業の帳簿類等に正確に記録されること

f 管　　轄

(a) 米国上場企業等（Issuer）および米国企業等（Domestic Concern）

　米国上場企業等（Issuer）および米国企業等（Domestic Concern）については、米国領域内外を問わず、どこで禁止行為を行ったとしても、それが州際通商（interstate commerce。「州と州の間、州と外国の間、または、州と州外の場所の間で行われる通商」をいう）において使用される郵便その他の方法を用いて行われたときには、FCPAが適用される[39]。FCPAガイドラインによれば、米国から、または米国に向けて、または、米国を通じて電話をかけたり、Eメールやファックスなどを送った場合、あるいは、米国の銀行を通じて送金を行った場合等が該当するとされている[40]。もっとも、米国上場企業等（Issuer）および米国企業等（Domestic Concern）であれば、少なくとも行為の一部（たとえば、贈賄を行うことの相談）について州際通商で使用される郵便その他の方法が用いられる可能性が高いことから、米国領域内外を問わ

---

[38] ②と同様、できるだけ旅行会社等に直接支払うことを勧めているものと思われる。
[39] 「to make use of the mails or any means or instrumentality of interstate commerce」が要件である。「interstate commerce」とは、15 U.S.C. §78dd-2(h)(5)によれば、「trade, commerce, transportation, or communication among the several States, or between any foreign country and any State or between any State and any pace or ship outside thereof」と定義されている。
[40] FCPAガイドライン11頁

ず、米国上場企業等（Issuer）および米国企業等（Domestic Concern）が贈賄行為を行った場合にはFCPAが適用されると考えてよいであろう。

(b) **非米国企業等（Others）**

非米国企業等（Others）については、米国領域内（while in the territory of the United States）で禁止行為を行った場合にFCPAが適用され、州際通商において使用される郵便その他の方法を用いることは要件ではない。この場合、行為の一部（たとえば、贈賄の指示や送金）が米国で行われた場合でも、米国領域内で行為が行われたと解される。

また、FCPAガイドラインによれば、非米国企業等（Others）が米国領域内で直接なんらかの行為を行っていない場合であっても、そのエージェントや共犯者が米国領域内で禁止行為を行った場合には、FCPAが適用されうるとする[41]。さらに、FCPAガイドラインによれば、非米国企業等（Others）が米国領域内でなんらかの行為を行っていない場合であっても、当該非米国企業等（Others）が、FCPAが適用される米国上場企業等（Issuer）または米国企業等（Domestic Concern）の共犯者（教唆や幇助を含む）やエージェントである場合には、当該非米国企業等（Others）にもFCPAが適用されうるとする[42]。

よって、非米国企業等（Others）であるとしても、FCPAが適用されるケースが多数あると考えられるので、注意が必要である。

g 刑　罰

FCPA上の外国公務員等贈賄罪を犯した場合、企業に対しては200万ドル以下の罰金、個人に対しては、5年以下の拘禁刑または10万ドル以下の罰金またはその両方が併科される[43]。また、企業、個人とも、1万ドル以下の民事上の制裁金が科される。なお、個人の罰金を問題企業が直接的、間接的に

41　FCPAガイドライン11、12頁
42　FCPAガイドライン12、34頁
43　米国上場企業等（Issuer）につき15 U.S.C.§78ff(c)(1)、米国上場企業等（Issuer）の役員等につき同78ff(c)(2)、米国企業等（Domestic Concern）につき同78dd-2(g)(1)、米国企業等（Domestic Concern）の役職員等につき同78dd-2(g)(2)、非米国企業等（Others）につき同78dd-3(e)(1)、非米国企業等（Others）の役職員等につき同78dd-3(e)(2)。

支払うことはFCPA上禁じられている。

これに対し、FCPA上の会計条項違反の場合、企業に対しては2,500万ドル以下の罰金、個人に対しては20年以下の拘禁刑または500万ドル以下の罰金またはその両方が併科される[44]。

このようにFCPA上は罰金刑について上限が定められているが、他方、18 U.S.C.§3571(d)は「犯罪によって、金銭的な利益を得、あるいは、被告人以外の第三者に対して金銭的な損失をもたらした場合、当該利益または損失の2倍を上限として罰金を科すことができる。ただし、当該罰金を科すことが、過度に複雑であり、または量刑手続に時間を要する場合を除く」と定めている。よって、たとえば、外国公務員等に対する贈賄によって、政府との契約を締結することができ、利益を得た場合、当該利益の2倍が罰金の上限額となるのである。そして、この場合の利益とは何を意味するのか法律上必ずしも明らかではないため、実務上は重要な論点になりうる。すなわち、たとえば、2社でジョイントベンチャーを組み、贈賄を行った場合に、米国司法省は2社が得た利益の合計の2倍が罰金の上限であると主張してくる可能性がある。これに対し、被疑企業としては、当該企業、すなわち2社ではなく1社が得た利益の2倍が罰金の上限であると反論するであろうが、後述するように、実際は司法取引となり、そこではさまざまな論点が交渉の対象となることから、必ずしも企業の主張が通るとは限らない。したがって、FCPA上の外国公務員等贈賄罪の罰金の上限は巨額になる可能性があり、非常に注意を要する。

h　企業の責任

企業の役職員やエージェントが、その雇用や委任の範囲で、当該企業の利益のために外国公務員等贈賄罪を犯した場合、当該企業は法的責任を負う（具体的には、上記gに記載したように、罰金を科せられることになる）[45]。

では、子会社が外国公務員等贈賄を行った場合、親会社にも法的責任が科せられるのであろうか。FCPAガイドライン[46]によれば、まず、親会社が子

44　15 U.S.C.§78ff(a)
45　FCPAガイドライン27頁

会社に対して贈賄を指示するなど、親会社も外国公務員等贈賄に十分関与している場合には、親会社にも法的責任が発生するとされている。

　次に、親会社が、子会社をコントロールしている場合には、子会社は親会社のエージェントであるとして、親会社にも法的責任が発生するとされている。コントロールの有無を判断するにあたっては、子会社の行為一般、および子会社の具体的な行為について、親会社が認識しているか、および、子会社に対し指示しているか等が考慮される。民事責任が問われた事例ではあるが、子会社の会長により贈賄がなされた事案で、当該会長が親会社のCEOに直接報告をなし、親会社は、当該会長は親会社のシニア管理職であると米国証券取引委員会にも報告し、親会社の法務部が、子会社によるデュー・ディリジェンスが行われていることを示す書面が不十分であるにもかかわらず、贈賄を行ったエージェントを子会社が使うことを承認等した場合に、米国証券取引委員会は親会社の法的責任を追及している。

　最後に、FCPAガイドラインによれば[47]、合併された企業が実は贈賄を行っていた場合、原則、合併した企業に法的責任が承継される。しかし、たとえば、合併した企業が、合併前に被合併企業についてしっかりしたデュー・ディリジェンスを行って贈賄行為を発見し、ただちに贈賄行為を停止し、当局に報告を行ってその捜査や調査に協力し、再発防止策を導入して有効なコンプライアンス体制を確立すれば、通常は、合併した企業の責任を追及しないとされている。逆に、合併した後に贈賄行為を承認ないし積極的に関与するなどして継続した場合や、贈賄行為を見過ごして違反が継続された場合には、合併した企業に対しても責任追及がなされることが多いとされている。

i 時　効

　FCPA上の外国公務員等贈賄罪は、原則、犯罪が行われた時から5年以内に起訴されない限り時効が完成する[48]。

　しかし、15 U.S.C.§3292によれば、犯罪に係る証拠が外国に存在すること

46　FCPAガイドライン27、28頁
47　FCPAガイドライン28〜30頁
48　18 U.S.C.§3282

を理由に米国（司法省）が申し立てた場合であって、大陪審が当該証拠が外国に存在するであろうと認めるときは、時効は一般的に3年を越えない限度で延長される。外国公務員等贈賄罪は、通常、証拠の全部ないし一部が外国に存在する場合が多いので、時効延期の申立てがなされることも珍しくない。このような場合、最長で8年間を経過すると、FCPA上の外国公務員等贈賄罪の時効が完成する。

さらに、時効が完成する前に、当事者（たとえば、米国司法省と嫌疑をかけられた企業）の間で、時効延期合意（tolling agreement）を締結する場合もある[49]。この場合、当該当事者の間では、時効は、合意において定められた期間停止する。

(2) FCPAの執行状況

米国司法省、証券取引委員会は、近年、非常に積極的にFCPA違反で企業を摘発し制裁金を科すなどしている。しかも、非米国企業に対してもその執行は及んでいる。2013年3月現在、FCPA違反で刑事制裁金、民事制裁金を支払った企業上位のうち、8社は非米国企業である。また、制裁金も合計約8億ドルを科されている企業もあるなどきわめて高額である。

米国では、司法取引（刑事事件において、米国司法省と、被告人／被告企業（以下、「被告企業」という）側が交渉し、事件処理について合意すること）がほとんどの裁判管轄地で認められており、FCPA違反についてもその大部分がなんらかの合意によって解決している。刑事事件上、その合意（a negotiated resolution）には次の3種類がある[50]。なお、米国司法省と企業の間で合意に達しなかった場合には、米国司法省が起訴し、裁判となる可能性がある。

---

49 たとえば、司法取引で合意に至る見込みがあるが、時効が切迫している場合などに、時効延期合意を締結して交渉を続ける場面などが考えられる。
50 FCPAガイドライン74、75頁

a 有罪答弁の合意（Plea Agreements）[51]

　有罪答弁の合意においては、被告企業は、通常、罪となる事実[52]と有罪であることを認め[53]、場合によっては量刑にも合意する。米国司法省は被告企業を起訴し、裁判所が有罪答弁の合意を受け入れれば、同合意に従ってすみやかに判決がなされ、被告企業は有罪（a criminal conviction）となる。

b 訴追延期合意[54]

　DPA（Deferred Prosecution Agreements。以下、「DPA」という）においては、被告企業は、通常、罪となる事実と法的責任を認め、一定の金銭を支払うことに合意するとともに、一定の期間、コンプライアンス・プログラムを導入、維持するなどしてコンプライアンス体制を確立することを約束する。米国司法省は被告企業を起訴するが、それと同時に一定の期間、訴追を延期することを裁判所に上申する。この一定の期間、被告企業がDPAで合意したコンプライアンス・プログラムの導入、維持等を行い、その他DPA違反（通常は、捜査協力等が含まれる）がなければ、訴追は取り消される。このように訴追が取り消された場合、被告企業は有罪判決を受けることはない。

　コンプライアンス・プログラムの導入、維持のなかには、コンプライアンス・モニターを雇用して、被告企業のコンプライアンス体制のモニタリングをさせる場合や、被告企業に定期的に米国司法省に対して自主的にコンプライアンス体制等について報告させる場合がある。

c 非訴追合意[55]

　NPA（Non-Prosecution Agreements。以下、「NPA」という）においては、

---

51 たとえば、U.S. v. Bridgestone Corporation（2011）http://www.justice.gov/criminal/fraud/fcpa/cases/bridgestone/10-05-11bridgestone-plea.pdf
52 Factual Basis for Offense Charged、Statement of Offense などの項目の後に記載されている。
53 Agreement to Plead Guilty and Waive Certain Rights、The Defendant's Agreement などの項目の後に記載されている。
54 たとえば、U.S. v. Maxwell Technologies, Inc（2011）http://www.justice.gov/criminal/fraud/fcpa/cases/maxwell/01-31-11maxwell-tech-dpa.pdf

被告企業は、通常、事実関係を認め、一定の期間、コンプライアンス・プログラムを導入、維持するなどしてコンプライアンス体制を確立することを約束する。この一定の期間、被告企業がNPAで合意したコンプライアンス・プログラムの導入、維持等を行い、その他NPA違反（通常は、捜査協力等が含まれる）がなければ、米国司法省は被告企業を訴追しない。このような場合は、訴追自体がなされないので、当然、被告企業は有罪判決を受けることもない。なお、NPAでも、被告企業が一定の金銭を支払うことが合意内容になることもある。

　以上のように、FCPA違反に係る司法取引には3種類の合意がありうる。NPAでも被告企業が金銭を支払う場合があるが、どのような点が異なるのであろうか。まず、有罪答弁の合意では、後に有罪判決を受けることになるが、DPAやNPAでは、定められた期間に義務違反がなければ訴追は取り消され（DPA）、あるいは訴追はなされない（NPA）ので有罪判決を受けることがない。また、DPAは訴追はいったんなされるが後に取り消されうること、NPAは定められた期間に義務違反がなければそもそも訴追は一度もなされないという違いがある。このような有罪判決を受けるか否かや、訴追の有無は、その波及的効果（Collateral Consequences）に大きな違いを生じさせうる。たとえば、銀行が、贈賄罪で過去[56]に有罪判決を受けた企業に対しては融資を実施しないという行内規程やガイドラインを有している場合があり、そのような場合には、贈賄罪で有罪判決を受けた企業には融資がなされない。また、通常の各種契約のなかでも、過去に贈賄罪で有罪判決を受けたことがないことを表明保証する場合が多いが、贈賄罪で有罪判決を受けた企業はそのような表明保証ができなくなる。入札においても、贈賄罪で有罪判決を受けると入札資格を剥奪されるケースもある。よって、贈賄罪で有罪判決を受けると、そもそも、このような取引先企業・団体等の社内規程やガイドラインに抵触して取引ができなかったり、契約締結において必要な表明保

---

[55] たとえば、In Re Lucent Technologies Inc.（2007）http://www.justice.gov/criminal/fraud/fcpa/cases/lucent-tech/11-14-07lucent-agree.pdf
[56] 過去5年以内に贈賄罪で有罪判決を受けたことがないこと、などの規定が考えられる。

証ができなかったり、入札する資格が剥奪されたりするので、ビジネスに大きな支障を生じる。また、契約のなかで贈賄をしないことを誓約していたり、贈賄をした場合には期限の利益を喪失することに合意していた場合には、誓約違反となったり、期限の利益を喪失するリスクも高くなる。

　このように贈賄を行った企業は非常に厳しい立場に置かれ、一度贈賄罪で有罪判決を受けると、その後の取引にさまざまな悪影響を及ぼしかねない。また、贈賄罪で訴追されていないことを取引の条件にしている企業・団体もあるので、訴追をまったくされていないという意味で、上記3種類の合意のなかではNPAが最も企業にとってその後の悪影響が少ないものになろう。

③ The Bribery Act 2010（英国2010年贈収賄禁止法）

(1) 制定経緯

　英国の2010年贈収賄禁止法（The Bribery Act 2010。以下、「UKBA」という）は、2010年4月8日制定され、2011年7月1日施行された。

　UKBAの制定以前、英国においては、主として、コモンロー、1889年公的機関腐敗行為法、1906年腐敗防止法、1916年腐敗防止法により贈収賄が規制され、基本的には、各時期に起きた汚職事件を背景に贈収賄罪の処罰範囲を拡大し、その立証を容易にする方向で改正がなされてきた[57]、[58]。これらの法において規定されていた贈収賄罪については、適用関係が複雑でわかりにくい等の問題点が指摘されていたところ、1995年以降、公務員の汚職スキャンダルに端を発する贈収賄法制見直しの動きが進み、OECD外国公務員贈

---

[57] UKBA成立前の英国の贈収賄規制の詳細については、森下忠「英国の贈収賄法」『国際汚職の防止（国際刑法研究13）』（成文堂））を参照されたい。
[58] このほか、1997年12月に署名し1992年に発効したOECD外国公務員贈賄防止条約における国内法整備義務を履行するために、2001年反テロリズム、犯罪および治安法第12章において贈収賄罪の地理的管轄が拡大された。

賄防止条約履行に関する相互審査において法制不備に関して相次いで指摘を受ける[59]などの国際的な潮流を背景に、従前の贈収賄に関する処罰規定を網羅的に整理発展させたUKBAの成立をみるに至ったものである[60]。

その後、UKBAについては、2011年3月、英国司法省により、その解釈指針等をまとめたガイダンス（以下、「UKBAガイダンス」という）が[61,62]、重大詐欺庁（Serious Fraud Office。以下、「SFO」という）[63]長官と検事総長により、「訴追に関する共同ガイダンス」（Joint Prosecution Guidance of The Director of the Serious Fraud Office and The Director of Public Prosecutions。以下、「訴追ガイダンス」という）[64]が、それぞれ公表された。

(2) 概　　要

a　UKBAの構成

UKBAの主な内容と構成は以下のとおりである。

・犯罪の構成要件に関する規定（1条、2条、6条、7条）

---

[59] 上記2001年反テロリズム、犯罪および治安法制定後も、外国公務員に対する贈賄行為に対する訴追実績がなかったことから、2003年、2005年、2007年の3回にわたり、外国公務員贈賄作業部会において、外国公務員贈賄法制の不備が指摘されたほか、2008年に公表された同作業部会による英国に対する（続）第2フェーズ審査報告書においては、外国公務員贈賄を行った企業の責任についても、それに関する法の不備が厳しく指摘された。

[60] UKBA成立に至る経緯については、川淵武彦「英国における贈収賄法の成立について」（『法の支配』160号38頁）を参照されたい。

[61] UKBA9条は、関連営利組織（Relevant Commercial Organisations）が、関係者の贈賄を防止するために整備すべき手続（以下、「贈賄防止手続」という）につき、国務大臣（司法大臣）がガイダンスを公表しなければならないと規定しており、UKBAガイダンスはこれを受けて規定されたものである。そのため、主たる記載事項は、贈賄防止手続に関するものであるが、それにとどまらず、UKBA各条の解釈等についても言及している。

[62] UKBAガイダンスの主要なポイントを記載した「簡略版」（Quick Start Guide）も公表されている。

[63] SFOは、イングランドとウェールズにおける海外贈賄案件の捜査訴追機関である。イングランドとウェールズにおける訴追機関としては、王立検事局も、警察が捜査したイングランドとウェールズの域内または海外の贈賄事件を訴追する権限を有する。

[64] 改訂版（Revised Policies）が2012年10月9日公表された。

・1の各罪の主要な構成要件要素に関する定義・説明等（3条、4条、5条、8条、9条）
・刑罰（11条）および管轄（12条）
・その他

訴追同意（10条）、特別の防御（13条）等

UKBA は、贈収賄に関する犯罪類型として、贈賄罪（1条）、収賄罪（2条）、外国公務員に対する贈賄罪（6条）および営利組織による贈賄防止手続不履行罪（7条）の四つを規定する。このうち、1条および2条は、いわゆる贈収賄罪である。また、7条は、贈賄者を雇用等する関連営利組織（Relevant Commercial Organisations。以下、煩を避けるために、本章では「企業等」という）が贈賄防止手続を適切に講じなかった点を処罰する規定である。本章では、6条および7条の罪を中心に論ずることとするが、まず、UKBA の構成に従い、上記四つの犯罪類型の内容につき、これらに関する UKBA 内の定義等に即して概観し、その刑罰、管轄その他につき述べたうえ、項を改めて、企業等が7条の罪に問われないために講ずべき贈賄防止手続を解説し、最後に、UKBA の運用状況につき簡単に触れる。

b　各罪の内容

(a)　贈賄罪（1条）

下記の二つの行為類型が処罰の対象とされている。

①　ⓐ人が、財産的またはその他の利益を他人に申し入れ、約束し、または、供与し、ⓑその際、当該利益につき、(i)他人[65]に対し、関連する機能または活動を不適切に遂行するように誘引することを意図し、または(ii)他人が、かかる機能または活動を不適切に遂行したことに対する報酬とすることを意図したこと（2項）

②　ⓐ人が、財産的またはその他の利益を他人に申し入れ、約束し、または、供与し、ⓑその際、当該利益を受け取ること自体が、関連する機能または活動の不適切な遂行に該当することを知り、またはその旨信じていた

---

[65]　後記のとおり、「関連する機能または活動」は公務に限定されておらず、ここにいう「他人」も「公務員」に限らず、非公務員も含まれる。

こと（3項）

　上記①については、利益の申入れ等をする相手が、関連する機能または活動を遂行し、または遂行した者と同一である必要はなく（4項）、上記①②とも、利益の申入れ等は、当該者自身で直接行うか、第三者を通じて行うかを問わない（5項）。

　この①および②にいう「関連する機能または活動」については、3条で以下のように定義されている。すなわち、「関連する機能または活動」とは、「(I)公的性質を有するいっさいの機能、(II)ビジネスと関連するいっさいの活動、(III)ある者の雇用期間中に遂行されたいっさいの活動、(IV)人の集合体により、またはそのために遂行されたいっさいの活動のいずれかに該当し、かつ当該機能または活動を遂行する者が(A)誠実な遂行を期待されていること、(B)公平な遂行を「期待」されていること、(C)当該機能または活動の遂行により受託者の地位にあること、のいずれかの条件を満たす場合をいう」とされる[66]。

　また、同様に、①および②にいう「不適切な遂行」については、4条で以下のように定義されている。すなわち、「不適切な遂行」とは、「関連する機能または活動が、上記(A)(B)(C)において定められた「期待」に反して行われたことをいう。当該機能または活動を遂行せず、そのこと自体が関連する「期待」に反する場合、それも不適切な遂行として取り扱われる」とされる。

　この3条および4条にいう「期待」については、5条でその判断基準が規定されている。すなわち、ここにいう「期待」の判断基準は、「英国における合理的な人間が、当該機能または活動の遂行に関し、何を期待するかとの基準による[67]。英国外においては、現地の慣習や実務は考慮されないが[68]、

---

[66] すなわち、対象は必ずしも公務には限定されておらず、(A)(B)または(C)のいずれかの条件を満たす限りは、非公務も含まれる。

[67] UKBAガイダンスによれば、たとえば、良好な関係構築と当該組織の分野における知識を涵養することを意図された公的な行事の一つとして、海外の顧客をラグビーの六カ国対抗戦に招待することは、関連機能の不適切な遂行を誘発する意図の証左とは認めがたいので、1条の罪に当たることはまずないと認められるとのことである（UKBAガイダンス20パラグラフ）。

[68] 仮にこの点を考慮するとなると、後記ファシリテーション・ペイメントを贈賄罪に問うことが困難になることをふまえてのことと考えられる。

当該国または地域の成文法により、かかる慣習や実務が要求され、または認められている場合にはその考慮が許される」とされる。

UKBAガイダンスによれば、UKBA3条、4条および5条で規定されている「不適切な遂行」とは、要約すれば、当該者が誠実に、公平に、または、受託者の地位に従って行動することに対する期待に反すると認められる遂行のことをいうとされる[69]。

(b) 収賄罪（2条）

下記の四つの行為類型が処罰の対象とされている。

① 人[70]が、財産的またはその他の利益を要求し、収受を約束し、または収受し、その結果として、（自分自身または他人による）関連する機能または活動が不適切に遂行されることを意図していたこと（2項）

② ⓐ人が、財産的またはその他の利益を要求し、収受を約束し、または収受し、ⓑその要求、約束または収受自体が当人による関連する機能または活動の不適切な遂行に該当すること（3項）

③ 人が、（自分自身または他人による）関連する機能または活動の不適切な遂行に対する報酬として、財産的またはその他の利益を要求し、収受を約束し、または収受すること（4項）

④ 人による財産的またはその他の利益の要求、収受の約束または収受を予想し、またはその結果として、関連する機能または活動が、ⓐ同人により、またはⓑ同人の要求、同意もしくは黙認により、第三者によって、不適切に遂行されること（5項）

上記①ないし④において、収賄者が自分自身で利益を要求し、収受を約束し、または収受するか、第三者を通じて行うかを問わない（6項）。さらに、上記②ないし④においては、収賄者が、その機能や活動の遂行が不適切であることを知っていたり、その旨信じていたりする必要はなく（7項）、上記④においては、収賄者以外の者が当該機能または活動を遂行している場合、その遂行者が当該機能または活動の遂行が不適切であることを知っていたり、その旨信じていたりする必要もない（8項）。

69　UKBAガイダンス18パラグラフ
70　ここにいう人も公務員に限定されない。

「関連する機能または活動」「不適切な遂行」および「期待」の各内容については、贈賄罪の場合と同様である[71]。

(c) 外国公務員に対する贈賄罪（6条）

以下の行為類型が処罰の対象とされている。

人が、自分自身でまたは第三者を通じて、外国公務員に対し、または外国公務員の要求、同意もしくは黙認によりその他の者に対し、財産的またはその他の利益を申し入れ、約束し、または供与し、その際、当該外国公務員に対し、その外国公務員としての立場に影響を与えることを意図するとともに、ビジネスまたはビジネス遂行上の利益を得、または保持することを意図すること（1項ないし3項）

「外国公務員」は、英国外のいかなる国または地域の立法、行政または司法上の地位を有する者を含み、選任された者であると任用された者であるとを問わない。また、国または地域内における国家レベル、地方レベルのいかなる部署において公的な機能を果たしている者や、公的な企業や組織のための公的な機能を果たしている者、たとえば、公的医療機関や国有企業で勤務する者を含み、国連や世界銀行等の公的な国際機関の職員等も含む[72]。

検察官は、公務員等に「利益」の申込み等がされたことを立証するだけでは足りず、それに加えて、当該公務員等に適用されるべき成文法により、公務員等が当該利益により影響を受けることが許容されておらず、当該利益が要求されるべきものでもないことを立証しなければならないとされる[73]。

本罪においては、1条の「不適切な遂行」に関する要件が存在しない半面、「外国公務員としての立場に影響を与える意図」および「ビジネスまたはビジネス遂行上の利益を得、または保持する意図」が要件とされている。その理由に関し、UKBAガイドラインでは、「外国公務員」の場合、その遂

---

[71] すなわち、収賄の対象も公務には限定されていない。
[72] UKBAガイダンス22パラグラフ
[73] UKBAガイダンス24パラグラフ。ここで想定されているのは、たとえば、通関手続等において、法令に基づき、所定の手数料を納付することにより、必要な書類等の交付を受ける場合等ではないかと思われる。その場合、仮に、法令上、当該手数料が事務処理を行う公務員に帰属することとされている場合であっても、そもそも当該「利益」（すなわち手数料）の供与自体が適法なものであることから、本罪を構成しないということになる。

行する公務の正確な性質（何が期待されているか）等を英国において正確に把握することが困難であることをふまえたものであるとの説明がなされている[74]。

① 接待等に関して[75]

UKBAガイドラインによれば、企業イメージ等の改善や良好な関係構築を目的とする正当な接待やプロモーションその他の営業に関する費用の支払はビジネス遂行にとって確立され重要な部分を占めるものであり、UKBAで処罰の対象とするものではなく、これらの目的による合理的で目的に見合う程度の接待等を禁止するものではないとされる一方、接待等がUKBAの賄賂になりうることも明白であるとされる[76]。検察官は、申込み等された「利益」と、ビジネスやビジネス等の利益に影響を与えたりこれを確保したりする「意図」との間に十分な関連性があることを明らかにしなければならないとされる[77]。

② ファシリテーション・ペイメントに関して[78]

ここにいうファシリテーション・ペイメントとは、日常的な行政活動を促すために支払われる少額の賄賂のことであり[79]、かかる支払も本罪に当たり

---

[74] UKBAガイドラインは、本条の罪と1条の罪との関係につき、同一の行為を捕捉することになるかもしれないが、そのアプローチは異なる旨記している。すなわち、本条の罪は、公的に創設されたビジネス機会の文脈における意思決定に対し、外国公務員等の依頼、同意または了承により彼らに個人的な利得を勧めることにより、影響を与えることを禁止することの必要性に立脚したものであるところ、そうした行為は往々にして1条にいう「不適切な遂行」に当たる行為を含むものだが、1条と異なり、6条はそれに関する立証を要しない。その理由は、外国公務員の場合、その機能の正確な性質を確認することが困難な場合が多く、関連証拠の収集が当該公務員が勤務する外国の協力に依存する部分が多く、訴追にあたり1条と同様の要件を課すことが困難だからである。すなわち、本条は、1条にいう「不適切な遂行」といった側面をまったく有しないものを犯罪化したという趣旨ではなく、構成要件を策定する際に証拠収集上の困難さを考慮したにすぎないとする（23パラグラフ）。

[75] UKBAガイダンスでは、外国公務員に対する贈賄罪（6条）の項で本問題を取り上げているので、本章でもこれを踏襲しているが、本文記載のとおり、一定のビジネス上正当な目的による合理で目的に見合った程度の接待はUKBAで処罰の対象としない旨記載していることから（UKBAガイダンス26パラグラフ）、かかる接待については、1条、2条の罪も構成しないと考えられる。

[76] UKBAガイダンス26パラグラフ

[77] UKBAガイダンス28パラグラフ。上記関連性が明らかでない場合には、上記「意図」に基づいて、上記「利益」を供与等したということはできないからである。

うるとされる。UKBA では、米国の FCPA と異なり、かかる支払につきなんらの例外規定も設けておらず、UKBA ガイダンスにおいても、例外を設けることによる弊害が指摘されている[80]。他方で、UKBA ガイダンスにおいては、政府として企業が特定の地域や一定の分野で直面している問題も認識しているとして、その撲滅は国家レベル・国際レベルでの長期的な課題であるとしたうえ[81]、実際に訴追を行うにあたっては、訴追に関するガイダンスを参照すべきこととしているので[82]、その点に関しては、(4) a (c)①にて後述する。

(d) **企業等における賄賂防止手続の不履行罪（7条）**

以下の場合には、当該企業等は本罪を犯したものとされる。

企業等の関係者が、ⓐ当該企業等のためにビジネスを得、もしくは保持することを意図し、または、ⓑ当該企業等のために商取引上の利益を得、もしくは保持することを意図して、他人に贈賄すること（1項）。

「企業等」には、英国法により設立され、英国内外を問わずビジネスを行う法人組織や組合のほか、英国外で設立された法人組織や組合であって、そのビジネスの全部または一部が英国で行われているものも含まれる（7条5項）。

そこで問題となるのが、いかなる場合が英国でビジネスを行っていることとされるかである。この点につき、UKBA ガイダンスは、英国で設立されたか否かで区別している[83]。まず、企業等が英国で設立された場合には、会社または組合である限り、主たる運営目的が慈善や教育であったり純然たる公的機能のみを有するものであるかは関係なく、収益をあげる目的のいかん

---

[78] ファシリテーション・ペイメントは、多くの場合、外国公務員に対する贈賄罪（6条）の成否に関して顕在化する問題であると考えられることから、接待の問題とあわせて本項で論じているが、1条、2条の成否においても、その考え方は共通である。
[79] UKBA ガイダンス44パラグラフ
[80] 「例外を設けることは、実行困難で不自然な区別を創設することになり、会社の贈賄防止手続を損ない、従業員その他の関係する者との反贈賄に関する情報伝達を混乱に陥れ、既存の「文化的」贈賄を涵養し、かつ、濫用される可能性をはらむことになる」とする（UKBA ガイダンス45パラグラフ）。
[81] UKBA ガイダンス46パラグラフ
[82] UKBA ガイダンス47パラグラフ
[83] UKBA ガイダンス36パラグラフ

を問わないとされる。これに対し、企業等が英国外で設立されている場合、「英国で」ビジネスを行っているかどうかについては、英国でみるべきビジネス上の存在 (presence) がない組織には適用されず、たとえば、ロンドン証券市場に上場しているという事実だけでは英国でビジネスを行っているとは認められないし、英国に子会社があるというだけでは、子会社が親会社等から独立して活動する場合もあるので、当該親会社が英国でビジネスを行っていることを意味するものではないとされている[84]。換言すれば、親会社が英国所在の子会社に対し実質的な支配を及ぼしている場合には、当該子会社を通じて、親会社自体が英国でビジネスを行っていると認められる場合もあると理解される。

企業等の関係者が贈賄したというためには、その行為が(a)または(c)の罪に該当する必要があるが、その者が贈賄につき実際に訴追されることは必要でない。また、(a)または(c)の罪の場合、国外犯を処罰するためには、行為者が英国民や英国企業であるなど、英国との一定の結びつきが必要とされるが（12条）、本罪における企業等の関係者については、そうした英国との結びつきは要求されない。

① 関係者とは

本罪にいう「関係者」については、8条で以下のように規定されている。すなわち、ここにいう「関係者」とは、企業等のために、またはその代理として、業務を遂行する者であり（1項）、その立場いかんを問わない（2項）。したがって、企業等の従業員、代理人、下請人のいずれもこれに含まれる（3項）。その者が企業等のために、またはその代理として、業務を遂行する者か否かについては、単に両者の（形式的な）関係のみならず、関係するすべての状況を考慮して判断されるが（4項）、その者が企業等の従業員である場合には、その者は企業等のために、またはその代理として業務を遂行する者であると推定される（5項）。

「業務を遂行する者」としては、企業等の契約相手やサプライヤーも当該企業等のために、または、その代理として、業務を遂行する範囲で、「関係

---

[84] いずれも常識によるアプローチ (common sense approach) によるものだとしている。

者」となりうる。これをふまえ、たとえば、複数のサプライチェーンが主契約者のために業務を遂行する場合、直接管理できるのは直接の契約相手に限られる場合が多いが、その孫請け等による贈賄リスクに対処するために、贈賄防止手続を整備している組織を契約相手に登用し、その契約相手に対しても、孫請け先を登用するにあたり同様の方法をとるよう求めることが考えられる[85]。別個の法人となっているJVの場合、JVによる贈賄が、その構成メンバーとなっている会社のために業務を遂行していて、メンバー会社に利益をもたらすためになされたものである場合、メンバー会社にも責任が生じる場合はありうるが、JVの存在自体がメンバー会社と「関係している」ことを意味するものではなく、JVの職員等がJVの利益のために贈賄した場合、JVが利益を得ることにより間接的にその株主等としてメンバー会社が利益を得ることをもって、メンバー会社の責任に結びつくものではないとされる[86]。また、契約ベースでJVが組成されている場合、当該メンバー会社がどの程度支配権をもっているかが、JVのビジネスにおいて贈賄した者が、当該メンバー会社の業務を遂行したといえるかどうかを判断するうえで「関連する状況」の一つになる。たとえば、A社とB社がJVを組んでいる場合、A社従業員がA社の利益のために贈賄をしたのであれば、当該従業員はB社と「関係する者」とは認められない。元来、メンバー会社の従業員は当該メンバー会社のために業務を遂行すると推定されるからである。同様に、メンバー会社のうちの一つに雇われた代理人は、JV全体のために活動しているとの証拠がない限り、当該雇い人の「関係する者」とみられることになる[87]。もっとも、たとえ、JVのメンバーのうちの1社（たとえばA社）のために活動している代理人がA社のために業務を遂行しているとみられる場合であっても、当該代理人等がA社のビジネスを獲得または保持し、またはA社のビジネス上の利益を獲得または保持することを意図していない限り、犯罪は成立しない。なお、当該組織が単に当該贈賄により間接的な利益を得るというだけではかかる意図が存在したことの立証としては不十分とされる。

85　UKBAガイダンス39パラグラフ
86　UKBAガイダンス40パラグラフ
87　UKBAガイダンス41パラグラフ

たとえば、親会社が単に配当等を得るというだけでは、子会社の贈賄につき親会社にも利益をもたらす意図を有していたと認めることはできないとされる[88]。

② 贈賄防止手続による抗弁

7条1項の場合であっても、企業等が、関係者がかかる行為（贈賄）に及ぶのを防止することを意図した適切な手続を整備していたことを立証した場合には、企業等は本罪に問われない（7条2項）。すなわち、「適切な手続を整備していたこと」は、企業等にとって、本罪に問われないための「抗弁」となる。

そこで問題となるのは、いかなることをすれば「適切な手続を整備していた」といえるかである。この点につき、UKBAでは、企業等が、関係者の贈賄を防止するために整備すべき手続につき、国務大臣（司法大臣）がガイダンスを公表しなければならないとしており（9条）、これを受けてUKBAガイダンスが策定・公表された[89]。UKBAガイダンスでは、企業等が7条の不履行罪に問われないための手続に関し、六つの原則を掲げ、各原則につき説明を加えるとともに、その具体的な実施方法につき、ケーススタディを通じて、解説している。その概要については、次項で紹介する。

c 処罰（11条）

bの各罪の法定刑は、以下のように定められている。

・(a)ないし(c)の各罪について（1項・2項）

自然人に対しては、正式起訴の場合、10年以下の拘禁刑もしくは上限なしの罰金刑またはその併科、略式起訴の場合、12カ月以下の拘禁刑もしくは法令で定める範囲の罰金刑またはその併科

自然人以外の者に対しては、上記のうち、罰金刑のみが科される。

・(d)の罪について（3項）

上限なしの罰金刑

---

88 UKBAガイダンス42パラグラフ
89 脚注61参照。

d 時　効

公訴時効の定めはないので、時効により訴追権限が消滅することはない。

e 管轄（12条）

以下の場合には、英国が管轄を有する。
(a)ないし(c)の罪について
・行為または不作為のうち、その全部または一部が英国内で行われた場合（1項）
・行為者が英国と密接な関係を有している場合（英国民、英国における一般居住者、英国法により設立された企業等）（2ないし4項）
(d)の罪について
　企業等が本罪の対象となりうる場合、すなわち、
・企業等が英国法により設立された場合
・企業等が英国内でビジネスの全部または一部を行っている場合[90]、[91]

f その他

　(a)ないし(d)の各罪の訴追については、イングランドおよびウェールズにおいては、検事総長、重大詐欺庁（Serious Fraud Office。以下、「SFO」という）長官または歳入関税庁長官の同意が必要である旨の規定（10条）のほか、情報機関、軍隊の活動に関する特別規定（13条）等が設けられている。

---

[90] いかなる場合が「英国内でビジネスの全部または一部を行っている場合」に該当するかについては、b(d)参照。
[91] 不履行罪を構成する行為（作為または不作為）が英国内で行われる必要はない（12条5項）。

(3) 企業等による贈賄防止手続について

a 贈賄防止手続に関する六つの原則

　UKBA ガイダンスは、企業等が不履行罪に問われないための手続に関し、(a)比例した（proportionate）手続、(b)トップレベルの関与（commitment）、(c)リスクアセスメント、(d)デュー・ディリジェンス、(e)（研修を含む）情報伝達（communication）、(f)モニタリングとレビューを六つの原則として掲げている。以下、UKBA ガイダンスの内容に則して、各原則について述べる。

(a) 比例した手続（第一原則）

　第一の原則は、贈賄防止のための手続は、事業の特性、規模、複雑性に応じ、直面する贈賄リスクに見合ったものでなくてはならず、同時に、明確かつ実際的で利用しやすく効果的に導入・実施できるものでなくてはならないというものである。

　ここにいう「手続」には、①企業等の反贈賄の姿勢を鮮明に打ち出し反贈賄文化を創出するための贈賄防止基本方針（policy）と、②これを実施するための具体的手続（procedures）の両方が含まれ、(b)～(f)の各原則は後者に関するガイダンスとされる。

　この第一原則で、適切な贈賄防止手続は、当該企業等が直面する贈賄リスクに見合ったものでなくてはならないとされていることにより、企業等は、まず、自己の組織内にあるリスクの評価を的確に行うことが必要となる[92]。各企業等のリスクレベルは、企業等の組織規模、事業の性質や複雑性により、それぞれ異なるため、自社のリスクに的確に対応した手続が必要とされる[93]。

　企業等のリスクレベルは、その「関係者」の性質等によっても異なりう

---

[92] そのため、後記ケーススタディでも、まず当該企業等のリスクアセスメント結果が記載され、それに応じ各種手続が検討される構成になっている。
[93] UKBA ガイダンスでは、企業等の組織規模が唯一の決定的要素ではないとしつつ、小規模企業が大規模多国籍企業と同等の手続を要する場合はまずないであろうとする（UKBA ガイダンス第一原則1.3パラグラフ）。

る。「関係者」との関係で贈賄リスクがないと評価できた部署等では贈賄防止の手続を必要としない半面、たとえば、外国公務員との折衝につき、企業を代理する社外のエージェントに依存するような場合には、贈賄リスクが大きいとみたうえで、当該リスクを減少させるべくより多くの手続が必要になるであろう。

① 贈賄防止基本方針に含まれるべき要素

UKBA ガイダンスは、企業等の贈賄防止基本方針に含まれるべき要素として、以下の事項を例示している[94]。

・贈賄防止へのコミットメント
・仲介者やエージェントの行為、接待・販促費、ファシリテーション・ペイメント、政治献金・慈善的寄附等、特定の贈賄リスクを減少させるための一般的アプローチ
・当該贈賄防止基本方針の実施戦略の概要

② 贈賄防止のための具体的手続に含まれるべき要素

UKBA ガイダンスは、組織の贈賄防止基本方針を実施に移すための手続は、その形式のいかんを問わず[95]、企業等の各部門で、贈賄防止基本方針を達成するために実践的で現実的なものである必要があるとしたうえ、含まれるべき要素として、以下の事項を例示している[96]。

・トップレベルの関与（(b)参照）
・リスクアセスメント手続（(c)参照）
・「関係者」に対するデュー・ディリジェンス（(d)参照）
・贈答、接待・販促費、政治献金・慈善的寄附、ファシリテーション・ペイメントの要求対応に関する具体的規定
・直接間接の雇用に関する事項（勧誘、期間および条件、懲戒、報酬等）
・契約前後を含む、その他「関係者」とのビジネス関係のガバナンス
・適切な会計処理、監査、支出決裁等の財政的な管理

---

[94] UKBA ガイダンス第一原則1.6パラグラフ
[95] 単体の形式であってもいいし、入札管理規程等、より広範囲なガイダンスの一部を構成する形式であってもよい（UKBA ガイダンス第一原則1.4パラグラフ）。
[96] UKBA ガイダンス第一原則1.7パラグラフ

- 取引の透明性と情報開示
- 承認手続の委任、機能の分離、利害相反の回避等、意思決定に関する事項
- 執行、懲戒手続と組織の贈賄防止基本方針違反に対する制裁の詳細
- 内部通報制度を含む贈賄の報告
- 各部署等への基本方針の適用方法等、手続実施にあたり予定するプロセスの詳細
- 企業等の贈賄防止基本方針および手続の伝達とその適用に向けた研修（(e)参照）
- 贈賄防止手続のモニタリング、見直しと評価（(f)参照）

(b) トップレベルの関与（第二原則）

　第二の原則は、組織において贈賄を許容しないという文化を涵養するために、企業等の経営トップレベル（取締役会、所有者またはそれらに匹敵する組織もしくは個人）が「関係者」の贈賄防止に関与しなければならないというものである。

　トップレベルの関与としては、①企業の反贈賄姿勢の内外への伝達、②贈賄防止手続自体への関与があげられている。

① 企業の反贈賄姿勢の内外への伝達

　公式な声明等により贈賄を認めない旨を企業内外に発信することであり、定期的に注意を喚起するとともに、企業等のイントラネットやWEBサイトに掲げ、常時閲覧可能な状態にしておくべきとされる。内容に含めるべき事項として、以下の事項が例示されている。

- 公正、誠実、オープンにビジネスを行うことの約束
- 贈賄を許さないことの約束
- 役員や従業員が贈賄防止基本方針に違反した場合に生じる結果
- その他の関係者が、贈賄防止に関する契約条項に違反した場合に生じる結果（贈賄なしでビジネスをすることを約束しない者とはビジネスをしないことも含まれる）
- 贈賄拒絶によるビジネス上の利益の宣明（自社の名声・評判に対する顧客、協業者からの信頼）
- 自社が有する贈賄防止手続の範囲（内部通報に関する保護制度と手続を含む）

・自社の贈賄防止手続の展開・実施にあたり主要な役割を担う者と部門
・同業者間での取組み等、自社が取り組む集団的な贈賄防止活動に対する言及
② 贈賄防止に関するトップレベルの関与
　企業等の組織規模等に応じ、トップレベルの役員・機関が贈賄防止手続に関して具体的に関与することであり、いかなる場合であっても、以下のような要素が含まれるべきとされる。
・反贈賄業務をリードする上級役員の選任、適当な場合には、さらに研修
・行動規範等主要な方策におけるリーダーシップ
・贈賄防止関連の広報に対する承認
・従業員、子会社、関係者に対する意識啓発や対話の推進におけるリーダーシップ
・同業者組織、メディア等、関連する関係者や外部の団体との約束
・高次かつ重要な意思決定における特別の関与
・リスクアセスメントの確認
・手続違反に対する一般的な監督と、役員会等への報告
(c) **リスクアセスメント（第三原則）**
　第三の原則は、リスクアセスメント、すなわち、「関係者」によって企業等のために贈賄がなされる内的・外的なリスクの性質や程度の評価をしなければならないというものである。リスクアセスメントは、定期的に実施され、結果を通知するとともに、書面化しておく必要があるとされる。本原則の目的は、各企業等の規模、構造、活動地域に見合ったリスクアセスメントの手続を採用することを促すことにあるとされ、企業等が直面する贈賄リスクを完全に理解することが、贈賄防止に効果的に取り組むうえで鍵となると指摘されている。
① リスクアセスメントの手続
　リスクアセスメントの手続としては、以下のような要素が含まれるとされる。
・トップレベルの役員によるリスクアセスメントの監督
・適切な人的資源配分

・リスクを評価し見直すための内外の情報源の特定
・デュー・ディリジェンス（(d)参照）
・リスクアセスメントと結果の正確・適切な文書化

　企業等のビジネスの発展に伴い、贈賄リスクは変化し、それゆえリスクアセスメントもまた変化しうることに留意が必要である[97]。

② 一般的な贈賄リスク（外的要因）

　UKBAガイダンスは、一般にみられる贈賄リスクとして、以下のものをあげる[98]。

・カントリー・リスク

　実効性のある贈賄規制法制を欠き、透明性のある調達や投資政策の効果的促進に失敗するなど、腐敗レベルが高いとみられる国はリスクが高いとされる。

・業界リスク

　業界（事業部門）によるリスクの違い[99]

・取引リスク

　取引種別によるリスクの違い[100]

・ビジネス機会リスク

　金額の規模が大きいプロジェクト、多数の契約者や入会者が関与するプロジェクト、明らかに市場価格でなく行われているプロジェクト、正当な目的があることが明確でないプロジェクトはリスクが高いとされる。

・ビジネスパートナーシップ・リスク

　特定のビジネス関係におけるリスク。外国公務員・コンソーシアム・JVとの取引における仲介者の起用、政府高官絡みのビジネスにおける重要な公的地位を有する者との関係はリスクが高いとされる。

---

[97] たとえば企業等の国内事業で適用されるリスクアセスメントは、新規海外市場に参入する際には適用できないかもしれないとされる（UKBAガイダンス第三原則3.4）。
[98] UKBAガイダンス第三原則3.5
[99] よりリスクが高い事業部門として、採取事業、大規模インフラ事業が例示されている。
[100] リスクの高い取引類型として、慈善・政治的寄附、ライセンスや許可、公的調達関連取引が例示されている。

③ 内部的な贈賄リスク

リスクアセスメントにおいては、以上のような外部的な贈賄リスク要素に加え、以下のような内部の構造や手続がリスクレベルをどの程度あげるものかについても調べる必要があるとされる。

・従業員の研修、技能、知識の不足
・過剰なリスクをとることに報いる「ボーナス文化」
・接待、販促費用、政治的・慈善的寄附に係る基本方針や手続の明確性の欠如
・明快な支出管理の欠如
・トップレベルの役員からの明確な反贈賄メッセージの欠如

(d) デュー・ディリジェンス（第四原則）

第四の原則は、企業等は、特定された贈賄リスクを減少させるために、企業等のために、またはその代理人としてサービスを提供する者について、比例的で、かつ、リスク・ベース・アプローチにより、デュー・ディリジェンスを行わなければならないことである[101]。したがって、ここでのデュー・ディリジェンスの対象はエージェント等契約先に限られず、当該企業の従業員もこれに含まれる。

デュー・ディリジェンスは、内部的に行われてもよいし、外部に委託してもよいが、その手続は贈賄リスクに見合ったものである必要がある。8条の「関係者」の範囲は広範囲に及びうるが、どの程度のデュー・ディリジェンスを行うべきかは当該「関係者」との関係で生じるリスクによって異なる[102]。

---

[101] デュー・ディリジェンスは、贈賄リスクアセスメントの一形態であるが、同時に、それ自体、贈賄リスクを減少させる手段として重要な役割を有するため、これを別個の原則とし、その実施を推奨することとしたとされる（UKBAガイダンス第四原則4.1および4.2パラグラフ）。

[102] たとえば、ITサービスの提供に関する契約をする際に必要とされるデュー・ディリジェンスの適切なレベルは、自社のために当該契約相手が贈賄を行うリスクが相対的に低いことに伴い、低くてもよいかもしれないが、海外市場にビジネスを確立するのを支援するための仲介者を選任する場合は、贈賄リスクを防止するために、非常に高レベルのデュー・ディリジェンスが必要であるとされる（UKBAガイダンス第四原則4.3パラグラフ）。

UKBAガイダンスでは、一定のビジネス関係に入る際には、その関係が生じる経緯・事情に応じて、慎重なデュー・ディリジェンスを要する場合があるとされる[103]。たとえば、特定の地域の法や慣行において、企業等が従前のビジネス関係を解消するのがむずかしいときには地元の代理人を起用するよう指示されている場合には、起用前にデュー・ディリジェンスを徹底的に実施し、贈賄リスクを減少させることが重要となるとされ、また、M&Aの際もこうしたデュー・ディリジェンスの重要性が大きいとされる。

デュー・ディリジェンスの方法は、リスク・レベルによって異なるが、リスクの高い状況下では、「関係者」候補に対し、直接インタビューしたり、間接的に調査したり、一般的なリサーチをしたりするということのみとどまらず、起用（採用）後も、査定やモニタリングを継続的に行う必要がある。企業等の従業員はその組織の関係者であると推定されるので、採用プロセスや人事管理手続のなかで、各従業員のポストに関連するリスクに見合うかたちで、当該従業員の贈賄リスクを減少させるために適切なレベルでのデュー・ディリジェンスを実施する必要がある。

(e) **情報伝達（研修を含む）（第五原則）**

第五の原則は、企業等は、贈賄防止の基本方針と手続が、研修を含む情報伝達により、組織全体に浸透し理解されることを確保する必要があるというものである。この情報伝達には、①対内的情報伝達と②対外的情報伝達の両方が含まれる。

① **対内的情報伝達**

UKBAガイダンスは、対内的な情報伝達として、二つの側面をあげている[104]。一つは、組織内における反贈賄に関する連絡・伝達・指示・指導・研修[105]等、「トップからの声」として、各従業員が企業等の贈賄防止基本方針と手続をいかに実施していくかを伝えるという側面である。内容的には、意思決定、財政的な管理、接待・販促費用、ファシリテーション・ペイメン

---

103 UKBAガイダンス第四原則4.4パラグラフ
104 UKBAガイダンス第五原則5.3パラグラフ
105 研修も対内的な情報伝達の一類型である。UKBAガイダンスは本原則内で、研修の方法等についても、別項を立てて説明している（UKBAガイダンス第5原則5.5～5.8パラグラフ）。

ト、研修、政治的・慈善的寄附、違反に対する制裁等が含まれる[106]。UKBAガイダンスは、こうした贈賄防止に関する実体面での諸施策の伝達等とともに、対内的な情報伝達の重要な側面として、内部者からの情報提供という点をあげており、内部通報手続を充実させることの有用性と必要性を指摘している。すなわち、多くの国でさまざまな運営をしている企業等においては、内部通報手続は有用な管理手段たりうるものであり、手続の効用を発揮させるためには、通報者に対する適切な保護を含む内部通報手続を確立しなければならないとされる。

② 対外的情報伝達

対外的な情報伝達は、声明や行動規範を通じて、企業等の贈賄防止基本方針を組織外[107]に発信することである。こうした対外的な情報伝達は、現在または将来の「関係者」を安心させることになり、また、組織のために贈賄しようとしている者に対する抑止にもなりうるとされる。内容的には、贈賄防止の手続、管理、制裁、内部的な調査結果、勧誘、調達、入札のルール等が想定されている。

③ 研　　修

他の手続同様、研修もリスクに見合ったものであるべきとされる[108]。内容的には、贈賄がもたらすことになる脅威や、それに対処するためにとるべき諸方策に関する教育や意識啓発のかたちをとる場合が多いであろう。

方法としては、新人従業員等に対して義務的に実施することが考えられるが、それに加えて、特定の役職者に対しても、当該役職に関連する特定の贈賄リスクに即したかたちで実施されるべきであり、内部通報手続事務を取り扱う者、よりリスクの高い部門（調達・契約・支給・マーケティング等）に属する者や、リスクの高い国に赴任している者に対しても、それぞれに特別な研修をする必要性につき検討すべきであるとされる[109]。効果的な研修を行

---

[106]　UKBAガイダンス第五原則5.3パラグラフ
[107]　リスクレベルに応じて、契約相手等の「関係者」にとどまらず、同業他社、業界団体、一般公衆等にも対象者とする（UKBAガイダンス第五原則5.4パラグラフ）。
[108]　ただし、贈賄リスクが低い場合であっても、一定の研修をすることは企業の反贈賄文化を確立するうえで有効とされる（UKBAガイダンス第五原則5.5パラグラフ）。
[109]　UKBAガイダンス第五原則5.6パラグラフ

うためには、実施している研修に対して継続的かつ定期的なモニターと効果測定をすべきである[110]。

外部の「関係者」、特に高リスクの関係者にも研修を受けさせるのが適当である[111]。

(f) モニタリングとレビュー（第六原則）

第六の原則は、企業等は、「関係者」による贈賄の防止のための手続をモニタリングし、見直し、かつ必要に応じて、改善しなければならないというものである。

企業等が直面する贈賄リスクは常に変化しうるので、リスクを減少させるために必要な手続も変化しうる。そこで、企業等は、その贈賄防止手続の有効性をモニタリングし評価する方法を検討し必要に応じて手続を改善しなければならない。企業等は、定期的なモニタリングに加え、たとえば、外部環境の変化（各拠点における政権交代、贈賄事件の摘発・報道）に応じて、既存の手続の見直しを検討すべきである[112]。

見直しを行う手法にはさまざまなものがある。従業員に対する質問票や研修からのフィードバック[113]、役員等への定期報告等、企業内で得られるさまざまな情報、規制当局等から公表される他の企業等における実施例に関する情報等、多岐にわたる情報が、見直しを検討するうえで活用可能である[114、115]。

---

110 UKBA ガイダンス第五原則5.6パラグラフ
111 UKBA ガイダンス第五原則5.7パラグラフ
112 UKBA ガイダンス第六原則6.1パラグラフ
113 UKBA ガイダンス第六原則6.2パラグラフ
114 UKBA ガイダンス第六原則6.2、6.3パラグラフ
115 なお、UKBA ガイダンスは、贈賄防止手続の有効性につき、認証等を行う外部機関があり、当該機関の認証を得ているとしても、7条の罪で訴追された際には、当該認証を得ていることをもって、当該組織が採用している贈賄防止手続がすべての目的との関係で適正なものだったとされるわけではないとしている。

b　ケーススタディ

　UKBAガイダンスでは、具体的事例において、企業等が、六つの原則に即して、どのような手順で贈賄リスクを評価し、それに見合った対処をするかにつき、11の設例をあげて説明している。UKBAガイダンスにおいて、六つの原則の実施内容としていかなるものが念頭に置かれているか、また、具体的局面において、いかなる方策を講じることが各企業等に期待されているかを知るうえで参考になると思われるので、各設例と、当該設例において企業としてとるべき方策として考えられるものとして掲げられている事項の主なものを紹介する。

(a)　ケーススタディ1
　　『第一原則関連～ファシリテーション・ペイメント』

〈設　例〉

　中規模会社A社は、外国B国において、新規顧客を獲得した（運営代行会社C社）。贈賄リスクアセスメントの結果、製品のB国への輸入手続と新規顧客工場までの輸送に関し、検査官の「検査証明」の発行を得て貨物を通関させるにあたり、「検査料」を要求されるかたちで、ファシリテーション・ペイメントを要求されるリスクがあることが判明した。

〈考えうる方策〉
・ファシリテーション・ペイメント不払いの自社基本方針をC社に伝達
・検査証明と料金についてのB国法の定めに関する法的助言依頼（真正な料金との区別確認）
・輸入手続、輸送日程が厳しいために要求に屈する事態に陥るのを避けるべく、プロジェクトのスケジューリング検討
・従業員の研修（要求の拒絶、関連国内法、UKBAの知識習得）をC社に要請
・C社およびその従業員が公務員に一定の対応[116]をとるよう、契約上

明記
- C社との緊密な連携（自由に行えないようにする）
- 不正な要求をしないようB国当局に圧力を掛けるべく英国の外交筋やNGOを利用

(b) ケーススタディ2　『第一原則関連～比例した手続』

〈設　例〉

> 国内ビジネス専業だった中小規模の装置会社が、海外での新規ビジネス獲得のため、入札資格取得前申込書と入札手続の準備につき、独立系コンサルタントに成功報酬ベースで依頼した。贈賄リスクアセスメントの結果、コンサルタントへの依存、特に、現金で支払われる経費支出のモニタリングのむずかしさが、高い贈賄リスクの源泉と認められた。

〈考えうる方策〉
- ビジネス目的遂行における透明性と贈賄禁止に関する基本方針の伝達
- コンサルタント起用前のデュー・ディリジェンスの強化
- コンサルタントとの契約文言の強化[117]
- コンサルタントとの契約を、定期的なレビューの結果に係らしめることを検討
- 贈賄防止のキーポイントガイダンスのコンサルタントへの伝授
- 定期的な会合における自社の贈賄防止基本方針と手続の強調
- 関係者等が贈賄に関する情報を自社に提供できる通報システムを導入

---

[116] 要求の正当性に対して質問すること、要求対象金品に関しレシートと明細を出すように求めること、上位者と相談するよう依頼すること、適正でない検査料を現金払い、または直接当該職員に支払わないようにすること、要求に応じることはA社（およびおそらくC社も）英国法の犯罪を犯すことになる旨や、英国大使館に当該要求につき伝達しなければならない旨を要求者に伝えることなどが含まれる。

[117] コンサルタントにおいて、接待費の提供に関する明確な基準設定、費用を含む報酬の算出根拠につき詳細に規定することを促す内容とする。

(c) ケーススタディ3

『第一原則および第六原則〜ジョイントベンチャー』

〈設　例〉

中規模会社D社は海外の採掘会社E社に50対50のJVを持ち掛けDE社を設立しようと考えている。D社は、DE社が地元公務員と接点を要する場面が重大な贈賄リスクの源泉であると特定した。

〈D社としてDE社設立にあたり贈賄防止のために含めるよう主張すべき方策〉

・DE社の役員会へのE社と同数の役員派遣
・贈賄防止手続[118]のDE社への導入
・会計や特定支出を精査し定期報告を行う権限を有する監査役の設置[119]
・DE社の運営に関する贈賄法違反をD社・E社間の契約違反として規定（重大な違反の場合は契約の打切事由とする等）

(d) ケーススタディ4

『第一原則および第五原則〜接待および販促費』

〈設　例〉

エンジニアリング会社F社は、ビジネスパートナーに対する長きにわたる関係に対する謝意の表明として、エンターテインメント、高額な料理の提供、さまざまなスポーツ大会への参加といった定例のイベント企画を行っているが、参加する民間の企業や個人は、自身の旅費や宿泊費を負担する一方、外国公務員の旅費や宿泊費はF社が負担する。

---

[118] 贈答および接待、意思決定ルール、調達、デュー・ディリジェンス要件を含む第三者との契約、公務員との関係についての行動規範、リスクの高い職位にある従業員に対する研修、帳簿記録と会計に関する諸規定を含む。
[119] 構成員は、少なくともD社とE社から各1名ずつ派遣する。

〈F社がとるべき方策〉
・ビジネスパートナーと外国公務員に対する接待に関する贈賄リスクアセスメントの実施
・透明性のある、比例的かつ合理的な正当性のある接待・販促費用に対する基本方針の公表
・接待・販促費用に適用すべき社内規程の策定[120]
・社内手続とその遵守状況に関する定期的なモニタリング・見直し・評価
・従業員に対する適切な研修と監督

(e) ケーススタディ5 『第三原則〜リスクアセスメント』

〈設　例〉
小規模な特殊製造業者は新規市場にビジネスを拡張することを検討しているが、リスクアセスメントの知見がなく方法もわからない。

〈考えられる方策〉
・新規市場に関するリサーチに贈賄リスクアセスメントを追加
・英国外交当局、通商当局等の政府機関に助言依頼
・地元の商業団体、関連NGO、業界団体による、一般的な評価の参照
・経済団体に助言依頼

---

[120] 内部手続が、透明性とF社または外国公務員に適用されうる法令への適合性を確保するためのものであること、いかなる接待も良好な関係を強固にしたいとの欲求を反映し、感謝を示すものであるべきであり、販促費用は営利組織としてのF社のイメージを改善し、その製品とサービスをよりプレゼンし、または良好な関係を確立することを求めるものであるべきであること、受領者においてなんらかのビジネス上のアドバンテージを授ける義務を課されるとの印象を与えたり、受領者の独立性に影響を与えるものであってはならないこと、公務員に対する接待の提供は関連する公的機関に明らかにされるべきこと、一定限度を超える支出については、適度に上級役員の承認を必要とすることも検討すべきことを規定し、民間、公的なビジネスパートナー、顧客、供給者、外国公務員に対する適切な接待のレベルや異なる状況において適当とされる接待のタイプを判断する際の基準、会計（帳簿、発注書、請求書、納品書等）手続等が規定されているものである。

・専門家等の助言のフォローアップと独自の追加リサーチ

(f) ケーススタディ6
『第四原則〜エージェントのデュー・ディリジェンス』

〈設　例〉

中〜大規模装置製造会社G社は、外国H国に対し装置を供給する契約を締結することで新規市場に参入する機会を得た。地元の慣行では外国企業は地元エージェントを通じて運営することが求められている。G社は評判のよいエージェントを任命し贈賄リスクを最小化したいと考えている。

〈考えられる方策〉
・エージェント候補に対する質問票[121]への回答依頼
・提供役務の正確な性質、コスト、手数料、料金、希望報酬体系の提示を要求
・エージェント組織の管理者に対するインターネットサーチを含むリサーチの実施
・質問票の回答の裏付け調査として、H国の関係機関に対する照会実施
・フォローアップ調査のうえ、面談等により、質問票の回答等中の不明点等を明確化
・エージェント候補の贈賄防止基本方針、関連報告手続、記録に関する資料を徴求
・基本的な問題（当該エージェントは本当に必要か、必要とされる専門性を有しているか、公務員と緊密な関係を有しているか、払おうとしている金額は合理的か）の再検討
・エージェント任命後の定期的なデュー・ディリジェンスの実施

121　質問事項としては、エージェント組織の所有関係の詳細、役務遂行者の経歴、管理経歴の詳細、既存のパートナーシップや第三者との関係等があげられる。

(g) ケーススタディ7 『第五原則～情報伝達と研修』

〈設 例〉

英国の小規模な装置製造会社J社は地元のエージェントとしてアドバイザーKと契約した。Kの業務目的は、贈賄リスクが高い外国において契約を獲得しビジネス拡張を支援するというものである。

〈考えられる方策〉
・入札に関与するJ社の従業員にJ社の贈賄防止基本方針、行動規範を周知徹底
・J社・K間の契約に贈賄防止に関連規定[122]を挿入
・接待、ファシリテーション・ペイメント、財政的な管理のメカニズム、ルール違反への制裁、疑わしい行為に関する報告方法の指導等、関連する問題に適用される基本方針と手続につき、Jの従業員に周知徹底
・当該外国に関与するJ社の従業員に対する特別な研修等、情報を追加・補足

(h) ケーススタディ8
『第一原則、第四原則および第六原則～共同体の利益と慈善的寄附』

〈設 例〉

L社は種子製品の輸出業を営む。L社代表は、(高いHIV感染率が原因で抗レトロウィルス薬が手に入りにくくなっているとの問題を抱える)外国M国の公務員から、L社が抗レトロウィルス薬の代金を支払えば、新しい種子の輸入に関する政府許可を出すうえで非常に有利に考慮するとの示唆を受け、その後、別の公務員から、指定された慈善団体に寄附すれば、薬を購入して配布するための必要な

---

[122] 内容的には、Kに賄賂の供与等をしないよう求める、Kの行動と支出につきJ社が監査できることにする、公務員からの賄賂の要求につきJ社に報告するようKに求める、Kの行動に疑わしい点が生じた場合、J社は本アレンジを打ち切ることができるようにする等があげられる。

段取りをする旨確約された。L社は潜在的な贈賄リスクが高まっていると認識している。

〈考えられる方策〉
・示唆されたアレンジの正当性・合法性の調査（関連M国法、当該慈善団体の法的位置づけ・評価・当該公務員との関係等に関する情報収集・検討）に関する合理的な努力
・当該慈善団体とのやりとりが透明性のあるかたちでなされ、契約や許可への期待を生じさせないことを確保するための、内部的な情報伝達プランの採用
・リスクアセスメントを経た慈善的なプロジェクト等に関する全社的基本方針や手続の採用
・内部通報手続を実施する従業員に対する研修と支援
・贈賄防止手続の定期的レビューの一部として、慈善的寄附に関する基本方針の見直し[123]

(i) ケーススタディ9
『第四原則～エージェントに対するデュー・ディリジェンス』

〈設　例〉
英国の小規模会社N社はP国のエージェントに交易に関する業務を依頼している。贈賄リスクはエージェントへの依存と彼らの地元ビジネスマンや公務員との関係にある。N社は新しいエージェントのQ社から新たなビジネス機会の申込みを得た。Q社との契約はすぐに締結する必要がある。

---

[123] さらに、仮に、M国においては、慈善的な寄附が日常的に公務員経由でされたりその要請で行われるということであれば危険信号（red flags）があげられるべきで、その寄附の最終的な使途のモニタリング等を必要とすることになるかもしれない旨記載されている。

〈考えられる方策〉
・契約前に、以下の方法によるQ社へのデュー・ディリジェンスと背景チェック
　・N社の取引先、地元の商業団体、インターネットサーチ等を通じての照会
　・Q社から事業経歴と財務報告書の提出を求め、適切な経験を有するかを確認
・報酬体系、外国公務員関連法令遵守を確保させる方策等、Q社とのあるべき関係の検討
・Q社との契約は、毎年または定期的に見直しできるようにすること
・定期的にP国に出張しQ社の状況をレビュー

(j)　ケーススタディ10　『第二原則～トップレベルの関与』

〈設　例〉
　中小規模の部品製造業者が贈賄リスクのある海外市場での契約を目指しており、その準備の一部として、上級役員が業界規模の反贈賄イニシアティブに参加するようになった。

〈考えられるトップレベルのマネジメント〉
・従業員、主要なビジネスパートナーに対し、主要な贈賄防止手続に言及しながら、公正、誠実、オープンにビジネスを行うことへのコミットメントや業界のイニシアティブへの参加につき、明確な声明を出すこと
・適切な反贈賄規定を有する行動規範を確立し、それをWEB上で、従業員や第三者がアクセスできるようにすること
・セミナーで行動規範へのコミットメントについてのメッセージを添えて、社内に周知させることを検討
・上級役員において、従業員や関係者の間で、行動規範の理解と適用の重要性と彼らに関する贈賄防止関連の基本方針や契約条項に違反した場合の帰結を強調

・贈賄リスクに関する質問や問題に対応するキーパーソンに適切なレベルの上級役員を任命

(k) ケーススタディ11 『比例的な手続』

〈設 例〉

　小規模な輸出会社がエージェントを通じて多数の外国でビジネスをしている。エージェントへの依存が贈賄リスクだと特定できたので、比例的でリスク・ベースの贈賄防止手続を導入したいと考えている。

〈考えられる方策〉
・自社の贈賄防止基本方針や手続の詳細を定期的に伝えるために貿易フェアや貿易関連出版物を活用
・起用エージェントに対し口頭または文書で贈賄防止基本方針を伝達
・「関係者」による贈賄に対処するため、以下のような方策を採用
  ・関連情報を求め受領した情報に対する裏付け調査をWEB上で実施
  ・照合が正しくなされフォローアップされていることを確認
  ・契約更新時には反贈賄へのコミットメントを契約内容に追加
  ・危険なエージェントの行為(直截な情報提供依頼に対する逃げるような回答、第三者を経由させるなどの過度に手の込んだ支払手続、会計手続によって適切にカバーされない費用弁済に関するその場限りの要請等)への意識を喚起するため、定期的なスタッフ会議等の既存の内部的な仕組みを活用
  ・特定の市場における贈賄リスクに関する外部的な情報源(英国貿易投資総省(UKTI)、業界団体)の利用と特定のエージェントとの関係を伝えるデータの活用
  ・従業員が贈賄に関する懸念を表明するための秘密の保たれた手続(内部通報手続)を確保

(4) UKBA の運用状況

a 訴追における指針

上記(1) a のとおり、UKBA が規定する各罪に対する訴追方針については、その施行に先立ち、訴追ガイダンスが公表されている。訴追ガイダンスには、訴追を検討するにあたって考慮すべき要素等が具体的に記載されている。訴追ガイダンスによれば、これらの要素は制限的なものではなく、検察官は事案ごとに生じる広範囲な情状等をふまえ判断をすべきこととされているが、内容的にも一般的で汎用性が高いものと思われるので、ここにその内容を紹介する。

(a) **贈収賄の訴追に関する一般的なアプローチ**

訴追ガイダンスによれば、贈収賄の訴追にあたっては、①「証拠」と②「公的利益」という二つの段階を踏んで判断することとされる。①は、十分な証拠があるかということであり、その点がクリアされてはじめて②の段階に進むとされる。①については、一般的な証拠の評価に即して検討されることになるので、訴追ガイダンスでは、もっぱら②を判断するにあたり考慮すべき要素につき、以下のように記載されている。

(b) **一般的な（共通の）考慮要素**[124]

訴追に対し積極方向に作用する要素として、以下の要素があげられている。

・有罪判決の結果、重大な量刑になるとみられる場合
・計画的犯行で収賄者側に腐敗（不正）の要素を伴う場合
・より重大な犯罪を行いやすくするために敢行された犯行である場合
・賄賂に関与した者が権威または信用のある地位にあり、その地位を利用し

---

[124] 訴追ガイダンスでは、まず、贈賄罪（1条）の考慮要素として記載しているが、2条、6条、7条においても、これらの要素が同様に該当しうるとされ、6条、7条の各罪については、それに追加して考慮すべき要素として本文記載の各要素があげられており、結局、各罪に共通の考慮要素とされているとみることができる。

た場合

一方、訴追に関し消極方向に作用する要素としては以下の要素があげられている。
・軽微な刑罰しか科されないことが見込まれる場合
・弊害が軽微と認められ、かつ、単発的な事象の結果である場合
・自己申告と改善措置に係る純粋かつ積極的なアプローチがあった場合

(c) 外国公務員に対する贈賄罪（6条）特有の問題に関する事項[125]

① ファシリテーション・ペイメント

訴追に対し積極方向に作用する要素として、以下の要素があげられている。
・支払が多額または繰り返し行われたものであること
・ファシリテーション・ペイメントが、ビジネスの遂行方法のスタンダードの一部として計画され、または、受け入れられていたこと
・支払が公務員に対する積極的な買収としてなされたものであること
・企業等が明確かつ適切な贈賄防止基本方針を有していたにもかかわらず、それに従わずになされた支払であること

一方、訴追に対し消極方向に作用する要素としては、以下の要素があげられている。
・仮に訴追されても軽微な処罰にとどまる程度の1回的かつ少額の支払であること
・ファシリテーション・ペイメント発覚の経緯が、純粋に組織内部の自発的な措置によるものであること
・企業等が明確かつ適切な贈賄防止基本方針を有しており、それに従ってなされた支払であること
・支払者が、支払が要求された際の状況下において、（要求者に対して）弱い立場にあったこと

② 接待および販促支出

訴追ガイダンスでは、「合理的、比例的で、誠実に行われる接待や販促支

---

[125] 贈賄罪（1条）にも適用可能な場合もあるとされる。

出は、ビジネス遂行において確立され重要な役割を果たしており、UKBA はそうした行為を犯罪とする趣旨ではない」とする一方、「訴追接待や販促支出は1条、6条、7条の基礎となりうるものでもある」としたうえで、その実質的な内容に照らして、1条、6条の各要件に該当するか否かが判断されるという趣旨のことが記載されている。すなわち、訴追ガイダンスでは、「1条の成立には、『不適切な遂行』という要件が必要となるし、6条においては、接待や販促支出の提供が、ビジネスまたはビジネス遂行における利益を獲得または維持できるよう、外国公務員に影響を与えることを意図してなされたものであることを証明する必要がある」としたうえで、「接待や支出が（特定の状況における合理的な水準を超えて）気前のよいものであればあるほど、不適切な遂行の勧奨や見返り、または公務員に影響を与えることを意図したものであることの示唆が大きくなる」とし、合理的な金額の範囲を逸脱した接待や販促支出がこれらの意図を推認させる要素となるべきことを指摘している。ただし、金額のみを考慮要素とする趣旨ではなく、訴追ガイダンスでは、これに続けて、「額の大きさは考慮すべき一要素にすぎない。その他の要素としては、接待や支出が正当なビジネスと明確に結びついていないことや、隠れて行われたことなどが含まれる」としている。

(d) 企業等における賄賂防止手続の不履行罪（7条）特有の問題に関する事項

訴追ガイダンスでは、「検察官は、贈賄防止手続の適正さも含め「贈賄」の嫌疑がかかっている事象に関するすべての事情を勘案する必要がある。贈賄事例が1件発生したことは、当該組織の手続が不適切だったことを必ずしも意味するものではない。たとえば、エージェントや従業員の行為は非常に厳格な会社の契約上の要請や教育やガイダンスに意図的に違反したものである場合もある」としており、本罪の訴追にあたっては、単にその従業員等が当該企業のために贈賄したことをもって企業等の責任を問うものではないとの姿勢を示している。すなわち、7条の構造としては、企業等が贈賄防止手続を整備していることは、あくまで犯罪不成立を主張する企業等側で立証すべき抗弁という位置づけであるが、実際に訴追を検討する場面においては、こうした抗弁事由の有無についても検討をしたうえで、判断すべきものとさ

れている。そして、「検察官は、企業等が適切な防止措置を講じたかどうかを判断するうえで、UKBA ガイダンスを考慮に入れなければならない」とされている。

なお、公的利益の有無を判断する際に関連する要素としては、上記①の各要素のほか、検事総長、SFO 長官および歳入関税庁長官が共同で公表している企業訴追ガイダンス記載の各要素[126]もあげられている。

┌─〈自己申告について〉─────────────────────┐
│　上記のとおり、企業等による不正行為の自己申告は、訴追に関し消極方向に考慮される事情の一つとされるが、不訴追が保証されるものではなく、各事案ごとの諸事情が勘案され訴追の適否が判断されることになる。また、SFO は訴追のかわりに（またはこれに追加して）、2002年犯罪収益法に従って、犯罪によって得た資産に対する民事回復命令（civil recovery order）による資産の剥奪に関する権限を行使することも可能である。この場合、当該手続の理由、不正行為の内容、処分内容が公表される。自己申告をした企業等を不起訴にした場合、SFO には、申告対象外の不正行為を訴追する権利、他の機関（外国警察機関等）に申告された不正行為に関する情報を提供する権利が留保される[127]。
└──────────────────────────────┘

b　適用事例

2013年４月現在、正式訴追により有罪判決が下されたのは下記２例のみである。

---

[126] 訴追に関し積極方向に考慮される事情として、同種前科前歴の存在、不正行為が企業のビジネス上の慣行になっていたこと、効果的なコンプライアンス計画をもたないなかでの犯行であること、会社として従前警告等を受けていたにもかかわらず不正行為防止に向けた適切な対応がとられてこなかったこと、不正行為に対する報告懈怠、不正行為に対する虚偽報告等が、消極方向に考慮される事情として、不正行為に対する自己申告等積極的な対応、同種前科前歴の不存在、積極的・効果的なコンプライアンス計画の存在、有効な被害回復措置が可能であること、個人による単独犯行であること、支配権の移転等で企業が不正行為時と事実上別の団体になっていること等があげられる。

[127] SFO の「自己申告」に関する改訂基本方針（2012年10月８日公表）

① 2011年11月18日、拘禁刑3年（収賄に対して。さらに別件に対し6年の拘禁刑）[128]

裁判所書記官が速度違反のもみ消しのため500ポンドを収受したという事案である。

② 2012年12月、拘禁刑2月（執行猶予12カ月）

個人タクシー免許取得の見返りに、ライセンシング・オフィサーに対し、200～300ポンドの贈賄を申し入れたという事案である。

もっとも、企業による自己申告事例は増加しており、SFOによる調査中との報道がなされている事例もあることから、今後摘発事例がふえることも想定されるほか、2002年犯罪収益法により、民事回復命令により終局処理を迎える事例もふえていくのではないかと思われる[129]。

4 外国公務員等贈賄罪違反の代償（FCPA違反を中心に）

外国公務員等贈賄罪で摘発された企業は、非常に厳しい制裁や義務を課せられている。以下は、FCPA違反を中心として述べるが、それに限ったものではなく、どの国において摘発されても（行為地において、国内贈賄罪で摘発された場合を含む）、下記のような制裁等のリスクはある。

(1) 高額の制裁金

摘発の代償としてまずあげられるのが高額の制裁金である。民事制裁金を含め、2013年3月現在、FCPA違反により1億ドル以上制裁金を支払った

---

128 控訴審で4年に減刑された。
129 UKBA施行前に行われた贈賄事案については、2011年から2012年にかけて、企業による自己申告がなされたうえ、民事回復命令による終局処理が行われた事例が複数公表されている。

企業は 8 社にのぼる（うち、7 社は非米国系企業である）。不正競争防止法上の外国公務員等贈賄罪は、企業に科される罰金の上限が 3 億円[130]であるのに比べ、きわめて高額である。これは、上記 2(1)g で述べたとおり、制裁金の上限が、外国公務員等贈賄罪によって、当該企業が受けた利益、あるいは当該企業以外の第三者が被った損害の 2 倍が上限となることが理由の一つである。また、上記 2(2)で述べたとおり、FCPA 違反で摘発された場合、司法取引によって解決することが多いなかで、何が当該企業が受けた利益、あるいは当該企業以外の第三者が被った損害なのかについても交渉の対象となり、さまざまな駆け引きがなされていくなかで、当該損害または利益が高額に算定され、よって、制裁金もきわめて高額になる可能性がある。

(2) 捜査協力義務

米国司法省等と合意がなされた場合などでは、企業に対し関係当局の捜査に引き続き協力する義務を課される場合がある。これは、当該企業と共謀したとされる他の企業に対する捜査協力義務の場合もあるし、当該企業の役職員個人に対する捜査協力義務の場合もある。具体的には、たとえば、当該企業の役職員が捜査や裁判のため供述・証言することを可能な限り確保する義務や、秘匿特権がかかっていない関係書類等をすべて提出する義務が課せられうる。この協力義務は捜査がすべて終了するまで続くのが一般的であり、長期間にわたる可能性がある。

(3) コンプライアンス・モニター／定期的報告義務

米国司法省等と合意がなされた場合などでは、企業に対し、贈賄を防止、禁止するコンプライアンス・プログラムの導入が義務づけられる場合が多いが、当該コンプライアンス・プログラムを導入・維持する過程で、コンプライアンス・モニターの設置や企業の米国司法省に対する定期的な報告義務が

---

[130] 不正競争防止法22条 1 項、21条 2 項 7 号、18条 1 項

課される場合がある。たとえば、ドイツを本拠とするある企業に対しては、4年間外部の独立モニターを設置（雇用）することが義務づけられたし、ある米国の企業に対しては、3年間の間に少なくとも半年に1回、米国司法省に対してコンプライアンス・プログラムの導入状況等を報告する義務が課されている。そして、これらの義務が履行されないと、合意違反となり、たとえばその合意がDPAであれば、訴追が再開されてしまうことになる。

(4) 役職員個人に対する制裁

企業が米国司法省と合意により解決したとしても、当該企業の役職員個人についてはまた別の話である。贈賄を指示、承認、実行した役職員について免責されることは少なく、時には他国から引渡しを受けてまで訴追を遂行することがある。また、個人が有罪になると実刑に処せられる可能性が高い。なお、企業については、上記(3)で述べたとおり、当該企業の役職員の捜査に対する協力義務を負うことも多い。

(5) 他国による立件

ある贈賄行為について、複数の国が管轄権を有することがある。同一の犯罪について、重ねて刑事上の責任を問われないという一事不再理の原則[131]は、同一の国のなかにおける原則であって、たとえば、米国においてFCPA違反で摘発された行為につき、日本で重ねて処罰することは可能である[132]。贈賄行為の一部でも、ある国のなかで行われた場合には、当該国が管轄を有することが多いが[133]、企業がグローバルに活動を展開するなかで、贈賄行為も複数国にまたがって行われることもある。そのような場合、

---

[131] 日本国憲法39条後段
[132] 日本の刑法5条も、「外国において確定裁判を受けた者であっても、同一の行為について更に処罰することを妨げない。ただし、犯人が既に外国において言い渡された刑の全部又は一部の執行を受けたときは、刑の執行を減軽し、又は免除する。」と規定しており、外国において処罰された行為について日本で処罰することを禁じていない。
[133] 日本の刑法1条1項等

米国が摘発を行い、それが公表されるなどして当該情報を得た他の国が、自国にも管轄があるとして訴追を行う可能性がある。贈賄を行った当時、贈賄がなされた国では贈賄は法令上違法ではあるものの、摘発はほとんどされていなかったとしても、米国の摘発を受けて当該国が摘発に動く可能性はある。この点、米国において、FCPA違反につき合意で解決している場合には、企業は贈賄を行ったことを自ら認めたうえで合意しているのであるから、他の国でも贈賄行為が認められる可能性が高い。米国で裁判で争って負けた場合も同様である。そうすると、他の国でも、やはり高額の制裁金を科されることになる。

(6) 取引停止（debarment）

　贈賄行為を行った企業に対しては、当局のみならず、ビジネスの世界でも厳しい対応をとられることが多い。たとえば、多国籍開発系銀行では、同銀行と取引関係に立つ企業が贈賄を行うことを禁止しているし、そのような企業と取引を停止することもある。たとえば、世界銀行（以下、「世銀」という）である国際復興開発銀行と国際開発協会は、いわゆるファイナンスガイドライン[134]、調達ガイドライン[135]、コンサルタント雇用ガイドライン[136]等のガイドラインを有しているところ、そのなかで取引関係者が贈賄を行うことは禁じられている。そして、これらのガイドラインに違反した企業は、取引停止になる可能性があり、その場合には、世銀のホームページで公表される[137]。

　世銀の取引停止リストに掲載されてしまうと、市中の銀行からも、融資先として不適切と受け止められ、融資を受けられなくなる可能性がある。さら

---

[134] Guidelines on Preventing and Combating Fraud and Corruption in Projects Financed by IBRD Loans and IDA Credits and Grants
[135] Guidelines : Procurement of Goods, Works, and Non-Consulting Services under IBRD Loans and IDA Credits & Grants
[136] Guidelines : Selection and Employment of Consultants under IBRD Loans & IDA Credits & Grants by World Bank Borrowers
[137] http://web.worldbank.org/external/default/main?theSitePK=84266&contentMDK=64069844&menuPK=116730&pagePK=64148989&piPK=64148984

に、世銀、アジア開発銀行、アフリカ開発銀行、欧州復興開発銀行、米州開発銀行間で相互に取引停止の通報がなされる仕組みになっているので[138]、その他の多国籍開発系銀行から取引停止処分を受けたり、契約先に選ばれないというリスクが生じかねないのである。

(7) 各種契約違反

　企業は、契約の相手方となる者が贈賄をしないよう、さまざまな注意を払う必要があるところ、契約によって、取引の相手方に対し、契約締結時までに贈賄で有罪判決を受けたことや起訴されたことがないことを表明・保証させ、さらに、今後贈賄をしないことを誓約させることは最も一般的な方法である。このことは、逆に、自社においても、委託契約、融資契約等、各種さまざまな契約を締結する際にこのような表明・保証や誓約が求められることがあるということである。そうすると、たとえば、ある企業が贈賄で有罪判決を受けた場合には、当該企業は上記のような表明・保証がそもそもできないため、契約を締結できない可能性がある。また、すでに契約を締結している場合であっても、たとえば、贈賄で有罪判決を受けると、贈賄をしない旨の誓約違反に抵触し、契約を解除されたり、期限の利益を喪失する可能性がある。このように、企業が贈賄で摘発され、起訴されたり有罪判決を受けると、当該企業の契約関係にさまざまな影響を及ぼすリスクがある。また、厳密には契約に抵触しない場合でも、事実上、取引の相手方として敬遠されるリスクが相当高くなることもあるので、企業の通常のビジネスを遂行していくうえで大きな不都合が生じうる。

(8) 許認可等の取消し

　ある事業を行うためには許認可を受けなければならない場合には、当該事業を規制する業法によって許認可の取消事由が定められていることが多い。

---

[138] 2010年4月9日付 Agreement for Mutual Enforcement of Debarment Decisions

また、許認可の取消しとまではならなくても、不適切な行為によって、監督官庁から、業務停止命令や業務改善命令が出される場合もある。たとえば、法律違反が許認可の取消事由となっている場合に、贈賄で有罪判決を受けると、事業の許認可が取り消されたり、業務停止命令、業務改善命令等を受ける可能性がある[139]。

(9) 指名停止

入札においては、一定の行為を行った業者は指名停止される旨定められていることが多い。どの行為が指名停止の対象となるのかについては、各入札を実施する機関がそれぞれ定めているが、贈賄を行った場合には、指名停止の対象となる可能性が高い[140]。

(10) AEO（Authorized Economic Operator）制度[141]上の特例輸入者および特定輸出者

AEO制度とは、貨物のセキュリティ管理と法令遵守の体制が整備された事業者に対し、税関手続の緩和・簡素化策を提供する制度である。たとえば、輸入者は、輸入申告時の納税のための審査・検査が基本的に省略されるほか、貨物の引取り後に納税申告を行うことができるし、輸出者は、貨物を保税地域に搬入することなく、自社の倉庫等で輸出の許可を受けることができるほか、輸出貨物の迅速かつ円滑な船積みができる。しかし、贈賄で摘発を受けると、法令遵守の体制が整備された事業者であるとは評価されない可能性があり、このような優遇措置が取り消される可能性がある[142]。

---

[139] たとえば、建設業法28条1項3号・3項・4項・5項、29条6号
[140] 入札を所管する機関の職員以外の公共機関の職員に対して贈賄を行った場合でも、指名停止処分になる可能性がある。たとえば、昭和59年3月29日建設省厚第91号、最終改正平成19年8月31日国地契第26号「工事請負契約に係る指名停止等の措置要領」別表第2、1ないし4
[141] AEO制度につき、http://www.customs.go.jp/zeikan/seido/kaizen.htm
[142] たとえば、特例輸入者につき、関税法7条の12第1項1号ホ、7条の5第1号ロ、ホ。特定輸出者につき、関税法67条の11第2号イ、67条の6第1号ハ、ヘ

(11) 責任追及と株主代表訴訟

　会社法上、取締役等の役員は、会社に対して善管注意義務、忠実義務を負っている（会社法330条、民法644条、会社法355条）。そして、役員自らが、外国公務員等への贈賄を指示あるいは承認（黙示の承認を含む）していた場合は、法令違反となり、善管注意義務違反として損害賠償責任を負う（会社法423条）。会社法355条の「法令」は、わが国の法令のみならず海外に事業を展開する企業に対してその国の法令を遵守することも求めており、このような外国法令の遵守が取締役の善管注意義務の内容をなすといわれている[143]。

　また、会社法は、大会社および委員会設置会社に対し、グループ企業を含む内部統制システムの整備にかかる事項の決定義務を課している（会社法348条4項・3項4号、会社法施行規則98条1項、会社法362条5項・4項6号、会社法施行規則100条1項、会社法416条2項・1項1号ホ、会社法施行規則112条2項）。そして、違法行為がなされ、その結果、企業に損害が発生した場合、違法行為を行っていない取締役に対しても、内部統制システム構築義務違反があるとして善管注意義務違反の有無が問題となった事例も少なからずある[144]。よって、外国公務員等贈賄が行われた場合には、生じた損害につき、役員等は、適切な内部統制システムを構築していなかったとして、当該企業から責任追及され、あるいは株主代表訴訟を提起されるリスクがある。

143　大和銀行株主代表訴訟事件判決（大阪地判平12・9・20判時1721号3頁）
144　脚注140の判決のほか、ヤクルト株主代表訴訟事件控訴審判決（東京高判平20・5・21判タ1281号274頁）等。

5　企業が導入すべき贈賄防止体制

　上記4のとおり、企業が外国公務員等贈賄を行うと非常に大きな代償を払わなければならない。また、たとえ最終的に外国公務員等贈賄を行ったとは認められなくても、疑わしき行為を行った場合、捜査対応をしなければならない場合もあるし、レピュテーションも一定程度傷つく。そこで、外国公務員等に対する贈賄を行わないような、または疑われないような体制づくりが企業に求められるところ、UKBAガイダンス、FCPAガイドライン、経産省指針等を参考に、企業が何をすべきかについて論じる。

(1)　トップレベルによる贈賄防止のコミットメント

　UKBAガイダンスの第二原則においては、企業のトップレベル（取締役会、企業の所有者、またはそれらに匹敵する組織もしくは個人）が「関係者」の贈賄防止にコミットしなければならないとされている。具体的なコミットメントの内容としては、①企業の反贈賄姿勢の内外への伝達、②贈賄防止を展開していくにあたり、適切な範囲で関与することがあげられている[145]。

　FCPAガイドライン[146]においても、FCPAのコンプライアンスはトップから始めなければならないとし、上級役員のコミットメントが、その部下たちによって運用、強化されているかが重要であるとされる。そして、シニア・マネージメントが、企業の行動規準を明確に示したか、細心の注意を払って遵守しているか、そして、企業内にそれを広めているかなどに着目するとされている。

　経産省指針[147]においても、企業の最高責任者の関与（少なくともコンプラ

---

[145]　UKBAガイダンス第二原則柱書き、2.2、2.3、2.4パラグラフ
[146]　FCPAガイドライン57頁
[147]　経産省指針8頁

イアンス・プログラムの策定および見直し、問題が生じた場合の対応、監査結果への報告とこれに基づく見直しに際しては、最高責任者が自ら関与すること）とされている。

このようなガイドライン等の記載にかんがみれば、企業のトップ（代表者、取締役会、コンプライアンス担当役員等）は、少なくとも外国公務員等贈賄の問題点を正確に認識、把握しなければならない。そのうえで、いずれかのトップの名義（代表者、取締役会、またはコンプライアンス担当役員等）において、企業のポリシーとして外国公務員贈賄を禁止することを明確にしたメッセージをその役職員等や、場合によっては取引先等に伝える必要がある。また、企業のトップは、贈賄防止体制を自ら、あるいは、大企業においては部下に命じて、これを構築、運用、見直しをすることが必要である。いずれにせよ、トップが真摯に取り組まないと、贈賄防止体制は後回しにされたり、有効なものにならないものになる可能性が高い。

(2) 贈賄防止体制の構築、運営等

a　リスクアセスメント

UKBAガイダンスの第三原則によれば、企業は、「関係者」によって企業のために贈賄がなされる内的・外的な潜在的リスクの性質や程度について、定期的にリスクアセスメントを実施し、それを書面化する必要があるとされる。このリスクアセスメントは、企業の規模と構造、およびビジネスの内容、大きさ、場所等に応じて、贈賄防止のための比例した手続（UKBAガイダンスの第一原則）をとるために必要であるとされる。そして、贈賄の外的なリスクとしてよくあげられるものは、カントリー・リスク、業界リスク、取引リスク、ビジネス機会リスク、ビジネスパートナーシップ・リスクであるとされている[148]。

FCPAガイドライン[149]でも、リスクアセスメントは強化されたコンプラ

---

[148] UKBAガイダンス第三原則柱書き、3.1、3.5パラグラフ
[149] FCPAガイドライン58、59頁

イアンス・プログラムを展開していくことの基礎となるものであり、また、米国司法省等は、善意、網羅的、かつリスクに基づいたコンプライアンス・プログラムを大きく評価するとされている。すなわち、一般的な贈答、接待よりもリスクの高い国における5,000万ドルの政府との契約のほうがより慎重かつ厳密な精査が必要であるし、すべてのエージェントに同じようなデュー・ディリジェンスを実施することは、重大なリスクのあるエージェントに対するデュー・ディリジェンスを行うリソースや注意をそらしてしまうとされている。そして、リスクアセスメントを行う際に考えるべき要因としては、国、業界、ビジネス機会、潜在的ビジネスパートナー、政府の関与、政府の規制や監督の程度、入管や税関への接触などがあげられている。

　このようなガイドライン等の記載にかんがみれば、企業は、自社のビジネスのどこに贈賄が行われる潜在的なリスクがあるかを調査するため、リスクアセスメントを的確に行うべきであるといえる。ここでいうリスクアセスメントは、具体的な贈賄嫌疑発見のための調査ではなく、どのセクションやどのビジネスが、贈賄が行われるリスクが抽象的に高いかを評価するものである。そして、その結果に基づき、たとえば、リスクが高いビジネスにおいては、より厳しい社内手続を導入したり、エージェント等に対し、より詳細・慎重なデュー・ディリジェンスを実施したり、あるいは、監査や研修の頻度をあげることが考えられる。

　他方、リスクが低いビジネスにおいては、そこまで贈賄防止に対しリソースをつぎ込まなくてもよいと考えられる。企業のリソースには限りがあるので、それを最大限有効に発揮して贈賄防止を尽くすためには、具体的な贈賄防止措置を適切に講じるための前提作業として、リスクアセスメントを実施することが、一見、時間と手間がかかるようにみえても、長い目でみれば有効であると考えられる。リスクアセスメントは、企業の規模や活動場所にもよるが、基本的にアンケートやヒアリング、契約書等の精査によって行い、その結果（留意点等を含む）を報告書にまとめておくのがよいであろう。

b　贈賄防止体制の構築、運営等

　UKBAガイダンスの第一原則から第六原則は、「関係者」が贈賄を行った

場合に企業の抗弁となる「適切な手続」を整備していたといえるための原則を述べたもので、これらの原則に従うことが、まさに贈賄防止体制の構築、運営になると考えられる。

FCPAガイドライン[150]においても、特定のシニアの役員をコンプライアンス・プログラムの監督と実施の責任者に任命し、その者に対し、適切な権限と独立性を付与し、コンプライアンス・プログラムが有効に実施されるための十分なリソースを提供しなければならないとされている。なお、企業の規模にもよるが、日々の贈賄防止の実施については、その企業の特定の職員等に権限を委譲できるともされている。

経産省指針[151]においても、組織体制の整備について、社内の役割分担、関係者の権限および責任が明確となるよう、企業規模等に応じた内部統制に関する組織体制を整備することとし、具体的には最高責任者の関与（上記(1)）のほか、社内統一のコンプライアンス責任者を指名し、同責任者は、企業の最高責任者を含む取締役会に対して定期的に報告を行うことが望ましく、また、海外子会社においても、コンプライアンス責任者を指名するよう努めることとされている。

このようなガイドライン等の記載にかんがみると、企業はまず、贈賄防止の最高責任者を決めるとともに、贈賄防止の責任部署を明確にすべきである。責任部署が曖昧のままであると、問題が提起されてもたらい回しにされたり、放置されるリスクが高いからである。責任部署となる部署は、一般的には法務部、コンプライアンス部、国際事業部などが考えられる。もっとも、贈賄防止に関する規程類等の改廃は法務部、日々のビジネスの相談はコンプライアンス部、監査は内部監査部などと、役割さえ明確にしていれば、責任部署が複数の部署であっても問題はない。

さらに、責任部署を定める際は、実際に業務を行う人数が足りているか、担当者は利益相反状況にないかといった点に留意する必要がある。責任部署が行うことは多数あり、たとえば、リスクアセスメントの実施、規程類の作成・改訂、日々の業務相談、監査、エージェントとの契約のレビューおよび

---

[150] FCPAガイドライン58頁
[151] 経産省指針8頁

見直し、社内研修および広報の実施、贈賄防止体制の見直し等が含まれる。

C 規程類の作成

　UKBA ガイダンス第一原則においては、贈賄防止のための手続は、事業の特性、規模、複雑性に応じ、直面する贈賄リスクに比例したものでなくてはならず、同時に、明確かつ実際的で利用しやすく効果的に導入・実施できるものでなければならないとされている[152]。より具体的な規程の一例として、UKBA ガイダンスケーススタディ4では、企業が検討しうるものとして、一定の基準を超える支出についてはシニアレベルのマネージメントの承諾を得ることも一案とされている。

　FCPA ガイドライン[153]においては、贈賄防止に関する社内規程は、明確、簡潔、そして言語を含めて利用しやすいものでなければならないとされている。そして、それらの規程類には、外国公務員等への支払、第三者を用いる場合、贈答、旅費、接待、寄附、政治献金およびファシリテーション・ペイメントに関するものが含まれるとされている。より具体的な規程の一例として、FCPA ガイドラインでは、多くの大企業が、1年当りの贈答の限度について一定の金額基準を設けたうえで、適切な管理者（appropriate management）の承認による例外を認めているとされている。

　経産省指針[154]においては、外国公務員等に対し当該国の贈賄罪に該当するような贈賄行為および不正競争防止法に違反するような贈賄行為を行わないことなどを内容とする基本方針を作成し、これを公表することとされている。また、違法行為を行った従業員に対しては、その行為に応じて懲戒等の厳格な制裁を科す旨、制裁に関する措置を事前に明確化しておくこともされている。さらに、より具体的な規程の一例として、外国公務員等との接点に関し、各社で一定の社内手続や判断基準（社内手続には、コンプライアンス責任者等権限ある者への事前照会を行うこと、現地子会社から本社の相談窓口や通報窓口へ通知すること等が含まれる。また、判断基準については、各国の法令

152　UKBA ガイダンス第一原則柱書き
153　FCPA ガイドライン57、58頁
154　経産省指針7頁

や社会通念上の範囲内で、贈物や接待の金額や頻度についてあらかじめ定めておくこと等が想定される)等をマニュアル化しておくことも有効である、とされている。

　これらのガイドライン等の記載によれば、規程類としては、まず、外国公務員等贈賄を禁止する規程を作成、運用することが考えられる。これには、たとえば、不正の利益を得る目的での外国公務員等に対する利益の供与をいっさい禁止し、これに違反した従業員は懲戒処分の対象となること、また、外国公務員等贈賄問題についての責任部署等を明示することが考えられる。他方、利益の提供自体は禁止しないものの、贈賄にならないよう、また贈賄と疑われないように、外国公務員等への利益の提供の可否について慎重に吟味する手続を規定した規程類も必要となる。一般的には、接待・贈答、寄附および外国公務員等の招へいに関する規程(あるいは、ガイドライン)である。接待等が贈賄の隠れ蓑にならないように明確な決裁手続を設けることが必要である。さらに、エージェント等の第三者を通じた贈賄が行われないよう、第三者と契約をする場合の規程(あるいは、ガイドライン)も必要である。これには、第三者を選定する際のデュー・ディリジェンスや、契約上、第三者に対して贈賄をしないことを誓約させることなどが含まれうる。これらは、企業の規模やリスクに応じた機能的なものでなければならないことはいうまでもない。

(3) デュー・ディリジェンス

　UKBAガイダンスの第四原則においては、特定された贈賄リスクを減少させるために、企業のために、あるいは企業の代理人としてサービスを提供する者について、比例的で、かつ、リスク・ベース・アプローチにより、デュー・ディリジェンスを行わなければならないとされており、このデュー・ディリジェンスは、贈賄リスクに見合ったものであれば、社内あるいは社外のリソースを用いて行うことが可能であるとされている[155]。

---

[155] UKBAガイダンス第四原則柱書き、4.3パラグラフ

FCPA ガイドライン156においても、第三者（エージェント、コンサルタント、販売会社等）に対するリスク・ベースのデュー・ディリジェンスが特に重要であるとされている。そして、一般的には、第三者の適格性とその関係者（評判や外国公務員等との関係を含む）について把握すべきであるとされている。さらに、第三者を使用する必要性、支払条件や第三者を用いるタイミングがその業界の例と比べて異常ではないかに留意する必要があるとされている。そして、契約締結後もモニタリング（たとえば、定期的なデュー・ディリジェンス、監査の実施、研修の実施、コンプライアンスについての誓約書の第三者からの取得等）を行うべきであるとされている。また、自社のコンプライアンス・プログラムを第三者に周知して、場合によってはその遵守の確約を求めることも考えられるとされている。さらに合併についても、被合併会社について不適切なデュー・ディリジェンスを行っていると、贈賄を継続してしまうリスクがあるとしている。一方、適切なデュー・ディリジェンスを行って贈賄を発見した企業が、任意に当局に情報提供し、捜査に協力し、適切な内部統制を行った場合に、立件しないという事例もあるとされている。

　これらのガイドライン等の記載によれば、贈賄リスクに比例して、企業のために、あるいは企業を代理して業務を行う者についてデュー・ディリジェンスを実施することが求められる。場合によっては、寄附の相手方についても、贈賄の導管とならないようにデュー・ディリジェンスが必要となる場合もある。デュー・ディリジェンスの方法には、具体的ケースにおいてさまざまなものがあるが、登記簿や関係記事などの公表情報の確認、質問票の送付、インタビューの実施、同業他社、取引先からの聞き取り調査、現地当局への確認、専門業者を使った調査等が考えられる。

　また、被買収企業については買収を行う企業が責任を承継すると考えられることもあるから、被買収企業が贈賄を行っていないか、という観点からデュー・ディリジェンスを実施するとともに、万が一、行われていた場合でそれでも買収する場合には、直ちに違法行為を停止し、厳格なコンプライアンス・プログラムの導入をすみやかに図ることが必要である。

156　FCPA ガイドライン60、62頁

(4) 研　修

　UKBA ガイダンス第五原則においては、企業等は、自社の贈賄防止基本方針とそれを実践するための手続につき、従業員に周知徹底する必要があるとし、従業員等に対し、リスクに見合った研修を実施すべきとされている。その実施方法としては、新人従業員等に対するものに加え、特定の役職者に対し、当該役職に関連する特定の贈賄リスクに即したかたちで実施されるべきであり、外部の「関係者」、特に高リスクの関係者にも研修を受けさせるのが適当であるとされている[157]。

　FCPA ガイドラインにおいても、企業等が、贈賄防止に関連する基本方針と手続につき、役員、従業員、さらには適宜エージェントやビジネスパートナーに対しても定期的な研修等を行うことを通じて、組織全体に浸透させるための方策をとっているかが評価の対象とされるとされている[158]。

　経産省指針においても、幹部および従業員の意識の向上を促し、内部統制の運用の実効性を高めるため、社内において適切な普及活動および教育活動を実施することとし、国際商取引に関連する従業員等に対し、採用時および関連部署への転属時に、研修活動を行うことが重要であるとし、その内容については、各社の事情に応じた外国公務員との接点が生じうるケース、過去の贈答および接待の事例等を整理したうえで、留意すべき点につき教育することが有益であるとされている[159]。

　このようなガイドライン等の記載にかんがみると、企業等は、自社の贈賄防止基本方針とそれを実践するための手続を従業員等に周知徹底する必要があり、その際に重要なのは、各従業員に、自己の従事する業務との関連で、贈賄防止手続のどの部分がどのように適用されるかを具体的に理解させることである。したがって、研修については、基本的に、各業務分野や職制のレベルごとに、それぞれ実施する必要がある。ここでも研修の内容やレベルは

---

[157] UKBA ガイダンス第五原則柱書き、5.5～5.8パラグラフ
[158] FCPA ガイドライン59頁
[159] 経産省指針9、10頁

リスクに応じたものであるべきで、特にリスクの高い業務分野・役職に対する研修は、単に関連法令の知識を習得させるにとどまらず、贈賄が企業や個人にもたらす損害、刑事上、民事上の法的責任につき、他社における処分事例等をあげながら、具体的に教示するなどして、企業が採用している贈賄防止手続を遵守する必要性を実感させるものでなくてはならない。また、研修内容は、内部監査等における指摘事項等をふまえて留意すべき点を追加するなど、随時見直していく必要がある。

また、従業員に対する研修とは別に、役員に対しても、その職責に応じ、役員就任時はもとより、その後も定期的に、社内での贈賄防止手続違反事例や他社の摘発事例の紹介、関連法令・準則等の改廃状況の伝達等、関連情報のアップデートをする必要がある。

さらに、贈賄リスクが高いとみられるエージェント等、取引先の者に対しても、リスクに応じて、従業員とは別に、または従業員に対する研修に参加させるかたちで、必要な研修を行うことを検討すべきである。

(5) 内部通報手続の整備・充実

UKBA ガイダンス第五原則においては、内部通報手続を充実させることの有用性と必要性が指摘され、多くの国でさまざまな運営をしている企業等においては、内部通報手続は有用な管理手段たりうるものであり、手続の効用を発揮させるためには、通報者に対する適切な保護を含む内部通報手続を確立しなければならないとされている[160]。

FCPA ガイドラインにおいても、効果的なコンプライアンス計画には、従業員等が、不正行為や企業等における贈賄防止基本方針違反行為につき、秘密裏に、報復されるおそれのないかたちで、報告するメカニズムが含まれねばならないとされている[161]。

経産省指針においても、内部通報等を受け付けるための通報窓口を設置することとし、かかる通報窓口については、秘密性を確保するとともに、弁護

---

160 UKBA ガイダンス第五原則5.3パラグラフ
161 FCPA ガイドライン61頁

士等外部専門家等を積極的に活用することが望まれるとされている[162]。

このようなガイドライン等の記載にかんがみると、今日ではすでに多くの企業で内部通報手続を導入していると思われるものの、その通報者に関する秘密保持が実質的に確保されているか等、現行手続を再点検したうえで、その整備・充実を図る必要がある。特に、近時は、社内窓口のほか、顧問弁護士以外の外部弁護士事務所を社外窓口として通報を受ける体制をとる企業もふえており、リスクレベルに応じ、そうした体制の導入も検討すべきである。

(6) フォローアップ(監査、規程・運用のレビュー)

UKBA ガイダンス第六原則においては、企業等が直面する贈賄リスクは常に変化しうるものであり、それに伴いリスクを減少させるために必要な手続も変化しうることから、その贈賄防止手続の有効性をモニタリングし、評価する方法を検討したうえ、必要に応じて手続を改善しなければならないとされている[163]。

FCPA ガイドラインにおいても、よきコンプライアンス計画は継続的に進化を続けるべきであるとし、企業等が社内のコンプライアンス計画を定期的に見直し、その陳腐化を防止しているかが評価の対象とされるとされている[164]。

経産省指針においても、日常的な管理に加え、定期的に十分な事後管理を行うために、定期的監査を行うべきであり、その結果をふまえ、継続的かつ有効な対策や運用を可能とするよう、企業の最高責任者が関与して内部統制の有効性を評価し見直しを行うこととされている[165]。

このようなガイドライン等の記載にかんがみると、企業等は、定期的に、また、贈賄リスクに影響を与えうる企業内外の環境の変化する時期[166]をと

---

162 経産省指針9頁
163 UKBA ガイダンス第六原則6.1パラグラフ
164 FCPA ガイドライン61、62頁
165 経産省指針10頁

らえて、贈賄防止手続が遵守され実効的に機能しているかをモニタリングしたうえで、必要に応じて、トップレベルの関与のもと、手続を見直していく必要がある。もとより、こうした監査・モニタリングは、不正発見のメカニズムとしても重要であり、企業は、各事業や地域ごとに存在しうる贈賄リスクに即して、重点的で焦点のあったかたちで、監査等を実施する必要がある。

　特に、親会社による海外現地法人に対する監査にあたっては、海外現地法人自身により贈賄を行う場合には、その証跡を残さないようにするべくなんらかの会計上の不正処理を伴って行われる場合が少なくない点やコンサルタント等を介して行う場合には、コンサルタント料の支払額が現地相場や役務内容に不釣り合いに高額であったり、支払口座を租税回避地である第三国にするなど支払方法に不審な場合があるなどの点に留意し、効果的かつ効率的に的を射た監査を実施する必要がある。

166　内部的な環境変化としては、新規海外市場への進出、事業形態の変化等が、外部的な環境変化としては、海外の政治体制の変化、関連法令等の改正、同種違反事例の摘発等がある。

第 8 章

内外独禁法の
厳格運用への対応

序　論

　独禁法／競争法は、市場の公正な競争を確保し、それを通じて、国民経済の効率性と市場の機能を確保するための法律である。その規制対象は、市場において有力な地位を有する企業による単独行為の規制や、企業結合の規制も主要なものであるが、そのなかでも最も重大な影響を企業に及ぼすものにカルテル・談合規制がある。

　ひとたび、企業が、カルテル行為を行っていたとして摘発されると、しかもそれが国際的なカルテルとして調査対象とされると（カルテル行為が日本国内で行われていた場合であっても、その効果が海外に及ぶ場合には、日本国内外の独禁法／競争法が日本企業に適用され）、各国独禁／競争当局による調査への対応を求められ、しかも、その各国で多額の罰金や行政制裁金の支払を求められるばかりか、米国をはじめ各国でクラスアクションを含む民事訴訟の被告となり、多額の賠償（しかも、米国では三倍賠償）の支払を求められるなどして、企業は危機的な状態に陥る事態にもなりかねない。近時、このほか、日本人従業員が米国の刑務所で服役する例が広く報道されるなどしている。

　2011年9月、ワイヤーハーネスに関するカルテル調査との関係で、米国司法省が古河電気工業およびその従業員との間で司法取引を行い、そのなかで同社が2億ドルの罰金の支払を、また同社の3名の従業員が米国の刑務所で服役することに合意した旨発表したことは、日本企業に大きな波紋を広げたが、これは、その後に続く、さまざまな自動車部品メーカーに対するカルテル摘発の序章にすぎなかった。また、同案件について、古河電気工業は、日本では最も早期にリニエンシー申請を行い、公正取引委員会による課徴金の賦課を免れていたにもかかわらず[1]、米国では競争事業者である住友電気工

---

*　米国の事例の調査にあたり、当時米国法律事務所に所属していた中野澄人弁護士の協力を得た。ここに謝意を表したい。
1　http://www.justice.gov/atr/public/press_releases/2011/275503.htm

業が同社に先立ってリニエンシー申請を行い、その結果、刑事責任を免れていた模様であり、まさに国際的な広がりをもつカルテル案件での世界的な対応の必要性を示す結果となった[2]。

　このことは、カルテル規制への対応の重要性のみならず、カルテル調査対応や、カルテルの事実を認識した場合にいかにすみやかに対応をするのかというリスク回避の必要性を示している。

　本稿では、独禁法／競争法の執行強化の流れを、制度面での強化・摘発状況・摘発手段の進化（とりわけリニエンシー制度の導入）、カルテル概念の抽象化といった観点から検討する。加えて、こうしたカルテル規制が日本や欧米諸国といった先進国のみならず、中国・インド・ブラジルといった新興国に拡散している状況にも言及したうえで、日本企業がいかにコンプライアンス・リスクに対応するべきかについて論じることとする。

　なお、以下では、独禁法あるいは競争法という言葉を適宜用いることとするが、その間に大きな差はない。

1　独禁法の適用強化の実態

(1)　日本におけるカルテル・談合の摘発状況

　日本国内でも、2005年の独禁法の改正により課徴金減免制度が導入されたことにより、カルテルや民需分野での談合の摘発事例が増加している。

　下記は、近時のわが国におけるカルテル調査事例が、どのような推移で摘発されてきているかを示したものである。

---

[2]　後述するように、ワイヤーハーネス事件では、公正取引委員会の排除措置命令（http://www.jftc.go.jp/houdou/pressrelease/h24/jan/120119.html）で、排除措置命令および課徴金納付命令を受けた住友電気工業が、その他の企業が米国で司法省と司法取引するなかで、いまだになんらの取引もしていないことにかんがみれば、同社が米国での第一順位のリニエンシー申請を行って刑事責任を免れたものと推測できる。

図表8-1　本邦における現在のカルテル調査

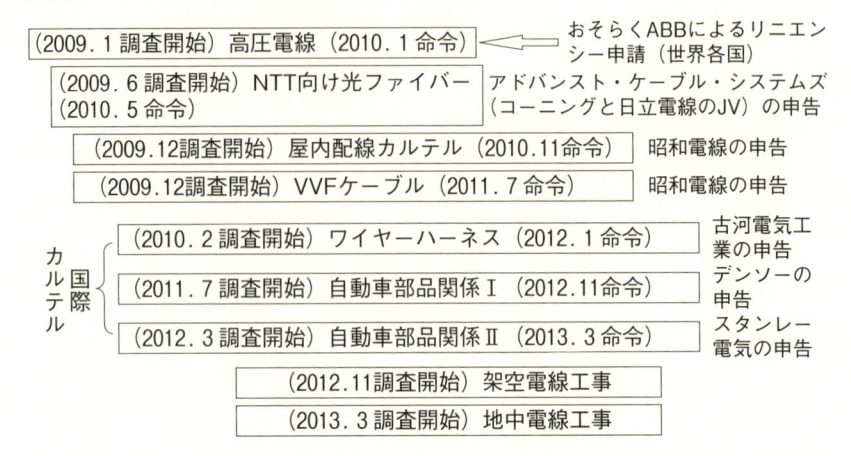

```
（2009.1調査開始）高圧電線（2010.1命令）　　←　おそらくABBによるリニエン
                                              シー申請（世界各国）
（2009.6調査開始）NTT向け光ファイバー　　　　アドバンスト・ケーブル・システムズ
（2010.5命令）                                （コーニングと日立電線のJV）の申告
（2009.12調査開始）屋内配線カルテル（2010.11命令）　昭和電線の申告
（2009.12調査開始）VVFケーブル（2011.7命令）　　　昭和電線の申告
カ　国
ル　際┌（2010.2調査開始）ワイヤーハーネス（2012.1命令）　古河電気工
テ　　│                                                  業の申告
ル　　│（2011.7調査開始）自動車部品関係Ⅰ（2012.11命令）　デンソーの
　　　│                                                  申告
　　　└（2012.3調査開始）自動車部品関係Ⅱ（2013.3命令）　 スタンレー
                                                          電気の申告
（2012.11調査開始）架空電線工事
（2013.3調査開始）地中電線工事
```

　一見これらの事件は、電線・光ファイバー・自動車部品・電線工事といったように別の商品やサービスを取り扱ったもののようにもみえるが、現在、どのようにカルテルの摘発が行われているかを示すものともなっている。すなわち、2009年に開始された高圧電線に関するカルテル案件は、欧州の充電メーカーであるABB社の世界的なリニエンシー申請で開始された可能性が高いと巷間いわれているところであるが、日本では、国内の高圧電線メーカー3社が摘発されている[3]。しかしながら、その3社のうちの1社の親会社であった日立電線が出資しているアドバンスト・ケーブル・システムズがリニエンシー申請を行ったことが端緒となって、NTT向け光ファイバーカルテル事件が摘発され[4]、さらに、この両事件で摘発対象となった2社に出資していた昭和電線のリニエンシー申請で屋内配線カルテル[5]やVVFケー

---

[3]　（2010年1月27日）電力会社が発注する電力用電線等の見積り合わせ又は競争入札の参加業者に対する排除措置命令及び課徴金納付命令について http://www.jftc.go.jp/houdou/pressrelease/h22/jan/10012703zenkoku.html

[4]　（2010年5月21日）光ファイバケーブル製品の製造業者に対する排除措置命令及び課徴金納付命令について http://www.jftc.go.jp/houdou/pressrelease/h22/may/10052103.html

[5]　（2010年11月18日）建設・電販向け電線の製造業者及び販売業者に対する排除措置命令及び課徴金納付命令について http://www.jftc.go.jp/houdou/pressrelease/h22/nov/10111801.html

図表 8 − 2　公正取引委員会が課した課徴金額の推移

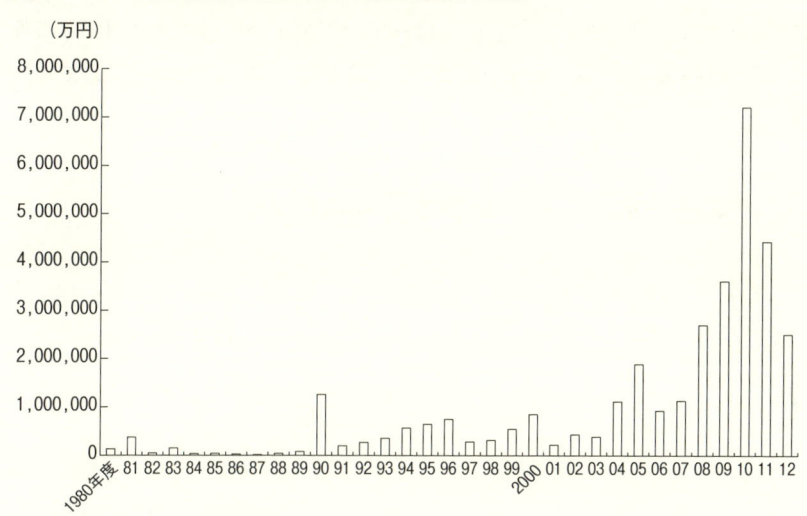

(万円)

(グラフ：1980年度から2012年度までの課徴金額の推移。2010年頃にピークがあり約7,000,000万円に達している)

ブルのカルテル6が摘発され、さらに、これらの事件で摘発されたかその子会社が摘発された古河電気工業がリニエンシー申請を行ったことで、自動車部品であるワイヤーハーネスのカルテルが摘発されている。その後、摘発対象が自動車部品に広がる一方で7、2012年末には、電線工事というカルテルの対象であった商品を用いた工事に広がる状況となっている。

また、賦課された課徴金額では、後述するとおり、矢崎総業はワイヤーハーネスのカルテルだけで実に96億713万円、また、光ファイバーのカルテル案件では、5社に対して総額で160億円もの課徴金が課されるような状況となっている。

また、課徴金額の引上げなどが数次にわたって行われてきたこともあり、

6　(2011年7月22日) VVFケーブルの製造業者及び販売業者に対する排除措置命令及び課徴金納付命令について http://www.jftc.go.jp/houdou/pressrelease/h23/jul/110722happyou.html

7　(2012年11月22日) 自動車メーカーが発注する自動車用部品の見積り合わせの参加業者に対する排除措置命令及び課徴金納付命令について　http://www.jftc.go.jp/houdou/pressrelease/h24/nov/121122_1.html
　　(2013年3月22日) 自動車メーカーが発注するヘッドランプ及びリアコンビネーションランプの見積り合わせの参加業者に対する排除措置命令及び課徴金納付命令について http://www.jftc.go.jp/houdou/pressrelease/h25/mar/13032202.html

公正取引委員会が過去に課した課徴金額は図表8－2記載のように近時大幅に増加している[8]。近時は、課徴金は一部の不公正な取引方法に関する事件でも課されているため、単純な比較はできないが、増加傾向は明らかであろう。

(2) 近年の海外における競争法の執行状況

こうした状況は日本のみで生じているわけではない。以下、各国の独禁法の執行状況を確認することとしたい。

a 米　国

近時の司法省による積極的なカルテルの摘発、厳罰化の傾向には目を見張るものがある。2012年度においては、16の法人および63名の個人に対し合計11.4億ドルの罰金が科され、年間の史上最高額を更新した。特に外国企業に対して巨額な罰金が科されており、自動車部品国際カルテル事案で矢崎総業に対し4.7億ドル、LCDパネル国際カルテル事案で台湾企業であるAU Optronicsに対し5億ドルの罰金が科されていることが目を引く。2012年度においては、罰金の件数の過半はアジアに所在する企業に、およそ4分の1がEUに所在する企業に科されており、金額ベースでは大半がアジアに所在する企業に科される結果となっている。

個人に対する禁固刑も厳格に執行されており、2012年度においては、合計45人、一人当り平均およそ2年間の禁固刑が科された。2012年度には、1990年代に比しおよそ2倍の数の禁固刑が科されており、服役期間も1990年代の平均8カ月からおよそ3倍の25カ月にまで至っている。禁固刑は外国人に対しても厳格に執行されており、2012年度においては、一人当り平均16カ月の禁固刑となっており、なかでもLCDパネル国際カルテル事案で台湾国籍の被告人2名が36カ月、自動車部品国際カルテル事案で日本国籍の被告人2名が24カ月の禁固刑を科されている。

---

[8] http://www.jftc.go.jp/info/nenpou/h23/index.html および http://www.jftc.go.jp/houdou/pressrelease/h25/may/130529.html

図表8-3　米国における罰金・禁固刑の推移

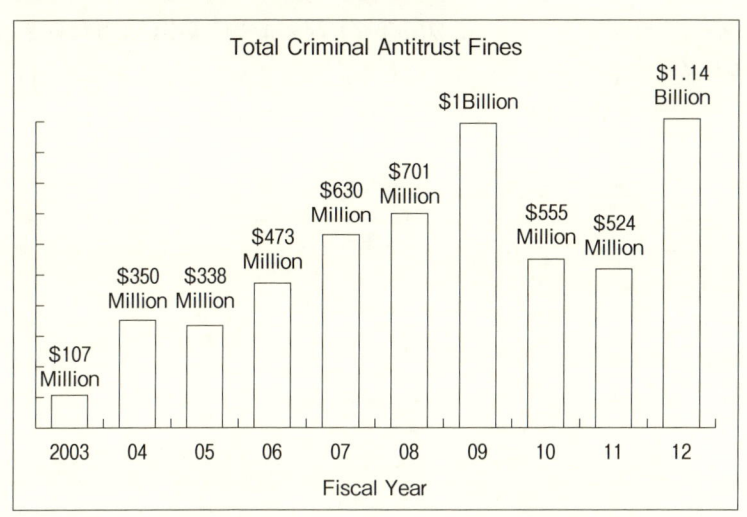

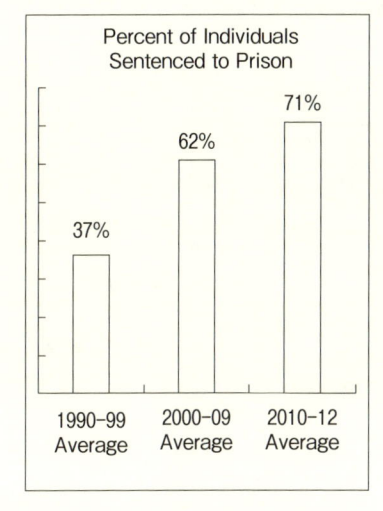

Total Criminal Antitrust Fines

- 2003: $107 Million
- 04: $350 Million
- 05: $338 Million
- 06: $473 Million
- 07: $630 Million
- 08: $701 Million
- 09: $1 Billion
- 10: $555 Million
- 11: $524 Million
- 12: $1.14 Billion

Fiscal Year

Percent of Individuals Sentenced to Prison
- 1990-99 Average: 37%
- 2000-09 Average: 62%
- 2010-12 Average: 71%

Average Prison Sentence in Months
- 1990-99 Average: 8 Months
- 2000-09 Average: 20 Months
- 2010-12 Average: 25 Months

　司法省は引き続き自動車部品国際カルテル事案および後述するLIBOR操作事案といった事案で大規模な捜査、摘発を継続しており、こうした厳罰化傾向は2013年度においても続くものと思われる。

　中長期の傾向としても罰金および禁固刑の厳罰化がみられることは、上記図表8-3の司法省作成のチャート[9]からも明らかである。

第8章　内外独禁法の厳格運用への対応　379

また、司法省が歴史上最も大規模なカルテルの摘発と位置づける自動車部品国際カルテル事案において、2013年4月現在までに日本企業等に科された刑事制裁は図表8-4のとおりである。罰金の大きさもさることながら、カーブ・アウト[10]された日本企業の役員・従業員の数の多さも着目される。

図表8-4　自動車部品国際カルテル事業摘発例

企業名 司法取引公表日	米国での罰金額	個人責任 カーブ・アウト 禁錮刑	対象製品
古河電気工業[11] （2011年11月14日）	2億ドル	4名カーブ・アウト 日本人3名 12-18カ月禁錮	ワイヤーハーネスと関連部品
矢崎総業[12] （2012年3月1日）	4.7億ドル	7名カーブ・アウト 日本人6名 14-24カ月禁錮	ワイヤーハーネスメーター（パネルクラスター）、fuel senders（燃料計）
フジクラ[13] （2012年4月3日）	0.2億ドル	2名カーブ・アウト	ワイヤーハーネスと関連部品
デンソー[14] （2012年3月5日）	0.78億ドル	7名カーブ・アウト 日本人4名 12-16カ月禁錮	ECU HCP
GS Eletech[15] （2012年4月3日）	0.0275億ドル	1名カーブ・アウト	スピードセンサーワイヤーアッセンブリー
オートリブ[16] （2012年6月21日）	0.145億ドル	3名カーブ・アウト 日本人1名 12カ月禁錮	シートベルト、エアバッグ等
日本精機[17] （2012年8月28日）	0.01億ドル	1名カーブ・アウト	パネルクラスター
東海理化[18] （2012年10月30日）	0.177億ドル	5名カーブ・アウト	ヒーターコントロールパネル＋司法妨害
ダイヤモンド電機[19] （2013年7月16日）	0.19億ドル	不明	イグニションコイル
パナソニック[20] （2013年7月18日）	0.458億ドル	不明	スイッチ、ステアリング・アングルセンサー、HIDバラスト

なお、米国でのカルテル調査において、外国企業に対するこうした罰金や個人への禁固刑は司法取引の結果として科されたものが大半であるが、司法取引に応じずに争われたケースもわずかではあるが存在する。近時、LCDパネル国際カルテル事案では AU Optronics およびその役職員が司法取引に応じずに裁判で争った結果、無罪を勝ち取った従業員が出る一方で、会社に対して罰金5億ドル、役員2名に対し禁固3年という苛烈な刑が宣告された[21]。なお、個人が、独禁法違反容疑の事件で無罪を争ったケースでは、実際に無罪の評決が下されることも意外と多いといわれており、たとえば、マリンホース事件では、起訴されたイタリア企業の従業員について無罪の評決が下されている[22]。

9　http://www.justice.gov/atr/public/division-update/2013/criminal-program.html
10　カーブ・アウトの意味は、後述2(2) a を参照。なお、2013年4月より、カーブ・アウト対象者についての運用が変更となり、カーブ・アウトされる人物名は、企業の行う司法取引に際して公開されないこととなった。
11　FURUKAWA ELECTRIC CO. LTD. AND THREE EXECUTIVES AGREE TO PLEAD GUILTY TO AUTOMOBILE PARTS PRICE-FIXING AND BID-RIGGING CONSPIRACY（http://www.justice.gov/atr/public/press_releases/2011/275503.htm）
12　YAZAKI CORP., DENSO CORP. AND FOUR YAZAKI EXECUTIVES AGREE TO PLEAD GUILTY TO AUTOMOBILE PARTS PRICE-FIXING AND BID-RIGGING CONSPIRACIES（http://www.justice.gov/atr/public/press_releases/2012/279734.htm）
13　FUJIKURA LTD. AGREES TO PLEAD GUILTY TO PRICE FIXING ON AUTO PARTS INSTALLED IN U.S. CARS（http://www.justice.gov/atr/public/press_releases/2012/282538.htm）
14　前注12参照。
15　G.S. ELECTECH AGREES TO PLEAD GUILTY TO PRICE FIXING ON AUTO PARTS INSTALLED IN U.S. CARS（http://www.justice.gov/atr/public/press_releases/2012/281867.htm）
16　AUTOLIV INC. AND A YAZAKI CORP. EXECUTIVE AGREE TO PLEAD GUILTY TO PRICE FIXING ON AUTOMOBILE PARTS INSTALLED IN U.S. CARS（http://www.justice.gov/atr/public/press_releases/2012/283960.htm）
17　JAPANESE AUTOMOBILE PARTS MANUFACTURER AGREES TO PLEAD GUILTY TO PRICE FIXING ON PARTS INSTALLED IN US CARS（http://www.justice.gov/atr/public/press_releases/2012/286416.htm）
18　JAPANESE AUTOMOBILE PARTS MANUFACTURER AGREES TO PLEAD GUILTY TO PRICE FIXING AND OBSTRUCTION OF JUSTICE（http://www.justice.gov/atr/public/press_releases/2012/288353.htm）
19　http://www.justice.gov/atr/public/press_releases/2013/299423.htm
20　http://www.justice.gov/atr/public/press_releases/2013/299495.htm

b 欧　　州

　欧州では，1990年以降積極的にカルテル，なかんずく国際カルテルの摘発を行っている。

　裁判所による修正前での制裁金額の推移は図表8－5のとおりである[23]。

　これらのデータは，欧州委員会が，いかに積極的に国際カルテルの摘発を行い，多額の制裁金をカルテル参加企業に課してきたかを示している。ただ，米国の事例と比較して注意をすべきなのは，欧州委員会はあくまでも行政機関であるため，そうした行政機関が課すことのできる制裁は行政罰に限られ，米国のように刑事罰を個人に対して科すことはできない。このため，欧州委員会が課すことのできるのは行政罰である制裁金に限られるために，その執行力を担保するために制裁金の額は米国の罰金額に比して多額となりがちである。

図表8－5　欧州での制裁金の推移

期　　間	制裁金の総額（ユーロ）
1990-94	539,691,550
1995-99	292,838,000
2000-04	3,462,664,100
2005-09	9,414,012,500
2010-12	5,358,206,674
総　　計	19,067,412,824

21　司法省のプレスリリースとしては，AU OPTRONICS CORPORATION EXECUTIVE CONVICTED FOR ROLE IN LCD PRICE-FIXING CONSPIRACY (http://www.justice.gov/atr/public/press_releases/2012/290399.htm) これに対するAU Optronics 社の見解としては，Statement of AU Optronics Corp. (2012.03.14) 参照 (http://www.auo.com/?sn=107&lang=en-US&c=14&n=1383)

22　Jury Finds 2 Not Guilty In Marine Hose Cartel (http://www.law360.com/articles/76327/jury-finds-2-not-guilty-in-marine-hose-cartel)

23　http://ec.europa.eu/competition/cartels/statistics/statistics.pdf
　　なお，欧州委員会による制裁金の額は，当事者が争うことにより裁判所により減額修正がなされることがある。

図表8－6　1969年以来の制裁金額総額（上位10件）

年	案件名	制裁金総額（ユーロ）
2012	TV and computer monitor tubes	1,470,515,000
2008	Car glass	1,354,896,000
2007	Elevators and escalators	832,422,250
2010	Airfreight	799,445,000
2001	Vitamins	790,515,000
2008	Candle waxes	676,011,400
2007/2012	Gas insulated switchgear	675,445,000
2010	LCD	648,925,000
2009	Gas	640,000,000
2010	Bathroom fittings	622,250,782

図表8－7　1969年以来の制裁金額（上位10社）

年	会社名	案件名	制裁金総額（ユーロ）
2008	Saint Gobain	Car glass	880,000,000
2012	Philips	TV and computer monitor tubes	705,296,000（注）
2012	LG Electronics	TV and computer monitor tubes	687,537,000（注）
2001	F. Hoffmann-La Roche AG	Vitamins	462,000,000
2007	Siemens AG	Gas insulated switchgear	396,562,500
2008	Pilkington	Car glass	357,000,000
2010	Ideal Standard	Bathroom fittings	326,091,196
2009	E.ON	Gas	320,000,000
2009	GDF Suez	Gas	320,000,000
2007	ThyssenKrupp	Elevators and escalators	319,779,900

（注）これらの金額のうち、391,940,000ユーロはPhilips社とLG Electronics社との連帯責任

こうした制裁金は、基本的には、欧州域内での当該企業の対象製品やサービスの販売額を基準にして計算されるが、日本企業も制裁の対象となったガス絶縁装置のカルテル事件[24]がそうであったように、地域分割カルテル（典型的には、日本企業が欧州では販売しない、他方で欧州企業は日本市場では販売しない等といった世界市場分割カルテル）の場合には、世界市場でのシェアを欧州市場の総売上額に乗じて算出した想定売上高を基準として計算した制裁金を課すという取扱いがなされる。このように、欧州では、仮に欧州市場での販売がないからといって当然に制裁金リスクを回避できるわけではないことは注意すべきである。

c それ以外の国々

現在では、欧米以外でも、独禁法／競争法を国内法として有する国が増加しており、その執行も著しく強化されている。このほかに、独禁法／競争法違反行為を刑事制裁の対象とすることを選択する国も増加しており、制裁の内容も強化されつつある。この点については、後述3に、簡単に記載するとおりである。

(3) 近時の傾向・近時の代表的な事例

過去のカルテル・（官公需を問わず）談合事件においてカルテルや受注調整の対象となった製品やサービスは、主として、物、特にコモディティのように、製品を品質で差別化することが比較的困難で、価格のみにより製品選択がされやすい物が主であった。このほかには、建設工事を中心とした官公需において談合行為も頻繁にみられたところであり、日本の場合には、2005年の独禁法改正まで、公正取引委員会が摘発する「不当な取引制限」事案の大半は建設談合事件であったほどである。たとえば、2005年度の公正取引委員会の年次報告書によれば、2000年度から2005年度までに公正取引委員会が法

---

24 http://europa.eu/rapid/press-release_IP-07-80_en.htm?locale=en および一部原決定の破棄後の決定である http://ec.europa.eu/rapid/pressReleasesAction.do?reference=IP/12/705&format=PDF&aged=0&language=EN&guiLanguage=en を参照。

図表 8 － 8　2001年度から05年度までの排除措置命令等の法的措置件数（行為類型別）一覧表[25]

内容		年度 2001	02	03	04	05	合計
カルテル	価格カルテル	3	2	3	2	4	14
	入札談合	33	30	14	22	13	112
	その他カルテル	0	1	0	0	0	1
	合計	36	33	17	24	17	127

図表 8 － 9　2008年度から12年度までの排除措置命令等の法的措置件数（行為類型別）一覧表[26]

内容		年度 2008	09	10	11	12	合計
カルテル	価格カルテル	8	5	6	5	1	25
	官公需入札談合	2	10	3	7	4	26
	民需受注調整	0	7	1	5	15	28
	その他カルテル	1	0	0	0	0	1
	合計	11	22	10	17	20	80

的措置をとったカルテル案件の種類は、図表 8 － 8 に示されるとおりである。

しかし、この傾向は近時、大きく変化しつつある。とりわけ日本では、2005年独禁法改正により導入された後述のリニエンシー制度により状況が大きく変わることとなった。同制度導入当初は、いくつかの大型の官公需入札談合案件が取り扱われたが、その後は、図表 8 － 9 に示すとおり、国際カルテルを含む価格カルテル案件が増加しているほか、入札談合も官公需よりも民需分野のそれが頻繁に取り扱われるようになった。

ところで、現在、日本のみならず、各国で、物を対象とするカルテルのみならず各種のサービス、たとえば輸送サービスや金融サービス、さらには、

25　http://www.jftc.go.jp/info/nenpou/h17/17kakuron00002-2.html#01
26　http://www.jftc.go.jp/info/nenpou/h23/index.html および http://www.jftc.go.jp/houdou/pressrelease/h25/may/130529.html を参照。

市場情報誌を通じた価格操作といった問題までカルテルとして独禁法／競争法で取り扱われる領域が拡大している。以下では近時のサービスセクターの違反事例を検討していくこととしたい27。

a　物流セクターに関する事件（エアカーゴ（航空貨物）事件）

　この事件は、2006年2月14日に、一斉に各国のエアラインに対して各国競

図表 8 - 10　欧州委員会の制裁状況28

	エアライン名	制裁金額（単位ユーロ）	リニエンシー制度による減額率(%)
1	Air Canada	21,037,500	15
2	Air France	182,920,000	20
	KLM	127,160,000	20
3	Martinair	29,500,000	50
4	British Airways	104,040,000	10
5	Cargolux	79,900,000	15
6	Cathay Pacific Airways	57,120,000	20
7	Japan Airlines	35,700,000	25
8	LAN Chile	8,220,000	20
9	Qantas	8,880,000	20
10	SAS	70,167,500	15
11	Singapore Airlines	74,800,000	
12	Lufthansa	0	100
	Swiss International Air Lines	0	100

27　なお、サービス分野ではないが、前記のとおり、多くの日系を含む世界各国の tier 1 の自動車部品メーカーが世界的に独禁法／競争法当局の調査を受ける事態となっており、産業のあり方すら問われる事態に至っている。まさに、産業のいかんを問わず、独禁法／競争法の執行が及ぶ可能性があることを想定する必要がある。

28　http://europa.eu/rapid/press-release_IP-10-1487_en.htm?locale=en

図表8－11　米国において1,000万ドル以上の罰金を科された企業[29]

被告企業（年度）	対象サービス	罰金（単位：百万ドル）	地理的市場	所在国
Société Air France and Koninklijke Luchtvaart Maatschappij, N.V. (2008)	Air Transportation (Cargo)	$350	International	France（Société Air France）The Netherlands（KLM）
Korean Air Lines Co., Ltd. (2007)	Air Transportation (Cargo & Passenger)	$300	International	Korea
British Airways PLC (2007)	Air Transportation (Cargo & Passenger)	$300	International	UK
Cargolux Airlines International S.A. (2009)	Air Transportation (Cargo)	$119	International	Grand Duchy Of Luxembourg
Japan Airlines International Co. LTD (2008)	Air Transportation (Cargo)	$110	International	Japan
LAN CARGO S.A. and AEROLINHAS BRASILEIRAS S.A. (2009)	Air Transportation (Cargo)	$109	International	Chile（Lan Cargo）Brazil（Aerolinhas）
All Nippon Airways Co., Ltd. (2011)	Air Transportation (Cargo & Passenger)	$73	International	Japan
Qantas Airways Limited (2008)	Air Transportation (Cargo)	$61	International	Australia
Cathay Pacific Airways Limited (2008)	Air Transportation (Cargo)	$60	International	Hong Kong / Republic of China
SAS Cargo Group, A/S (2008)	Air Transportation (Cargo)	$52	International	Denmark
Asiana Airlines Inc. (2009)	Air Transportation (Cargo & Passenger)	$50	International	Korea
Singapore Airlines Cargo Pte Ltd. (2011)	Air Transportation (Cargo)	$48	International	Singapore
Nippon Cargo Airlines Co. Ltd. (2009)	Air Transportation (Cargo)	$45	International	Japan
Martinair Holland N.V. (2008)	Air Transportation (Cargo)	$42	International	The Netherlands
China Airlines Ltd. (2011)	Air Transportation (Cargo)	$40	International	Taiwan
Northwest Airlines, LLC (2010)	Air Transportation (Cargo)	$38	International	U.S.
EL AL Israel Airlines Ltd. (2009)	Air Transportation (Cargo)	$15.7	International	Israel
EVA Airways Corporation (2011)	Air Transportation (Cargo)	$13.2	International	Taiwan

争当局が立入調査に入ることで世上大きく取り上げられた案件である。そこでは、航空貨物に対して運賃ではなく、各種のサーチャージ（燃油サーチャージやセキュリティーサーチャージ）として請求していた割増金についてエアライン間でこれを引き上げたり維持すべく調整行為を行っていたとして、一斉に摘発が行われたものである。本件調査は、ルフトハンザ・ドイツ航空（およびその傘下のスイス航空）により行われたリニエンシー申請が端緒になって開始されている。

　この調査は世界各国の競争当局により、主要なエアラインに対して一斉に調査が行われているが、その結果、欧州や米国だけでも図表 8 - 10・11 のような制裁金や罰金が主要なエアラインに対して科（課）されている。本件調査は現在でも各国当局によって継続して行われているところである。

　ところで、日本では、同事件について、公正取引委員会はなんらの調査も開始しなかった模様である。その主要な理由は、航空法上、2 国間の航空協定に基づく協定運賃については、適用除外規定が設けられており（航空法110条2号）、「本邦内の地点と本邦外の地点との間の路線又は本邦外の各地間の路線において公衆の利便を増進するため、本邦航空運送事業者が他の航空運送事業者と行う連絡運輸に関する契約、運賃協定その他の運輸に関する協定の締結」は合法化されている。こうした協定は、国土交通大臣の認可を必要とするが、かかる認可が行われると、国土交通大臣は、その旨を公正取引委員会に通知しなければならないとされている（同法111条の3）。実際には、当事会社であるエアラインの合意のなかには、2 国間の航空協定に準拠しているとまでは言いがたいところがあった模様ではあるが、条約の国内法に対する優越という問題と公正取引委員会にもこうしたエアライン間の協定が届け出られていたという事情を受けて、公正取引委員会は、本件について、摘発を断念したものと推測できる。

　なお、この事件が発展し、国際航空貨物利用運送業務、いわゆるフォワーダー業務に関するカルテルも摘発されているところである。

　このように、製造業がカルテル調査の対象となるばかりではなく、サービ

29　http://www.justice.gov/atr/public/criminal/sherman10.html

ス業も調査対象となる例がふえてきている。すでに航空貨物との関係では、エアラインばかりか、いわゆるフォワーダー業務も調査の対象となっている[30]。その他にも、海運の世界でも、欧州やロシアでコンテナ船事業[31]が調査対象となっているし、世界的に、現在自動車運搬船事業も調査対象となっている[32]。

b 金融機関・金融セクター

　独禁法はすべての商品やサービス提供に適用される一般法であり、当然、金融機関も独禁法の適用とは無縁ではない。日本においても過去に優越的地位濫用（三井住友銀行事件）や損失補てん事件（野村證券事件）が独禁法上問題とされた。米国においては、近時、以下のとおり金融機関に対しても厳しく独禁法が適用されている。本書を手にとる読者には金融機関関係の法務関係者が多く含まれるであろうことをふまえ、以下に、この分野で目についた近時の事案を紹介することとする。

(a) **LIBOR 事件**

　本書は、金融機関のコンプライアンス・リスクを主として取り扱うものであるが、その意味で、この事件は、きわめて興味深い事件である。現在までのところ、捜査が非公開で行われていることもあり、その詳細はいまだに完全に明らかにされていないが、事件の概要は以下のとおりである。

　すなわち、日本ではサブプライムローン問題からリーマン証券の倒産にまで至る一連の世界金融危機の際が典型であるが、銀行間の貸出金利に関する情報を、UBS、バークレイズ銀行、Royal Bank of Scotland（RBS）をはじめとする欧米の有力金融機関のトレーダーなどが、なんらかの方法で相互に情報交換をし、これを操作したと疑われている事件である。一般に、

---

[30] http://www.jftc.go.jp/dk/ichiran/dkhaijo20.files/09031804.pdf および http://ec.europa.eu/rapid/pressReleasesAction.do?reference=IP/12/314&format=HTML&aged=0&language=EN&guiLanguage=en

[31] http://ec.europa.eu/rapid/pressReleasesAction.do?reference=MEMO/11/307&format=HTML&aged=0&language=EN&guiLanguage=en

[32] http://ec.europa.eu/rapid/pressReleasesAction.do?reference=MEMO/12/655&format=HTML&aged=0&language=EN&guiLanguage=en

LIBOR、TIBOR、EURIBOR 等として知られる金利であるが、たとえば、LIBOR は London Interbank Offered Rate の略であり、ロンドン銀行間取引金利のことである。この金利は、さまざまな金融商品において基準の金利として利用されており、その決定は金融取引において決定的に重要な意味をもっている。この金利は、有力な金融機関が報告した金利をもとに一定の数式に基づいて英国銀行協会（以下、「BBA」という）が、算出して発表しているが、金利を実勢よりも低くみせるために、有力銀行のトレーダーがブローカーなどを通じて意を通じ、実勢を反映していない金利を一斉に BBA に報告するなどすれば、意図的に低めに設定されるなどということもありうる。
　このような金利操作は、不正な相場形成行為として各国の金融市場での不正操作を規制する法規によって規制されることがありうることは当然であるが、こうした金利操作を同業者との間で意を通じて行えば、やはり、金利そのものが金融機関にとっての商品である以上、独禁法／競争法による規制対象にもなりうる。
　本稿執筆時点（2013年6月）では各国の行政当局による捜査が引き続き実施されているが、銀行間で、デリバティブ取引等においてトレーダーに利益を得させるために、取引金利の情報を交換し、提出する取引金利について協議し、本来提出すべき取引金利の数値とは異なる数値を BBA 等に提出することによって、LIBOR 等を不正に操作したことが、米国独禁法との関係でも問題とされた模様である[33]。
　2012年12月には、米国司法省は、スイス UBS およびその子会社である UBS 証券株式会社に対し計12億ドルの罰金ないし制裁金を科し、UBS のトレーダー2名を訴追し、また、RBS およびその子会社である RBS Securities Japan Limited に対し、計4億7,500万ドルの罰金ないし制裁金を科した[34]。このうち、UBS のトレーダー2名のうち1名に対する訴追、お

---

[33] LIBOR 等の金利指標の不正操作についてはほかにも米国法上の電子通信詐欺（wire fraud）や各国の金融規制法違反が幅広く問題とされている。
[34] Complaint, *United States v. Tom Alexander William Hayes, and Roger Darin*, No. 12-MAG-3229（S. D. N. Y, Dec. 12, 2012）、Deferred Prosecution Agreement, *United States v. The Royal Bank of Scotland plc*, No. 3: 13-CR-74-MPS（D. Conn. Feb. 5, 2013）等参照。

およびRBSに対する摘発において、米国独禁法違反（シャーマン法1条違反）が訴因の一つとされている。

　この問題は金融規制当局による調査とともに、たとえば欧州委員会や米国司法省などは独禁法／競争法違反の行為として捜査を行ってきている。2013年6月27日に欧州委員会の競争法担当のアルムニア委員は、本件に関する調査は取りまとめ作業に入っており、近く結果を公表することになると述べているとのことである35。今後の展開は不明であるが、各金融機関は不正行為への関与を認めて、和解手続による問題解決を図るのではないかと考えられる。

　こうした貸出金利までもが国際的なカルテル調査になりうるということは、おそらく金融機関の関係者には想像もつかなかったことかと思われるところであるが、東京市場でのリファレンス・レート（日本円TIBORやユーロ円TIBOR）についても海外では調査対象となっている模様である。そもそもTIBORの導入にあたっては、全銀協も独禁法との抵触関係については注意を払っていたところであるが36、はたして現状のような制度が適切であるのか、さらなる検討を迫られているところでもある。

(b) **PLATTS不正操作事件**

　金融機関そのものに対する摘発ではないが、商品市場価格についての不正操作の問題を取り扱ったのが、2013年5月に欧州で立入調査が開始されたPLATTS事件である37。先に紹介したLIBOR事件が銀行間金利指標の不正操作を扱ったことと類似するのでここで若干の説明をする。

　PLATTS価格とは原油・製品価格に関するほとんど唯一の世界的に用いられている指標である。毎日、PLATTS社が価格を公表し、石油会社はPLATTS価格を参考に取引をしている。産油国の原油の公式価格（Official Selling Price）も、PLATTS価格（ドバイ・オマーン原油価格）を基礎にして

---

35 "*EU cartel probes into benchmarks are 'well advanced,' Almunia says*", 27 June 2013 MLex Report
36 http://www.zenginkyo.or.jp/tibor/public/index/publication_rules.pdf
　http://www.zenginkyo.or.jp/news/entryitems/news150219-2.pdf
37 "*EC Statement: Antitrust-Commission confirms unannounced inspection in oil and biofuels sectors*" 14 May 2013 MLex Report

決定しているほどである。

ところで、PLATTS 価格は、欧米の有力な石油会社等は、定められた時間（30分）に、インターネット上の掲示板に、実名を出して売値または買値を入力し、PLATTS 社は30分間の価格の値動きを勘案して、当日の PLATTS 価格を発表する。石油会社等は、実際の取引成立に至らなくても PLATTS ウィンドウに価格を入力することが可能であり、PLATTS 価格は実際の取引を必ずしも反映しない。

この事件はこのようにして決定され、重要な指標となっている PLATTS の価格について、オイルメジャーなどが相場操縦を目的として、通謀のうえで情報を提供し、指標を操作していた疑いがあるとして、BP、Statoil、ロイヤルダッチシェル等が一斉に立入調査を受けている事件である。このように PLATTS 社の提供している指標は石油関係の商品相場に大きな影響を与えているところであり、これが通謀のうえで不正に操作されているとすれば、競争法との抵触問題が当然に発生するところである。

本件は調査が開始されたばかりの案件であり、今後の進展は容易には想像できないところであるが、少なくとも、業界で広く利用され共有化されている情報会社は、石油商品分野以外にも存在しており、同様の問題がないのか、検討が必要と思われる。

(c) **クレジット・デフォルト・スワップ（CDS）新規参入妨害事件**[38]

EU 競争当局は、2013 年 7 月、Bank of America Merrill Lynch、Barclays、Bear Stearns、BNP Paribas、Citigroup、Credit Suisse、Deutsche Bank、Goldman Sachs、HSBC、JP Morgan、Morgan Stanley、RBS、UBS といった国際的な有力投資銀行および International Swaps and Derivative Association（ISDA）、さまざまな金融商品のインデックスを作成・提供する第三者機関である Markit らが共謀して、CDS 取引サービスに参入しようとした証券取引所を排除したとして、異議告知書を発出したことを明らかにした。

---

[38] EU プレスリリース "Commission sends statement of objections to 13 investment banks, ISDA and Markit in credit default swaps investigation"（2013年7月1日）等参照。

CDS 取引には、相対取引（OTS）と取引所を介して需給をマッチさせる取引所取引がある。投資銀行は典型的には、CDS の相対取引の仲介をすることで収入を得ている。投資銀行らは、2006年、2009年に、Deutsche Börse や Chicago Mercantile Exchange といった有力な証券取引所が CDS 取引サービスに参入しようとした際に、取引所取引の導入により、相対取引の仲介による収入が減少することを懸念した。そこで、投資銀行らは、自らが構成会員となっている ISDA や Markit に影響力を行使し、証券取引所に対して、相対取引に限って必要なライセンスやインデックス情報を提供し、取引所取引の導入のために必要なインデックス情報やライセンスを提供しないことを共謀したとされている。

　EU の競争担当委員アルムニア氏は、相対取引（の仲介サービス）は、取引所取引に比べ、ユーザーにとって割高なだけではなく、システミックリスクの観点からも望ましくないことを強調している。このように、健全で効率的な金融市場構築のために、金融規制の機能を補完する観点からも競争法が活用されていることが着目される。昨今の金融機関に対する積極的な競争当局の摘発の背景を理解するうえで示唆的な案件といえる。

(d)　**電力卸売市場に関するデリバティブ契約事件**[39]

　米国では、電力供給業者から電力小売業者に対するオークション方式による電力販売に関連して、金融機関である Morgan Stanley と電力供給業者である KeySpan との間で締結されたデリバティブ契約が独禁法に違反すると摘発された。

　ニューヨーク市における電力小売事業者は、それぞれに割り当てられた電力を電力供給事業者から購入し、購入した電力を小売販売する。電力供給事業者から電力小売事業者に対する電気の販売価格は、電力供給事業者が入札者となるオークションによって決定される。オークションでは、各電力供給事業者が、自身が供給する電力の価格と供給量についての入札を行い、入札

---

[39]　Complaint in *United States v. KeySpan Corp.*, No. 10-CIV-1415（S.D.N.Y. Feb. 22, 2010）、*United States v. KeySpan Corp.*, 763 F. Supp. 2d 633（S.D.N.Y. 2011）、Complaint in *United States v. Morgan Stanley*, No.11-CIV-6875（S.D.N.Y. Sep. 30, 2011）、Competitive Impact Statement in *United States v. Morgan Stanley*、*United States v. Morgan Stanley*, 881 F. Supp. 2d 563（S.D.N.Y. 2012）等参照。

された供給量がその価格の低いほうから高いほうへと順に「積み上げ」られ、積み上げられた電力供給量と電力需要量とが一致する点の入札価格が決済価格となる。決済価格以下の価格で入札された電力は、一律に決済価格で電力小売事業者に販売される。他方、決済価格を上回る価格で入札された電力（すなわち、電力需要量を超える量の電力）は、電力小売事業者への販売はなされない。

　KeySpan は、ニューヨーク市の電力割当供給市場における最大の電力供給事業者であった。2006年以前、KeySpan はオークションにおいて入札上限価格で入札していたが、当時はニューヨーク市の電力需給がひっ迫していたため、KeySpan は自身の電力供給量のほぼ全量を販売することができていた。もっとも、2006年にニューヨーク市において新たな発電設備が導入されて電力供給量が増加する結果、それまでひっ迫していた同市における電力需給が緩和されるとの観測もあった。2006年1月、KeySpan と Morgan Stanley は、オークションによって決定される電力の決済価格が一定の基準額を上回った場合には Morgan Stanley が KeySpan に一定額の金銭を支払い、逆に電力の決済価格が基準額を下回った場合には KeySpan が Morgan Stanley に一定額の金銭を支払うとの電力割当供給に関するデリバティブ契約（以下、「KeySpan スワップ契約」という）を締結した。KeySpan は、2006年以降も、それ以前と同様に、電力割当供給のオークションにおいて上限価格での入札を継続して行った。また、2006年にニューヨーク市の電力供給量が増大したにもかかわらず、電力割当供給の決済価格は同年以降も低下しなかった。

　米国司法省は、2010年2月に KeySpan に対して、2011年9月に Morgan Stanley に対して、KeySpan スワップ契約の締結によってニューヨーク市の電力割当供給市場における競争が制限されたことが米国独禁法違反（シャーマン法1条違反）を構成するとして民事訴訟を連邦地方裁判所に提起した。米国司法省は、オークションにおける決済価格が上昇した場合、KeySpan は KeySpan スワップ契約に基づいて Morgan Stanley より金銭の支払を受けられるため、KeySpan は低価格で電力供給価格を提示して自身の電力供給量を拡大するインセンティブを失ったことを問題視した。2011年2月、裁

判所は KeySpan に対し、1,200万ドルの利益の排出（disgorgement）を命ずる同意判決（consent decree）を下し、2012年8月、同裁判所は Morgan Stanley に対し、480万ドルの利益の排出を命ずる同意判決を下した。

(e) **地方債運用投資入札談合事件**[40]

米国では、地方債の運用サービスにつき、大手銀行らが談合していたとして摘発されている。地方債（municipal bonds）を発行する地方自治体等（「地方債発行者（issuer）」）は、地方債の発行によって得た資金のうち、直ちに公共事業等に支出しなかった分の全部または一部を銀行、投資銀行、保険会社、金融サービス会社等の金融機関が販売する投資商品の購入費用に充て、これによって投資運用を行う。投資商品の購入先である金融機関の選定は、ブローカーと呼ばれる地方債発行者側の代理人が実施する入札手続によってなされる。

1990年代後半から2006年までの間、入札に先立ち、入札手続に参加する金融機関およびブローカーは、地方債発行者に投資商品を提供する金融機関の選定、および入札価格または価格レベル等について協議および合意し、これにより、地方債発行者が得る投資収益が不当に抑制され、他方で金融機関は不当に多額の利益を得たことが米国独禁法（シャーマン法1条）に違反するとされた。

本件は、談合に関与した金融機関の一つである Bank of America が米国司法省に対してリニエンシー制度に基づく申請を行ったことが契機となり、捜査が開始された[41]。米国司法省は、2010年12月、Bank of America が複数の行政当局に対して計1億3,730万ドルを支払う旨の合意を同行との間で締結した旨、およびリニエンシー制度に基づき同行に対する訴追を行わない見込みである旨発表した。2011年、米国司法省は、UBS、JP Morgan Chase、

---

[40] Indictment, *United States v. Rubin/Chambers, Dunhill Insurance Services, Inc.; David Rubin; Zevi Wolmark; and Evan Andrew Zarefsky*, No. 1: 09-CR-1058-VM（2010年12月7日）、Non-prosecution agreement, *In Re: UBS AG*（2011年5月4日）、Non-prosecution agreement, *In Re: JPMorgan Chase & Co.*,（2011年7月6日）、Non-prosecution agreement, *In Re: Wachovia Bank, N.A.*,（2011年12月8日）、Non-prosecution agreement, *In Re: GE Funding Capital Market Services, Inc.*,（2011年12月23日）、米国司法省「Division Update Spring 2013」等参照。

[41] 米国司法省ニュースリリース（2010年12月7日）参照。

WachoviaおよびGE Funding Capital Market Servicesの各金融機関との間で、各金融機関が複数の行政当局に対して一定額の金銭（UBSが計1億6,000万ドル、JP Morgan Chaseが計2億2,800万ドル、Wachoviaが計1億4,800万ドル、GE Fundingが計7,000万ドル）を支払うことを条件として訴追を行わない旨の不訴追合意（non-prosecution agreement：NPA）を締結した。

他方、米国司法省は、本稿執筆時点（2013年5月）までの間に、ブローカーとして本件談合に関与した法人であるCDR Financial Products（以下、「CDR」という）、およびブローカーや金融機関において本件談合に関与した20名の個人を訴追した。本稿執筆時点までにCDRおよび13名の個人が有罪答弁（guilty plea）を行ったほか、6名の個人が陪審審理（jury trial）において有罪とされており、また、1名の個人に対して今後の陪審審理が予定されている。

以下のとおり、最近は金融機関に対する競争法の適用が積極化している。そのなかには、市場メカニズムあるいは相場の形成のあり方そのものが問われている事件すら発生しているのである。米国やEUにおいては、健全で効率的な金融市場構築のために、金融規制の機能を補完する観点からも競争法が活用され始めているといえる。かかる傾向は、2008年のリーマンショック以降顕著になってきたとの印象を受ける。この傾向は今後も続き、他国にも波及していくことが予想される。

② 規制強化の方向性

(1) 法制度面（制裁の強化）

a 刑事制裁

日本では、2009年の改正で、カルテル行為に対する罰則が強化され、最高

刑が懲役3年から5年に引き上げられている。その結果として公訴時効の期間も3年から5年に延長となり、このために日米犯罪人引渡条約において引渡しの要件とされる双罰性が充足されやすくなり引渡しの可能性も高まっている。世界的に、独禁法／競争法違反行為への厳罰化の動きは強まっているといって間違いない。

　米国独禁法は、シャーマン法、クレイトン法およびFTC法からなるが、日本企業のコンプライアンスの観点から重要となるのが、米国独禁法の中核をなすシャーマン法、とりわけ、カルテル等の禁止を定めたシャーマン法1条である。シャーマン法1条は、複数の企業間の共同行為であって不当なものを禁止しているが、効率性の向上等には結びつくことのない、競争を制限すること以外にはなんらの目的を有さない行為類型については、当然に違法（per se illegal）とされることから特に問題となる。典型的には、いわゆるハードコアカルテル（競争者間で価格や供給量等を合意する行為）がこれに該当する。シャーマン法1条では、法人には1,000万ドル以下の罰金、自然人に対して35万ドル以下の罰金および3年以下の禁固刑を科すとされているが、2004年の反トラスト法刑事罰強化および改善法（Antitrust Criminal Penalty Enhancement and Reform Act of 2004）により、刑事罰が強化され、法人には1億ドル以下の罰金、自然人に対して100万ドル以下の罰金および10年以下の禁固刑を科すとされている。さらに、特別法[42]では、犯罪によって得た利得の2倍または被害者の損失の2倍のいずれか大きい額を上限に罰金を科すことを認めている。また、実務的には、シャーマン法違反の行為につき、裁判所が刑を宣告する際や、司法省が司法取引をする際には、連邦量刑ガイドラインが参照される。連邦量刑ガイドラインによれば、罰金刑については、違反行為によって影響を受けた通商量（Volume of Commerce）の20％を基礎として、行為の悪質性や司法妨害の有無等に応じて定まる有責性のスコアを掛け合わせて罰金刑の範囲が定まる。先述したとおり罰金は非常に高額になりがちである。

　日本以外では英国は2002年に、豪州も2011年に、個人に対する刑事罰を導

---

[42] U.S.C. § 3571 (d)

入しており、たとえば、英国では、ワイヤーハーネス事件で、矢崎総業の現地子会社の日本人従業員が身柄を拘束される事件すら発生している。

なお、刑事制裁ではないが欧州委員会も売上金額に対応して多額の行政制裁金を課しており、カルテルの継続期間が長ければ、近時の売上げは多くなくとも、制裁金額は巨額なものとなりがちである。

b 民事制裁（損害賠償請求等）

民事制裁については、米国における民事損害賠償が特に脅威として認識されている。ひとたび司法省によるカルテル等の摘発がなされれば、後追い的に民事訴訟が続くのが通常である。米国連邦最高裁の判例によれば、民事損害賠償請求訴訟において間接購買者には原告適格が認められないものの、州によっては間接購買者にまで原告適格を認める州法を制定している。そのような場合には、直接購買者のみならず間接購買者によるクラスアクションにも対応が求められることとなる。米国のクラスアクションは、オプトアウト方式（明示的に参加しない旨を表明しない限り原告となる方式）のため賠償の対象となる原告の数が膨大になりがちである。民事訴訟の各被告は、米国判例上、自己の販売した商品役務の範囲にとどまらず、カルテル行為が市場に与えた損害のすべてにつき連帯責任を負うとされ、かつ、クレイトン法4条により自動的に3倍賠償の責任を負う[43]。これらのため、民事損害賠償は非常に高額となりうる。また、企業にとっては、訴訟に伴う弁護士費用や証拠開示手続（ディスカバリー）の負担も大きい。そのため、真に独禁法違反があったかはわからなくとも和解金を支払い、訴訟を終了させる例も散見される。

もっとも、米国の民事裁判手続においては、被告側の申立てにより判決に至る前の段階で審理を早期に終了させることができる機会がある。なかでも、ディスカバリー手続の前の段階の訴え却下の申立て（motion to dismiss）、トライアル前の段階のサマリジャッジメントの申立て（motion for

---

[43] ただし、2004年反トラスト法刑事罰強化および改善法により、リニエンシー制度により刑事免責を受けた場合には、共謀者との連帯責任が免除され、自己が販売した分についてのみ責任を負い、かつ、3倍賠償の適用を受けず実際に生じた損害について賠償責任を負うのみとなった。

summary judgment）が重要である。特に独禁法関係の訴訟においては、ディスカバリーにかかる労力および費用が膨大になることが多く、原告の訴えが却下されることで、ディスカバリーに入る前に審理を終了させることのメリットは非常に大きなものである。

1986年の Matsushita 事件最高裁判決[44]は、企業が共謀の事実なく意識的に並行行為を行うだけではシャーマン法1条違反にはならないとのルールを前提に、原告が、被告のサマリジャッジメントの申立てを退け、トライアル手続に進むためには、被告らが共謀して行動しているのではなく、それぞれ独立した行動をしているとの可能性を排除する証拠を提出する必要があるとした。

さらに、2007年の Twombly 事件最高裁判決[45]は、原告が、被告の訴え却下の申立てを退け、ディスカバリー手続に進むためには、訴状に被告らの違法な合意を推測させるもっともらしい（plausible）根拠が記載されている必要があり、被告らが並行的に行動しているとの客観的事情の記載と単に被告らが共謀したとの結論が記載されているだけでは不十分であるとした。さらに、独禁法事案ではないが、2009年の Iqbal 事件最高裁判決[46]は、「もっともらしい」とはいかなる記載を指すのかにつき、被告が不法行為責任を負うことを合理的に推測することができる事実関係の記載であるとした。これらの判決は、要するに、訴訟を進めたいのであれば、被告らが共謀したことを基礎づける事実を具体的に記載することを求めるものである。

両判決により、訴え却下の余地が大きく広がったとされ、実際にもその後、独禁法違反が問題とされた事件において、これらの判決に依拠し、訴え却下が認められた事例が出始めている。米国の民事訴訟に巻き込まれ、ディスカバリーに進んだ場合には多大な労力と費用がかかることを考えると朗報であろう。被告が独禁法違反行為を行っていることが合理的に推測することができる事実関係とは具体的に何を意味するかはケース・バイ・ケースの判断にならざるをえないが、正当なビジネス上必要のない同業他社との接触や

---

44 Matsushita Electric Industrial Co., Ltd. v. Zenith Radio Corp., 475 U.S. 574（1986）
45 Bell Atlantic Corp. v. Twombly, 550 U.S. 544（2007）
46 Ashcroft v. Iqbal, 556 U.S. 662（2009）

コミュニケーションを示す具体的な事実や、それがなくとも市場環境や歴史的経緯からして正当なビジネスを行っているうえでは不自然と思われる並行的行為の事実などは特に問題とされやすいと思われる。米国市場において事業を行っている場合には、言いがかり的な訴訟に巻き込まれないためにも、こうした事実がないかも注意すべきであろう。

　ところで、民事訴訟制度のあり方について、近時、欧州委員会が草案を公表しており、欧州でも損害賠償請求訴訟が活発化する可能性がある。欧州委員会は、2013年6月11日、競争法違反行為に対する民事訴訟の活用を推し進めることを目的とする、閣僚理事会・欧州議会による可決を必要とする指令（Directive）案47等を発表した。もっとも、この指令案自体は新たに民事損害賠償制度を創設するものではなく48、むしろ、損害賠償請求が活発ではない国の存在に懸念をもち、各国国内法への介入の程度、米国のようなクラスアクションや、懲罰的な賠償、さらに過剰な数の訴訟がもたらす弊害等について検討を重ねてきた結果を公表したものである。そこでは、過剰な訴訟のもたらす弊害を意識しつつも、加盟国間での競争法の民事訴訟によるエンフォースメントの実効性のばらつきをなくしていくべきとの提案が行われている。

　具体的には、各国政府は、民事訴訟によるエンフォースメントと競争当局や司法当局などの公権力によるエンフォースメントとの相互作用を最適化することも目的として、(a)裁判所が加盟国の競争法当局の違法認定判断を尊重する義務、(b)リニエンシーにより免責を受けた事業者以外の連帯責任（免責を受けた事業者は自らの直接間接の顧客の損害のみを負担）、(c)違反行為による損害発生推定規定（反証は可能）、(d)パッシング＝オン抗弁（損害の転嫁の抗弁）等が規定されている。

　他方で、クラスアクションについては、各加盟国に対して採用を義務づけてはいないが、①選定代理人を通じるなどした集団的な欧州法違反行為の抑

47　http://ec.europa.eu/competition/antitrust/actionsdamages/index.html
48　従来から競争法違反行為に結果損害を受けた当事者が損害賠償請求をすることができるのは当然であり、実際にもいくつかの加盟国、とりわけ、英国・ドイツ・オランダなどでは損害賠償請求も比較的活発に行われている。なかには、欧州委員会の制裁金を課す決定中の事実認定の内容を国内裁判所も尊重する義務が課されている場合もある。

止システムの導入、②迅速な差止手続、③自主的な参加者による集団賠償請求訴訟（懲罰賠償制度は採用しない）等の採用を検討することを促している。

　最後に、欧州委員会は、損害の定量化に関するガイダンスを通知のかたちで出している。そこでは競争法違反行為により発生する典型的な損害の類型や、損害を定量化することを可能とする手法や技法も記載されている。

　なお、日本では、民事訴訟につき、公取委による排除措置命令が確定した場合等の無過失責任の規定（独禁法25条、26条）がある。過去には鶴岡灯油訴訟事件を契機に民事訴訟の活用が取りざたされたこともあるものの、従来民事損害賠償請求訴訟が活発に利用されてきたわけではない。現在までのところ、公共工事の入札談合事件では、住民訴訟等のかたちで民事損害賠償請求訴訟が起こされることはあったが、多くの場合には、カルテルの被害者も損害賠償を求めることもなく、たとえ賠償を求めたとしても、多くの場合訴訟に至る前に和解をするかたちで決着をつけることが多かった。また、不公正な取引方法については、差止請求も用意されているが（独禁法24条）、「著しい損害を生じ、又は生ずるおそれがあるとき」が要件になっていることもあり、長くこれが認容された例はなかったが、近時認容されたケースも登場した[49]。

(2) カルテル摘発手段の進化

a　リニエンシー制度

　近年、日本内外を問わず、カルテルの摘発が活発化した最大の理由に、リニエンシー制度の導入がある。

　1978年に米国で企業リニエンシー制度の導入が公表された[50]。しかしながら、当時はさほど利用されておらず、この制度のもとでは、ただ1回も国際カルテルの摘発にはつながらなかった[51]。当時の制度では、刑事訴追免責

---

[49]　ドライアイス取引妨害事件（東京地裁決定2011年3月30日）。
[50]　Spratling and Arps, *A new Paradigm for Counsel Responding to International Cartel Investigations*, 6 Global Competition Rev. 28（2003）

が自動的に与えられるものではなかったためである。

この状況が変化したのは、1993年に米国司法省がリニエンシー政策を変更し[52]、当局の調査開始に先立って第一順位で申告を行った申告者について6種類の条件を充足することを条件に刑事免責をすること、さらに、上記の免責を得られない場合でも、捜査開始の先後を問わず、7種類の要件を充足することを条件として、刑罰を軽減する取扱いをすることを定めてからである。また、第一順位で会社が免責をされる場合には当該企業の役員や従業員も、捜査に協力することなど一定の要件下で免責されることが定められている。

1994年には、個人リニエンシー政策も公表されリニエンシー制度が充実することとなった。加えて、司法省では、この制度の普及に努めるようになり、積極的な利用を企業に促した。リニエンシー制度のもとでは、完全に刑事訴追を免れる点において、後述する司法取引よりも一歩踏み込んだものである。

さらに、米国では、リニエンシー制度の利用を促すために、いわゆるリニエンシー・プラス制度やリニエンシー・マイナス制度（ペナルティ・プラス制度）を活用し、カルテルの摘発を強化している。これらは複数のカルテルへの関与があった場合に問題となるものである。まず、リニエンシー・プラス制度のもとでは、司法省が把握していないカルテルについてはじめに自己申告をした者については、当該カルテルについて刑事訴追を免れることに加えて、司法省が別途摘発を進めていたカルテルについても量刑上有利な取扱いを受けることができる。反対に、リニエンシー・マイナス制度（ペナルティ・プラス制度）のもとでは、カルテルへの関与を把握していたにもかかわらずこれを自己申告しなかった者は、自己申告していたカルテルについても量刑上不利な取扱いを受けることになる。これらの制度により、企業は社内調査を尽くし、自社の関与が疑われるあらゆるカルテルにつき司法省に申

---

[51] Scott D. Hammond, "*CORNERSTONES OF AN EFFECTIVE LENIENCY PROGRAM* "（Nov. 22, 2004）（http://www.justice.gov/atr/public/speeches/206611.htm）

[52] DoJ Corporate Leniency Policy（Aug. 10, 1993）http://www.justice.gov/atr/public/guidelines/0091.htm

告するインセンティブを有することになる。

　そのほかにも、米国では、2004年に、Antitrust Criminal Penalty Enhancement and Reform Act が制定され、当局の調査の開始前に、第一順位でカルテルを申告した企業には、民事賠償について、一定の要件のもとで共犯者との連帯責任を免除するとともに、3倍賠償ではなく実際の損害額に賠償範囲をとどめることとした。

　カルテルの事実を申告するように積極的に促すべく制度の充実を進めた結果、現在では、米国で調査開始されるカルテル案件の大半はリニエンシー申請に帰因するといわれているほどである。なお、リニエンシー制度と並んで米国におけるカルテルの摘発に大きな成果をあげているのが「司法取引の制度」である。司法取引においては、被告人は起訴事実につき有罪を認めることおよび司法省の捜査に協力することを約束し、それと引き換えに司法省は被告人が有罪を認めた事実以外では訴追を行わないことおよび被告人が量刑上有利な取扱いを受けられるように裁判所に意見することを合意する。もっとも、企業が司法省と司法取引をする際には、カルテル行為に直接関与していた者やカルテルを指示、黙認していた上位者については、司法取引の対象外とされるのが通常であり、これを カーブ・アウト (carve out) という。カーブ・アウトされた役職員については別途刑事訴追される可能性が残る。カルテルの悪性や企業の司法省への協力の時期や程度によりカーブ・アウトされる役職員の数に影響している模様であるが、先述したとおり近時の傾向としてはカーブ・アウトされる役職員の数も増加傾向にある。

　このような米国の展開を受けて、EUも1996年にリニエンシー制度を導入するとともに、2002年に制度強化がなされている。EUのリニエンシー制度と米国のそれとはいくつかの差はあるが、基本的には米国の方針と類似したものとなっている。同様に、カナダでは、1985年に米国に倣ってリニエンシー制度を導入したものの、うまく機能しなかったこともあり、2000年に米国に倣った修正が加えられている。このほかに、リニエンシー制度を導入している国としては、豪州、ブラジル、欧州各国、韓国、南アフリカ、スイス、メキシコ、シンガポールのような国のほかに、その制度や運用が不安定なために運用に不透明さは残るものの、ロシア、中国、インド、チリといっ

た国々にまで制度は拡散している。

　ところで、日本でも、2005年の独禁法の改正で、課徴金減免制度が導入され、それを受けて、公正取引委員会による積極的な摘発が行われるようになった。とりわけ、注目するべきは、従前は、年に1－2件しか摘発例がなかった価格カルテル案件や、国際カルテル案件の摘発が積極的に進められるようになったことがあげられる[53]。もっとも、情報が海外からもたらされても摘発範囲が日本国内にとどまる例もみられるようではあるが、こうした摘発の活発化は明らかに、リニエンシー制度の導入に帰因するものと考えられる。

　図表8－12は、リニエンシー制度の日本における利用状況を示しているが、近年の利用が急増していることがわかる。これは近時の自動車部品カルテルの影響を反映していると思われるが、他方で、必ずしも、申請が行われた案件のすべてが調査対象となっているわけでもないことも示している。

b　捜査技法の進化

　カルテルの摘発強化の背景として、リニエンシー制度の導入や強化があったことは明らかであるが、当事会社をしてリニエンシー申請を可能にしているものに調査技術の進展があげられる。とりわけIT化が進み、多くの事務連絡は電子メール等により行われ、その記録も記憶媒体に電子的に保管されることが通常となっている。そのため、現在の公取委の調査にしても、そのほかの調査機関による経済犯罪の調査でも、紙媒体や手帳といったハードの記録に加え、電子メールデータやハードディスクサーバーに保存されたフォルダのデータ、会計記録を最初に差し押さえ、これを分析することが行われている。また、いったん消去したはずのデータも、相当程度復元させることもできる。コミュニケーションや記録のための電子技術の普及は、証拠収集方法との関係でもきわめて重要な意味をもっている。

　電子技術を駆使した調査は、当局による調査においてのみ利用されているだけではなく、民間企業からも提供されており、社内調査、特に当局の指示

53　たとえば、公取委が外国事業者も含めて国際カルテルを摘発した初の事例であるマリンホースカルテル。

図表8-12　日本におけるリニエンシーの利用状況[54]

年　度	2005 (注1)	06	07	08	09	10	11	12	合計
申請件数	26	79	74	85	85	131	143	102	725
課徴金減免制度の適用が公表された事件数	0	6	16	8	21	7	9	19	86
課徴金減免制度の適用が公表された事業者数	0	16	37	21	50	10	27	41	202

(注1)　2006年1月4日から同年3月末日までの件数。
(注2)　排除措置命令に記載されている事実記載と同処分の名宛人の関係から、課徴金納付命令を免除されている事業者のなかには課徴金減免制度の適用の公表を求めなかった事業者も一定程度含まれているものと思われる。

による社内調査において頻繁に利用されている。その他にも、電話記録を録音している会社などでは声紋検査を機械的に行う方法も利用されている。

　以前は、物理的なハードコピーを検討するか、不正行為への関与が疑われる者に対するインタビューといった方法でしか、会社側として不正行為の調査はむずかしかった。しかし、現在は、電子技術を用いることで相当程度過去にまでさかのぼって各種の記録を入手し、これを解析することで不正行為への関与が疑われる関係者のデータを、関与者に悟られることなく調査することも可能となっている[55]。筆者らの経験上、こうした電子的調査方法を経てカルテルの事実が判明し、これを用いてリニエンシー申請が行われたケースを多く把握している。このような調査手段の発展は、いままでなかなか探知できなかったカルテル行為の端緒を比較的容易につかめるようになったことを意味しており、このことも、いままで以上にカルテルの摘発が容易になっていることを示している。

54　公取委発表資料（http://www.jftc.go.jp/houdou/pressrelease/h25/may/130529.html）
55　もっとも、個人情報保護の問題には留意が必要であり、就業規則等で電子メール等を調査の過程で閲覧することなどにつきあらかじめ社員の承諾を得ておくことが望ましい。

c 国際的捜査

　米国司法省の捜査は国際的にも展開することがある。当局間における協力体制の充実に加え、米国司法省は、違反行為者たる自然人の身柄の拘束には逃亡犯罪人引渡条約、インターポールの国際指名手配、海外にある証拠の収集には国際捜査共助を活用することがある。日本は米国との間でいずれの条約も締結している。犯罪人の引渡しについては、2009年に、炭素ブラシほか炭素製品についてのカルテルや司法妨害等の罪につき米国で訴追された英国法人元CEOに対して、英国から米国に引渡しがなされた実績があり、徐々に現実味を帯び始めている[56]。

　国際捜査共助については、米国法上認められている被疑者の権利（秘匿特権や弁護人の立ち会いを求める権利）がどこまで共助要請先の国（たとえば、日本）で認められるか、かかる権利を尊重せずに収集した証拠が米国の刑事手続で利用できるのかというむずかしい法的な問題がある。また、米国司法省としては、共助要請先の国の捜査機関や司法機関の関与を仰ぎつつ捜査を進める必要があり、実効的な捜査ができるかは保証されてはいない。かかる制約はあるものの日米捜査共助条約のもとでは、捜索差押え、取り調べや証人尋問等が可能であり、実際に司法省が捜査共助を活用して日本において証拠収集した実例の蓄積も進んできている。

d 米国の域外適用の拡大傾向

　米国独占禁止法の国際的適用範囲、いわゆる域外適用の範囲は、日本企業にとって大きな関心事であり続けている。先に述べたとおり、米国独禁法の定める刑事制裁は厳しく、米国における民事損害賠償も大きな脅威である。日本企業にとっては、一度でもこうした米国独禁法の国際的適用範囲の射程内に入るとなると、これらの厳しい負担を覚悟しなくてはならない。近時、経済がグローバル化するとともに、部品の製造拠点、最終製品の組立て工場、最終製品の販売拠点が世界中へと散らばっており（サプライチェーンの

---

[56] Morgan Crucibleの元CEOの引渡しがなされた。もっとも、当時英国に独禁法違反行為につき刑事罰が存在しなかったこともあり、司法妨害を根拠に引渡しがなされた。

国際化)、また、コモデティを中心に各地域の価格の連動性はますます高まっている。こうした実態をふまえ、米国独禁法の域外適用の射程についても拡大傾向にあるように思われ、コンプライアンス上も米国独禁法の国際的適用範囲については細心の注意を要する。

　米国独禁法の域外適用の歴史を振り返ると、1945年に出されたアルコア事件控訴裁判所判決[57]は、米国独禁法は、国外の行為であっても、それが米国への輸入に効果を与えることを意図し、かつ現実に効果を与えていれば適用されうるとした。それ以来、米国独禁法の国際的適用範囲については、効果理論 (effect doctrine) により定まるとされてきた。効果理論の説くところによれば、米国独禁法の禁止するカルテルなどの反競争的な行為が、米国市場に悪影響を与える場合には、仮に問題となる行為自体が米国外で行われていたとしても、米国独禁法の適用が可能となる。過去においては、効果理論および効果理論に基づく実務の運用は、過剰な米国独禁法の域外適用として、国際的な反発を招いたこともあった。もっとも、1993年に出されたハートフォードファイア事件最高裁判決[58]は、米国独禁法は、米国外で行われた行為であっても、米国に効果を与える意図をもってなされ、かつ実質的に効果を与える行為について適用されるという原則は確立したものであると宣言した。そして、現在においては、カルテルなどの行為が、米国に所在する企業や消費者に弊害をもたらす事案では、米国独禁法の適用範囲となることについては、大まかなコンセンサスが存在する。現に、EUや日本の競争当局も同様の発想で、それぞれの独禁法を域外の企業に対して適用する場合もある。

　判例の流れとともに重要なのが、1982年に米国において成立した制定法である Foreign Trade Antitrust Improvements Act (以下、「FTAIA」という) である。FTAIA は、米国独禁法の国際的適用範囲を規律する。FTAIA の文言は技巧的であるが、大要以下の原則を定めている。米国独禁法は、輸入取引を除く外国に関連する取引には、原則として適用されない (裏を返せば、輸入取引には適用されるということである)。ただし、米国内の取引および米国

---

[57] United States v. Alcoa, 148 F.2d 416 (2d Cir. 1945)
[58] Hartford Fire Insurance Co. v. California, 113 S.Ct. 2891 (1993)

への輸入取引に、直接的、実質的かつ合理的予見可能な弊害をもたらす行為には適用される（米国弊害例外）。近時の訴訟では、問題となる行為が輸入取引に該当するのか、また、FTAIA の米国弊害例外に該当するかどうかが問題となることが多い。

2004年に出されたエンパグラン事件最高裁判決[59]は、米国独禁法の国際的適用範囲について、一つの重要な限界を明らかとした。この事件は、ベルギー、ドイツ、日本、米国などの企業によるビタミンについての大規模な国際カルテルに関するものである。このビタミンカルテルより損害を被ったとし、エクアドル所在のエンパグラン社を含む米国外に所在する需要者が、カルテルに参加していたとされるビタミンメーカーに対し、米国裁判所において民事損害賠償を提起した。

これに対し、最高裁は、たとえカルテルによって米国内でも弊害が生じていたとしても、こうした米国内での弊害とは無関係といえる米国外で生じた弊害を救済するために米国独禁法を適用することを否定した。根底にあるのは、外国主権尊重の考え、すなわち、米国内の弊害とは関係のない米国外の弊害については、それぞれの国の採用する独禁法およびエンフォースメント制度により解決すべきであるとの考えである。また、最高裁は、判例により確立された効果理論は、あくまでも米国内で生ずる弊害に着目して米国独禁法を適用するものであって、米国内の弊害とは無関係な米国外の弊害に着目して米国独禁法を適用するものではないとした。そして、FTAIA は、判例理論を超えて米国独禁法の国際的適用範囲を拡大することを意図したものではなく、FTAIA を根拠に米国外の弊害を救済するために米国独禁法を適用することは相応しくないとした。エンパグラン事件をめぐる判決により、実務上、米国外の弊害を中心に据え、米国独禁法の適用を主張することは困難になったと評価されている。しかし、米国に本社を有する会社が米国外の子会社に生じた損害を根拠に損害賠償請求をするなど、依然として米国外の弊害を根拠として民事損害賠償が請求されるケースがないわけではない。

エンパグラン判決以降の動向として、LCD パネル国際カルテル事件やポ

---

[59] F. Hoffmann-La Roche Ltd. v. Empagran S.A., 123 S.Ct. 2359 (2004)

タシュ国際カルテル事件等において、米国市場へ一見間接的とも思われる効果を及ぼすような事案においても米国独禁法を適用できるとする積極的な判決が登場し始めている。LCDパネル国際カルテル事件では、被告らの製造したLCDパネルの大半は、東南アジア等のメーカーにまずは販売され、そこでテレビやノートパソコン等の最終製品に組み立てられ、その後米国に最終製品のかたちで持ち込まれた場合であっても、FTAIAの米国弊害例外に該当し、米国独禁法の適用範囲内であるかが問題となった。2011年のカリフォルニア連邦地裁判決[60]は、カルテルによるLCDパネルの値上げが、なんらの支障、介在事情もなく、そのまま最終製品であるLCDパネルを搭載するテレビやモニター、ノートパソコンの値上りにつながったと評価できるかが問題であるとし、LCDパネルが最終製品であるテレビやノートパソコンといった電器製品の主要な部品であることや、被告らが米国におけるこれら最終製品の価格をLCDパネルのカルテル価格の指標としていたことがうかがわれることから、被告らのカルテルは「直接的」に米国に弊害をもたらしたものといえ、FTAIAの米国弊害例外に該当するとした。

　ポタシュ国際カルテル事件においては、農業用肥料に用いられる天然資源であるポタシュ（カリウム）についての国際カルテルが民事訴訟において問題となった。被告らは、仮にカルテル行為が存在したとしても、カルテルの対象となったのはあくまでも、中国、ブラジル、インドであり、原告の主張するカルテル行為は、米国に「直接的」に弊害を生じさせておらず、FTAIAの定める米国弊害例外には該当しないと反論した。2012年の第7巡回区控訴裁判所大法廷（en banc）判決[61]は、FTAIAの米国弊害例外の「直接的」との要件は、あくまで、外国で行われた行為が米国の輸入取引ないし米国内通商に生じた影響の遠因（remote）にすぎない場合に、当該行為を米国独禁法の適用範囲から除外する趣旨にすぎないとし、「合理的に近接した（reasonably proximate）」と解釈すべきとした。そのうえで、大法廷判決は、中国、ブラジル、インド市場における価格がベンチマークとして利用されて

60　In Re: TFT-LCD (Flat Panel) Antitrust Litigation, No. 07-1827, 2011 WL 4634031 (N.D. Cal. Oct. 5, 2011)
61　Minn-Chem, Inc. v. Agrium, Inc., No. 10-1712 (7th Cir. June 27, 2012) (en banc)

おり、実際にも中国、ブラジル、インド市場における価格の上昇の直後には米国における市場価格の上昇も認められたこと、被告らは規制の構造その他の理由によりこれら米国外市場の価格の上昇が米国市場に波及しないとの事情を主張できていないことなどを根拠に、被告らのカルテル行為と米国への輸入取引ないし米国内通商への影響は「合理的に近接した(reasonably proximate)」ものであるとした。そして、大法廷判決は、カルテルが米国市場への供給を対象としていなくとも、カルテルの対象となった商品役務の市場間の価格連動性が高く、カルテル参加者の占める市場シェアや米国市場における需要の規模が大きいといった事情があれば、米国市場に効果が波及しないような特殊な事情がない限り、効果理論の原則ないしFTAIAの米国弊害要件に該当し、米国独禁法の適用対象となりうるとした。

　このとおり、LCDパネル国際カルテル事件においては部品の価格上昇が最終製品の価格の上昇をもたらすとのいわば垂直的な価格波及効果が、ポタシュ国際カルテル事件においてはある地域でのコモディティの価格の上昇が他の地域の同一コモディティの価格の上昇をもたらすという、いわば水平的な価格波及効果が問題とされ、双方の事案における事実関係のもとではともに米国独禁法の適用範囲内とされた。

　コンプライアンスの観点からは、自社の製品が直接米国に販売されていなくとも、それを組み込んだ最終製品が米国に販売される場合には米国独禁法を意識したコンプライアンス体制を構築することが望ましい。また、米国市場さえ除外しておけばコンプライアンス上大きな問題とはならないとの意識も捨てなくてはならない。

　なお、米国独禁法の国際的適用範囲の問題は、刑事事件における罰金の算定の範囲や民事損害賠償請求における損害の算定の範囲をも画するものであると筆者らは考えているが、現状、刑事訴追を行う司法省や民事損害賠償請求の原告が、米国独禁法の適用範囲を逸脱した広範囲の、つまり米国市場とは関係のない損害や利得、売上げを罰金や損害賠償の算定基礎としてよいとの主張を行うことがあり注意を要する。そのような場合には、損害賠償や罰金の範囲につき、司法取引や和解交渉、裁判の過程において争うことが考えられる。

(3) カルテル概念の拡散・抽象化

　競争事業者間でカルテルの存在を認定するためには、各国ごとに差異はあるものの、競争事業者との共同（意思の連絡・意思疎通）、事業活動の相互拘束・遂行、一定の取引分野における競争の実質的制限といったものがあげられることが多い。

　日本の場合、独禁法は、不当な取引制限（カルテル）について、「事業者が、契約、協定その他何らの名義をもつてするかを問わず、他の事業者と共同して対価を決定し、維持し、若しくは引き上げ、又は数量、技術、製品、設備若しくは取引の相手方を制限する等相互にその事業活動を拘束し、又は遂行することにより、公共の利益に反して、一定の取引分野における競争を実質的に制限することをいう」（独禁法2条6項）としており、競争事業者間での共同した行為を要求している。

　しかし、これらの要件は、必ずしもそこで使われている文言の日常的な意味に比して、厳格なものではなく、抽象化の傾向がみられる。たとえば、「相互拘束」の要件についても、「拘束」という言葉が日常的な意味でもっている印象とは異なり、一般的には、強制的なものである必要はなく、なんらかの経済的メリットを期待できるという程度の関係があれば足りると解されていることが多く、その立証は必ずしも高いハードルではない。競争の実質的制限についても、合意の内容が実際に実施に移される必要はなく、市場が有する競争機能を一定程度損なうことができる競争事業者間で、たとえば、価格の引上げについて共同で決定すれば、たとえそれが実行に移されなくても違法行為が認定されるといったように、この要件の意味も軽くなっている。

　このようななかで、近時、注意を払うべきものとして、競争事業者間の「意思の疎通」の問題がある。以下、詳述する。

a　意思の連絡

　競争事業者が市場環境に応じて、たまたま同一の行動をとった結果、製品

価格が値上りしたからといって、これをカルテルと呼ぶことはできない。他方で、競争事業者が、明確に合意をしたうえで、製品価格を引き上げれば、当然、カルテルに該当する。こうした、まったく接触がない場合と、完全な合意が成立する場合との間にはさまざまなバリエーションがありうる。この点との関係で、一般的に競争事業者間であっても、単なる「情報交換」は違法ではないといわれることもあるが、どのような水準の接触行為が違法とされ、どの水準までの情報交換が違法とされないのかの境界は必ずしも明確ではない。

　カルテルは、競争事業者間の共同行為である以上、その間の「意思疎通」「意思の連絡」は不可欠である。日本の判例上は、『意思の連絡』について、「複数の事業者間で相互に同内容又は同種の対価の引上げを実施することを認識ないし予測し、これと歩調をそろえる意思があることを意味し、一方の対価引上げを他方が単に認識、認容するのみでは足りないが、事業者間相互で拘束し合うことを明示して合意することまでは必要でなく、相互に他の事業者の対価の引上げ行為を認識して、暗黙のうちに認容することで足りると解するのが相当である」(東芝ケミカル事件東京高等裁判所判決)[62]とされている。この結果、競争事業者の行動を相互に予見できるような水準の共通認識が成立し、これを認容することで足りるとするわけである。

　このような判例が出た背景としては、カルテルが成立するのは密室で行われることが多く、証拠も残されていないことから、当局としては、参加者のいずれかから協力を得られない限り、直接証拠を入手できないという実務上の困難に対応するためという側面[63]がある。リニエンシー制度が導入され、当時会社の協力が得やすくなった現在の状況とは異なるが、いずれにしても、当事会社間の明確な合意まで求められるわけではなく、黙示の合意でも足りるし、かかる黙示の合意については、一部のカルテルへの参加者がその存在を供述するような場合を除くと、間接事実の積重ねで立証されることになる。かかる間接事実としては、競争事業者間の継続的な情報交換や、それ

---

[62]　東京高判1995年9月25日判例タイムズ136頁
[63]　前注62・148頁

に引き続き行われた情報交換参加企業による一致した行動がみられれば黙示の合意の成立が認められやすくなる（前記の東芝ケミカル事件参照）。

　他方で、現在の経済のなかで、競争事業者との間でいっさいの接触が禁止されているはずもなく、そもそも、そうした接触をいっさい断ち切って、経済活動に従事することはほぼ不可能であろう。加えて、競争事業者と共同して行う行為のなかには、経済的な効用を大きくするもの、むしろ、競争促進的な効果を有するものすら存在している。言い換えると、競争事業者との間の接触には独禁法／競争法に照らして合法的なものと違法なものが存在していることになる。とりわけ、わが国の場合には、監督官庁は業界全体での取りまとめや、対応を求める傾向も強く、情報伝達も業界団体を通じて行うことも多い。そうすると、どの程度までの競争事業者との間の接触を経たうえで、どのような協調的な行動をとれば違法行為に該当するのかがきわめて重要な意味をもつことになろう。

　前記のとおり、この点については、全世界的に考え方が一致しているわけではない。とりわけ、独禁法／競争法違反を刑事事件として処理する国が求める水準と、欧州委員会のように行政事件としてのみ処理する執行機関とでは、違法行為と判断するために求められる競争事業者の担当者の意思疎通の水準には当然差があるはずである。

　現在、多くの国で、競争事業者間の合意の成立（明示・黙示を問わず）の要件の立証が簡易化され、競争事業間で営業上の機微情報が交換されれば、反証がない限り、かかる機微情報の交換の意図は当事者間で競争を制限する目的によるものとの推定がされてしまう事案も目につくようになっている。

　情報交換が同業者間で行われたという事実そのものは、本来、不当な取引制限を構成する事実を推定させる根拠の一つにすぎないというのが日本でのいままでの一般的な理解であったかと思われるが、日本ですら、現在この考え方が揺らいでいる。むしろ、現在では、明確に何時から何パーセント価格を引き上げる、市場を地理的に2社で分割しようといった明々白々の合意が競争事業者間で成立することはまれであり、相互に腹の探り合いをしつつ、そこで得られた情報をもとにすれば、競争事業者間で暗黙の合意が成立したといったかたちで認定されてしまう事態となっている。そして、こうした明

示的なものではない、暗黙の合意だけで、違法なカルテルの成立まで認定する傾向が強まっている。

　このように、違法とされる競争事業者間の接触の範囲が広がっているようにみえる原因としては、いくつかの理由があると考えられるが、その一つとしては、リニエンシー制度の導入があげられよう。カルテルが成立するか否か微妙なケースでも、企業のコンプライアンス担当者にすれば、カルテルに対する刑事制裁や行政処分を免れるために、安全サイドを考えてリニエンシー申請をせざるをえないことがありうる。こうした申請を受けた場合に、当局担当者から関係者の事情聴取等が求められることも多いが、単なる一般的な情報交換であるのか、カルテル合意といえるのか微妙な行為について、リニエンシー申請者の担当者にすれば、制度上得られるメリットを最大化あるいは確実なものにするために、当局の意向に迎合して暗黙の合意があった（場合によっては明確な合意があった）などという供述をしがちになる[64]。

　このように、単なる情報交換にとどまるのか、カルテルとされるのかが微妙なケースについてはリニエンシー申請者がどうしてもカルテルの成立を認める方向で対応することが考えられるため、明らかにカルテルとはならないような情報交換ではない限り、本来は、カルテルの成立が微妙な事案であっても、カルテルが成立すると当局により認定されるリスクがある情報交換の範囲は、拡大しているといえよう[65]。

---

[64] リニエンシー制度のもとで、現在、明確な合意が存在した事例はともかく、一定の情報交換を伴う微妙な接触が競争事業者の担当者との間であり、その後に、競争事業者間で同調的な行動がとられたとも解釈できるような、違法行為になるか否か際どい限界事例の場合には、企業の代理人である弁護士も、競争当局担当官との間で、際どいやりとりを行うことが多い。こうした現象は、日本ばかりではなく、米国でも欧州、韓国などでも、同様に生じている。刑事処分リスクを回避するべくリニエンシー申請を出す方向で動く場合、申請を受けた公取委担当官からは、そうした競争事業者間の接触を通じてカルテル合意があったと認めるのか、あるいは単なる情報交換であってカルテルではないと否認するのかと回答を迫られることも多い。本来、リニエンシー制度は、競争当局に調査のための端緒を与えるための手段である以上、事実関係を報告すれば足りるはずで、そうした事実の法的評価は公取委等の当局の職責であるはずであるが、当局は、リニエンシー申請は、あくまでもカルテル行為があったことを前提として行われるものであり、かかるカルテルの成立を認めた場合にしか免責を与えないという態度をとりがちで、申請者と当局とは微妙な緊張感があるのが実態である。

b　情報交換とカルテル

　競争事業者が行った情報交換により、暗黙の合意に基づくカルテルが成立したと認定されるか否かは、一般論からいえば、競争事業者間で交換される情報の内容および量ならびにその目的で判断されることになろう。すなわち、競争事業者の行動を推測しやすくなるような情報（機微情報）の交換が競争事業者間で行われれば、それだけで、カルテルの成立が認定されやすくなる一方で、消費者保護や従業員の労働現場での安全基準の改善といった営業上の機微情報とはいえないような、あるいは、顧客の利益や公益目的に資すための情報交換がなされれば、その目的からカルテルの成立が否定される根拠となりうる。

　もう一つこの関係で注目するべき事象として、後述するように EU で水平ガイドラインが2011年に改正され、そこで情報交換に関して一章が割かれ、注意深く検討するべき内容が多数盛り込まれることになったことがあげられる。このガイドラインそのものは、従前の実務に変更を迫るものではなく、従前の実務を文書化しただけにすぎないという説明もされているが、企業にとって、当局が、競争事業者間の情報交換に対して関心を示しつつある以上、コンプライアンス、あるいは違法行為の予防という見地からは情報交換のあり方について、従前以上に、保守的あるいは慎重な立場をとらざるをえなくなりつつある。

　以下、情報交換に対する当局の姿勢を順次検討する。

(a)　日　本

　わが国で、情報交換と独禁法との抵触の可能性に言及した公取委のガイド

65　競争事業者との情報交換について、実際に存在した情報交換行為をカルテルと法的に評価するのかという問題と、コンプライアンスという見地から、予防的にリスクが内在する競争事業者との接触をどこまで慎ませるべきかという問題とは峻別して考えるべきである。後述するように、日本企業は、いままでのところ、業界団体等での接触や、統計情報を相互に交換するなど、情報交換のあり方について十分な警戒感をもって対処してきたとはいえないが、だからといって、実際にそこで行われた情報交換が、直ちにカルテルと評価されるとは限らない。コンプライアンスという観点で考える限りは、可能な限り、リスクを伴う同業他社との間の接触は最小限にとどめることが望ましくはあるが、現実社会で、これを徹底することはむずかしい。

ラインとしては、「事業者団体の活動に関する独占禁止法上の指針」[66]、いわゆる「事業者団体ガイドライン」がまずあげられるが、このガイドラインは若干の変更が制定後に加えられているものの、1995年と相当以前につくられたものであり、その後の世界各国の当局の実務の展開を十分反映したものでなく、抽象的な記載にとどまっている。このガイドラインでは、むしろ、「原則として違反とならない行為」についての記述が比較的細かく、他方で、事業者団体による情報活動を通じて、「事業者間で、価格、数量、顧客・販路、設備等に関する競争の制限に係る合意が形成され、事業者が共同して市場における競争を実質的に制限する場合」には違法となるという、それ自体、当然のことを記載しているだけで、いわゆるセーフ・ハーバーを明らかにするのみである。その他にも、共同研究開発に関する独占禁止法上の指針（共同研究開発ガイドライン）[67]と標準化に伴うパテントプールの形成等に関する独占禁止法上の考え方（いわゆる、「パテントプールに関するガイドライン」）[68]にも情報交換についての記載がある。こうしたガイドラインは、いずれも、個別・具体性がある情報交換や、過去ではなくて、将来あるいは足下の市場価格の動向についての意見交換、事業者の営業活動に有益な情報の交換、いわゆる営業センシティブ情報を交換するのはリスクが高い情報交換である一方、過去の事象や顧客や取引先の利益のためになされる情報交換にはほとんどリスクがないという一般論を示しているにすぎない[69]。

(b) 欧州ガイドライン

このような状況下で、欧州委員会は、2011年1月に新たな「水平的協同行為に関するガイドライン（Guidelines on the applicability of Article 101 of the Treaty on the Functioning of the European Union to horizontal co-operation agreements）」[70]を発表している。そして注目するべきは、このなかで1章を割いて、情報交換にかかわる問題を論じている。欧州の場合には、従前は1992年のUK Tractor事件[71]等の先例で示された基準や、2008年の海上運送ガイドライン[72]の一部に情報交換に関する規定があったり、2009年の

---

[66] http://www.jftc.go.jp/dk/guideline/unyoukijun/jigyoshadantai.html#cmsD29
[67] http://www.jftc.go.jp/dk/guideline/unyoukijun/kyodokenkyu.html
[68] http://www.jftc.go.jp/dk/guideline/unyoukijun/patent.html

T-Mobile 事件[73]で欧州裁判所が示した解釈などから、情報交換と競争法との抵触の可能性について一定の結論を演繹していたが、新しい水平ガイドラインは、情報交換の問題を正面から取り扱っている。このガイドラインの制定は、欧州の実務に一定の影響を及ぼしている模様であり、欧州委員会が情報交換の問題に強い関心をもっていることを認識した業界団体などでは、競争事業者間での会合には、弁護士を会合に同席させるなどして対応を新たにとり始めたところもあるほどである。他方、このガイドラインに対する評価としては、従来の実務を文書化しただけで、特に新しい義務を付加したわけではないとの説明もなされている。なお、このガイドラインも、情報交換そのものが当然に違法となるわけではないとしており、かかる情報交換の結果として、効率性の改善や消費者利益の促進といったメリットも生じることを認めつつも、他方で、情報交換の結果として、競争事業者の行動の予測可能性が高まる結果、競争制限につながる場合が生じることを懸念し、かなり厳しい制約ともなりうる文言を含んでいる。

---

[69] 米国でも、状況は類似している。米国では、情報交換に関する明確な一般的なルールはないが、1996年にヘルス・ケア分野について Statement of Antitrust Enforcement Policy in Health Care（http://www.justice.gov/atr/public/guidelines/0000.htm）が出され、一定の指針となっている。ここでは、情報交換には rule of reason（合理の原則）が適用されるとする一方で、こうした情報交換の結果として、価格設定や生産量削減、販売地域の割当てといった約束が成立したとみなされるような状況になれば、*per se* illegal（当然違法）となる。逆にいえば、情報交換を同業者間で行っても、そこに合理的理由があれば違法とはなるわけではない。こうした正当化される情報交換の例には、効率性向上、費用削減や安全性向上に資するものがあるとされている。他方で、競争上の機密情報、たとえば、価格・生産量にかかわる情報はできるだけ慎重に取り扱うべきことになる。結局、米国の場合にも日本と同じであるが、情報交換の目的が合法的か、だれが情報収集するのか、過去の情報なのか将来に関する情報なのか、情報の集約が可能か（集約された結果、だれの情報かわからなくなっているか）、そして、多くの参加者が確保されているのかといったあたりが適法性の判断基準になっている。
[70] *Official Journal C 011, 14/01/2011 P. 0001-0072*
[71] Commission decision UK Agricultural Tractor registration exchange of 17 February 1992, case n. IV/31.370 and 31.446, OJ 1992 L 68, p. 19
[72] Guidelines on the application of Article 81 of the EC Treaty to maritime transport services（Text with EEA relevance）（2008/C 245/02）
[73] T-Mobile Netherlands BV and Others v Raad van bestuur van der Nederlandse Mededingingsautoritei Judgment of the Court of Justice in Case C-8/08（4 June 2009）http://curia.europa.eu/juris/document/document.jsf?text=&docid=74817&pageIndex=0&doclang=EN&mode=lst&dir=&occ=first&part=1&cid=697712

当該情報交換行為の適法性・違法性を判断する際に検討すべきは、情報交換の性格や関係市場、情報交換がもたらす効率性や消費者利益の内容であり、こうした見地から情報交換の内容や態様を分析することが今後は求められることになろう。
　とりわけ重要な判断基準は、情報交換の結果として市場の透明性（競争事業者の行動の予見可能性）が高まることによって、会社間の競争行為が調整されたり、情報交換に参加していない会社が情報交換に参加した会社に比べて不利な地位に陥るといった反競争的排除効果がもたらされるのかという点である。加えて、情報交換を行う目的が、本質的に競争制限となりうるものである場合には、その市場に対する実際のまたは潜在的な影響を検証するまでもなく、違法となりうるともされている。この内容を要約すれば、以下のように整理できるかもしれない。

① 　2段階のステップで判断
　一般的には、市場の透明性等、市場の状況（市場の寡占度等）を判断したうえで、そこで交換される情報の種類（営業センシティブか、現在または近い将来に関する情報か過去の情報か等）を検討するという2段階のステップで判断されるが、そこでは、こうした2段階のテストを通じて、競争事業者の事業活動に関する予見可能性を高めるものか、あるいは、情報交換に参加していない事業者が競争上不利な立場に陥らないかという見地から判断がなされることになる。

② 　情報交換の目的による判断
　加えて、そもそも情報交換を行う目的が何なのかという点も重要な意味があり、競争制限的な目的で情報交換を行えば、それ自体として違法ということにもなりかねない。

　ところで、情報交換の問題について言及する場合には、一般には、公知情報について情報交換をしても、そこから競争制限的な合意に至らなければ、特段問題がないかのようにいわれることもあるが、水平ガイドラインでは「真に公知の情報」か否かで判断するという趣旨のことを述べている。すなわち、だれもが容易に取得できる情報の交換であれば、違反になる可能性は低いものの、公知情報であっても、情報交換当事者以外の者が同じ情報を集

める場合に、相当な時間と費用がかかるものは「真に公の情報」にはならないとしていることは示唆的である[74]。

その他、興味深い記述としては、情報交換が密室で競争事業者間で行われている場合と異なり、さまざまな参加者がいる公の場でなされている場合には、TEU101条違反の可能性は低いという趣旨の説明も行われている。具体的には、顧客、サプライヤーやマスコミなどさまざまな関係者を呼んだセミナー会場で、競争事業者の営業担当者が、今後の市況予想を業界動向として発言する場合は違法となる可能性は低いということになる。

(c) **情報交換の正当化根拠**

① 情報交換の正当化根拠：EU

EUの水平ガイドラインは、競争事業者間の情報交換はどのようなケースで正当化されるのかについても言及している。正当化根拠としては、TEU101条3項に記載された基準に該当するかであるが、水平ガイドラインでは、特に、情報格差を緩和するようなものを正当化根拠としてあげている。具体的には、競争事業者間の情報格差というよりは、むしろ顧客や消費者との情報格差、川下産業と川上産業との間での情報格差の緩和というような情報交換、公正な生産資源の分配に資するもの、製品の品質を向上させるというメリットがある場合等があげられている。要するに、効率性の向上や不可欠性、消費者への便益の移転が正当化根拠になるとするわけである。

② その他の正当化根拠——Noerr-Pennington

その他に、競争制限効果をもつ可能性のあるにもかかわらず競争事業者間での情報交換が正当化される根拠としては、アメリカの判例で確立し、欧州などでもほぼ踏襲されている Noerr-Pennington 原則がある。

この原則は、アメリカ最高裁判所の二つの著名な判例[75]によるものである

---

[74] 例として、ガソリンスタンドで看板に表示しているガソリン価格をあげている。こうした価格は、現地に行けばだれもがみることのできる公知情報ではあるが、一定の地域内の各店舗のガソリン販売価格を集約したデータは公知情報の集約ではあるものの、相当な費用と時間をかけないと一般には容易に収集できるものではない。このように真の意味で公知情報なのかで判断するという視点は示唆的である。

[75] *Eastern Railroad Presidents Conference v. Noerr Motor Freight, Inc.*, 365 U.S. 127 (1961) および *United Mine Workers v. Pennington*, 381 U.S. 657 (1965)

が、競争事業者が政府当局に対して共同で一定の行為をとるように要請する行為は、たとえそれが競争を制限するものであっても、独禁法の規制の対象とはならないとするものである。

たとえば、アンチダンピング税（不当廉売関税）の賦課を外国から安価に輸入される製品に対して行うように求める場合、国内事業者が共同して、国内の当局に対して申請する（また申請を行う準備のために意見交換をする）ことは、その結果として、事実上安価な外国製品の輸入を防ごうとするものであり、競争に対して影響を及ぼすことは明白である。国内の競争事業者が一体となって、海外の競争事業者からの輸入を妨害しようというわけであり、そうした協議を行うことは、一種のカルテルともみえなくもないが、上記の原則に照らすとこれが正当化されることになる。「政府に対してなんらかのかたちで影響力を行使しようとする共同努力は、競争を排除する意図があっても、反トラスト法違反にならない」というのがこの原則の内容であり、その最大の根拠は、アメリカ修正憲法 1 条（表現の自由）にあるとされてもいる。ただ、例外もあって、みせかけの（sham）政府機関への申請や請願には適用されない。すなわち、実際には競争者の取引関係を妨害する意図以外の何物でもないものを隠蔽し、そのような意図がないことを装っているだけの請願や訴訟においては適用がないとされている。逆にいえば、それなりの根拠があるなかで、真実、なんらか政府当局に対する共同行為をとるべく業界関係者が集まって協議を行っても違法とはされないということになる（もっとも、会合自体は認められるにしても、ここで認められているのは、こうした政府機関への申請や請願のための協議や共同行為であり、その範囲を超えて行われる情報交換までが当然に正当化されるわけではない）。

(d) **ガンジャンピング規制**

合併や企業買収等の M&A（企業結合）の過程で、当事者が企業結合の効力発生前に、デュー・ディリジェンスの過程や企業結合後の事業活動の準備の一環として一定の情報交換を行い、また、企業結合の効力発生までに当事者の企業価値を維持する観点から当事者の行動に一定の制約を課すことがある。もっとも、こうした情報交換や行動の制約は、企業結合に関する事前届出・待機期間の規制や、（特にこうした情報交換が競争事業者間で行われると

カルテル規制との関係で問題を生じさせることがあるので注意を要する。これが競争法上のガンジャンピングの問題である。

　ガンジャンピングとは、いわゆるフライングを意味する。近時、ガンジャンピング規制の問題がかなり意識されるようになっている。昨今大型のM&Aになると、最初の段階で内々に競争法を専門とする弁護士が呼ばれ、競争法の観点からみた企業結合の成否、スケジュール感に加え、ガンジャンピングの観点からのアドバイスを求められることが多い。日本の公取委は、まだこの問題に本格的に取り組んだことはないが、米国やEUでは摘発例の蓄積がある。ガンジャンピングによって競争法上の問題を生じた場合には、問題となる競争法ごとに、たとえば、行政制裁（課徴金等）や刑事罰が課されたり、さらに、民事損害賠償請求等が行われたりする。また、ガンジャンピングに該当する行為を行っているのではないかとの「疑い」をもたれること自体が、競争当局による企業結合審査のスケジュールないし結果に悪影響を与える可能性についても留意が必要である。

　情報交換の点について特に問題となるのは、競争当局の企業結合審査を経る以前に、競争事業者間でセンシティブな情報を交換してしまう行為である。案件の重要性（競争法上の問題が指摘されることが予測されるような企業結合か）や問題となる法域（米国やEU等厳格なエンフォースメントを行う法域か）等をふまえつつ、以下の点に特に留意すべきである。

　すなわち、企業結合の交渉や検討に関与する人員の適切な画定、交換される情報の競争上のセンシティブさの評価とそれに応じた対応、受領・交換した情報の適切な管理、情報交換の内容・時期の記録化といった基本的な点をなるべく企業結合の計画の早い段階で定め、実践に移すことは、独禁法／競争法との抵触を回避するためには不可欠な行為である。たとえば、守秘義務契約を締結し、情報交換ルールをつくり、また、クリーンチームをはじめとする統合検討に関する人員を絞る。さらに、情報のセンシティブさのランクをつけて、そのなかにおいてどのような情報交換をするか、Aランクの情報はだれがどれだけ触れるか、ということを決める。加えて、受領情報の適正な管理ということで、だれがどうやって持ち出せるのかを決める。また、情報交換にあたって、外部の競争法の弁護士が情報交換の可否を判断し、必

要があれば情報の内容を要約してから交換するなどすることも実務上なされている。実際にも、企業結合の交渉の過程で不適切な情報交換が行われカルテル規制に違反するとして民事訴訟が提起された米国の事案では、裁判所は、デュー・ディリジェンスや企業結合の交渉にあたり競争上センシティブな情報の交換が不用意になされないよう一定の措置が講じられていたか、外部弁護士のレビューを活用したかに着目している[76]。

　統合実行前の情報交換や行動制限等の競争法上の問題が最も先鋭化するのは、統合のために、競争事業者間で一定の情報交換がなされながら、最終的にはなんらかの事情で統合が実現しなかった場合である。実際に競争上センシティブな情報が交換され、それが実際の事業運営の意思決定を行う部署にも共有されるに至っていた場合に、計画が破綻したからといって、そのようないったん共有された情報をいっさい考慮せずに事業を遂行することは必ずしも容易ではない。また、そうした情報共有の過程で当事会社の事業担当部署同士に密接な情報交換のチャネルが構築された場合には、そうしたチャネルが統合破棄後も共同行為のために用いられるのではないかとの懸念を惹起する。したがって、情報交換を通じて競争事業者である相手方の機微情報を知悉するに至ったにもかかわらず、統合計画が破綻した場合、その利用を防止する措置を講じる必要があり、かかる事態まで考えて、事業計画をだれが策定するのか、いつの段階から策定するのかという問題も考えることが望ましい。また、統合過程での情報交換にあたっては、統合の実現可能性という観点も念頭に置き、たとえば、株主総会における承認を必要とする場合であれば、総会の承認前後によって交換する情報の内容を変えることなども考慮に値しよう。

　いわゆる、コベナンツ条項（誓約条項）とは、M&A契約において、相手方の企業価値の毀損を防いだり、統合後の事業活動に影響を及ぼすような重大な行為を一方当事者により勝手に行われることを防止する等の目的のために、当事会社の行動を制限する旨の条項である。典型的には、従前の事業のやり方を維持させることや、あるいは、会社の財産・事業状態に一定の影響

---

[76] Omnicare, Inc. v. UnitedHealth. Group, Inc., 594 F. Supp. 2d 945（N.D. Ill. 2009）, Omnicare Inc. v. UnitedHealth Group Inc., et al. No. 09-1152 (7th Cir. Jan. 10, 2011)

を及ぼす行為をとらせないことを約させるもの（negative covenants）や、クロージングまでに取得が必要な許認可や、第三者からの同意の取得を義務づけるもの（affirmative covenants）などが規定される。ガンジャンピングとの関係では、コベナンツ条項が統合の実現という目的に即したものであり、その目的との関係で合理的な内容となっているかについては留意すべきであろう。たとえば、当事会社の商品役務の販売先や販売価格を具体的に制限したり、そのような指図権を相手方当事者に付与するような効果を有する条項は、競争法上の問題を惹起する可能性が高く、実際に米国司法省による摘発の対象となっている[77]。また、顧客に対するビジネス提案等を企業結合相手方の事前承認にかからしめていたことが摘発されたケースもある[78]。相手方の事業活動を必要以上に制約する場合には、事実上の経営や営業の統合が待機期間前になされたとされ、法令違反が問題となるのである。

　ガンジャンピングの関係で競争当局からのクリアランスについては、若干の付言を要する。競争法上問題がないとの確認が、企業結合により生じる効率性や、問題解消措置を前提としている場合には、企業結合が実現しなかった場合には、当事会社による共同行為は依然として競争法に違反するとされるおそれがある。また、問題解消措置として他の事業者に切り出す予定のビジネスの部分については情報交換しない、というようなことが求められることもある。

　さらに、国際的な M&A においては、複数の競争当局による審査が行われることがあるが、いずれかの競争当局からの承認を得たとしても、実務上は、他のすべての競争当局との関係で待機期間を遵守し、また、競争法上問題がないとの確認をとるまで、企業結合を実行しないことがより安全であろう。実際に米国競争当局の承認を得たとして当事審査中であったドイツ、

---

[77] 米国司法省がかかる条項の存在等を根拠に摘発した事件として、*United States v. Computer Assocs. Int'l, Inc.*, No. 01-02062, 2002 WL 31961456（D.D.C. Nov. 20, 2002）、*United States v. Gemstar-TV Guide Int'l, Inc.*, No. 03-0198, 2003 WL 21799949（D.D.C. July 11, 2003）、United States v. Smithfield Foods, Inc. and Premium Standard Farms, LLC No. 1:10-cv-00120（D.D.C. Jan. 21, 2010）

[78] 米国司法省リリース（2006年4月13日）"Qualcomm and Flarion Charged with Illegal Premerger Coordination"（http://www.justice.gov/atr/public/press_releases/2006/215617.pdf）を参照。

オーストリアにおける販売権のみをカーブ・アウト（除外）したうえで取引を実行したケースで、ドイツの競争当局が摘発したケースも存在している[79]。

(e) **情報交換——総括**

このように、競争事業者間での情報交換の問題をめぐっては、企業のコンプライアンス担当者の間で、関心が高まっており、一部の業界団体などでは、従前の統計情報の交換や、各部会などでの意見交換のあり方を見直す動きも現れ始めている。他方で、日本では、業界団体の存在意義について、依然として、正確なそして最新の統計情報を集約し、会員企業各社に提供するところにあるとする考え方を有しているところも多く、会員各社から、生産情報、販売情報、価格情報まで、各県別や輸出国別に分けて詳細な情報を収集し、これを配布するばかりか、業界団体での集まりで各社に市況感を順次発言させるといった慣行を依然として維持しているところも少なくない。

大きな流れとしては、コンプライアンス強化の観点、独禁法／競争法による摘発を防止するという目的のためにも、競争事業者との間の情報交換については、慎重な対応が当然のことながら求められることになる。特に同業者だけで集まるような会合、業界団体職員も参加しないような環境のなかで、数社だけで市況について話をするような会合は、そもそも目的において競争制限を意図しているものとも考えられかねない。いままで漫然と続けてきた競争事業者間での会合や情報交換については、新たな視点で、すべて見直す必要が生じているといえよう。

c 同調的・協調的行為

EU 機能条約101条は、競争事業者間での協定や決定のみならず、協調的（あるいは同調的）行為（concerted practice）を禁止している。この意味で、

---

[79] 2008年の Mars Inc.（米国栄養食品・ペットフードメーカー）による Nutro Products, Inc.（米国ペットフードメーカー）の買収の件がある。FCO プレスリリース（http://www.bundeskartellamt.de/wEnglisch/News/Archiv/ArchivNews2008/2008_12_15.php）を参照。その他 EU では、EU 企業結合規制に反して事前の届出を行わなかったケース、届出遅延のケースや届出書記載すべき競争法の評価を行ううえで重要な事項が記載されていなかったケースなどが複数摘発されている。

欧州では、条約の条文上も明確に、「意思の連絡」の要件が緩和されているのである。すなわち、同条は、「加盟国間の取引に影響を与えるおそれがあり、かつ、域内市場の競争の機能を妨害し、制限し、もしくは歪曲する目的を有し、またはかかる結果をもたらす事業者間のすべての協定、事業者団体のすべての決定およびすべての協調的行為（"all agreements between undertakings, decisions by associations of undertakings and concerted practices which may affect trade between Member States and which have as their object or effect the prevention, restriction or distortion of competition within the internal market,"）」を禁止しているが、そこには、協定や決定のみならず、協調的行為（concerted practice）という概念が盛り込まれている。この概念がどこまでの広がりをもつものかについて、明確な定義はない。当事者間で完全な合意に至ってはいないが、情報交換に参加した企業が市場における競争者の将来の行動を相当程度の確度で予測することを可能にすることとなり、不確実性を排除し、または減少させた結果、ほぼ同様の行動に出ている（あるいは同様の行動をとろうとしている）ような事案ともいえるかもしれない。そのような行為の結果、前記のとおり、深刻な制裁が加えられる可能性が発生することになる。この意味で、協調的行為の問題は情報交換の問題とも密接な関係をもつ。

　なお、実務的には、競争事業者間の接触の結果、市場において競争者の行動が実際に変化したということまでは必要とされておらず、欧州での先例では、情報交換に参加している会社は、市場における行動を決定する際に、その情報交換の内容を考慮に入れているはずで、それだけで協調的行為を認定することも可能と考えられている模様である。

　いずれにしても、競争事業者間での、明示的な協定や決定に至らなくても、なんらかの接触があるなかで、競争事業者がいずれも並行的な行為をとる場合、この「協調的行為」に該当する行為として競争法との抵触が認定されやすくなる。

　もちろん、まったく意思疎通がないなかで、競争事業者が、市場環境に応じて並行的な経済行動をとったとしても、そのことだけで直ちに違法行為とまではいえない。すでにみたとおり、日本でも、判例により、意思の連絡の

要件は、黙示でもよく、間接証拠の積上げでこれを立証することでも足りるとされてはいるものの、現実の公取委の実務では、相当堅めの証拠を求めているのが実態である。しかし、欧州委員会の場合には、T-Mobile事件の判例[80]や、後述するLCD国際カルテル事件の欧州委員会の決定からもわかるように、1回限りの接触でも、長期にわたる情報交換のなかで明らかに合意の形成に至らなかったことが明確な時期があったとしても、長期にわたる継続的なカルテルの成立を認める態度を示しており、意思の連絡という要件で求められる立証のハードルは明らかに低下している。

d　LCDパネル国際カルテル事件の教訓

　ここではどのような競争事業者間の接触が、カルテルあるいはconcerted practice（同調的行為）として摘発されることとなるのかを、典型的な例であるLCDパネル国際カルテル事件を用いて、簡単に検討をしておくこととする。

　当該事件の事実関係は、欧州委員会の2010年8月12日決定に詳しく記載されているが（http://ec.europa.eu/competition/antitrust/cases/dec_docs/39309/39309_3580_3.pdf）、どのような事実関係があれば、カルテルや協調的な行為が認められるのかという点を示している。

　この事件は、2001年10月頃から2006年2月頃までの間、台北市のホテルを舞台に、韓国および台湾の液晶パネルメーカー6社の間で継続的に行われていたクリスタルミーティングと呼ばれる会合が主な舞台であった。この4年数カ月の間、韓国および台湾のLCDパネルメーカーは、時期により合意の内容や協議事項は変更していたが、将来の価格の調整、最低販売価格の維持、世界市場の需要にかんがみた生産調整などをテーマに協議を行っていた。ただ、実態としては、参加者間の相互拘束は必ずしも強いものではなかった模様で、実際に行われていた行為といえば、独立のデータ収集企業が作成していて、だれもが入手できるマーケット情報誌である『Display Search』を用いて、過去のデータの確認や、将来の市況感を協議するとい

80　前注73参照。

うような側面が強かったようである。

　なお、こうした協議を競争事業者が継続的に行っていた最大の理由は、LCDパネル自身の需要は過去10年程度で10倍近くにふくれあがったにもかかわらず、その製造のためには、その時点での最新技術を組み込んだ製造装置の設置に多額の投資を必要とする一方で、需要の拡大は毎年一定の速度で拡大するのではなく、一定の周期で需要が減退し成長がとどまる傾向を示す時期もあったためである。

　たとえば、2001年および2003年には成長が滞る一方で、2002年および2004年は成長が著しいという状態が生じる。このため、当事会社としては、成長が滞った時期である2001年や2003年には価格調整合意が関係者6社間で成立する一方で、成長が著しい時期は、たとえば2002年9月にはメンバー企業間で意見が一致せずに、話し合いが決裂し、その後の価格に関するルールについて意見の一致をみずに合意が成立しないという事態が発生したりするし、2004年には、関係者間での合意の維持ができなくなり幹部級の会議も開催されず、低い職位のスタッフ級の出席者による情報交換会の開催程度しか行われなくなった模様である。そしてその後は参加者も減少し、会合が開催されても実質的な協議も行われず、カルテル関係が崩れていることを示すような電子メールが多数見つかるようになってくる。にもかかわらず、参加者が減るものの、実質的な話し合いもせず、スタッフレベルでの情報交換会として会議は継続して行われていた。

　このように、カルテルについて合意に至らなかったことが明白になっている時期や、すでに、参加企業間で合意していた内容すらも維持存続することができなくなったことを示す事実が存在するようになった時期も含めて、関係者間で情報交換の場を設け続けてきたという一連の流れのなかで、欧州委員会は、この期間一貫して情報交換、現実には、『Display Search』誌上の過去のデータに関して情報交換が継続されていたにもすぎないという時期も含めて、カルテルおよび同調的な行為が継続的に行われていたとしているのである。

　なお、この事案についての欧州委員会のプレスリリースは、「exchanged information on future production planning, capacity utilization, pricing and other commercial conditions」という書き方になっていて、情報交換そのものが違法という認定をされているようにもみえるが、正式な決定書によれば、情報交換そのものが禁止されているというよりは、情報交換の結果として「協調的行為（concerted practice）」になっていることが違反行為に該当すると認定しているように考えられる。

この事件は、日本企業の関係者がしばしば考えているような、公開情報に関する協議は独禁法／競争法違反とはならないという考え方がいかに誤っているのかを示す事案となっている。

③ 独禁法／競争法の世界的な拡散

以上、主として欧米や日本の独禁法／競争法規制の実態について、縷々検討を行ってきた。しかし、こうした現象は、先進国のみではなく、現在は、新興国や途上国にまで、拡散を開始している。

1970年当時、独禁法を効果的に運用していたのは、米国・ドイツ程度しかなく、日本については、独禁法の制定・施行は1947年と米国占領下で行われたが、その後、その運用は必ずしも活発といえるものではないとされる時期も多かった。そのようななかで、欧州委員会が1980年代後半から執行力強化を図ることになるが、その際、担当欧州委員であったマリオ・モンティの指導のもとで、積極的な摘発活動を行い、欧州競争法に対する関心が世界的に強まることとなった。

現在では、世界で100カ国程度に独禁法があるといわれており、その内実や、実際の執行の水準もさまざまではあるものの、いくつかの国では確実に、その規制水準は従前に比して強化されている。以下では、いくつかの新興国の状況を概括することとする。

(1) ブラジル

　ブラジルも、独禁法の適用をきわめて活発化させつつある。とりわけ、ブラジルは、2012年5月30日付で発効した競争法改正を受けて、競争当局の機能を統合し、その執行も徐々に強化されつつある。最も大きな修正は企業結合分野で行われたが、カルテル関係では、罰金額を、違反行為が行われた事業分野の総売上げの0.1％から20％という範囲とする修正が加えられるとともに（この結果、ブラジル当局は、非常に広範な裁量をもつこととなった）、禁固刑の最長期間を2年から5年にする改正も行われている。
　実際の事件調査の動きとしては、冷蔵庫のコンプレッサー事件（この事件では、1996年から2004年にかけてブラジル国内で行われたカルテルが対象）について、2009年に立ち入り調査が行われ、2012年末に処分の意向が示されている（パナソニックについては、カルテルへの参加が他国に限定されていたとして処分が回避される見込みである）。また、2013年にエアカーゴ事件で、エアフランスおよびその子会社であるKLMとの間で排除措置の合意を交わし、1,400万レアルの制裁金の支払の合意をした模様である（この事件では、他国と同じく、2006年にリニエンシー申請を受けて調査を開始していた）。
　現在、ブラジルでは、相当数の国際カルテルのリニエンシー申請が行われ、かかる申請に基づき立入調査もある程度の頻度で行われている模様である。それ以外の特徴としては他の国々で過去に行われた、とりわけ、欧州や米国で行われ、その事案の概要が欧州委員会の決定や米国司法省のプレスリリース等で明らかにされている事案について、こうした諸外国の調査結果をふまえて、相当遅れて調査を開始する事案が相当多い。時効の問題は残るものの、海外当局の調査結果をもとに、海外では10年以上前にカルテルそのものばかりか、各国当局の調査もすべて終了したと考えられる案件にすら調査を開始することもある。
　この種の、他国の調査結果をふまえた調査は、ブラジルばかりかメキシコなどにもみられる現象であり、先進国での当初の調査対応の際にはそもそも対応することを検討もしていなかった途上国で、その競争法の執行力の強化

に伴い増加することも想定されるところである。

(2) 中 国

中国の独禁法は、2008年に施行されている。中国の独禁法の特徴は、三つの行政機関が別々の機能を分掌しているところにある。すなわち、商務部、国家発展改革委員会、国家工商管理総局が次のような権限を分掌している。

商務部	企業結合
国家発展改革委員会	価格に係る独占的協定・支配的地位の濫用行為に係る規制
国家工商管理総局	価格以外に関する独占的協定・支配的地位の濫用行為に係る規制

現在までのところ、中国の独禁法については、商務部が行ってきた企業結合ばかりに目が向きがちであった。しかしながら、近時いくつもの注目すべき案件が企業結合分野以外でも発生している。

カルテル分野、とりわけ、価格カルテルについては、従前は中国企業による国内カルテルの摘発を限られた件数のみ行ってきていたが、近時、前出のLCDパネル国際カルテル事件で国家発展改革委員会は、注目すべき新しい処分を行うに至った。

中国当局は、おそらく、ブラジル当局と同じように、LCDパネル国際カルテル事件に関する各種の報道や外国当局のプレスリリースや決定文書等をみて、調査に着手した模様である。調査対象となったのは、前出のクリスタルミーティングに出席していた韓国・台湾企業であり、世界各国ではリニエンシーを申請して、免責を受けていたサムスンについても調査対象となった模様である。とはいえ、中国の独禁法の施行は2008年であり、他方で、LCDパネル国際カルテル事件のカルテル行為については、それに先立って2006年には終了していたとされており、通常では、法律を遡及適用しない限り、こうしたカルテル行為については処罰はむずかしいと考えられる。そこで、国家発展改革委員会は2013年1月4日、中国独禁法ではなく、別の法律である価格法の規定を適用してカルテル参加各社に罰金を科したことを発表

している。

　この事件調査は独禁法によって取り扱われた事案ではないものの、その調査手法は中国当局のカルテル調査のあり方に懸念を惹起させるものとなった。とりわけ、中国当局担当官が、韓国や台湾企業の中国現地法人関係者に対して接触をし、弁護士（律師）を介さない直接の対話を求め、特に当局との交渉から律師を排除する事件処理をしていることは、外国企業にはきわめて深刻な懸念を抱かせることとなったといわれている[81]。また、罰金額の決定基準も明らかではなく、きわめて裁量的な処分が行われた可能性も高い。

　なお、本件は、中国独禁法に基づかず、価格法に基づいて事件処理が行われているが、中国独禁法には、きわめて、憂慮するべき規定が含まれている。以下では、いくつか例をあげてみたい。

　たとえば、カルテル行為に関与した場合であるが、そうした行為への処分として、中国独禁法46条は、独占的協定への制裁として、直近年の売上げの1～10％の制裁を科すこととしているが、その趣旨はきわめてあいまいである。そもそも直近年の「売上げ」とは、関与会社の世界連結総売上げを意味するのか、中国国内総売上げなのか、カルテルの対象となった製品・サービスの世界売上げなのか、そうした製品やサービスの中国国内売上げなのか、まったく定義がないうえに、どのような基準で、1～10％という幅のある基準を当てはめるのかまったくのところ不明朗である。

　こうしたリスクを回避するべくリニエンシーを申告することを外国会社は検討することもありうるが、中国のリニエンシー制度はきわめて使いにくいものとなっており、実施細則も不十分である。

　すなわち、中国では、事業者が国務院独占禁止法執行機関に対して、自己の行った独占的協定の締結に関する事情を自主的に報告し、かつ、重要な証拠を提供した場合においては、当該事業者に対する制裁金を軽減または免除することができるとされている（中国独禁法46条）。価格に関する独占的協

---

[81] なお、中国国家発展改革委員会の担当官は2013年7月に外国企業約30社の社内弁護士を集めた会合で、当局から独禁法違反の調査を受ける際に社外の弁護士を雇わないよう警告したとされている。
　　http://uk.reuters.com/article/2013/08/21/us-china-antitrust-idUKBRE97K05020130821

定については、締結した独占的協定の関連状況を自発的に報告し、かつ、重要な証拠を提供した事業者のうち、①最初の報告者に対しては、制裁金を免除すること、②2番目の報告者に対しては、50％以上の範囲で制裁金を軽減すること、また、③その他の報告者に対しては、50％以下の範囲で制裁金を軽減することができる（国家発展改革委員会令8号14条）とされている。

しかし、基本的な問題として、当局に対して、リニエンシーの申請が可能か、可能であるとしてその順位を確認する手段、いわゆる、マーカー制度が確保されておらず、秘密保持も不確かであり、実際に申告をしてみない限り、実態としてどれほどの制裁の軽減措置がとられるのかも不確かである。加えて、制裁の減免措置を受けるために求められる当局に対する協力の範囲も前例がなく、きわめてわかりにくい体制となっている。

このほかにもカルテル分野ではないが、2013年2月22日に、国家発展改革委員会の地方機関である貴州省物価局と四川省発展改革委員会は、中国の白酒のトップブランドである茅台酒（マオタイジュウ）および五粮液（ウーリャンイエ）の販売会社が流通業者の再販売価格を維持した行為が中国独禁法14条に違反すると認定し、それぞれ2億4,700万元および2億200万元の行政制裁金を賦課する決定を下している。

この決定は、中国でも、再販売価格の維持のための措置が、厳しい制裁の原因となりかねないことを示しており、単にカルテル規制だけに気を配ればよいというわけではない。

このように、中国は独禁法、特にカルテル分野での独禁法の適用に積極的になっているところであり、中国当局が、中国国内では行われていないものの、外国企業によるカルテル行為で中国市場になんらかの影響を及ぼすものに対してなんらかの積極的なアクションをとってくる可能性は否定できない[82]。しかし、その適用方針がきわめてあいまいであり、日本企業を含めて欧米企業は、なかなか中国においてリニエンシー制度を利用しようという姿

---

[82] 本稿脱稿後である2013年8月7日、国際発展改革委員会は、仏ダノン、米ミード・ジョンソン社等外資5社を含む粉ミルクメーカー6社に対して、合計6億6,873万元の制裁金を課している。本件事案の分析と制裁金の計算方法の確認も必要になると考えられる。

勢を、中国系の法律事務所の熱心な勧誘にもかかわらず、いまのところとっていない。

(3) インド

インドでも、2002年競争法が2003年に発効し、2003年10月に同法の執行機関としてインド競争委員会（Competition Commission of India：以下、「CCI」という）が設立されたのち、2007年・2009年に競争法が一部改正されているが（競争審判所の設立等）、2009年5月から反競争的協定および支配的地位の濫用行為に対する規制の運用が開始された。

近時、CCIでは、積極的なカルテルの摘発のための調査を進めているが、その際には、苦情申立人の主張に基づいて調査が開始される例も多い。航空産業、砂糖、板ガラス、LPGガス容器、リン化アルミニウム、セメント、タイヤといった分野で調査を行っており、そのいくつかの事案では証拠がないとの結論に至っているものもあるが、他方で、セメント業界のカルテル案件のように、11社のセメントメーカーに合計で630億ルピー、業界団体に730万ルピーの反則金を課したものもある（2012年6月20日決定）[83]。

インドではいまのところまだ、いずれの調査も国内カルテルに限られ、国際カルテル調査の先例はないものの、海外当局の調査状況についても関心をもってモニターをしているという情報もあり、またリニエンシー制度を有しているところ、外国企業に対してその利用を促したいと考えているという情報もある。ただし、現実にはいまのところ、免責の条件やその確実性が不確かであるとともに制度自体も不明確なこともあって、外国企業はインドでリニエンシー制度の利用には踏み切っていない模様である。

ちなみに、インドの反則金の額は、直近3会計年度の売上高の平均の10%を超えない範囲で適当と考えられる額とされているが、カルテルや談合の場合には、違反行為の継続期間における利益の3倍の額または当該期間における売上高の10%に相当する額のうち、いずれか高い金額を最高金額として課

---

[83] Case No. 29/2010: Builders Association of India v. Cement Manufacturers' Association & Ors., Order dated 20 June 2012

すことができる。

(4) その他

　この他、従前から独禁法／競争法を積極的に適用してきた欧州・北米諸国や日本以外でも、独禁法／競争法の執行は著しく強化されつつあり、近年だけでも、本年ロシアでもコンテナ船部門について世界各国の船社（代理店）に立ち入り調査を行ったり、シンガポール競争法委員会は2012年2月にベアリングのカルテル案件で立ち入り調査を実施している。こうした調査は、豪州・韓国・ニュージーランドといった比較的いままでもそれなりに調査を行ってきた地域だけではなく、南アフリカやチリ、先述のメキシコといった国々にまで拡散しているところであり、いったん、国際的に影響が及ぶカルテルが発生すれば、こうした国々での当局対応そのほかまで求められかねない状況に至っていることを示している。

4　対処法

　このように、独禁法／競争法に抵触するカルテルや談合行為は、日本のみならず世界各国で積極的な摘発の対象となっており、ひとたびこうした事件に巻き込まれると、企業は各国独禁・競争当局の調査対応、民事訴訟対応に追われることになるし、問題の解決のために要する罰金・反則金・制裁金さらには民事事件での損害賠償金の支払も巨額にのぼるし、これに対応するための人件費・弁護士費用も相当な金額にのぼることになる。

　近時多くの企業では、独禁法遵守マニュアルのようなものを作成し、特に営業担当職員などに配布をし、違反行為の未然の防止のために努力を行っていることが多い一方で、実際に日本企業において競争事業者との間で接触を有する担当者でこうした世界的なリスクを十分認識しているものがどれだけ

存在しているのか、きわめて心許ないところである。しかも、リスクは世界に拡散しており、本社のコンプライアンス部門が密接に接している日本人従業員あるいは東京在住の従業員のみならず、海外拠点の外国籍の従業員も早い勢いで増加しているのが実態であり、独禁法／競争法の規制がほとんど存在しない国で行われた行為であっても、これが海外では規制の対象となるという事態も想定されるのである。

　一方で、コンプライアンスを考えるうえで、悩ましい点は、過去の国際カルテルや国内カルテル、入札談合の摘発によって明らかになったのは、役員レベルをはじめとする会社内で地位の高い役職を有する者のカルテル行為への積極的関与があったということである。このことは、米国司法省の1990年代から2000年代初頭のリジンカルテルやビタミンカルテル等の大型国際カルテル事件の摘発に伴い広く明らかになったところであるが[84]、その後もこの傾向が続いている。先に米国における厳しい個人への禁固刑の執行に触れたが、さまざまな国の多くの企業の役員クラスが米国において服役をしているとの事実が端的にこのことを物語る。

　有効なコンプライアンスの設計、実施を考えるうえで、いかに役員レベルの行為を監視し、牽制するかという困難な問題が浮上するのである。会社におけるコンプライアンス部門や法務部の地位が十分に高くなければ、こうした営業担当役員等の行為を実効的に監視、牽制することはできない。独禁法のコンプライアンスに限らず内部統制プログラムにより役員等経営陣の違法行為を抑止することには限界があるともいわれるゆえんである。コンプライアンスの一つの肝は、社長をはじめとする会社トップの堅いコミットメントと強いイニシアティブであるが、それに加え、役員レベルの行為の適正性を日々どのようにチェックするかという難題があるのである。

　米国の量刑ガイドライン上、一定の要件を満たすコンプライアンス・プログラムを会社が有していた場合には、量刑上有利な事情として斟酌される[85]。ここで規定されている条件は、多くの企業にとってすでに導入ずみで

---

[84] William J. Kolasky, "Antitrust Compliance Programs: The Government Perspective" 5、6頁参照（2002年7月12日）（http://www.justice.gov/atr/public/speeches/224389.htm）

あるようなコンプライアンス・プログラムを導入し、実施することで足りるとも思われるが、一方で、取締役、執行役、営業、財務等の会社の重要機能につき責任を有する役職員等「高い役職にある者（High-level personnel）」がカルテルに関与していた場合には、原則として会社は量刑上有利な取扱いを受けることはできない[86]。いわゆる、ジェネラル・カウンセルといわれる法務ないしコンプライアンスのトップの責務の肝は水平的な牽制にあるといっても過言ではない。

　結局のところ、完全に、カルテルや談合のリスクを排除する方法はないし、そのために決定的な手段は存在していないというのが実情である。

　そういうなかでも抵触リスクを小さくするために考えられる手段をいくつか提示することとしたい。

(1)　経営トップのイニシアティブと法務コンプライアンス担当役員の設置

　先に述べたとおり、過去の独禁法違反行為には役員クラスの関与があったことをふまえると、経営トップが率先してコンプライアンスを徹底する方針を役職員に伝えなくてはならない。加えて、役員間の日々の水平的な監視体制を機能させるために、法務コンプライアンス担当のトップは役員とすることが望ましい。

(2)　コンプライアンス・プログラム・マニュアルは有効か

　独禁法／競争法遵守マニュアルは、多くの企業がすでに採用をしているし、なかには、数百頁にまで及ぶ詳細な冊子を各従業員に配布している企業も数多く存在している。そのほかに、弁護士のセミナーや、e-learning 教育、誓約書の提出などさまざまな教育や違反の防止措置を講じている企業も多い。加えて、同業他社との接触ルールや報告制度を設けている企業も相当数

---

[85]　米国量刑ガイドライン（U.S. Sentencing Guidelines）2012年版 §8B2参照。
[86]　米国量刑ガイドライン（U.S. Sentencing Guidelines）2012年版 §8C2.5(f)(3)(A)

みられるようになっている。

たしかに、こうした教育やマニュアルは有意義なものが多い半面で、実際には詳細にわたりすぎて扱いにくいものも多いし、世界各国の競争法の問題や最新事情までを押さえて作成することには困難もある。

加えて、過去の例ではコンプライアンス・マニュアルの存在を認識していたり、独禁法遵守誓約書を差し入れながら、カルテルや談合に関与をした担当者も相当数存在しているのが実情である。この意味では、コンプライアンス・プログラムやマニュアルの作成のみでは、十分とはいえないし、形式的な教育をしてもそれだけでは問題の縮減にはつながらない。公取委は、各企業が抱える具体的な独禁法違反のリスクは、事業内容や市場環境に応じて異なることをふまえ、各社の実情に即したコンプライアンス・プログラムを策定する必要があることを強調する[87]。

そもそも、自社の製品が価格競争力があり、品質面でも他社製品と差別化できるような場合であれば、他社との間で調整行為は不要なはずであり、むしろ調整をしていると自社利益を損なうことすらもありうる。その意味では、コスト削減や新技術の開発、製品の差別化を次々と行うことによる競争力の強化こそが、最大の独禁法／競争法抵触リスクの削減策であるし、企業の行動方針として、安易な他社との調整行為による利益確保を目指すのではなく、他社製品との差別化やサービスの向上、客先との密接な関係の構築や共同での技術開発などこそが企業活力の源泉であることを再認識させ、企業行動の根本的な原理に据えて会社トップから強調することが必要である。その意味では、単純な独禁法／競争法の遵守教育のみならず、企業の根本に立ち戻ることを再確認することが、求められているといえよう。

(3) 業界団体対応

すでに述べてきたように、日本には数多くの業界団体が存在しており、多くの場合には、所管官庁の退職者の受け皿になっていることも多いのが実態

---

[87] 公正取引委員会「企業における独占禁止法コンプライアンスに関する取組状況について」2012年11月（http://www.jftc.go.jp/dk/konpura.files/12112801honbun.pdf）52頁

である。また、そこでは、各種の部会や委員会が設置され、競争事業者の関係者が会合を定期的にもち情報交換が行われたり、事務局において統計資料を作成し、これを会員企業に配布したり、その簡略版を一般に公開するなどの作業も行われている。

　また、役所からの技術規制情報や、標準化の動きなども多くの団体を通じて各社に対して連絡が行われ、各官庁に対する要望もこうした業界団体で意見集約をして当局に連絡されることも多い。したがって、各社とも、独禁法／競争法との抵触リスクを削減するために、こうした団体から離脱することはかなりむずかしいのが実情である。

　加えて、業界団体の主要な業務として統計情報の作成やそのためのデータ収集作業があり、かかる業務を行うために業界団体の従業員が雇用されていることも多いため、こうしたデータ収集作業の簡素化や廃止は、業界団体職員の雇用問題にも直結しかねない。このため、各業界団体の構成員企業が、データの収集内容の簡素化等を求めても抵抗に遭うことも多い。

　いずれにしても、企業は、参加している業界団体を再度すべて点検し、そこへの参加の必要性と意義を再確認するとともに、委員会や部会での議論の内容を社内のコンプライアンス部門や場合によっては外部の専門家の力を得て、再検討をすることが必要ではないかと考える。そのうえで、参加の必要性が乏しい団体、特にきわめて狭い製品分野をカバーするような団体については、脱退を含めて検討をするとともに、そこでの討議内容や、収集・交換をしているデータ・統計についても、メッシュの水準・統計情報の交換時期・情報の内容に問題があればこれを限定するような方向で修正するように積極的に事務局に申し入れることを考えるべきであろう。

　なお、実際の業界団体のなかには、製品別の部会を設けて、現下の市況のみならず半年後あるいは１年後の市況予測のようなものを各社ごとに発言させていたり、価格動向についてのデータ交換をしている企業もみられる。その意味で、コンプライアンス部門で呼応した業界団体での出席部会等の議事録は必ず事後的にもチェックし、必要なら、慣行の是正を申し入れる必要があろう。

　なお、業界団体（trade association）を隠れ蓑にカルテルや談合を行うのは

なにも日本国内のカルテル、談合に限られない。かつて摘発されたリジンカルテルやビタミンカルテル、近時の摘発案件の航空フォワーダーカルテルやLCDパネル国際カルテルといった大型国際カルテルにおいても、同業が集まる業界団体の会合がカルテルや談合の隠れ蓑として使われていた模様である。合法なことを話し合う業界団体の会合をセッティングし、その裏で、違法なカルテルや談合についても話し合うことが行われているケースも散見される。コンプライアンスや法務部門には正当な目的があることを説明しつつ会合に参加し、正当な業務とは別に違法行為を行うのである。

コンプライアンスの観点からは、

① 業界団体の会合が参加する役職員の所掌やランクと整合するものであるか、
② 業界団体の開催時期、場所等のパターンに不自然な点がないか（たとえば、不自然に米国等の独禁法のエンフォースメントが厳しい地域を会合場所とすることを避けていないか、社内で応札対応の指示がなされた時期との関係で一定の法則がないか等）、
③ 交換する情報が統計目的を超えて将来予測を含むなどアジェンダの不自然な点がないか、
④ 業界団体の会合にコンプライアンス担当者やコンプライアンスを監視する弁護士が同席しているか

等を細かく確認していく必要がある[88]。

なお、業界団体での会合のみならず、競争事業者との間での会合については、「事前にアジェンダをつくるように求める」「そのアジェンダ以外の内容は会合で取り扱わない」ということが望ましいし、「各社が、『今後の市況がどうなるか』という将来の話をするのはやめるように」「価格動向に関して話をすることは厳に慎むように」ということはそれなりに浸透しつつあるようにも思われる。ただ、リスクがあれば近づくなといった指導は、しばしば反発だけを呼びかねない。むしろ、こうした部会や委員会の場を、標準化、安全や環境技術、消費者保護等、政府へ制度改正を求める場としたり、日本

---

[88] William J. Kolasky, "Antitrust Compliance Programs: The Government Perspective" 19頁参照（2002年7月12日）(http://www.justice.gov/atr/public/speeches/224389.htm)

企業の参入や活動の障害となる外国政府の制度や政策の是正を政府に求める場として、積極活用するように転換していくことが望ましい[89]。

(4) 他社情報収集のあり方

　従前の日本企業の営業情報には、同業他社の動向を探るというものが多かった。もちろん、同業他社の情報は、情報誌や客先・問屋筋からも入ってくるわけであるが、過去情報であったり、第三者の立場によるバイアスも含まれているとして、上司が担当者に対してより生の具体的な情報をとるように命じ、営業担当者としては直接同業他社との間でチャンネルをつくり情報交換をしている例も存在したことは間違いない。とりわけ、入札談合が多かった時代には、こうした他社との情報交換を専門業務とする担当者もいたことも事実である。
　しかし、こうした接触は不可避的に、自社情報の他社への流出を招くことになるほか、前記のとおりこうした情報交換はともするとカルテルという認定を招きやすいことになる。他社の営業情報とりわけ機微情報を他社から確認的な意味であっても直接取得することは厳に禁止するべきであろう。
　他方、第三者を通じた取得であればすべて問題がないというわけでもない。カルテルや談合のなかでは、コーディネーターを通じた調整例も多いし、すでに検討したLIBOR事件のような場合には、キャッシュブローカーを通じた情報交換がなされていた。第三者を通じて情報が相互に連絡されるような仕組みが成立する場合には、それだけで「意思の連絡」が成立すると認められかねない。商社や問屋を共通にするような場合にもかかる問題が存在するかもしれない。
　もっとも、マスコミ向けの発言までもが違法なのか、極論すれば、チラシや店頭の価格表示も他社との間での「意思の連絡」に該当するとの極端な議論が成立するわけではない。また、客先との価格交渉を通じた競合他社間の

---

[89] 日本企業が国際規格や外国の製品規制の策定プロセスへ能動的に参加する実例も出てきている（経済産業省通商政策局編「不公正貿易報告書」（2013年版）416、417頁）。今後は業界団体を活用しこうした動きを強化していくこともできると思われる。

価格情報等の環流も、往々にして駆け引きの観点から虚偽の情報が含まれることもあり、直ちに「意思の連絡」とはいえないであろう。結局のところ、競争事業者間で、あるいは競争事業者と利害を共通にする第三者を介した情報交換を通じた他社情報の取得には常にリスクが伴うものとの警戒が求められることを、社員教育を通じて認識させることが不可欠であろう。

(5) 同業者の摘発情報

　これもすでにみてきたところであるが、近時のカルテル調査案件をみると、一つの案件について調査が開始されると、調査の対象となった企業は、その他に違法行為に従事していないか徹底的に社内調査を行い、仮に問題となりうる行為がみつかれば、躊躇なく、リニエンシーの申請を行うことが一般的になりつつある。こうした現象が、現在の日系自動車メーカーが中心となった数多くの自動車部品カルテル事案の実態である。
　それにもかかわらず、実際には自社の競争事業者が自社の生産していないその他の製品についてカルテルの調査対象となった場合、競合商品の担当者は、競合商品そのものが調査対象となっていないことに安心して、カルテルに関与をしていた場合でも社内で関係部門に早期に申告をする例は実際にはきわめて限られているのではなかろうか。実際に、かかる事態を心配して法務部門等が問い合わせた場合でも、事実関係を正確に説明しない場合すら存在している。そして、その後に摘発を受けることとなる事態も出てきている。
　しかし、米国のリニエンシー・プラス制度に言及するまでもなく、多くの事案は、上記のように順次、社内調査とそれに基づくリニエンシー申請により拡大しているという実態をコンプライアンス部門も正確に認識しなくてはならない。そして、自社と競合する他社に調査が入れば、さらにいえば、競合しないまでも隣接業種について調査が行われれば、至急自社の担当部門に対して積極的な社内調査を開始し、リスク分析をすることがきわめて重要になる。

(6) 社内調査

　現在、社内通報制度を設けている企業は多く、社内通報を受けて社内調査を行う例もあるが、カルテル等の問題については社内通報が行われることは比較的まれである。
　結果、事前に問題を発見するための社内調査は、同業あるいは隣接業種への調査などを受けて行うものを除くと、定期的な全部門的な調査のようなものが中心となる。しかし、実際に内部監査室その他のコンプライアンス部門の調査は形式的なかたちで行われることも多いし、領収書等の伝票を検討する程度のことも多い。
　社内調査を効果的に行うためには、事前の準備で情報を収集し、場合によっては、メール等の通信の内容を検討する（むろん、メールについては、社内規則でメールを私用に使わないことや、場合によっては監査部門の監査を受ける可能性があることを示して、各従業員から同意をとっておくことが望ましい）、あるいは、休日等を利用した抜き打ち検査を行うことが効果的である。これにより調査そのもので問題が発覚することに加え、発覚リスクを担当者に認識させることで違法行為への関与をひるませることを期待できる。米国司法省もこうした抜き打ち調査の有効性を説いている[90]。

(7) 社内リニエンシー制度

　独禁法違反行為の早期発見、その後の違反関与者からの協力を確保する観点からしばしば社内リニエンシー制度の有効性が示唆されることがある[91]。しかし、かかる制度がはたして意味のあるものとして機能するのか、違法行為をしていて、自主申告をすれば、それまでの犯罪行為への関与が免責されるとすることで社内モラルという点で許されることなのかなど、議論が尽きない問題点である。

---

[90]　前注88・17頁参照。
[91]　前注87・59頁。日本経済新聞「国際カルテル厳罰に拍車」（2013年5月27日朝刊15面）

なお、モラルハザードを防止する観点から、独禁法違反について自主申告した場合に処分が軽減されるのは、これにより会社の処分が軽減された場合に限られるとの基準を設けている例もある[92]。これは自主申告者の協力を担保する観点からも有効な基準である。しかし、リニエンシーの申請の後、最終的に処分の軽減が受けられるか判明するまでには、長きにわたる社内調査および当局とのやりとりが必要となる。そのため、自主申告者の処遇が長期にわたり不安定になることが予測され、自主報告をためらわせる危険性もある。

実態としては、違法行為を自主的に社内のコンプライアンス部門に通報するなどすれば、それ以外の場合に比べて寛容な措置をとること、また、社内調査に協力して、その分、会社も当局からの処分が軽くなればそれに相応して社内処分を軽くするなどの措置も考えられるし、実際の運用ではそうした扱いをしているところも多い模様であるが、自己申告により自ら行った違法行為について、完全に免責をすることまで認める企業は少ないように思われる。こうした自己申告制度が機能する前提として、通報者の秘匿および報復等からの保護を規定し、実践する必要がある。

5　最後に

ここまで述べてきたとおり、競争法の適用はさまざまな側面において急速に「進化」「深化」している。米国・EUを筆頭に、独禁法／競争法違反、とりわけカルテルについては、積極摘発、厳罰化の傾向が著しく進んでいる。米国についていえば、米国独禁法の国際的適用範囲が拡張傾向にあることにも触れた。また、ブラジル、中国、インドといった新興国におけるエンフォースメントも本格的に始まりつつある。

---

[92]　前注87・59頁

加えて、競争法との抵触が問題となる行為のカテゴリーを検討するに、今日では、従来の典型的な価格や供給量カルテル・入札談合だけではなく、全体のサービス対価の一部の手数料やサーチャージについての合意や、相場操縦や新規参入排除を目的とした合意、さらには情報交換との境界が微妙な行為にまで広まってきている。あわせて、競争法が適用される業界も、製造業に加え、日常的にサービス業も摘発対象となっており、とりわけ金融セクターについて欧米で摘発がふえつつあることを紹介した。

　リニエンシーに端を発する世界的なカルテルの並行摘発の大幅な増加に加え、水面下では、国際協力が強化、拡張するとともに、犯罪人引渡しや国際捜査共助の活用の蓄積もふえている。

　企業の側においては、こうした競争法の急速な「進化」と「深化」をふまえ、競争法違反を予防するコンプライアンス、社内の違反行為を発見する探知機能、さらには、いざ違反が疑われる行為を発見した際の危機対応能力を従来以上に磨いておかなくてはならない[93]。ただ、こうした措置を強化しても、完全にリスクをなくすことはできないこともまた事実である。やはり、コスト削減や新技術の開発、製品の差別化を次々と行うことによる競争力の強化こそが最大の独禁法／競争法抵触リスクの削減策であることをふまえ、同調ではなく差別化を軸とした競争力の強化を進めていくことが肝要である。この差別化を進めていく過程で成功を収め、独占規制等別の意味でビジネスモデルが競争法に抵触するのではないかが問題になることもあろう。

　競争力のあるビジネスモデルと競争法との抵触が問われる場合を取り上げるのは本稿の趣旨ではないので詳論しないが、その場合には、萎縮することなく、攻めの法務を採用し、自社のビジネスモデルは競争法に違反するものではないとし、競争当局と対峙することもまた一つの選択肢である。現に、IBM、マイクロソフト、インテル、アップル、グーグル等世界的に成功を収めた新旧米国企業の多くが、どこかの時点で競争法違反を問われているが、多くの場合には自社のビジネスモデルの根幹を守るために公式、非公式に争っている。かかるケースが日本企業との関係でも登場する日が来ることを

---

[93] 公取委も、研修による未然防止、監査等による違反行為の発見、違反行為への的確な対処としての危機管理対応の三つの「K」が重要とする（前注87・51頁）。

願い本章を結ぶこととしたい。

第 9 章

FATCA
（外国口座税務コンプライアンス法）
の概要とわが国の対応

1 FATCA の概要

(1) 目的、FATCA の原則

　米国における雇用促進のための財源を確保する目的で、米国財務省、内国歳入庁が主導して、主に米国外に居住する米国人の納税を徹底するために導入されたのが、Foreign Account Tax Compliance Act（外国口座税務コンプライアンス法、以下、「FATCA」という）である。

　当制度により、2014年7月1日から米国人口座の検出に協力しない米国外金融機関に対して、米国債から生ずる利息など米国源泉の収益について新たに30％の懲罰的な源泉徴収を行うとして、世界各国の金融機関に米国に対して納税義務がある者の報告を半ば強制する仕組みを導入することとなっている。

　この源泉徴収を免れるためには、各国の金融機関は、米国の内国歳入庁（IRS）との間で、以下の内容のFFI（Foreign Financial Institution、以下、「FFI」という）契約を締結する必要がある。

① 米国人口座を特定するのに必要となる口座保有者の情報の収集
② 必要なデュー・ディリジェンス・検証手続の遵守
③ 米国人口座に関する情報の報告
④ 非協力的な口座所有者またはFFI契約を締結していないFFIに対して、30％の源泉徴収の実施
⑤ IRSからの情報提供要請への協力
⑥ 顧客との秘密保持契約やその他情報の開示制限に関する権利放棄を米国人口座保有者より取得。取得できない場合は、口座を閉鎖

(2) 導入の経緯

　主として欧州のプライベートバンクを利用した米国人の資産隠し、租税回避行為が米国議会で問題として取り上げられ、税収不足と世論の高まりを背景として、2010年3月に米国雇用関連法の一部として根拠法が制定された。これを受けて、数度の部分公開草案を経て、2012年2月にFATCA財務省規則案が公表された。財務省規則案が公表されたことにより、制度の全体像が明らかとなったが、世界各国の金融機関に対して加重な負担を強いる内容であるとして、数百の金融機関および業界団体から負担軽減を要請するコメントが寄せられた。これらのコメントの一部を反映させるかたちで約1年後の2013年1月に確定版の財務省規則が公表された。確定版規則が公表された後も、2013年7月には適用開始を6カ月遅らせる旨の決定がなされるなど、当初の導入スケジュールから大幅に遅れが生じている。

(3) 政府間協定の導入

　FATCAは米国政府と金融機関の間で相対契約を締結することによって、契約上の義務として米国人口座のためを抽出、報告する一定の手続を行わせる形態をとっている。これに対して、各国金融機関の間から米国政府の間で直接契約を締結させるのは過度な負担であるとの声が高まっていた。これを受けるかたちで、欧州各国を中心とした国々が、FATCAの目的を尊重しつつ、政府間の取決めとして、米国人口座の検出を行っていくことを提言した。米国政府はこの提言を受け入れ、政府間の取決めを望む国については、FATCAに関する政府間協定を締結することとした。
　2013年7月現在では欧州とアジアを中心に9カ国がこの政府間協定を米国と締結済であり、多くの国・地域が締結に向けて準備中である。政府間協定を締結した国に所在する金融機関は、所在国の法律または政府からの要請として米国人口座の検出手続を履行することとなる。一方、米国源泉収益に対する源泉徴収は、政府という強制力を得たことを背景として、政府間協定を

図表 9-1　財務省規則と日米当局声明の口座報告制度の比較

〈財務省規則に基づく口座情報の提供〉

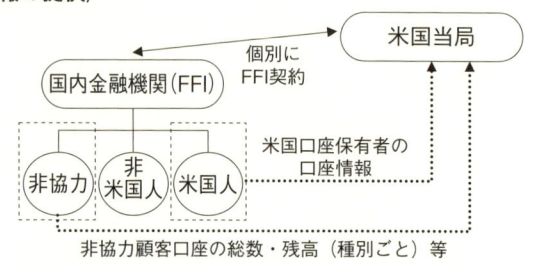

〈日米当局声明に基づく口座情報の提供〉

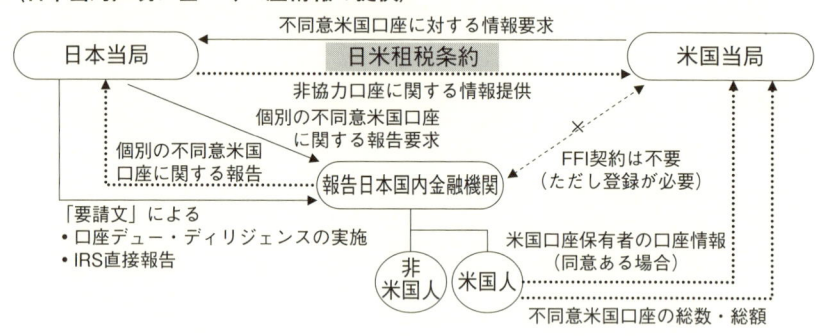

締結した国に所在する金融機関に対しては原則免除されることとなった。また、本人の同意を得ないでするプライバシー情報（個人情報）の第三者提供の問題（日本では個人情報保護法への抵触）も解消することになった。

日本は2013年6月に米国政府と協定（声明）を締結したため、日本の金融機関は、所管官庁からの要請というかたちで米国人口座の検出手続を履行することとなり、原則としてFATCAによる源泉徴収は課されることはない。これに対して、政府間協定を締結しない国に所在する金融機関は、直接米国政府と契約を締結する必要があり、これを締結しない場合にはFATCAによる源泉徴収が課せられることとなる。

(4) 政府間協定の種類

政府間協定には、Model 1 と Model 2 の二種類がある。

Model 1 の政府間協定を米国と締結したパートナー国政府は、Model 1 の政府間協定の基準を満たしたパートナー国における国内法において求められるデュー・ディリジェンスルールに基づき、米国人口座を確認し、米国人口座に関する一定の情報をパートナー国政府に報告しなければならない。パートナー国政府はかかる情報を自動的に米国政府（内国歳入庁（IRS））に提供する。フランス、ドイツ、イタリア、スペイン、英国といった欧州の国々はこの枠組みによるところが多い。国内法に基づくことにより FATCA（財務省規則を含む）の直接適用はない。

他方、Model 2 の政府間協定を米国と締結したパートナー国政府は、国内の FFI に対して、IRS に登録し、米国人口座に関する一定の情報を、政府間協定に別途定める場合を除き、FATCA の基準（財務省規則を含む）に従い、直接 IRS に提供するよう命じなければならない。

以上のとおり、Model 1 の政府間協定による場合は、財務省規則は適用されないが、Model 2 の政府間協定による場合は、政府間協定に記載されていない事項や政府間協定の内容が不明確な事項については財務省規則が適用されることになる。

2 日本の金融機関に与える影響

(1) 対象範囲

銀行、証券会社をはじめとした金融機関は規模の大小や顧客属性にかかわらず、すべて FATCA とその趣旨をくんだ日米政府間協定により米国人口

図表9－2　日米政府間協定の適用される金融機関の範囲

① 日本居住者である金融機関（当該金融機関の日本国外に所在する支店を除く）
② 日本非居住者である金融機関の支店のうち日本国内に所在するもの

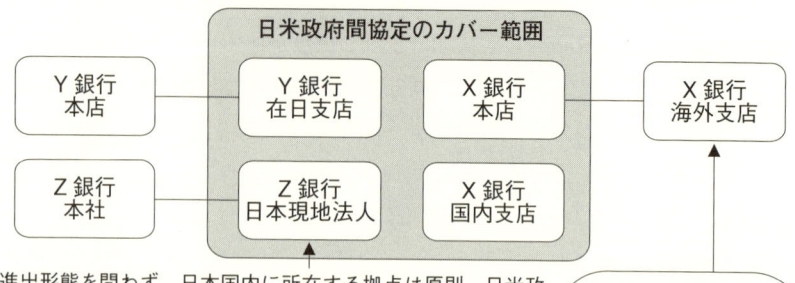

```
                    ┌─── 日米政府間協定のカバー範囲 ───┐
  ┌─────┐    │ ┌─────┐   ┌─────┐ │   ┌─────┐
  │ Y銀行 │────┼─│ Y銀行 │   │ X銀行 │─┼───│ X銀行 │
  │ 本店  │    │ │在日支店│   │ 本店  │ │   │海外支店│
  └─────┘    │ └─────┘   └─────┘ │   └─────┘
             │                         │
  ┌─────┐    │ ┌─────┐   ┌─────┐ │
  │ Z銀行 │────┼─│ Z銀行 │   │ X銀行 │ │
  │ 本社  │    │ │日本現地│   │国内支店│ │
  └─────┘    │ │ 法人  │   └─────┘ │
             │ └─────┘             │
             └───────────────────────┘
```

進出形態を問わず、日本国内に所在する拠点は原則、日米政府間協定が適用される「日本国内金融機関」となる。
たとえば、本国でModel 1に基づく協定が締結されている国で設立された外国銀行の在日支店にも、Model 2に基づく日米政府間協定が適用される。

海外拠点の扱いは、どこの国に所在するかによって決定される。

座の検出手続が課せられることとなる。このため、信用金庫や信用組合など地域金融機関もその対象となる。さらに、米国人口座保有者が存在しない、またはごく少数しか存在しない場合にも、所定の米国人口座の検出手続の履行は必要であり、米国人口座が存在しないことの確認ないしは少数しか存在しないことの確認作業が課せられる。そのため、多くの地域金融機関のように米国人による租税回避行為に利用されるリスクがきわめて低い金融機関についても、相応の事務負担が生じることとなる。

ただし、日本国内でのみ金融業を営んでいる金融機関については、一定の要件のもと、みなし遵守金融機関として、米国人口座の検出手続に軽減措置が設けられている。このみなし遵守金融機関については、要件が不透明な点も残っているので後述する。これらに加えて保険会社も原則としてFATCA適用対象となり、口座にかえて保険契約の契約者または被保険者に米国人が存在するかの確認を行う。

政府間協定は所在地主義をとっており、日本に所在する金融機関すべてに効力が及び外資系金融機関の日本法人または日本に所在する支店もこれに服することになる。反対に日本の金融機関の在外支店や海外現地法人は所在国の扱いに従う。そのため、国際的に展開する金融グループは、拠点の所在地

ごとに政府間協定締結国か財務省規則が直接適用される国かによって異なる対応が求められることとなる（図表9－2参照）。

(2) 対応のむずかしさ

　財務省規則は英文で数百頁の分量があり、すべてを通読するのは相当の労力が必要である。これに加えて、多くの用語や概念が他の米国税法に基づいているため、FATCA以外の米国税法を参照している箇所も多数あり、内容を完全に把握するにはこれらの税法の専門的な知識が必要となっている。一方、政府間協定は40頁ほどであり、仮訳も公表されている。

　しかしながら、財務省規則に比べて分量を圧縮した分、解釈が不明確な点も存在しているが、このような場合には、上記1の(4)のとおり、日本はModel 2の政府間協定の枠組みによることとされているので、財務省規則の関連部分を参照する必要がある。さらに政府間協定と財務省規則の両者はともに全世界の金融機関を対象に定められたものであることから、顧客からの自己宣誓の取得など日本の金融実務とは必ずしも整合しない部分も存在し、実務対応に苦慮すると予想される要請も少なからず含まれている。これらに加えて、数次にわたる適用延期がなされたものの、政府間協定の締結から1年あまりの間で適用開始となり、十分な準備期間が与えられているとは言いがたい状況である。

　また、次項にて取り上げるような個別の懸念事項も存在し、金融機関が対処すべき種々の課題が存在する。

③ FATCA対応に関する課題

(1) 新規口座の開設に際する自己宣誓の取得

　2014年7月より個人の新規口座を開設する際に、日米政府間協定にのっとると顧客から税務上の米国居住者に当たるかどうかの自己宣誓を取得することが必要となる。ここで、税務上の米国居住者には米国市民のほかに一定日数以上米国に居住した非米国人も含まれるなど一般顧客にとって、米国税務上の居住者であるか否かの判断は困難である。さらに、口座開設にあたって、自己宣誓という日本の商慣習にはなじみのない手続が求められているため、宣誓書類の作成のほか、顧客に対する周知や窓口における説明資料の準備など入念な対応が求められる。

　法人口座の開設にあたっては、新規法人顧客が米国企業であるかどうかのほか、非米国企業についても、実業を営んでいることが明らかではない事業法人については、各金融機関内で保有している情報と公表情報などをもとに事業の有無を確認するか、これが不可能である場合には個人口座と同様に自己宣誓を取得する必要がある。このような実業が明らかではない事業法人は、受動的NFFEと呼ばれ、その支配者である株主の確認手続が必要となる。受動的NFFEの定義は複雑であり、その識別作業は新規口座開設実務に大きな影響を及ぼすものと考えられる。

　受動的NFFEに該当するのは、おおよそ能動的NFFEに該当しない場合であるが、財務省規則においては、「能動的NFFEと合理的に判断できる場合」として、標準業種コードや、金融機関内の記録における分類において、実業を行っていると判断される場合が掲げられている。「犯罪による収益の移転の防止に関する法律」(以下、「犯収法」という)では、取引時確認の一環として、法人の事業内容の確認について、登記事項証明書等の書類で確認することとされている(あわせて、日本標準産業大分類の産業分類のチェックリ

ストをチェックさせることも多い)。これを受動的 NFFE に該当するか否かの判断に生かすことも考えられる。

(2) 責任者の宣誓とコンプライアンス・プログラム

日米政府間協定により、日本に所在する金融機関は、米国政府と直接の契約を結ぶ必要はないが、米国政府が用意する FATCA ポータルサイトを通じて、FATCA 参加金融機関の登録作業が必要となる。この FATCA ポータルサイトは、2013年8月に開設された。登録にあたっては各金融機関における FATCA 対応責任者を定め、ポータルサイトを通じてその氏名と連絡先の提出が求められている。現時点ではポータルサイトの翻訳がなされる予定はなく、各金融機関は英語による登録が必要となる。

責任者については、当初コンプライアンス責任者とされていたが、財務省規則ないし政府間協定では、その役職要件は定められておらず、各社の方針に委ねられている。ここで責任者として登録されると3年ごとに FATCA 遵守について宣誓を行うことが求められる。これは、FATCA 遵守のためのコンプライアンス・プログラムを制定し、このプログラムを施行することによって、FATCA 遵守の態勢を構築し、その結果として適切な FATCA 遵守が行われたという内容の宣誓が求められている。したがって、結果のみならず態勢の構築という結果に至るプロセスを含んだ宣誓が必要となる見込みである。そのため、コンプライアンス・プログラムの作成が重要となるが、その内容について指針等は示されておらず、各金融機関の裁量に委ねられており、どの程度プログラムをつくりこまなければならないのかといった点は明確になっていない。

(3) 投資事業体の取扱い

米国人口座の検出手続など FATCA の適用範囲となるのは金融機関に限られている。FATCA は金融機関に独自の定義を定めており、銀行や信用金庫などの預金受入機関、証券会社などの金融商品取引業者、キャッシュバ

リューと呼ばれる投資性を有した保険契約を提供する特定保険会社をFATCA適用対象となるFFIとして定めている。FFIにはこれら以外にも投資事業体というカテゴリーが設けられており、SPC、パートナーシップ、ファンド、組合などのエンティティを用いて投資を行っていると、そのエンティティ自体がFFIに該当するとされている。

　銀行、証券会社や保険会社など一般的な金融機関以外に投資エンティティが適用対象に含まれることにより、FATCA遵守が求められるFFIは膨大な数に及んでいる。特に、これらエンティティはスキームごとに組成されることがほとんどであるため、大規模な金融機関はその傘下に数多くのFFIを抱えており、その把握を行うだけでも相当の工数が費やされている。

　これに加えて、日本国内では政府間協定に基づいてFATCAを遂行することとなっているが、この協定は法的な拘束力をもたないとされている。そのため、金融庁をはじめとした監督官庁が監督下にある金融機関に対して、対応を要請するかたちでFATCAを推進する枠組みがとられている。これに関して、一般事業会社の傘下にある場合など明確な所管官庁をもたない投資事業体も多数存在し、FATCA対応要請が行われないことから登録手続を行わないFFIが発生する可能性が懸念されている。

(4) 消極的非協力者の取扱い

　FFIに開設された口座については、米国人口座の検出手続が必要となるが、2014年7月以前に開設された口座については、定められた米国示唆情報が顧客データから検出された場合のみ追加の確認手続が必要とされている。この追加の確認手続は、対象顧客から証拠書類とともに米国政府所定の書類を提出することによってなされる。

　しかしながら、米国示唆情報が検出された口座保有者のうち、一定数は転居などにより連絡がつかなくなっていたり、連絡がついても確認の趣旨を理解してもらうのがむずかしいなどの理由で確認が困難なケースが生じるものと思われる。このような場合には、非協力顧客口座として米国人口座扱いとなり（政府間協定では、「不同意米国口座」という）、米国当局への報告が必要

となってしまう。そのため、本来の趣旨からは報告対象とならないような顧客についても一定割合で米国への報告がなされてしまうと予測されている。

(5) みなし遵守に関する要件

　租税回避行為に用いられるリスクが低い金融機関のために、みなし遵守FFIというカテゴリーが設けられ、一定の要件を満たした場合には軽減措置が講じられることとなっている。このみなし遵守にはいくつかの種類が存在するが、地域金融機関などを中心に日本の金融機関に適用できると考えられているのは、「地域顧客基盤を有する小規模金融機関」である。

　このカテゴリーは日本国内でのみ金融事業を営んでいるような金融機関を想定して設けられており、海外拠点をもたないことや国外で営業活動を行わないこと等が要件となっている。海外拠点には対外非公表で事務サポートを行うのみの事業所は含まれないとされているが、日本の金融機関が多く開設している駐在員事務所は、みなし遵守となることを妨げることとなるのかは明確になっていない。同様に国外での営業活動について、非居住者預金の受付を行っている場合、単にそのような預金の受付を行っている旨の公表でも国外で営業活動を行っている場合に該当するかも不透明であり、国外での営業活動に関する明確な定義が必要とされている。

　「地域顧客基盤を有する小規模金融機関」となるためには、「日本の居住者に該当しない特定米国人」または「支配者が日本居住者に該当しない米国居住者または米国市民である受動的NFFE」であることが判明した場合に、口座を解約する旨の約款規定を預金約款等に設けることなどの対応が必要とされている。約款にこのような規定を設けることについては、①約款を変更してこのような規定を設けることができるか、および、②（相手方が消費者である場合は）消費者契約法10条の不当条項に該当しないかが問題となる。

　現在、民法には約款の変更に関する規定はないが、現在、法務省の法制審議会の民法（債権改正）部会における審議においては、民法に「約款の変更」に関する規定を置くことが検討されている。2013年2月に公表された「民法（債権関係）改正の中間試案」（「中間試案」）においては、約款の変更のため

の要件としては、
① 当該約款の内容を画一的に変更すべき合理的な必要性があること、
② 当該約款を使用した契約が現に多数あり、そのすべての相手方から契約内容の変更についての同意を得ることが著しく困難であること、
③ 上記①の必要性に照らして、当該約款の変更の内容が合理的であり、かつ、変更の範囲および程度が相当なものであること、
④ 当該約款の変更の内容が相手方に不利益なものである場合にあっては、その不利益の程度に応じて適切な措置が講じられていること

が求められている。また、約款の変更が効力を生じるためには、約款使用者が、当該約款を使用した契約の相手方に、約款を変更する旨および変更後の約款の内容を合理的な方法により周知することが必要とされている。

他方、消費者契約法10条においては、①民法の任意規定の適用される場合に比べて、消費者の権利を制限し、義務を加重する規定であって、②信義則違反の程度が消費者の利益を一方的に害する場合には、当該規定は無効とされている。

米国人の租税回避行為を防止するという目的自体は合理的であるものの、金融機関自らがみなし遵守金融機関となることを選択した結果、「日本の居住者に該当しない特定米国人」または「支配者が日本居住者に該当しない米国居住者または米国市民である受動的NFFE」が当該金融機関に口座を設けることができなくなるという結果が生じることが不当かであるかが、約款の変更の可否、消費者契約法10条の不当条項に該当するか判断するうえで問われることになるだろう。金融機関によっては、かかる判断が困難であるとしてみなし遵守金融機関となることを避けるものも出てくるかもしれない。

(6) 暦年基準による米国人口座の報告

米国人口座の検出手続は口座残高の多寡によって異なった手続が定められている。ここで口座残高については、一律に12月31日とされており、暦年基準が採用されている。また、米国人口座の報告についても毎年年末時点の情報を提供することになっており、暦年基準である。日本の金融機関は3月決

算を採用しているケースが多く、年末時点でのデータがそろえられない可能性もある。特に、証券口座や投信口座など有価証券の預り残高を暦年基準で把握する必要があるが、預り残高を算出するためには12月31日時点での時価評価を行う必要が生ずる。

さらに、米国人口座の報告項目として、2015年からは暦年１年間での口座の出入金額を報告する必要がある。これについては、３月決算会社の場合には暦年での出入金額を把握することができない場合もあり、手作業での調整が必要となる可能性もある。

(7) 日本政府による金融機関に対する不同意米国口座の情報の徴求

米国政府は、報告された総数・総額の情報に基づいて、日本政府に対し、不同意米国口座および不参加FFIへ支払われた外国報告対象金額についての情報であって、日本の国内金融機関が米国政府とFFI契約を締結しているのであれば直接報告する必要があったであろう情報を報告することを日米租税条約26条に基づき要請することができる。日本政府はかかる要請を受領したときから、６カ月以内にかかる情報を米国政府に提供しなければならない。

日本政府が日本の金融機関に対してどのような権限に基づいて不同意米国口座に関する情報を徴求するのかが問題となるが、たとえば、金融庁長官または財務局長が銀行法24条に基づく報告徴求権限に基づいて情報の提供を求めることとなった。

この場合、政府間協定に基づく情報提供の要請は、日本の金融機関の「拡大関連者グループ」全体に及ぶ。「拡大関連者グループ」とは、<u>50％超の議決権を有し、50％超のバリュー（残余財産分配権や配当受領権を有している場合）を有している場合である</u>。銀行法24条に基づき、金融庁長官等が銀行に対して報告徴求できるのは、銀行本体とその子法人等（財務諸表規則上の子会社と同じ）の範囲であるので、「拡大関連者グループ」の範囲とは異なるグループ会社が生じうることになり、このような会社に関する報告をどうす

るかが問題となりうる。

(8) 犯収法のデュー・ディリジェンスとの齟齬

政府間協定における「AML／KYC手続」とは、日本国内の金融機関に適用されるマネー・ローンダリング防止規制等の顧客のデュー・ディリジェンス手続をいうが、犯収法の取引時確認および確認記録の作成・保存がこれに該当すると考えられる。口座のデュー・ディリジェンス手続は、2013年6月30日時点で存在しているか否かで、既存口座か新規口座に分けられる。また、個人口座と法人口座で異なる手続がとられる（図表9－3・4・5参照）。

政府間協定では、既存個人・法人口座、新規個人・法人口座のデュー・ディリジェンス手続において、幅広く、AML／KYC手続で収集した情報や証拠書類に依拠することが認められている。

「証拠書類」としては、犯収法上の本人特定事項のための本人確認書類として認められる健康保険組合が発行する健康保険証が、FATCAにおいても証拠書類として認められるかが問題となっていたが当該国・地域のいわゆるQI契約の添付書類において言及されている書類も証拠書類として認められているところ、QI契約の添付書類では健康保険証が言及されているので、「AML／KYC手続」における証拠書類として認められると考えられる。受

図表9－3　口座のデュー・ディリジェンス手続

金融口座について、個人口座・法人口座および基準日の前後で区分した既存・新規の別で異なった手続を実施し、「米国報告口座」該当の有無を調査する。

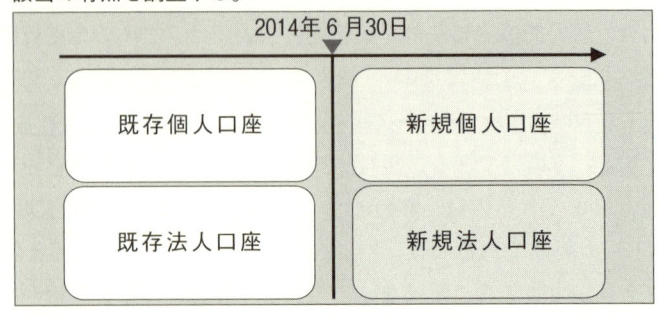

	2014年6月30日
既存個人口座	新規個人口座
既存法人口座	新規法人口座

図表9-4 法人口座のデュー・ディリジェンス手続

残高基準(注)	既存口座	新規口座
残高25万ドル以下	・確認対象外 ・ただし、以後毎年末時点の残高が100万ドルを超えた場合には、再度確認手続が必要（6か月以内）	・口座保有者が、以下のいずれの種別に該当するのかを確認する手続を実施する。 ① 特定米国人 ② FATCAパートナー国金融機関 ③ 参加FFI、みなし遵守FFI、適用外受益者 ④ 能動的NFFE、受動的FFI ✓能動的NFFE、FATCAパートナー国金融機関の確認は、公開情報または保有情報で合理的に判断。 ✓上記以外の場合には、口座保有者より自己宣誓を入手し、確認する。 ✓受動的NFFEの場合の、支配者の有無の確認はAML／KYC手続に基づいて確認。ただし、支配者が米国市民・居住者であるかの確認は、自己宣誓による確認が必要（※既存口座との違い）。
残高25万ドル超または基準日において25万ドル以下であったものが100万ドル超となった	・AML／KYCで取得ずみの顧客情報を用いて、口座保有者の法人に対し以下の手続を実施 ① 特定米国人か否かを確認 ② 金融機関か否かを確認 ・金融機関である場合には、不参加FFIに該当するかを確認(所在国、GIINのリスト等) ・上記のいずれにも該当しない場合（＝法人がNFFE）、以下の三点につき確認手続を実施 ① NFFEに「支配者」が存在するか 　（AML／KYCで取得ずみの情報に依拠） ② NFFEは「受動的NFFE」か 　（保有情報や公開情報で合理的に判断。できない場合には、W-8、W-9等の自己宣誓を取得） ③ NFFEの支配者は米国市民・居住者か ✓残高100万ドル以下 　→AML／KYCで取得ずみの情報で判断 ✓100万ドル超 　→自己宣誓（W-8、W-9、またはこれに類する様式）を用いて確認	

(注) 2014年6月30日が基準日となる。100万ドル超の確認は2015年12月31日とその後の毎年12月31日が基準日となる。

図表9－5　個人口座確認手続の概要

残高基準(注)	既存口座	新規口座
〔対象外口座〕残高5万ドル以下（保険・年金契約は25万ドル）	・基本的に報告対象外でよい（預金口座の場合は、米国人口座であることが判明している口座も含む）。 ・ただし、以後毎年末時点の残高が100万ドルを超えた場合には、チェック要（6カ月以内）。	・毎暦年末で、以下の口座は確認・報告の対象外。 ①　残高5万ドル以下預金口座。 ②　キャッシュバリュー5万ドル以下の保険契約。
〔低額口座〕残高5万ドル超、100万ドル以下	・電子的に検索可能なデータを対象に「米国示唆情報」を確認。 ・上記のチェックで「示唆情報」に検出されなければ報告不要口座の扱い。 ・示唆情報が発見されたら、定められた確認書類を徴求。	・上記の除外対象以外については、米国市民・居住者に該当するか否かについての「自己宣誓」を受け、その申告内容の合理性を、別途AML／KYC等で取得した情報等で検証する。 ・口座保有者が米国税法上の居住者に該当する場合、当該口座を米国報告口座とする。
〔高額口座〕100万ドル超	・以下の「加重的レビュー手続」を実施。 ①　最新の顧客情報ファイル（紙ベース）および、過去5年に取得した5種類の書類をレビューする（ただし、電子的な顧客情報のなかに十分な情報が含まれていない場合だけ実施）。 ②　口座担当者が知っているすべての情報のなかに、米国人の兆候が含まれていないか確認する。	

（注）　2014年6月30日が基準日となる。100万ドル超の確認は2015年12月31日とその後の毎年12月31日が基準日となる。

　動的NFFEの支配者の確認についても、「AML／KYC手続」に従い収集し管理される情報に依拠することができることとされているので、犯収法上の法人顧客の実質的支配者の本人特定事項の確認に関する情報に依拠することが可能である。
　もっとも、
①　わが国では、2013年4月1日に施行された改正犯収法において初めて「法人の実質的支配者」の確認が義務づけられたため、同法の施行前から

保有する法人口座については、実質的支配者に関する情報はほとんど取得していない。このため、NFFE の支配者の確認を、AML／KYC 手続で収集した情報に依拠できるといっても、そもそも依拠すべき情報自体が存在していない場合が多い。

② FATCA においては、支配者とは「事業体の支配を行う自然人」であると定義されており、支配者が法人であるというケースを想定していない。しかるに、わが国の犯収法では、法人の直接的な支配者が別の法人である場合には、（究極の実質支配者までの確認は求められず）支配者である法人の本人特定事項を確認すればよいとされている。この場合、AML／KYC 手続で認識する「支配者」は、FATCA 上の定義を満たさないこととなる。

といった齟齬は依然として残っており、金融機関のデュー・ディリジェンス実務を整備するうえで、今後整理すべき論点になると思われる。

4 結　語──今後への期待等

FATCA への対応は、政府間協定の締結および施行スケジュールの延期により、わが国の金融機関による対応が現実的となってきた。しかしながら、上記 2 で説明したとおり、政府間協定で定められていない事項や不明確な事項については、財務省規則を参照しなければならないことや、上記 3 で説明したとおり、対応上の課題が依然として残っている。

FATCA 対応に関する米国の譲歩がこれ以上あまり期待できないなかでは、日本国政府や業界団体から、財務省規則の全訳や日本の金融機関にとって共通に問題となる論点に対する解釈上の指針等が示されることが期待される。

次なるスタートに向けて

　ここまで読み進まれた読者の多くは、やっと巨木が立ち並ぶ森を抜け出した、という感慨をもたれたのではないでしょうか。

　兼元氏の国家治政者、企業経営者に対し警鐘を鳴らしておられる重厚な「巻頭言」に始まり、歴史に対する深い理解に加え、政治、経済、社会、宗教、技術、芸術、文学等幅広い教養に裏打ちされた事の本質に迫る保井氏の第1章、ALM/CFTに関するあらゆる視点、課題を網羅し、この1章だけを取り出しても立派な単行本になりうる尾崎氏の第2章、マネー・ローンダリング対策法制について歴史的経緯を丹念にたどり今日的課題へと導いた高須氏の第4章、国益の絡む貿易安全保障の本質的問題を喝写した押田氏の第5章等々、どの章をとっても、その分野の第一級の著作がそろっています。

　いずれの章においても、底流として共通するテーマは、外に向かって開かれた日本がさらなるグローバル化の進展のなかで、各章で取り上げた諸問題を"避けて通れない"ものとしていかに対処すべきか、という問題意識です。日本のよって立つ位置が、より広い世界へと移行していく今日、日本人の意識、その延長線上としての企業、金融機関、そして日本人社会全体が、未知の世界のなかで、自力でリスクを抑制・軽減して環境変化に適応していけるかが問われるのです。好むと好まざるとにかかわらず、世界の動向にどう適合していくかについて、われわれ自身の認識を再チェックし再形成する必要があります。それをもとに、これら諸問題に対して、従来の仕組み・慣行のなかで残すべきは残し捨てるべきは捨てて、世界の潮流に適応する態勢づくりが求められます。

　これまで「世界」という言葉を安易に使ってきましたが、よく目を凝らしてみると、「世界」という一くくりの表現の背後に世界通貨、世界言語を擁し、世界の取極めやシステムづくりをリードしてきた米国の影が見え隠れします。その米国のヘゲモニーに対峙し、挑戦しようとするEU、ロシア、中国等の動きも胎動しています。世界の覇権をめぐって、武力のみならず情報力、技術力、金融力等を駆使した、冷徹な計算が働いています。就中米国は、陰に陽に自分たちの価値基準を世界標準にしたいと、さまざまな分野で

EXTERRITORIAL な攻勢をかけています。それは、本書で取り上げたすべての分野に当てはまります。

　米国による EXTERRITORIAL な攻勢は、これらの分野にとどまらず、さらに幅広い分野を呑み込もうとしています。今日、サイバー攻撃、サイバー犯罪の話題が主要メディアのトップを飾ることがふえています。それにとどまらず、「今日のサイバー問題は、明日の詐欺・不正問題」の発生につながります。テクノロジーの高度化の進展によって、贋札づくりと偽造防止技術がいたちごっことなってきたように、残念ながら国境を越えた経済、金融犯罪はとどまることを知りません。この問題は、われわれが国の扉を開放した帰結ですし、グローバル化が加速している現代世界においては、積極的かつ"リスク・ベース"で取り組んでいく覚悟をあらためて固めねばなりません。本書は、できる限り最新の情報、動向を取り込んで書かれました。しかし、サイバーの問題を正面から書くことはいたしませんでした。まだ時期尚早だからです。いずれ近い日に、第10章を追加しなければならないでしょう。

　新しい流れが、もうそこまでやってきている、そしてそれが世界の覇権をめぐる争いを熾烈化させるなかで、わが日本はどう対処したらよいか。本書のミッションを超えるテーマであり、深い考察と国益を見据えた賢言を提することは、別の機会に委ねなければなりません。ただ、個人的には、覇権争いに対しては、不即不離で臨むことが肝要だと思っています。この争いは、長い歴史や文明の相違が背景にあります。この争いは、金融資産大国であり、金融が重要な国際競争力を担う日本にとって、緊急対応を要する課題です。この争いは、日本の持続的成長を左右するテクノロジーと密接に結びついています。もっと根本的には、日本人の生活認識・倫理観さらには日本文化の将来に深くかかわっています。日本人に不足しているとされる世界言語能力（＝世界の他の人々とのコミュニケーション力、世界の異文化に対する理解力）およびグローバル・シチズンシップ（＝世界の一員としての責任感、積極的な参加意識）の涵養が必須です。

　ジャパン（日本の領土で行われる経済、金融活動）とジャパニーズ（日本の企業、金融機関によって行われる経済、金融活動）を分けて考えてみると納得

がいきます。日本の人口の減少、資本蓄積の進展、国民生活水準の高度化、割高な経済活動コスト（賃金、エネルギー価格、為替問題、税金、諸規制、原発問題、および自然災害等）およびこれらを背景とする第二次産業の空洞化の進行などを考えると、ジャパンの実質成長率引上げは至難の業であると考えます。

　これに対して、ジャパニーズは、資本蓄積や国民所得の底上げのニーズの大きいASEAN諸国、インド、さらに望むらくは中国といったアジア諸国を中心に、成長余地は大であると考えられます。ジャパニーズの神髄は、日本人一人ひとりがもっている物事に対する真摯な態度、連帯感、細部にこだわる職人魂、そしてそれらの統合としての日本文化にあります。

　2011年3月11日を思い出してください。政府のガバナンスが劣等であっても、被害者の方々をはじめとする個人ベースの日本人力は、世界に称賛されました。そのことは、私たちは自信をもってよいと思います。ジャパニーズが世界に受け入れられる素地は十分にあると。ASEAN諸国でジャパニーズが歓迎されるのは、もちろん政府資金をはじめとする資金、資本の流入があるからですが、それがすべてではありません。近年、この地域には、欧米の資本や中国の国家資本が進出していました。ところが、欧米の企業、金融機関は、狩猟民族の文化を背負ってか、利益率が低くなるもしくは自分の都合が悪くなる（資本が足りなくなる）といった状態に直面すると、手の平を返すように引き揚げて早期に獲物をとりつくしてしまう、そして、その後には何も残らない、という評価になっています。現地の人々は期待が裏切られたと感じたのでしょう。

　この点、最近の日本の進出の仕方は、現地の人々のためになるインフラ整備、教育訓練等を伴った形を心がける必要があります。日本も1990年代後半のアジア経済危機の際に、リスク回避の名目で一斉に資金を引き揚げ、現地の人々のひんしゅくを買った経緯がありました。それを忘れず、三方一両得、すなわち、現地にプラス、日本もプラスそして世界にもプラスを目指すべきでしょう。また、政府援助の仕方についても、十分現地の声、利益に配意すべきだと思います。中国は国家資本を動員してASEAN諸国やアフリカ諸国に援助の名目で多額の資本投下を行ってきましたが、その結果につい

ては、現地にさまざまな不満が渦巻いていると聞いています。インフラ投資は、中国の影響力を強める道具として、もしくは国益追求（たとえば、エネルギー確保）のために使われている、投下された資本によって生まれた企業活動は、多くの場合中国からの物資の輸入、中国人の現地雇用に回されて、現地企業への需要増や現地人雇用増にあまり結びついていないとの不満です。

　日本政府の対外援助は、極力そうしたことのないように、現地の人たちとのコミュニケーションを深め、文化を尊重し、中長期のニーズに適応したものであるべきでしょう。とりわけ、教育の普及・レベル向上や長く使えるインフラの整備に重きを置いてほしいものです。人は教育があれば、インフラが整備されていれば、そして制度が必要最小限の規制でオープンなものであれば、一人ひとりの努力、工夫が自然的に発生します。機会に恵まれれば、世界に雄飛することも夢ではありません。粘り強く地道に教育支援を行っていくことが、兎と亀の昔話にたとえれば、亀の勝利につながると信じます。

　このように日本としては、世界の覇権争いに直接参戦するのではなく、覇権を争う国々とのコミュニケーションを大事にすることはもちろんですが、残りの大多数の国々とのコミュニケーションをいろいろな階層で深耕し、相互理解の向上や連携の強化を図ることが肝要です。できるならば、確固たるTRUSTを得ることができれば玄妙です。そのためには、先にも触れた、私たち日本人の世界言語力の強化と世界市民意識の涵養が、なにものにも増して重要です。

　こうした観点にも考えをめぐらして、もう一度本書を読んでいただければ、実務の世界が教科書のように記述されている一方、幅広い視野、高度の学習経験に立脚した高尚な世界が語られていることに気づかれるでしょう。

　手足と頭、身体と精神という関係のように、投資・生産・雇用への貢献と現地の人や文化を尊重した日本企業文化による貢献という関係がバランスよく機能することが求められます。それこそが、世界覇権の争いと不即不離でありながら、"三方一両得"を実現するための基本的な方向ではないでしょうか。

　本書はこうした方向を見据えて書かれています。不確実な世界、リスクに

満ちみちた世界は続きます。本書は、現段階において最善のリスク抑制のための道具を提供するものです。しかし、それがゴールではありません。次なるスタートに向けて書かれた本です。

プロモントリー・フィナンシャル・ジャパン代表取締役社長　藤井　卓也

【参考文献】

〈第1章〉

Armitage, R. and Nye, J.S.（2007）*CSIS Commission on Smart Power: A Smarter, More Secure America*, CSIS（http://csis.org/files/media/csis/pubs/071106_csissmartpowerreport.pdf.）（2012年3月3日アクセス）

Bloomberg（2009）'Obama corners Hu, Sarkozy to break Tax-Haven Deadlock at G-20', *Bloomberg News*, 2009年4月2日配信, （http://www.bloomberg.com/apps/news?pid=newsarchive&sid=atmk0XAJTNhU&refer=asia）（2012年3月3日アクセス）

Checkland, P and Scholes, J.（1990）*Soft Systems Methodology in Action*, Chichester, UK: John Wiley & Sons, Ltd.（邦訳：ピーター・チェックランド、ジム・スクールズ著、妹尾堅一郎監訳、木嶋恭一、平野雅章、根来龍之訳（1994）『ソフト・システムズ方法論』有斐閣）

Clapper, J.R.（2012）'Unclassified Statement for the Record on the Worldwide Threat Assessment of the US Intelligence Community for the Senate Select Committee on Intelligence', January 31, 2012 http://www.dni.gov./testimonies/20120131_testimony_ata.pdf）（2012年3月3日アクセス）

Clapper, J.R.（2013）'Remarks as delivered by James R. Clapper, Director of National Intelligence, Worldwide Threat Assessment to the Senate Select Committee on Intelligence', March 12, 2013 （http://www.dni.gov/index.php/newsroom/testimonies/194-congressional-testimonies-2013/817-remarks-as-delivered-by-dni-james-r-clapper-on-the-2013-worldwide-assessment）（2013年3月24日アクセス）

Eurasia Group（2012）*Top Risks 2012*（http://eurasiagroup.net/pages/top-risks-2012）（2012年3月3日アクセス）

FATF（2012）'FATF steps up the fight against money laundering and terrorist financing', *FATF Press Release*, Paris, 16 February 2012 （http://www.fatf-gafi.org/document/17/0,3746,en_32250379_32236920_49656209_1_1_1_1,00.html）（2012年3月3日アクセス）

FATF（2012）*The FATF Recommendations*, February, 2012（http://www.fatf-gafi.org/dataoecd/49/29/49684543.pdf）（2012年3月3日アクセス）

FATF（2013）'Outcomes of the FATF Plenary, 20-22 February 2013', *FATF Website*, （http://www.fatf-gafi.org/documents/documents/outcomesofthefatfplenary20-22february2013.html）（2013年3月24日アクセス）

FATF (2013) 'FATF Public Statement 22 February 2013', *FATF Website*, (http://www.fatf-gafi.org/topics/high-riskandnon-cooperativejurisdictions/documents/fatfpublicstatement22february2013.html) (2013年3月24日アクセス)

International Council on Systems Engineering (INCOSE) (2010) *Systems Engineering Handbook: A Guide for System Life Cycle Processes and Activities*, Version 3.2, January 2010, San Diego: SE Handbook Working Group, International Council on Systems Engineering (INCOSE)

Jackson, S. (2010) *Architecting Resilient Systems: Accident Avoidance and Survival and Recovery from Disruptions*, New Jersey: John Wiley and Sons, Inc.

Nonaka, I., Takeuchi, H. (1995) *The Knowledge-Creating Company: How Japanese Companies Create the Dynamism of Innovation*, Oxford: Oxford University Press)（邦訳：野中郁次郎、竹内弘高（著）、梅本勝博（訳）（1996）『知識創造企業』東洋経済新報社）

OFAC, Department of Treasury, USA (2011) *North Korea: An Overview of Sanctions With Respect to North Korea*, Updated May 6, 2011 (http://www.treasury.gov/resource-center/sanctions/Programs/Documents/nkorea.pdf) (2012年3月3日アクセス)

SWIFT (2012) 'SWIFT is ready to implement sanctions against Iranian financial institutions' *SWIFT Press Release*, Published on 17 February, 2012 (http://www.swift.com/news/company_information/SWIFT_ready_implement_sanctions) (2012年3月3日アクセス)

Tax Justice Network (2012) 'FATF makes big step on tax evasion, must do more', *Tax Justice Network Press Release*, February 17, 2012 (http://taxjustice.blogspot.com/2012/02/fatf-makes-big-step-on-tax-evasion-must.html)) (2012年3月3日アクセス)

Witherell, W. (2004) 'Combating Financial Crime Thorough International Standards and Cooperation', *FRAUD2004: The Fifth IFex International Fraud & Financial Crime Convention*, London, 2004年11月 (http://www.oecd.org/dataoecd/28/1/33866667.pdf) (2012年3月3日アクセス)

Whitehouse, USA (2010) *National Security Strategy* (http://www.whitehouse.gov/sites/default/rss-viewer/national_security_strategy.pdf) (2012年3月3日アクセス)

World Economic Forum (2012) *Global Risks 2012: Seventh Edition* (http://www.weforum.org/reports/global-risks-2012-seventh-edition) (2012年3月3日アクセス)

World Economic Forum (2013) *Global Risks 2013: Eighth Edition* （http://www.weforum.org/reports/global-risks-2013-eighth-edition）（2013年3月24日アクセス）

河野勝（2009）「第1章：政策・政治システムと「専門知」」、久米郁男（編）（2009）『専門知と政治』早稲田大学出版部
菅原出、保井俊之、金子将史（2012）『［2012年度］PHPグローバル・リスク分析』2012年1月、PHP総研
（http://research.php.co.jp/research/foreign_policy/pdf/PHP_GlobalRisks_2012.pdf））（2012年3月3日アクセス）
飯田将史、池内恵、金子将史、菅原出、林伴子、保井俊之（2013）『［2013年度］PHPグローバル・リスク分析』2012年12月、PHP総研
（http://research.php.co.jp/research/foreign_policy/pdf/PHP_GlobalRisks_2013.pdf）（2012年3月24日アクセス）
保井俊之（2009）「金融インテリジェンスの誕生と発展：9-11テロとグローバルな金融危機を触媒に」日本コンペティティブ・インテリジェンス学会『インテリジェンスマネジメント』Vol.1、No.1、2009年、pp.23-34
保井俊之（2011）「AML/CFTのシステムズ・アプローチ：真の意味でのシステム構築とは」リッキーマーケットソリューション株式会社『Market Solution Review』金融市場ITマガジン第21号、March 2011、Vol.4、No.1（http://www.msog.jp/review）（2013年2月17日アクセス）

〈第2章〉
警察庁刑事局組織犯罪対策部犯罪収益移転防止管理官ホームページ
　http://www.npa.go.jp/sosikihanzai/jafic/index.htm
　これまでのマネー・ローンダリング対策の歴史や概要が紹介されており、犯罪収益移転防止法関連の情報も逐次アップデートされている。

FATFホームページ（英語、フランス語のみ）
　http://www.fatf-gafi.org

Wolfsberg Groupホームページ（一部日本語もあり）
　http://www.wolfsberg-principles.com/index.html
　国際的な活動を行っている金融機関によるマネー・ローンダリング対策を検討するウルフスバーグ・グループでは、主要な業務に関する対応原則を討議し、その結果をインターネット上で公表している。わが国からは、三菱東京UFJ銀行が参加している。

米国連邦検査官協会マネー・ローンダリング対策検査マニュアル（英語のみ）
　Federal Financial Institutions Examination Council (FFIEC), Bank Secrecy Act (BSA)/Anti-Money Laundering (AML) Examination Manual
　米国金融監督当局のマネー・ローンダリング対策に関する検査官向けの検査マニュアル
　AML/CFT態勢を構築する上で、どのような点に気をつければよいかコンパクトにまとめてあり、逐次改訂されていて、インターネット上で閲覧できるので、非常に有益な情報源である。

英国　The Joint Money Laundering Steering Group（JMLSG）（英語のみ）
　英国における金融業界が作成するマネー・ローンダリング対策のガイダンスが公表され、逐次、アップデートされている。
　http://www.jmlsg.org.uk

米国財務省外国資産管理室　Office of Foreign Assets Control（OFAC）（英語のみ）
　米国の金融制裁に関する情報の宝庫。
　http://www.treasury.gov/about/organizational-structure/offices/Pages/Office-of-Foreign-Assets-Control.aspx

米国財務省金融犯罪執行機関連絡室　Financial Crimes Enforcement Network（FinCEN）（英語のみ）
　米国愛国者法300条台（金融関連）に関する解説が豊富。

諸外国における金融機関のマネー・ローンダリング対策に係る調査
　三菱UFJリサーチ＆コンサルティング（平成25年2月）
　諸外国における対策が包括的にまとめられている。
　http://www.fsa.go.jp/common/about/research/20130808-1/01.pdf

米国連邦準備制度理事会ホームページ内行政処分に関するデータベース（英語のみ）
　米国における金融機関等への行政処分がSearchできる。
　http://www.federalreserve.gov/apps/enforcementactions/search.aspx

金融庁ホームページ
　http://www.fsa.go.jp/inter/etc/20130719-1.html

FATFの声明、勧告の和訳（仮訳）が閲覧できる。

財務省ホームページ
　http://www.mof.go.jp/international_policy/convention/fatf/
　FATFの声明、勧告の和訳（仮訳）が閲覧できる。

〈第6章〉
福井博夫編著『詳解外国為替管理法』1981年、金融財政事情研究会
三菱UFJリサーチ＆コンサルティング　貿易投資相談部編著『外為法ハンドブック2012』2012年、三菱UFJリサーチ＆コンサルティング
牧岡金太郎「金融機関職員が知っておきたい外為法の常識」金融法務事情（2012年10月10日～2013年3月10日：10回連載）
宮崎良雄、福島俊一「経済制裁措置と外為法(1)(2)」国際金融、1993年7月1日、8月1日、外国為替貿易研究会
尾崎寛「マネー・ローンダリング規制の現在、過去、未来（第1回～5回）」金融財政事情、2009年11月～12月、金融財政事情研究会

「財務省HP」
http://www.mof.go.jp/international_policy/gaitame_kawase/gaitame/economic_sanctions/list.html
「米国財務省HP」
http://www.treasury.gov/about/organizational-structure/offices/Pages/Office-of-Foreign-Assets-Control.aspx

【索引】

●A〜Z

ABN AMRO …………… 48
AEO（Authorized Economic Operator）……… 213、360
AEO 制度（Authorized Economic Operator：認定事業者制度）… 228、238、239
AEO の相互承認 ……………… 241
Anti-Trust ……………… 22
Antitrust Criminal Penalty Enhancement and Reform Act ……………… 403
AU Optronics ………… 378、381
Banco Delta Asia …………… 82
Bank of America ……… 392、395
Barclays ……………… 392
Bear Stearns ……………… 392
BNP Paribas ……………… 392
CDD（Customer Due Diligence：顧客管理）……………… 54、63
CDR Financial Products（CDR）……………… 396
CDS 取引 ……………… 393
Chicago Mercantile Exchange …… 393
CIA（Central Intelligence Agency）……………… 81
CISADA ……………… 90、91
CISTEC ……… 223、235、246
Citigroup ……………… 392
CP（輸出管理内部規程）…… 228、244
CPIA（The Country Policy and Institutional Assesment）…… 73
Credit Suisse ……………… 392
CSI（コンテナ・セキュリティ・イニシアティブ）……………… 241
C-TRAT（Customs-Trade Partnership Against Terrorism：米国の AEO）……………… 239
Deutsche Börse ……………… 393
Deutsche Bank ……………… 392
Dirty bomb（汚い爆弾）……… 195
Domestic Concern ……………… 303
EB（Electronic Banking）……… 286
EU 機能条約 ……………… 424
EU 競争当局 ……………… 392
FATCA：Foreign Account Tax Compliance Act（外国口座税務コンプライアンス法）……… 19、22、448、449、451、454、455、448
FATCA ポータルサイト ……… 455
FATF（金融活動作業部会）… 10、12、13、15、16、22、33、36、37、38、41、45、50、51、53、56、58、60、61、65、67、93、138、140、141、172、177、255、292
FATF 型地域グループ（FSRBs）…… 64
FATF 第 3 次対日審査 …… 94、266、297
FATF の特別勧告（FATF Special Recommendations on Terrorist Financing）……………… 143
FATF 犯罪類型報告書 ……… 50
FCPA：The Foreign Corrupt Practices Act（米国海外腐敗行為防止法）……………… 22、301
FCPA ガイドライン ……… 304、305、310、314、315、317、362、363、365、366、368、369、370、371
FFI（Foreign Fainancial Institution）……… 448、451、456

FFIEC …… 50	MTCR (Missile Technology Control Regime) …… 186、198
FIU (Financial Intelligence Unit) …… 76、174	NFFE …… 454、462
FTAIA (Foreign Trade Antitrust Improvements Act) …… 407、408	NICO …… 90
FTC法 …… 397	Noerr-Pennington …… 419
G7／P8テロ閣僚会合 (G7/G8-Ministerial Conference on Terrorism) …… 142	NSG …… 197
	OECD …… 9、10、11、257
	OECD外国公務員贈賄防止条約 …… 300、312、321
GE Funding Capital Market Services …… 396	OECD贈賄作業部会 …… 304、312
Goldman Sachs …… 392	OECD贈賄防止条約 …… 11
HSBC …… 92、392	OFAC …… 90、293、295、296
IMF …… 257	payable-through-accounts …… 46
ISDA (International Swaps and Derivative Association) …… 392、393	PEPs (重要な公的地位を有する者：Politically Exposed Persons) …… 66、94
Iqbal事件 …… 399	PHP総研 …… 5
IRS …… 451	PLATTS …… 391
Issuer …… 302	PSI (「拡散に対する安全保障構想」：Proliferation Security Initiative) …… 217
JP Morgan …… 392、395	
KeySpan …… 393、394	RBS (Royal Bank of Scotland) …… 389、392
KLM …… 429	
KYC (Know Your Customer) …… 76	RICO法 (Racketeer Influenced and Corrupt Organizations Act) …… 132、147
LCDパネル国際カルテル事案 …… 378、381、408、410、426、430、439	
	SCOPE社 (スコミ社) …… 185
LIBOR (London Interbank Offered Rate：ロンドン銀行間取引金利) …… 390	SDNs (Specially Designated Nationals：特別指定者) …… 116、117、223、295
LIBOR操作事案 (事件) …… 379、389、391、440	SFO …… 354
	SUA条約 …… 217
Lists to Check …… 235	SWIFT …… 18、19、92
M&A契約 …… 422	TCO (Transnational Criminal Organization：国際的犯罪組織) …… 116
Markit …… 393	
Matsushita事件 …… 399	
Model 1 …… 451	TEU101条違反 …… 419
Model 2 …… 451、453	
MoneyGram …… 34	
Morgan Stanley …… 392、393、394	

索引 475

The Bribery Act 2010（英国2010年贈収賄禁止法）………………… 321
T-Mobile 事件 …………………… 417
Twombly 事件 …………………… 399
UBS …………… 389、390、392、395
UBS 事件 …………………………… 20
UBS 証券 ………………………… 390
UK Tractor 事件 ………………… 416
UKBA ………………………… 322、351
UKBA ガイダンス …… 322、333、342、362、363、364、366、367、369、370、371
UKBA ガイドライン ……………… 327
VSD 制度（Voluntary Self Disclosure：違反の自主的報告の場合の免責）……………… 244
Wachovia ………………………… 396
WCO（世界税関機構）…………… 239
YAKUZA ………………… 116、296

●あ

愛国者法（パトリオット法）……… 277
相対取引（OTS）………………… 393
浅野組 …………………………… 104
アナンツィオ・ワイリー反マネー・ローンダリング法（Annunzio-Wylie Anti-Money Laundering ACT）…………………………… 166
アラート（Red Flag）……………… 76
アル・カーイダ（Al Qaeda）……… 58、59、164、184
アルコア事件控訴裁判所判決 …… 407
アルシュ・サミット ……… 31、61、169
アンゴラ ………………………… 252
安全保障貿易に係る機微技術ガイダンス ………………………… 231
安全保障輸出管理 …………… 182、183、199、231、243

安全保障理事会（安保理）……… 251
アンチダンピング税（不当廉売関税）…………………………… 420
安保理決議 ………………………… 36、63、187、189、191、265

●い

域外的管轄権 ……………………… 88
域外適用 …………… 91、406、407
意思の疎通 ………………… 411、412
意思の連絡 ………… 412、425、440
一般財団法人安全保障貿易情報センター（CISTEC）……………… 221
一般包括許可（ホワイト包括許可）……………………………… 213
稲川会 …………………………… 116
イラク …………………………… 252
イラン ………… 16、67、92、183、187、189、197、229、237、251、252、253、255、268、270、286、293
イラン・シリア不拡散法 ………… 237
イラン・リビヤ制裁法（Iran and Libya Sanctions Act of 1996）…… 89
イラン経済制裁措置 …… 276、281、282
イラン原油 ……………………… 238
イラン国営石油公社（National Iranian Oil Company）…………… 90
イラン制裁 ………… 15、19、89、189
イラン制裁法 ……………… 89、293
イラン包括制裁法（CISADA）…… 237
インターネット・バンキング ……… 57
インターポール …………………… 406
インテグレーション …………… 26、52
インテリジェンス情報 …………… 245
インド …………………………… 197
インド競争委員会（Competition Commission of India（CCI））…… 433
インフォーム要件 ……………… 206、

.... 207、210、217

●う

ウィーン条約 33
迂回輸出 192
疑わしい取引の届出（Suspicious Activity Report:SAR） .... 41、54、65、75、78、82、126、150
疑わしい取引の報告 .... 27、87、167
ウラン濃縮活動 .... 193、237、281

●え

エアカーゴ事件 429
エアフランス 429
営業上の利益を得る目的（business purpose test） 305
英国銀行協会（BBA） 390
英国金融行為監督機構（FCA） 56
英国反贈賄法（UK Bribery Act）... 11
エージェント ...... 310、316、346、369
役務提供 204
役務取引・仲介貿易取引 .... 261、266、271
エグモント・グループ 14
エビデンス 287
遠心分離器 .... 186、192、193
エンドユース .... 223、243
エンドユースチェック 244
エンパグラン事件最高裁判決（ビタミンカルテル） 408

●お

欧州委員会 .... 382、391、416、417、426、427、428
欧州裁判所 417
欧州評議会（Council of Europe） .... 138、153
オウム真理教（別称：ALEPH）

.... 184、189、190、263、293
大型通常兵器供給関連活動 281
大蔵省銀行局長通達 162
大蔵省告示 .... 271、279
オーストラリア・グループ（AG） .... 186、198

●か

カーン・ネットワーク .... 184、185、186、192
海外腐敗行為防止法（The Foreign Corrupt Practices Act：FCPA） .... 11、300
外国為替及び外国貿易法（外為法） .... 182、199、250、255
外国為替検査 .... 286、287、288、289、291
外国為替公認銀行（為銀）.... 257、288
外国為替令 201
外国公務員等 304
外国公務員等贈賄罪 .... 300、309、312、355、356
外国公務員に対する贈賄罪 326
外国公務員への贈賄防止に関する法律 11
外国資産管理局（Office of Foreign Assets Control：OFAC） .... 80、83、293
外国税務口座コンプライアンス法（FATCA） 7
外国ユーザーリスト 246
海上運送ガイドライン 416
海上航行不法行為防止条約（SUA条約） 217
外為法 ...... 183、188、210、212、214、221、228、230、233、243、252、257、259、265、284、287、288
外為令 202

索引　477

該非判定 …………………… 203
外務省告示 …………… 265、271、279
科学技術協会（科協） …………… 191
化学兵器 ……………………………… 190
化学兵器禁止条約（CWC） ………… 198
化学兵器テロ ………………………… 189
核開発問題 …………………………… 237
核拡散防止条約（NPT） …… 196、277
核実験 ………………………………… 197
拡大関連者グループ ………………… 459
核の闇市場 …………………………… 185
革命防衛隊 …………………………… 237
カサ・デ・カンビオ（Casa de Cambio） ……………………………… 50
ガス絶縁装置 ………………………… 384
カスタマー・デュー・ディリジェンス（Customer Due Diligence (CDD)） ……………………… 150、153、156、158、175、176、177
課徴金減免制度 …………… 375、404
合衆国法典（United States Code (USC)） ……………………………… 132
合併や企業買収等の M&A（企業結合） ……………………………… 420
株主代表訴訟 ………………………… 229
貨幣および外国取引報告法（Currency and Foreign Transactions Reporting Act）… 150
貨物検査等特別措置法 ……… 188、218
貨物検査法 …………………………… 217
カルテル ……………… 374、375、415、435
カルテル（concerted practice（同調的行為）） ……………………… 426
為替取引 …………………… 285、286
官公需入札談合案件 ………………… 385
ガンジャンピング ………… 421、423
ガンジャンピング規制 ……………… 420
関税と貿易に関する一般協定（GATT） ………………………… 91
関税法 …………………… 213、228

●き

企業・個人のリスト（DPL：Denied Persons List） ………… 223
企業が反社会的勢力による被害を防止するための指針 ……… 98、107
企業舎弟 …………………… 99、106
技術取引規制 ………………………… 214
規制対象地域 ………………………… 207
基礎科学研究 ………………………… 233
北朝鮮（朝鮮民主主義人民共和国）
 ……… 16、67、88、183、186、187、188、191、197、237、251、253、255、268、276、277、278、286、293
汚い爆弾（dirty bomb） …………… 238
機微情報 ……………………………… 230
客観要件 …………………… 206、210
キャッチオール規制 … 201、205、244
旧ユーゴスラビア …………………… 252
共助 ………………………… 121、122
共生者 ……………… 106、113、124
共生者5類型 ………………………… 115
協調的行為（concerted practice）
 ……………………………… 425、428
共同研究開発に関する独占禁止法上の指針（共同研究開発ガイドライン） ……………………………… 416
許可例外 ……………………………… 233
居住者 ……… 210、233、265、279、297
銀行秘密法（Bank Secrecy Act。1970年銀行記録および外国取引法（Bank Records and Foreign Transactions Act of 1970））
 ……………………………… 84、150
銀行法 ………………………………… 459
金融活動作業部会（Financial

Action Task Force:FATF) ……… 2、27、31、251
金融機関等による顧客等の本人確認等に関する法律（金融機関本人確認法） …………… 162、173、174
金融行為監督機構（FCA/Financial Conduct Authority） ………………… 94
金融制裁条項 …………………………… 90
金融制度改革（日本版ビッグバン）………………………………………… 257
金融庁 ……… 108、119、126、174、459
金融庁の監督指針 ……… 100、115、121
金融犯罪（Financial Crime） ………… 95
金融部門評価プログラム（FSAP） … 64

●く

クウェート ………………… 195、252
具体的手続（procedures） ………… 333
クラスアクション ………… 398、400
クレイトン法 ……………… 397、398
クレジット・カード ………………… 52
クレジット・デフォルト・スワップ（CDS） …………………………… 392
クロスボーダー ……………………… 272
軍事技術の民生利用（スピンオフ）………………………………………… 193
軍事的制裁措置 …………… 250、261

●け

経済協力開発機構（The Organisation for Economic Co-operation and Development：OECD） ………… 9、61、300
経済産業省 ………… 188、270、288
経済産業省告示 …………… 265、271
経済制裁措置 …… 187、250、251、277
経済的な有事規制 ……… 257、258、259
警察庁 ……… 98、101、104、122、174

経産省指針 ……………………… 362、366、369、370、371
刑事制裁 ……………………………… 396
刑事訴追免責 ………………………… 401
継続的顧客管理義務 ………………… 119
携帯輸出に係る届出義務 …………… 278
経団連 ………………………………… 107
ゲート・キーパー（門番） …… 14、54
懸念顧客（Unverified List） ……… 235
懸念の強い貨物例 …………………… 207
原子力供給国会合（NSG） …… 186、196
原子力協力協定 ……………………… 197
建設業界 ……………………………… 109
建設談合事件 ………………………… 384

●こ

コア・プリンシプル ………………… 160
コア・プリンシプル・メソドロジー（Core Principles Methodology）………………………………………… 160
コアとなる諸原則（Core Principles for Effective Banking Supervison） …………………… 160
行為要件 ……………………………… 100
航空フォワーダーカルテル ………… 439
公衆等脅迫目的の犯罪行為のための資金の提供等の処罰に関する法律（テロ資金提供処罰法） ……… 148
公助 ………………………… 121、122
公正取引委員会 ……………………… 374、378、384、388、404
公的企業（instrumentality of a foreign government） ………… 304
弘道会 ………………………………… 104
高濃縮ウラン ………………………… 192
顧客確認（Know Your Customer:KYC） ……………… 60、79
顧客管理（Customer Due

索引 479

Diligence:CDD) …… 47、75、79、150
国際緊急経済権限法 ……………… 293
国際原子力機関（IAEA）……… 89、196、277、281、282
国際航空貨物利用運送業務（フォワーダー業務）………………… 388
国際商取引における外国公務員に対する贈賄の防止に関する条約（OECD Convention on Combating Bribery of Foreign Public Officials in International Business Transactions）………… 300
国際捜査共助 …………………… 406
国際組織犯罪等・国際テロ対策推進本部 ……………………… 172、173
国際組織犯罪防止条約（パレルモ条約）…………………… 64、140、169
国際的組織犯罪 ………………… 293
国際的な組織犯罪の防止に関する国際連合条約（United Nations Convention against Transnational Organized Crime：パレルモ条約）…… 32、140
国際的犯罪組織 ………………… 116
国際武器取引規則（ITAR）……… 237
国際マネー・ローンダリング排除および反テロ資金供与法（International Money Laundering Abatement and Anti-Terrorist Fainancing Act）………………………… 157
国際麻薬取引報告書（International Narcotics Control Strategy Report）………………………… 72
国際輸出管理レジーム ………… 195
国際輸出管理レジーム参加国（ホワイト国）…………………… 213
国際連合安全保障理事会 ……… 15、183、292
国際連合憲章 …………………… 250
国防授権法（米国）………… 91、238
国務省（DDTC）………………… 237
国連安保理決議（国連安全保障理事会決議）………… 15、17、90、94、182、186、188、237、258、261
国連制裁委員会 ………………… 276
国連武器禁輸 …………………… 209
国連武器禁輸国 ………………… 210
国連麻薬新条約 ………………… 13
国連麻薬犯罪事務所（UNODC）…… 40
ココム ……………… 182、183、186、192、195、196、199、222、243
個人情報保護法 ………… 121、122、450
国家安全保障戦略 ………………… 6、12
国家公安委員会 ………………… 174
国家工商管理総局 ……………… 430
国家情報長官（DNI）……………… 5
国家調査委員会（National Commission on Terrorist Attacks Upon the United States）……… 57
国家発展改革委員会 ……… 430、432
五菱会ヤミ金融事件 …………… 102
個別許可 ………………………… 212
コベナンツ条項（誓約条項）………………………… 422、423
コルレス・バンキング：マネー・ローンダリングへのゲートウェイ ……………………………… 49
コルレス口座（correspondent account）……………… 45、47、48、49、83、85、89、91、189
コンプライアンス・プログラム … 356、362、363、368、435、437、455
コンプライアンス・モニター …… 356
コンプライアンス計画 ……… 370、371
コンプレッサー事件 …………… 429

● さ

最終需要者 ……………………… 223
歳入関税庁 ……………………… 354
財務省 ……………………… 270、288
財務省（OFAC） ……………… 237
財務省規則 ……………………… 449、
　　　　　451、453、454、455、463
財務省告示 ……………………… 265
財務省ホームページ …… 265、289、291
サスピシャス・トランスアクショ
　ン・レ ポ ート（Suspicious
　Transaction Report（STR））
　………………………… 150、165
サムスン ………………………… 430

● し

シエラ・レオーネ ……………… 252
シェル・バンク …………………… 48
事業者団体の活動に関する独占禁止
　法上の指針（事業者団体ガイドラ
　イン） ………………………… 416
資金移動業者 ………… 273、284、287
資金決済 ………………………… 284
資金決済に関する法律（資金決済
　法） …………………………… 273
資金使途規制（目的規制） ……… 253、
　　　　　　　　268、272、282、286
資 金 情 報 機 関（Financial
　Intelligence Unit:FIU） ……… 82
資金洗浄 ………………………… 130
自己管理チェックリスト ………… 221
自己宣誓 ………………………… 454
資産凍結措置 …………………… 83、
　　　　　　　188、250、263、284
資産凍結等経済制裁措置 ………… 253、
　　　　　　　　　　　263、265
自助 ……………………… 120、121

システムズ・アプローチ ………… 23
システムズ・エンジニアリング国際
　協議会（INCOSE） …………… 23
事前登録型送金 ………………… 286
指定暴力団 ……………………… 116
自動車部品国際カルテル事案
　……………………………379、380
自動照合システム ……………… 286
支払規制（措置） ……………… 250、
　　　　　　　　　　263、277、284
支払手段等の携帯輸出に係る届出義
　務 ……………………………… 278
支払等 ………………… 260、266
支払報告義務 …………………… 278
資本取引（等） … 260、266、269、284
指名停止 ………………………… 360
シャーマン法 …………………… 397
社会運動等標ぼうゴロ …………… 99
奢侈品 ………… 188、272、278、279
社内調査 ………………………… 442
社内通報制度 …………………… 442
社内リニエンシー制度 …………… 442
蛇の目ミシン事件 ……………… 103
重大詐欺庁（Serious Fraud Office：
　SFO） ………………………… 322
重大な国際犯罪組織 ……………… 116
重要な公的地位者（PEPs: Politically
　Exposed Person） ……… 14、80
収賄罪 …………………………… 325
出入国管理及び難民認定法（出入国
　管理法） ……………………… 250
ジュネーブ議定書 ……………… 198
主要20カ国首脳会議（G20） ……… 8
需要者要件 ……………………… 206
準暴力団 ………………………… 101
証券取引委員会 ………………… 318
消費者契約法 …………………… 458
情報交換 ………………………… 412、

　　　　　　　415、418、424、428、440
情報セキュリティ…………………241
情報伝達……………………………339
商務省（BIS）……………………237
商務部………………………………430
昭和電線……………………………376
所在地主義…………………………452
人的セキュリティ…………………241
新米国安全保障センター（CNAS）
　　　　　……………………………190
新麻薬条約……………………………63

●す

スイフト…………………………43、286
水平ガイドライン…………………419
水平の協同行為に関するガイドライン（Cuidelines on the applicability of Article 101 of the Treaty on the Functioning of the European Union to horizontal co-operation agreements）………416
スクリーニング……82、120、124、296
ストラクチャリング……………50、51
スピンオフ…………………………192
スピンオン…………………………192
スマートパワー………………………6
スマーフィング／カッコウ・スマーフィング……………………………50
住友電気工業………………………374
住吉会………………………………116
スルガ・コーポレーション事件
　　　　　……………………………103、126

●せ

制裁委員会…………………………278
制裁対象者（Specially Designated Nationals:SDN）……………83、90
制裁対象者検索用リスト…………286

政治的な有事規制（経済制裁措置）
　　　　　………………………257、258、259
税犯罪………………………………66、94
政府間協定…………………………449、
　　　　　451、452、453、455、463
政府指針…………………………107、126
生物・化学兵器……184、190、195、198
生物兵器禁止条約…………………198
世界銀行（世銀）…………………358
世界経済フォーラム（WEF）………4
善管注意義務………………………229
全銀協………100、107、112、113、122
全国銀行データ通信システム（全銀システム）…………………………43
1986年反薬物乱用法（Anti-Drug Abuse Act of 1986）………134、153
船舶臨検……………………………182

●そ

相互審査………………………62、64、67
贈賄罪………………………………323
贈賄防止基本方針（policy）………333、
　　　　　　　　　　　334、369
贈賄防止手続の不履行罪……………328
贈賄防止のための具体的手続………334
属性要件……………………………100
組織的な犯罪の処罰及び犯罪収益の規制等に関する法律（組織的犯罪処罰法）………146、170、173、174
組織犯罪対策要綱……………………98
訴追延期合意（DPA：Deferred Prosecution Agreements）………319
訴追に関する共同ガイダンス（Joint Prosecution Guidance of The Director of the Serious Fraud Office The Director of Public Prosecutions：訴追ガイダンス）
　　　　　……………………322、351、352

損失補てん事件(野村證券事件)
.... 389

●た

第 3 次相互審査 175
第 3 次対日(相互)審査 ...... 175、266
対イラン制裁措置 271
対外直接投資 .... 261、266、269
対北朝鮮制裁措置 271
第三者に対する支払 309
代替的送金システム(Alternative Remittance System) ...... 50、51、59
大統領令(Executive Order) 293
対内直接投資 .... 261、270
大法廷(en banc)判決 ..... 409、410
大量破壊兵器 ...... 15、65、66、94、184、
186、188、189、194、196、253
大量破壊兵器拡散制裁者 235
大量破壊兵器拡散防止 ...... 28、36、64
大量破壊兵器関連貨物(物資) ..... 191、
217、238
大量破壊兵器関連キャッチオール規制 .... 205、215、224、247
大量破壊兵器の拡散防止措置 183
タックス・ヘイブン(租税回避地)
.... 10、20、21
ダボス会議 4
タリバーン .... 250、252、276、288
談合 375
炭素菌 190
炭素菌事件 184
炭素ブラシほか炭素製品についてのカルテル 406
弾道ミサイル発射実験 191
弾道ミサイル防衛(BMD)システム 219
単独制裁 188

●ち

地域分割カルテル 384
チェーサー情報 235
地下銀行(Underground Banking)
.... 59
地下鉄サリン事件 .... 184、
189、263、293
知的財産推進計画2007 231
地方債運用投資入札談合事件 395
仲介取引規制 215
仲介貿易 ..... 216、265、271、272、287
中国の独禁法 430
忠実義務違反 229
長距離弾道ミサイル(テポドン) ... 278
朝鮮総連 191

●つ

通常兵器キャッチオール規制
.... 205、209
積替 216
鶴岡灯油訴訟事件 401

●て

敵国通商禁止法 293
適切な管理者(appropriate management) 366
適法性の確認義務 .... 272、
273、284、285、286
適用除外 311
テネシー大学・ロス教授 233
デポジタリー・コルレス(デポ・コルレス) 46
テポドン 196
デュー・ディリジェンス .... 338、346、
364、367、422、451、460
テロ資金供与 57
テロ資金供与対策(CFT:

索引 483

Combating the Financing of Terrorism) ················· 28
テロ資金供与特別勧告 ············ 168
テロ資金供与に関する報告書（Monograph on Terrorist Financing） ··············· 57
テロ資金供与の検知に関する金融機関へのガイダンス（Guidance for Financial Institutions in Detecting Terrorist Financing）················ 37、58
テロ資金供与防止条約 ········ 35、63、156、162、167、187、297
テロ資金処罰法 ················ 148
テロ資金追跡プログラム（Terrorist Finance Tracking Program:TETP） ················ 18
テロ資金提供処罰法 ············ 298
テロ組織 ························ 235
テロリスト ···················· 250、252、263、265、276、288
電信送金（システム） ········ 43、65、66、94
電力卸売市場に関するデリバティブ契約事件 ···················· 393

●と

東芝ケミカル事件 ················ 412
逃亡犯罪人引渡条約 ············ 406
投融資の禁止措置 ··············· 250
特殊知能暴力集団等 ··············· 99
独占禁止法規（Anti-Trust） ······ 7
特定技術の提供 ················ 204
特定子会社包括許可 ············ 214
特定資本取引 ·········· 261、266、270
特定者リスト（Specially Designated Nationals: SDN） ······· 80
特定船舶入港禁止法 ············ 188

特定船舶の入港の禁止に関する特別措置法（特定船舶特措法） ········· 250
特定専門家（DNFBPs） ············ 3
特定包括許可 ···················· 213
特定輸出申告制度 ················ 239
特別一般包括許可 ·········· 213、221
特別勧告 ········ 12、14、36、60、65
特別返品等包括許可 ············· 214
独禁法／競争法 ·············· 374、404、413、428
トップレベルの関与 ············· 335
トラベラーズチェック ············ 58
トランスペアレンシー・インターナショナル（Transparency International） ············· 72、81
取引禁止顧客（DPL） ············ 235
取引時確認 ·············· 454、460
取引所取引 ························ 393
取引審査（エンドユースのチェック） ···················· 203、229
取引停止（debarment） ·········· 358
トロント・サミット政治宣言 ······ 130

●な

内国歳入庁（IRS） ······ 22、448、451
ナイジェリア ···················· 117
内部管理態勢 ···················· 121
内部通報手続 ···················· 370
ナミビア ························ 252
なりすまし ······················ 119

●に

ニクソン・ショック ············· 257
2010年贈収賄禁止法（The Bribery Act 2010） ······················ 301
日常的な活動（performance of routine governmental action：ファシリテーション・ペイメン

ト) 311
日米捜査共助条約 406
日米租税条約 459
日米犯罪人引渡条約 397
日本証券業協会 110、122
日本人拉致 191
入札談合 435
ニューヨーク銀行 49

●の

ノウ・ユア・カスタマー(Know Your Customer。顧客熟知) 179
濃縮技術 186
ノン・デポジタリー・コルレス(ノン・デポ・コルレス) 46

●は

バークレイズ銀行 389
バーゼル委員会 131、156、160
バーゼル銀行監督委員会 13
パートナー国 451
ハードパワー 6
ハートフォードファイア事件最高裁判決 407
バーミンガム・サミット 39
ハイティ 252
ハイレベルミッション 68
パキスタン 184、186、192、197
パスバイ口座(pass-by accounts) 50
パナソニック 429
ハリファックス・サミット 38
パレルモ条約 33
ハワラ(Hawala) 14、59
半グレ集団 101、124
バンコ・デルタ・アジア(BDA) 88、277
犯罪収益移転防止法に関する留意事項について 119

犯罪収益の浄化、捜索、差押えおよび没収に関する条約(Convention on Laundering, Search, Seizure and Confiscation of the Proceeds from Crime) 138
犯罪による収益の移転防止に関する法律(犯罪収益移転防止法:犯収法) 12、41、118、173、177、276、287、454、460、462
犯罪類型報告書 53
反資金洗浄に関する非協力国・地域(NCCTs) 10
反社会的勢力(反社) 98
反社会的勢力との関係遮断に関する規則 110
反社データベース 122
反トラスト法刑事罰強化および改善法(Antitrust Criminal Penalty Enhancement and Reform Act of 2004) 397
汎用品(デュアル・ユース品) 186、193、218

●ひ

非営利団体 60
非協力国および地域(Non-Cooperative Countries and Territory:NCCT) 67、72
非協力顧客口座(不同意米国口座) 456
非居住者 210、233、265、279
非軍事的制裁措置 250、261
非公式な価値移転システム(Informal Value Transfer System:IVTS) 59
非訴追合意(NPA:Non-Prosecution Agreements) 319

索引 485

日立電線 …………………………… 376
ビタミンカルテル ……………… 435、439
非ホワイト国 ………… 210、215、221
標準化に伴うパテントプールの形成
　等に関する独占禁止法上の考え方
　（パテントプールに関するガイド
　ライン）………………………… 416

●ふ
ファースト・マーチャント銀行 …… 48
ファイナンシャル・インテリジェン
　ス・ユニット（FIU）…………… 13
ファシリテーション・ペイメント
　…………… 312、327、342、352
フィルタリング ………………… 27、78
武器輸出三原則 ………… 218、220、246
不公正な営業上の便宜（unfair
　business advantages）…………… 306
不参加FFI ………………………… 459
不正競争防止法 …………………… 230
不正輸出事件 …… 183、191、220、229
物理的セキュリティ ……………… 241
物流セクターに関する事件（エア
　カーゴ（航空貨物）事件）……… 386
不同意米国口座 …………………… 459
不動産業界 ………………………… 109
不当な取引制限（カルテル）……… 411
不当要求情報管理機関 …………… 110
腐敗認識指数（Corruption
　Perceptions Index）………… 72、81
腐敗の意図（corruptly）………… 306
腐敗の防止に関する国際連合条約
　（United Nations Covention
　against Corruption：国連腐敗防
　止条約）………………………… 300
プライベート・バンキング（口座）
　………………………………… 85、102
古河電気工業 ……………………… 374

プレイスメント（placement）…… 26、52
フンディ（Hundi）………………… 59

●へ
米国FFIEC（連邦金融機関検査官
　協議会）…………………… 42、76
米国愛国者法（Uniting and
　Strengthening America by
　Providing Appropriate Tools
　Required to Intercept and
　Obstruct Terrorism Act）……… 47、
　　　48、82、84、88、89、157
米国会計検査院（GAO）…………… 19
米国企業等（Domestic Concern）
　……………………………………… 314
米国財務省 …… 18、22、48、293、448
米国財務省外国資産管理局（Office
　of Foreign Assets
　Control:OFAC）………… 72、116
米国財務省金融犯罪執行機関連絡室
　（U.S. Financial Crimes
　Enforcement Network: FinCEN）
　…………………………………… 56、72
米国司法省 ……… 92、318、364、374、
　　　378、379、390、391、394、
　　　395、402、406、423、435
米国証券取引委員会（SEC）……… 91
米国上場企業等（Issuer）………… 314
米国商務省（BIS）………………… 235
米国人口座 ………………………… 448、
　　　449、451、452、455、458
米国税関・国境警備局（CBP）…… 239
米国政府が指定するテロ支援国家 235
米国通商法 ………………………… 239
米国同時多発テロ事件 …………… 14、
　　　28、35、36、57、59、65、
　　　84、143、162、172、182、184、
　　　217、252、255、263、276、288

486

米国独禁法（シャーマン法1条）
　　　　　　　　　　…………… 395、397
米国独禁法違反（シャーマン法1条
　　違反） …………………… 391、394
米国の安全保障・外交政策上の利益
　　に反する顧客（Entity List）…… 235
米国のマネー・ローンダリング規制
　　法（Money Laundering Control
　　Act） …………………………… 133
米国法違反者（Denied Persons）‥ 235
米国輸出管理規則（EAR） ……… 235
米 国 預 託 証 券（American
　　Depository Receipts） ………… 302
米国連邦法規類集（United States
　　Code：USC） ………………… 301
ペイヤブル・スルー口座（Payable-
　　Through Account:PTA） ……… 49
ペーパー銀行（shell banks） ……… 86

●ほ

防衛装備品等の海外移転に関する基
　　準 ……………………………… 219
貿易取引 ……………………………… 55
貿易におけるマネー・ローンダリン
　　グ（Trade-Based Money
　　Laundering） …………………… 55
包括イラン制裁法（CISADA：
　　Comprehensive Iran Sanctions,
　　Accountability and Divestment
　　Act of 2010） ……………… 17、90
包括関与アプローチ ……… 6、8、10
包括許可 ……………… 212、213、228
暴排条項 ……………………………… 120
暴力団関連企業（構成員等） ……… 99
暴力団対策法 …………… 101、105、296
暴力団と共生する者（共生者） …… 99
暴力団排除条項 …… 98、107、108、114
暴力団排除条例 ……………… 101、110

ボーダー規制 ……………… 210、215
ポタシュ国際カルテル事件 ………… 409
ホテル・旅館業界 ………………… 109
ホワイト国 ………… 207、210、221
本 人 確 認（KYC、Know Your
　　Customer） ……… 27、54、82、162
本人確認義務 ……………… 273、276
本人確認法（金融機関等による顧客
　　等の本人確認等に関する法律）
　　……………………………………… 276

●ま

松本サリン事件 ………… 189、263、293
マネー・ローンダリング条約（マネロ
　　ン条約） ……………………… 138
マネー・ローンダリング対策プログラ
　　ム ………………………………… 74
マネー・ローンダリング（Money
　　Laundering：資金洗浄） …… 26、130
マネー・ローンダリング規制法
　　（Money Laundering Control
　　Act） ………………………… 84、133
マネー・ローンダリング懸念先 …… 89
マネー・ローンダリング訴追改善法
　　（Money Laundering Prosecution
　　Improvement Act。1988年 反 薬
　　物乱用法） …………………… 153
マネー・ローンダリング対策等に関
　　する懇談会 …………………… 179
マネー・ローンダリング対策に非協
　　力的な国・地域（非協力国／
　　NCCTs） ………………………… 64
マネー・ローンダリングに関する
　　EC指令 ………………………… 139
マネー・ローンダリング防止プログ
　　ラム ……………………………… 87
マネー・ローンダリング目的の銀行
　　システムの犯罪的利用の防止

索引　487

（Prevention of Criminal Use of the Banking System for the Purpose of Money-Laundering） 131
麻薬及び向精神薬取締法等の特例等に関する法律（麻薬特例法） 144
麻薬及び向精神薬の不正取引の防止に関する国際連合条約（United Nations Convention against Illicit Traffic in Narcotic Drugs and Psychotropic Substances） 136
麻薬及び向精神薬の不正防止に関する国際連合条約（麻薬新条約、ウィーン条約） ...... 29、136、147
麻薬特例法 ...... 144、146、162、169、170
麻薬取引者 293
マリンホース事件 381
万景峰（92号） ...... 188、191

●み

みなし遵守FFI 457
みなし遵守金融機関 ...... 452、458
みなし輸出違反事件 233
南アフリカ 252
南ローデシア 252
民間電子情報サービス（SWIFT） 238
民事制裁 398
民生品を軍事転用（スピンオン） 193

●む

無停電電源装置（UPS） 192

●め

メガポート・イニシアティブ（MI） 242

●も

モニタリング ...... 27、78、82、341、368

●や

ヤクザ ...... 117、293、296
矢崎総業 ...... 378、398
山口組 ...... 104、116
闇調達網（カーン・ネットワーク） ...... 182、183
闇ペソ交換システム（Black Market Peso Exchange：BMPE） 56
闇ペソマーケット交換（BMPE） 92

●ゆ

優越的地位濫用（三井住友銀行事件） 389
ユーゴスラビア 252
有罪答弁の合意（Plea Agreements） 319
ユーラシアグループ 5
輸出 ...... 261、272
輸出管理規則（EAR） 235
輸出管理内部規程（コンプライアンス・プログラム） ...... 213、221
輸出者等遵守基準 ...... 216、221、231
輸出貿易管理令 ...... 201、202、272
輸入 ...... 261、272
輸入公表 272

●よ

用途要件 206
40の勧告（Forty Recommendations of the Financial Action Task Force on Money Laundering ...... 2、3、14、15、

.... 138、140、141、155、
　　　　　　　　158、165、166、172
延坪島（よんぴょんど）................ 279

●ら

ラケッティア活動（racketeering
　activity）.................. 132、133
拉致問題 188

●り

利益（anything of value）........ 307
リオネル・デュモン 164
リジンカルテル .... 435、439
リスク・ベース・アプローチ（Risk-
　Based Approach：RBA）...... 2、3、
　　　　　17、38、66、70、71、
　　　　　72、93、94、177、367
リスク・ベース・アプローチを活用
　した指針 38
リスクアセスメント（評価）...... 69、
　　　　　　　　　72、336、363
リスト規制 .... 203、204、244
リスト規制品 222
リニエンシー ...... 375、400、402、441
リニエンシー申請 .... 374、
　　　　　　　　　376、388、432
リニエンシー制度 .... 385、
　　　　　　　　　395、401、404
リビア 252
リヒテンシュタイン事件 20
両替業者 287

●る

ルフトハンザ・ドイツ航空 388

●れ

レイヤリング layering .... 26、
　　　　　　　　　　50、52、59
レピュテーション（リスク）...... 102、
　　　　　　112、115、117、120、126
連邦海外腐敗行為防止法（FCPA）... 7

●ろ

ロック・アーン・サミット 180

●わ

ワイヤーハーネス .... 374、377、398
ワッセナー・アレンジメント（WA）
　―通常兵器関連 .... 196、199、209
湾岸戦争 195

体系　グローバル・コンプライアンス・リスクの現状
―求められるわが国の対応指針―

平成25年10月31日　第1刷発行

　　　　　　　　　　監修者　プロモントリー・フィナンシャル・ジャパン
　　　　　　　　　　著　者　グローバル・コンプライアンス研究会
　　　　　　　　　　発行者　加　藤　一　浩
　　　　　　　　　　印刷所　文唱堂印刷株式会社

〒160-8520　東京都新宿区南元町19
発行者・販売　株式会社　きんざい
　　編集部　TEL 03（3355）1770　FAX 03（3357）1776
　　販売受付　TEL 03（3358）2891　FAX 03（3358）0037
　　URL http://www.kinzai.jp/

・本書の内容の一部あるいは全部を無断で複写・複製・転訳載すること、および磁気または光記録媒体・コンピュータネットワーク上等へ入力することは、法律で認められた場合を除き、著作者および出版社の権利の侵害となります。
・落丁・乱丁本はお取替えいたします。定価はカバーに表示してあります。

ISBN978-4-322-12373-9